版权声明

Positive Psychology: The Science of Happiness and Human Strengths, 2nd Edition /by Alan Carr/ ISBN: 9780415602365

Copyright © 2011 Alan Carr

All rights reserved. Authorised translation from the English language edition published by **Routledge, a member of the Taylor & Francis Group**.

本书原版由Taylor & Francis出版集团旗下Routledge出版公司出版，并经其授权翻译出版。

China Light Industry Press is authorized to publish and distribute exclusively the Chinese (Simplified Characters) language edition. This edition is authorized for sale throughout Mainland of China. No part of the publication may be reproduced or distributed by any means, or stored in a database or retrieval system, without the prior written permission of the publisher. 本书中文简体翻译版授权由中国轻工业出版社独家出版并在中国大陆地区销售，未经出版者书面许可，不得以任何方式复制或发行本书的任何部分。

Copies of this book sold without a Taylor & Francis sticker on the cover are unauthorized and illegal. 本书封面贴有Taylor & Francis公司防伪标签，无标签者不得销售。

Positive Psychology
The Science of Happiness and Human Strengths (2nd Edition)

积极心理学
——有关幸福和人类优势的科学
（第二版）

[爱尔兰] Alan Carr◎著

丁丹 等◎译

中国轻工业出版社

图书在版编目（CIP）数据

积极心理学：有关幸福和人类优势的科学：第2版／（爱尔兰）卡尔（Carr, A.）著；丁丹等译. —北京：中国轻工业出版社，2013.9（2023.9重印）

ISBN 978-7-5019-9253-9

Ⅰ.①积… Ⅱ.①卡… ②丁… Ⅲ.①普通心理学 Ⅳ.①B84

中国版本图书馆CIP数据核字（2013）第093285号

责任编辑：孙蔚雯
策划编辑：孙蔚雯　　　　　责任终审：杜文勇
责任校对：刘志颖　　　　　责任监印：吴维斌

出版发行：中国轻工业出版社（北京东长安街6号，邮编：100740）
印　　刷：三河市鑫金马印装有限公司
经　　销：各地新华书店
版　　次：2023年9月第1版第12次印刷
开　　本：710×1000　1/16　印张：28.5
字　　数：263千字
书　　号：ISBN 978-7-5019-9253-9　定价：59.00元
著作权合同登记　图字：01-2012-5042
读者热线：010-65181109，65262933
发行电话：010-85119832　传真：010-85113293
网　　址：http://www.chlip.com.cn　http://www.wqedu.com
电子信箱：1012305542@qq.com
如发现图书残缺请与我社联系调换
120678Y2X101ZYW

译者序

2012年国庆期间,中央电视台推出了《走基层·百姓心声》特别调查节目"幸福是什么"。节目里不时出现的"神回复"引发了网友的热议,整个节目也在社会上引发了一波有关幸福是什么、怎样才能幸福的思考热潮。

其实,国人对幸福的关注,并不是这次电视调查引起的。往前追溯一点,有连续多年每年都会出炉一次的"幸福城市排行榜";再往前追溯一点,是大家耳熟能详的那首主旋律歌曲《幸福在哪里》;追溯到源头,会发现我国春秋中叶以前的《尚书·洪范》最早对"什么是幸福"做出了较系统的论述。

而且,并不是只有中国人在追求幸福,也有西方人在追求幸福。早在公元前4世纪,希腊哲学家阿瑞斯提普斯就对"什么是幸福"做出了比较系统的论述。近年来,西方国家开始采用科学的原则和方法来研究幸福,并逐渐形成了一门有关幸福的科学——积极心理学。

也许有人会问,尽管幸福是人类的共同追求,但是由于中西方有很大的文化差异,西方的幸福研究对中国人追求幸福有多大的借鉴意义呢?其实,中西方在幸福观上的差异并不如我们想象得那么大。前面提到的《尚书·洪范》说,幸福的要素是长寿、富足、健康平安、爱好美德、善终正寝。先秦时期的儒家继续提出,寿命、富贵等幸福要素是外在的,是由上天或命运决定的，唯有爱好美德是自己可以把握的，能够通过努力而获得。由于儒家文化在中国古代思想中占有主导地位，所以儒家倡导的幸福观在中国传统伦理文化中占有统治地位，对中国人追求幸福生活的影响最为深远。西方幸福研究的一大争议是：研究幸福感是采取享乐论取向还是实现论取向。享乐论取向可以追溯到前面提过的阿瑞斯提普斯，他认为幸福源自欲望的满足；而实现论取向可以追溯到亚里士多德，他认为幸福源自美德的表达。从以上分析可以看出，中国的儒家幸福观大体上综合了西方的享乐主义幸福观和实现主义幸福观。又因为儒家幸福观对中国人追求幸福生活影响最为深远，而享乐主义幸福观和实现主义幸福观为西方的幸福研究奠定了基础，所以西方的幸福研究对中国人追求幸福有很大的借鉴意义。

西方幸福研究的现有发现，可以解释为什么北京、上海、深圳这些经济发达城市在"幸福城市排行榜"的榜单上排在末尾，可以解释为什么中国人尽管生活水平提高了很多但是幸福感没有提升多少，可以解释为什么贫富差距的拉大会降低大部分人的幸福感，可以解释为什么追求幸福要物质、精神两手抓，可以解释为什么新房、新车、新衣只会使人的幸福感得到短暂提升……

积极心理学不仅是一门有关幸福的科学，而且是一门有关性格优势的科学。这是很容易理解的。前面分析过，幸福的一个要素是美德的表达。美德是非常抽象的东西，其实现要凭借性格优势。性格优势与人格特质是既有关联又有区别的概念，两者最大的区别是，人格特质是中性的，而性格优势是积极的。从这一点可以看出积极心理学的本质，即从积极角度研究传统心理学研究的东西。积极心理学要求心理学家用一种更加开放、欣赏的眼光去看待人类的潜能、动机和能力等，是对传统心理学的补充，而非代替。

积极心理学的研究渊源，最早可追溯至20世纪30年代Terman关于天才和婚姻幸福感的研究，以及荣格关于生活意义的研究。积极心理学作为一个研究领域的形成，则以Seligman和Csikzentmihalyi于2000年1月在《美国心理学家》杂志上发表论文《积极心理学导论》为标志。2002年，本书作者Carr出版了《积极心理学》一书，非常系统且详尽地介绍了这个领域。经过大约十年的发展，这个领域涌现了海量研究。在这种背景下，Carr 对《积极心理学》一书进行了全面的更新，并于 2011 年出版了全面更新后的《积极心理学》。

关于《积极心理学》第二版与第一版的相同之处和不同之处，Carr 在第二版的前言中已做了介绍，这里仅补充一些笔者的个人看法。第一，第一章"幸福"，在学习目标之后、具体内容之前，第一版只有一段话，第二版却有好几段话。第一版的那段话只对第一章后面的内容做了概述，而第二版那好几段话对积极心理学的性质和追求幸福的途径做了一个概述。这个小小的改变，浓缩的是积极心理学近十年来的一个巨大进步。第二，全书引用的文献做了全面的更新，而且第二版引用的文献大多是元分析研究。元分析是对研究的研究，十分有价值。第三，第二版中加了全新的一章——积极心理治疗，这说明积极心理学不仅积累了很多发现，而且这些发现已被初步应用到了实践当中。

Carr 的《积极心理学》并不是介绍积极心理学的一般图书，而是很好的教材。它的每一章都包括如下板块：主要理论和相关研究介绍、学习目标、章末总结、争议话题、个人发展和研究问题、拓展阅读建议、研究使用的测量工具、术语表、应用积极心理学的研究发现增进个人幸福感的建议。这不仅有助于了解积极心理学，而且特别有助于在积极心理学这个领域做研究、做实践。

笔者在读（心理学）研究生的时候，以为研究生不需要教材。事实是，并不是研究生不需要教材，而是没有给研究生用的教材。还记得，那时最多只能看到一些来自台湾的教材，如果有人弄到来自台湾的教材，其他人就会争相传阅复印。其余大多数时候，研究生的学习是需要靠自己查文献、做笔记完成的。现在，Carr 为我们填补了这一空白，而且做得如此系统全面、如此与时俱进，真的非常感谢。

另外还要感谢把《积极心理学》引入中国出版的中国轻工业出版社，谢谢你们把如此好的一本书介绍给中国人。同时要感谢《积极心理学》第一版中文版译者——华南师范大学郑雪教授及其学生，感谢你们在没有任何中文资料可参考的情况下把《积极心理学》翻译成中文。作为《积极心理学》第二版的中文版译者，我还要对 Carr 致以歉意，如果有翻译不当之处，请见谅；同时要对郑雪教授及其学生致以歉意，如果第二版译文与第一版译文有不同之处，并非有意得罪，请见谅。

　　前面说过，中国和西方国家在幸福观上有很多的相似之处，但是中国毕竟和西方国家是不同的。希望中国学者能在《积极心理学》的指引下做出具有中国特色的幸福研究。

丁丹

2012 年 11 月

前言

> 我支持对城市的精神面貌进行改革，用新世界代替旧世界。所有人都团结一致。老天的所有孩子，每人三亩田一头牛。豪华的殡仪汽车。所有人都义务参加手工劳动。所有公园都日夜向公众开放。一切家务都由电器完成。肺结核、精神失常、战争和谎言统统消失。年年有大赦，周周有狂欢，证件照可戴面具，人人都有津贴和补助。全世界的人亲如兄弟，使用同一种语言……自由花钱，自由恋爱；不分宗教，不分国家。
>
> James Joyce 的小说《尤利西斯》（1922）
> 中的主人公奥波德·布卢姆眼中的美好世界

传统上，临床心理学家把焦点放在心理缺陷和能力丧失上，很少关注来访者的韧性、资源和更新能力。为了弥补这个基于缺陷的传统取向，美国的 Martin Seligman 教授及其同事创立了积极心理学（Seligman, 2002；Seligman & Csikszentmihalyi, 2000；Snyder & Lopez, 2002）。心理学的这个新分支主要关注人类优势和幸福。像开篇提到的奥波德·布卢姆一样，它希望找到那些增进幸福的因素。然而，与奥波德·布卢姆不一样的是，它不是通过个人观点和豪言壮语而是通过科学研究来得出有关美好世界的结论的。

2002年我写《积极心理学》第一版时，有关积极心理学的书只有很少几本，而且很难买到。这是有问题的，因为我想有一本积极心理学教材可供讲课时使用——我在临床心理学入门课里介绍积极心理学。正是这个愿望以及我对韧性的长期兴趣，促使我把休假年用来写《积极心理学》第一版。第一版非常受欢迎。然而到了 2010 年，第一版显得过时了，因为积极心理学在 21 世纪头 10 年中有了巨大的发展。因此，现在有了第二版。

《积极心理学》第二版保留了让第一版如此受欢迎的所有特征，包括：主要理论和相关研究介绍、学习目标、章末总结、争议话题、个人发展和研究问题、拓展阅读建议、研究使用的测量工具、术语表、应用积极心理学的研究发现增进个人幸福感的建议。然而，《积极心理学》第二版对第一版进行了彻底更新，考虑了积极心理学的最新进展，特别是有关积极心理治疗、性格优势和美德以及情商的最新进展。

本书第一章讨论最近有关幸福相关因素的研究有何发现。接下来四章讨论积极心理学的四个核心概念：积极特质，特别是性格优势和美德；乐观和希望；沉浸；情商。第六章介绍有关天赋、创造力和智慧的研究。第七章关注自我系统里对韧性有贡献的四个方面：自尊、自我效能感、适应性防御、有效的应对策略。第八章讨论整个生命周期的积极关系，还回顾了一些有关友谊、婚姻和父母教养的研究。这一章提到的理论和研究，围绕的是积极心理学在研究人际关系时非常看重的一些话题，包括爱、利他、共情、信任、原谅和感恩。第九章是全新的，介绍一系列积极心理学治疗取向。

都柏林大学心理学院的同事，特别是那些参与了临床心理学博士项目的同事，为我写这本书提供了大量支持。感谢 Muriel Keegan、Sara Hollwey、Gary O'Reilly 博士、Jessica Bramham 博士、Barbara Dooley 博士、Eilis Hennessy 博士、Teresa Burke 博士和 Suzanne Guerin 博士，同时还要感谢 Gill、Davie 和 Hazel 的善良和耐心。

Alan Carr
2011 年 1 月

目录

第一章　幸福 ··· 1
　积极情绪 ··· 2
　积极情感和消极情感 ··· 3
　幸福 ·· 6
　幸福的测量 ··· 8
　幸福的作用 ·· 12
　幸福的原因 ·· 16
　境况因素和幸福 ··· 20
　增进幸福 ·· 41
　相关概念 ·· 41
　启示 ·· 42
　争议 ·· 44
　总结 ·· 44
　问题 ·· 46
　拓展阅读 ·· 47
　研究使用的测量工具 ·· 49
　网站 ·· 52

第二章 积极特质 ... 53
人格特质理论和个性优势 ... 54
奉行价值观—性格优势和美德分类体系 ... 64
启示 ... 80
争议 ... 84
总结 ... 84
问题 ... 85
拓展阅读 ... 86
研究使用的测量工具 ... 87
网站 ... 88

第三章 希望和乐观 ... 89
积极幻想 ... 90
乐观 ... 96
希望 ... 104
期望主义、风险自稳理论和时间观 ... 108
乐观的神经生理学基础 ... 112
启示 ... 113
争议 ... 115
总结 ... 115
问题 ... 117
拓展阅读 ... 118
研究使用的测量工具 ... 119

第四章 沉浸 ... 121
沉浸 ... 122
自我决定论和内在动机 ... 135
元动机状态和逆转理论 ... 139
启示 ... 142
争议 ... 144

总结 …… 144
　　问题 …… 146
　　拓展阅读 …… 147
　　研究使用的测量工具 …… 147
　　网站 …… 148

第五章　情商 …… 149

　　情商：能力还是人格特质？ …… 150
　　情绪能力的发展 …… 169
　　情商的神经生理机制 …… 176
　　情商问答 …… 180
　　提高情商 …… 185
　　相关概念 …… 189
　　启示 …… 196
　　争议 …… 198
　　总结 …… 198
　　问题 …… 200
　　拓展阅读 …… 201
　　研究使用的测量工具 …… 201
　　网站 …… 202

第六章　天赋、创造力与智慧 …… 205

　　天赋 …… 206
　　创造 …… 213
　　智慧 …… 225
　　启示 …… 239
　　争议 …… 244
　　总结 …… 245
　　问题 …… 247
　　拓展阅读 …… 248
　　研究使用的测量工具 …… 250

第七章 积极的自我 251
  作为客体的自我和作为主体的自我 253
  自尊 254
  自我效能感 260
  防御机制 264
  应对策略 276
  启示 292
  争议 294
  总结 294
  问题 296
  拓展阅读 296
  研究使用的测量工具 297

第八章 积极关系 301
  家庭生活周期 302
  与分居和离婚有关的家庭生活周期 333
  关系的测评 337
  启示 340
  争议 345
  总结 345
  问题 347
  拓展阅读 347
  研究使用的测量工具 350

第九章 积极心理治疗 353
  积极心理治疗 354
  Fordyce 的 14 要点幸福项目 365
  Fava 的幸福治疗 366
  Frisch 的生活质量治疗 367
  以人为中心取向 368

创伤后成长治疗 ·············· 370
　　焦点解决治疗 ················ 371
　　积极家庭治疗 ················ 372
　　针对严重问题的基于优势的治疗 ···· 374
　　积极心理学干预的有效性 ········ 376
　　启示 ······················ 377
　　争议 ······················ 381
　　总结 ······················ 381
　　问题 ······················ 383
　　拓展阅读 ···················· 383
　　研究使用的测量工具 ············ 384
　　网站 ······················ 385

后记 ························ 387

术语表 ······················ 389

参考文献 ···················· 399

第一章

幸 福

学习目标

- 熟悉积极情绪，知道积极情绪是如何定义、如何测量的。
- 能够说出幸福研究的享乐论取向与实现论取向有何区别。
- 能够叙述幸福对创造力、生产率和寿命有何影响。
- 了解遗传因素与环境因素分别对幸福有多大影响。
- 能够叙述人际关系、当前环境、生理状态、工作状况和休闲娱乐对幸福有何影响。
- 了解妨碍幸福的因素，特别是对愉悦刺激的适应和习惯、消极的社会比较、对同等得失的不对等反应，以及有利于适应但令人痛苦的情绪，等等。
- 知道幸福研究对增进主观幸福感有何意义。
- 能够指出需要进一步研究哪些问题，以更好地理解幸福的性质、原因和结果。

积极心理学既是一个科研领域，又是一个临床领域。作为一个科研领域，积极心理学就是用科学方法理解并增进生活的积极方面。积极心理学涉及了解并增进：

1. 幸福和幸福感；

2. 积极特质，以及运用积极特质从事令人沉浸其中的活动；
3. 发展有意义的人际关系、社会制度和公共机构（Lopez & Snyder, 2009; Seligman, 2002）。

也就是说，积极心理学关注愉快的生活、投入的生活、有意义的生活。愉快的生活、投入的生活、有意义的生活，代表着幸福的三个取向。例如，Peterson 等人（2005）做了一个有趣的研究，他们调查了 845 个成人，发现以上三个取向都与生活满意度相关。他们还发现，在幸福的三个取向上得分都很低的人，生活满意度也很低。Park 等人（2009）调查了 27 个国家的 24836 人，也有类似的发现。他们还发现，同愉快取向相比，投入取向、意义取向与生活满意度的相关性更强。

作为一个临床领域，积极心理学旨在增进幸福，而不是减轻痛苦。因此，积极心理学是对传统临床心理学的补充，而非代替。本章的焦点是幸福积极心理学。后面几章的重点是积极特质和人际关系。本章首先讨论积极情绪、积极情感和消极情感，然后讨论幸福的本质和测量方法，最后介绍对幸福之原因和结果的研究有何发现。

积极情绪

现代积极心理学创始人 Martin Seligman 教授（2002）在《真实的幸福》（*Authentic Happiness*）一书中把积极情绪分成三类：与过去有关的、与现在有关的和与未来有关的。与未来有关的积极情绪包括乐观、希望、信心、信仰和信任。第三章会详细讨论其中的乐观和希望。与过去有关的积极情绪主要包括满意、满足、充实、骄傲和安详。与现在有关的积极情绪可以分成两类：即时的快感和长久的欣慰。快感包括生理上的快感和精神上的快感。生理上的快感来自感官，性、沁人的香气、可口的美食引起的感受就属于这一类。对比之下，精神上的快感来自更复杂的活动，包括飘飘欲仙、欢欣鼓舞、心满意足、心醉神迷、热情洋溢等感受。欣慰和快感的区别在于，欣慰要有沉浸，而沉浸来自全神贯注地从事那些令人沉浸其中的活动（比如赛船、授课和助人），这些活动通常需要动用个人独有的特征优势。特征优势指最突出的优势,第二章会详细讨论到。

幸福研究和积极情绪研究有个关键任务,那就是找到一个简便方法确定情绪是积极的还是消极的。下面我们来谈谈这个话题。

积极情感和消极情感

英文中描述情绪体验的词语多达550~600个(Averill,1997)。有充分证据表明,二维结构可以解释情绪体验的大部分变异(Larsen & Deiner,1992;Watson和Tellegen,1985)。很多对情绪体验自陈分数进行因素分析的研究(一共涉及来自多个文化的几千名被试)都得到了这样的结果。很多对情绪概念和面部表情等级评定分数进行多变量分析的研究,也都得到了这样的结果。我们可以构想出一个由二维坐标系定义的环形,千变万化的情绪体验就分布在这个环形上。当然,至于怎样定义这两个维度,研究者存在一定的分歧。在有些研究中,如在 Larsen 和 Deiner(1992)以及 Averill(1997)的研究中,这两个维度一个叫做激活度或唤醒度,另一个叫做愉快度或积极度。激活度(或唤醒度)在高度激活(或唤醒)与低度激活(或唤醒)之间变化,愉快度(或积极度)在愉快的(或积极的)和不愉快的(或消极的)之间变化。这两个维度构成图1.1中的横轴和纵轴。值得一提的是,还有一些研究者,特别是 Watson 和 Tellegen(1985),建议把坐标系旋转45°,得到两个新维度,分别是积极情感和消极情感。图1.1坐标系中那两条细细的斜线就代表这两个新维度。表1.1中积极情感和消极情感量表(Positive and Negative Affect Schedule,PANAS;Watson et al.,1988)能够可靠地测评积极情感和消极情感的个体差异。

关于积极情感和消极情感的研究得到了不少重要发现(Watson,2000,2002;Watson & Naragon,2009)。积极情感与人格特质外倾性相关,而消极情感与人格特质神经质相关(第二章将详细讨论这两种人格特质)。它们之间的相关系数很大,为0.4~0.9。积极情感还可以划分成几个子维度,分别是欢愉(例如欣喜的、幸福的、有朝气的)、自我肯定(例如有信心的、有力量的、有勇气的)、专注(例如警觉的、专心的、

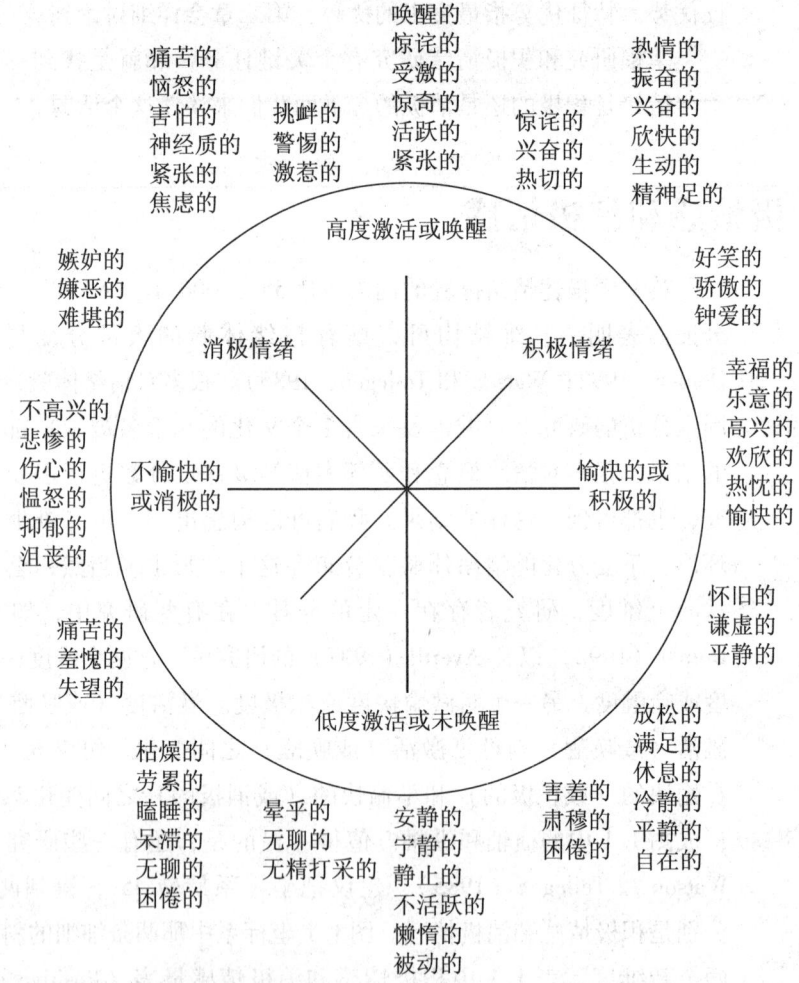

图 1.1 情绪的环形模型

注释：横轴代表愉快度或积极度，纵轴代表激活度或唤醒度；细斜线代表 Watson 和 Tellegen（1985）建议把坐标系旋转 45° 后得到的两个新维度，分别为消极情感和积极情感。

坚定的）。积极情感在 30 岁之后趋于稳定。消极情感在青春期后期达到顶峰，然后直到成年中期都随年龄增长而变弱。积极情感和消极情感存在稳定的个体差异，一天之内的情绪波动也存在稳定的个体差异。积极情感和消极情感的遗传性都居中，其遗传相关系数在 0.5 左右（遗传相关系数在 0~1 之间变化，0.5 表示遗传性居中）。然而，环境的影响可以

表 1.1　积极情感和消极情感量表

这个问卷包括若干描述情感、情绪的词语。请阅读每个词语，然后在后面的数字中选择一个，表明你此时此刻在多大程度上体验到了这个词语所描述的情绪或情感。

1 有兴趣的	非常轻微或根本没有 1	有一点儿 2	中等 3	比较强烈 4	极其强烈 5
2 痛苦的	非常轻微或根本没有 1	有一点儿 2	中等 3	比较强烈 4	极其强烈 5
3 兴奋的	非常轻微或根本没有 1	有一点儿 2	中等 3	比较强烈 4	极其强烈 5
4 难过的	非常轻微或根本没有 1	有一点儿 2	中等 3	比较强烈 4	极其强烈 5
5 有力量的	非常轻微或根本没有 1	有一点儿 2	中等 3	比较强烈 4	极其强烈 5
6 内疚的	非常轻微或根本没有 1	有一点儿 2	中等 3	比较强烈 4	极其强烈 5
7 惊恐的	非常轻微或根本没有 1	有一点儿 2	中等 3	比较强烈 4	极其强烈 5
8 敌对的	非常轻微或根本没有 1	有一点儿 2	中等 3	比较强烈 4	极其强烈 5
9 热忱的	非常轻微或根本没有 1	有一点儿 2	中等 3	比较强烈 4	极其强烈 5
10 骄傲的	非常轻微或根本没有 1	有一点儿 2	中等 3	比较强烈 4	极其强烈 5
11 烦躁的	非常轻微或根本没有 1	有一点儿 2	中等 3	比较强烈 4	极其强烈 5
12 警觉的	非常轻微或根本没有 1	有一点儿 2	中等 3	比较强烈 4	极其强烈 5
13 羞愧的	非常轻微或根本没有 1	有一点儿 2	中等 3	比较强烈 4	极其强烈 5
14 鼓舞的	非常轻微或根本没有 1	有一点儿 2	中等 3	较强烈 4	非常强烈 5
15 神经质的	非常轻微或根本没有 1	有一点儿 2	中等 3	较强烈 4	非常强烈 5
16 坚定的	非常轻微或根本没有 1	有一点儿 2	中等 3	较强烈 4	非常强烈 5
17 专注的	非常轻微或根本没有 1	有一点儿 2	中等 3	较强烈 4	非常强烈 5
18 紧张的	非常轻微或根本没有 1	有一点儿 2	中等 3	较强烈 4	非常强烈 5
19 活跃的	非常轻微或根本没有 1	有一点儿 2	中等 3	较强烈 4	非常强烈 5
20 害怕的	非常轻微或根本没有 1	有一点儿 2	中等 3	较强烈 4	非常强烈 5

注释：积极情感得分为第 1、3、5、9、10、12、14、16、17、19 题的得分之和，消极情感得分为第 2、4、6、7、8、11、13、15、18、20 题的得分之和。

增强积极情感。例如，Headey 和 Wearing（1991）的一个为期 6 年的纵向研究发现：31% 的被试在积极情感上的得分提高了一个标准差以上。积极情感与较高的工作满意度和婚姻满意度相关。它们之间可能存在复杂的双向关系：积极情感让人更容易从工作和婚姻中获得乐趣，而从工作和婚姻中获得的乐趣又反过来增强了人的积极情感。积极情感还与身体健康水平相关。在积极情感上得高分的人，往往有更健康的生活方式、更有效的应对策略。消极情感则与多种心理障碍相关，特别是抑郁。

积极情感和消极情感都是有用的体验，它们之所以进化出来是为了履行不同的功能（Watson et al.，1995）。消极情感（像第二章要讨论的人格特质神经质一样）是行为抑制系统的一个方面。这个系统具有回避导向，其功能是发动回避行为、抑制趋近行为，让有机体远离可能出现危险、痛苦或惩罚的情境。相反，积极情感（正如第二章要讨论的人格特质外倾性一样）是行为趋近系统的一个方面。这个系统的功能是驱动有机体趋近可能出现快乐或奖励的情境，帮助有机体获得生存所必须的资源，如食物、住所和配偶。积极情感与左前额叶有关，受多巴胺系统的调节（Waltson & Naragon，2009）。幸福的人在静息状态下前额叶左侧比右侧活跃，而焦虑的人在静息状态下前额叶右侧比左侧活跃（Davidson et al.，2000；Tomarken & Keener，1998）。

有规律的体育锻炼、充足的睡眠、与好友的相聚、为重要目标而奋斗（更甚于实现重要目标）等与积极情感有关。因此，积极情感可以通过如下方式获得：有规律地锻炼身体、保证规律且充足的睡眠、建立并维持牢固的友谊、经常与好友聚会、为自己认定的重要目标努力工作等（Watson，2002）。积极情感是幸福的一个方面，下面我们来探讨幸福。

幸福

大多数人有多幸福？为了回答这个问题，美国明尼苏达大学的 Ed Diener 教授综合分析了 916 个有关幸福、生活满意度或主观幸福感的调查所得到的数据,这些数据共涉及全球 45 个国家的 100 多万名被试(Myers & Diener,1996)。他先把所有数据统一转化到一个 0 到 10 的量表上,其中 10 表示非常幸福,5 表示处于中间状态,0 表示非常不幸福。从图 1.2 可以看出,综合所有调查结果进行数据分析所得到的幸福平均分是 6.75 分。因此他得出结论:一般人都是比较幸福的。很少有调查发现平均分刚好是 5 分(代表中间状态)或者低于 5 分(代表不幸福)。他把所有被试按年龄、性别或种族分组后进行数据分析,发现各组的平均分也都高于 5 分。当然,也有少数群体是不幸福的。这些人包括强制住院戒酒的

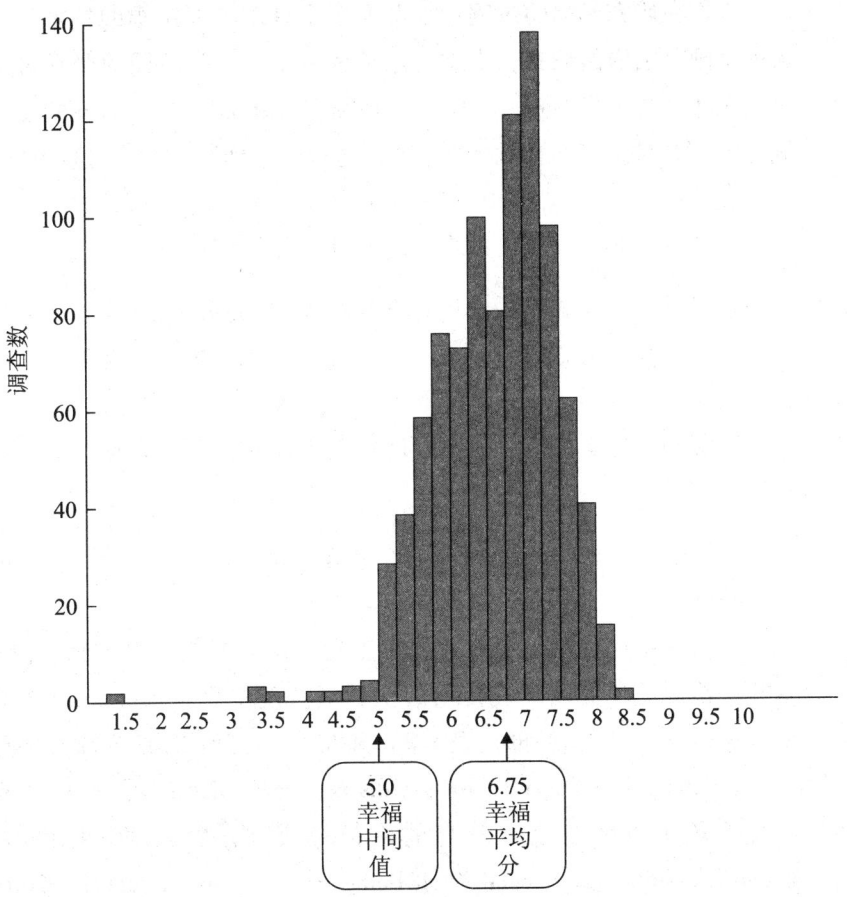

图 1.2 916 个幸福调查(共涉及 45 个国家的 100 多万名被试)的结果

酗酒者、新入狱的囚犯、新入院的病人、种族隔离中的南非黑人、遭受政治压迫的学生等。幸福分值的变异还存在性别差异和年龄差异。Veenhoven 和 Hagerty（2006）从 10 个欧洲国家收集数据进行分析后发现，从 1973 年到 2002 年，人们的幸福水平显著提高了，而且幸福水平的提高与寿命的增加有关联。

幸福的测量

人们在研究幸福的过程中，开发出了许多测评幸福的技术。很多重大的全国范围内的调查，常常使用单题测量幸福。不同的调查对这些单题的表述方式不尽相同，比如"你现在有多幸福"、"你对你的生活有多满意"、"总体而言，你觉得你的生活过得怎么样"，等等。这些调查通常要求被试在 5 点、7 点或 10 点量表上评分。

Fordyce（1998）开发的幸福问卷包含两个问题：

1. 总体而言，你觉得自己有多幸福或多不幸福？（请在以下量表上评分，10 代表狂喜、兴高采烈、十分高兴，0 代表极其抑郁、十分消沉）；
2. 平均而言，你有百分之几的时间觉得自己是幸福的（或者是不幸福的、或者处于中间状态）？

结果显示，第一个问题的平均值是 6.9，第二个问题的平均值是 54%。

近期研究使用的问卷一般包含多题，这种复杂问卷的信效度较高。这些问卷包括在美国广泛使用的生活满意度量表（Satisfaction with Life Scale; Diener et al., 1985，表 1.2）和在英国广泛使用的牛津幸福感问卷（Oxford Happiness Questionnaire; Hills & Argyle, 2002，表 1.3）。英国还开发了另外两个信效度较高的幸福量表，分别是 W-E 幸福量表（Warwick-Edinburgu Mental Well-Being Scale; Tennant et al., 2007，表 1.4）和抑郁—幸福两极量表（Bipolar Depression-Happiness Scale; Joseph & Lewis, 1998）。

表1.2 生活满意度量表

下列 5 个陈述你可能同意，也可能反对。请在每个陈述后面的数字当中选一个圈上，表示你对每个陈述的同意或反对程度。在回答的时候，请保持开放和诚实的心态。

1	我的生活在大多数方面接近我的理想。	1 强烈反对	2 反对	3 轻微反对	4 既不反对也不同意	5 轻微同意	6 同意	7 非常同意
2	我的生活条件很好。	1 强烈反对	2 反对	3 轻微反对	4 既不反对也不同意	5 轻微同意	6 同意	7 非常同意
3	我对我的生活感到满意。	1 强烈反对	2 反对	3 轻微反对	4 既不反对也不同意	5 轻微同意	6 同意	7 非常同意
4	到目前为止，我已经得到了我想从生活中得到的重要的东西。	1 强烈反对	2 反对	3 轻微反对	4 既不反对也不同意	5 轻微同意	6 同意	7 非常同意
5	如果可以再活一次，我基本上不会做任何改变。	1 强烈反对	2 反对	3 轻微反对	4 既不反对也不同意	5 轻微同意	6 同意	7 非常同意

注释：大多数人在这个问卷上的得分为 5~21。

表1.3 牛津幸福感问卷（简易版）

下面是几个有关幸福的陈述。请在每个陈述后面的数字当中选一个圈上，表示你对这个陈述的同意或反对程度。这些陈述，有的使用正面措辞，有的使用负面措辞。答案没有对错之分，不要在一个问题上花太长时间，不要在脑中出现的第一个答案也许就是合适的答案。如果你觉得有些问题难以回答，那么请给出在大部分时间内总体上符合你情况的答案。

1	我不太满意我现在的样子。	6 强烈反对	5 中度反对	4 轻微反对	3 轻微同意	2 中度同意	1 非常同意
2	我觉得生活很有收获。	6 强烈反对	5 中度反对	4 轻微反对	3 轻微同意	2 中度同意	1 非常同意
3	我对生活的每一方面都很满意。	6 强烈反对	5 中度反对	4 轻微反对	3 轻微同意	2 中度同意	1 非常同意
4	我不认为我看起来有魅力。	6 强烈反对	5 中度反对	4 轻微反对	3 轻微同意	2 中度同意	1 非常同意
5	我觉得有些东西很美。	6 强烈反对	5 中度反对	4 轻微反对	3 轻微同意	2 中度同意	1 非常同意
6	我能做好我想做的任何事情。	6 强烈反对	5 中度反对	4 轻微反对	3 轻微同意	2 中度同意	1 非常同意
7	我觉得我的精神状态很好。	6 强烈反对	5 中度反对	4 轻微反对	3 轻微同意	2 中度同意	1 非常同意
8	我并没有什么特别幸福的记忆。	6 强烈反对	5 中度反对	4 轻微反对	3 轻微同意	2 中度同意	1 非常同意

注释：大多数人在这个问卷上得分为29～39。

表 1.4　W-E 幸福量表

下面是几个有关感受或想法的陈述。请根据你最近两周的体验回答问题，在每个陈述后面的数字当中选一个圈上。

1	我对未来持乐观态度。	1 从没	2 很少	3 有时	4 经常	5 一直
2	我觉得自己是有用的。	1 从没	2 很少	3 有时	4 经常	5 一直
3	我觉得放松。	1 从没	2 很少	3 有时	4 经常	5 一直
4	我对别人感兴趣。	1 从没	2 很少	3 有时	4 经常	5 一直
5	我并不觉得筋疲力尽。	1 从没	2 很少	3 有时	4 经常	5 一直
6	遇到的问题，我都处理得很好。	1 从没	2 很少	3 有时	4 经常	5 一直
7	我思维清晰。	1 从没	2 很少	3 有时	4 经常	5 一直
8	我自我感觉良好。	1 从没	2 很少	3 有时	4 经常	5 一直
9	我觉得我与别人相处得不错。	1 从没	2 很少	3 有时	4 经常	5 一直
10	我觉得有信心。	1 从没	2 很少	3 有时	4 经常	5 一直
11	我能自己拿主意。	1 从没	2 很少	3 有时	4 经常	5 一直
12	我觉得自己是有人爱的。	1 从没	2 很少	3 有时	4 经常	5 一直
13	我对新事物感兴趣。	1 从没	2 很少	3 有时	4 经常	5 一直
14	我觉得高兴。	1 从没	2 很少	3 有时	4 经常	5 一直

注释：大多数人在这个问卷上的得分为 45~56。

因素分析研究表明，幸福至少包括两个方面：一方面是情感成分，即对欢欣、得意、满足等积极情绪的情感体验；另一方面是认知成分，即对生活各方面满意程度的认知评价（Andrews & McKennell，1980）。跨文化研究数据显示：在个人主义文化下，如在英国和美国，这两个方面的相关系数是 0.5；而在集体主义文化下，满意度不仅取决于自己，而且依赖于他人，所以这两个方面的相关系数仅为 0.2（Suh et al.，1997）。因此，欢欣和满意，也就是幸福的情感因素和认知因素，是两个相对独立的成分。更为复杂的是，如图 1.1 所示，积极情感和消极情感是两个相互独立的维度，而非一个维度的两极。此外，总体幸福依赖于对生活各个领域（家庭、工作等）的满意程度的认知评价，还依赖于在生活各个领域的情感体验。表 1.5 列出了主观幸福感包含的各种成分（Diener，Suh，Lucas，& Smith，1999）。而 Alfonso 等人（1996）在考虑生活多个领域的基础上开发了一个生活满意度问卷，即生活满意度问卷拓展版（Extended Satisfaction with Life Scale）。该问卷在自我、家庭、性、人际关系、社交、身体、工作和学业这8个领域上各有5道题。

表1.5 主观幸福感的成分

领域	认知成分	情感成分	
	满意度	积极情感	消极情感
自我	重要他人对其生活的看法	幸福	抑郁
家庭	对当前生活的满意程度	得意	悲伤
同伴	重要他人对其生活的看法	狂喜	嫉妒
健康	对过去的满意程度	自豪	愤怒
经济	对未来的满意程度	依恋	压力
工作	改变生活的渴望有多强烈	欢欣	罪感或耻感
休闲	对当前生活的满意程度	满足	焦虑

除了单题量表和多题量表外，测量幸福感还可以使用体验抽样法（experience sampling methods，ESM；Hektner et al.，2007）。所谓ESM，就是让被试在整个调查期间（1周或1个月内）一直携带传呼机，随时传呼被试，让被试报告自己当时的心情。单题量表和多题量表主要用于评价一段相对较长的时期内的幸福感，而ESM主要用于研究一段相对较短的时期内的幸福感波动。

幸福的作用

Seligman（2002）认为，积极情绪和消极情绪的区别在于，积极情绪主要让我们为非零和博弈做准备，而消极情绪主要让我们为零和博弈做准备。从进化角度来看，消极情绪，如恐惧或愤怒，是我们面临威胁时的第一道防线。例如，恐惧和愤怒告诉我们，危险可能存在，或者伤害即将发生。消极情绪收缩我们的注意力范围，让我们集中关注威胁源头，动员我们战斗或逃离。消极情绪让我们为零和博弈做准备。零和博弈，指参与博弈的各方，在严格竞争下，一方的收益必然意味着另一方的损失，博弈双方的收益和损失相加总和永远为"零"。相比之下，积极情绪，比如愉快或满意，告诉我们好事即将发生。积极情绪拓宽我们的注意力范围，使我们能够对更广阔的物理环境和社会环境保持清醒的意识。注意力范围拓宽之后，我们就能对新思想和新活动保持开放心态，比平常更具创造性。因此，积极情绪为我们改善人际关系和提高生产率提供机会。积极情绪让我们为非零和博弈做准备。非零和博弈指双方在博弈结束时收益都有所增加。非零和博弈与积极情绪之间的联系是有理论基础的：根据Wright（2000）的论证，社会越文明，社会制度就越支持非零和博弈。

从上述分析可以看出：消极情绪促进批判性思维和决策（批判性思维和决策高度聚焦，具有防御性，目标是排查错误），而积极情绪则促进发散性思维和创新。"抑郁现实主义"研究证明：抑郁的人能比较准确地评估自己的技能、比较准确地回忆自己的积极经历和消极经历，对风险信息比较敏感（Ackerman & Derubeis，1991）。相比之下，幸福的人高估自己的技能，回忆的积极事件多于消极事件，但是，他们懂得运用一些重要策略，比如搜罗健康风险信息等，因此他们比较擅长制订生命规划决策（Aspinwall et al，2001）。第三章会详细讨论乐观和抑郁现实主义。

扩展和建构理论

美国密歇根大学的Barbara Fredrickson教授对积极情绪促进非零和博弈的观点加以延伸，提出了积极情绪的扩展和建构理论（Broaden-and-build theory），用来解释为什么积极情感体验不仅反映了个人的幸福感，而且有助于个人的成长和发展（Cohn & Fredrickson，2009；Fredrickson，2009；Fredrickson & Losada，2005）。许多消极情绪，如焦虑、愤怒，会收拢即时思维—行动范畴，让我们进入防御状态。相比之下，积极情绪会扩展即时思维—行动范畴。思维—行动范畴变宽了，我们就有更多机会建造持久资源；建造了更多持久资源，我们就更有可能好好地成长和发展；成长和发展好了，我们就会产生更多的积极情绪。如此继续下去，就会形成一个良性循环。图1.3（Fredrickson，2002）展示了这个过程。例如：一个人快乐了，就会强烈渴望通过社交活动、智慧活动或艺术活动进行游戏和创造；这样，与他人游戏获得的快乐，可以强化社会支持网络，还可以创造出艺术作品或取得科研成果，或者创造性地解决日常生活中的问题。社会支持网络变强、艺术作品或取得科研成果、成功解决问题的经历，都是快乐带来的相对持久的结果，有助于个人成长和发展。这进而会带来更多积极情绪。另外一种积极情绪——满足——可以让我们产生审视自己生活境况的愿望。这样做的结果是：我们可以更积极地看待自己和周围的世界，形成更积极的生活方式。这些更积极的看法和做法，反过来又会带来更多积极情绪。

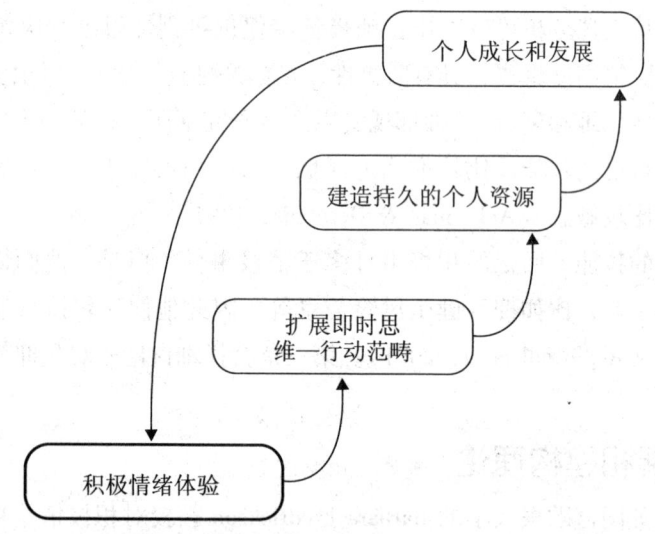

图 1.3　积极情绪的扩展和建构理论

来自社区研究、临床研究和实验室研究的实证证据，为积极情绪的扩展和建构理论提供了有力的支持（Cohn & Fredrickson, 2009; Fredrickson, 2002, 2009; Fredrickson & Losada, 2005; Lyubomirsky et al., 2005a）。有充分证据表明，积极情绪确实会扩展思维—行动范畴。双相障碍临床研究表明：躁狂和轻度躁狂状态都与思维过度包罗万象有关，双相障碍病人用锂盐疗法治愈后创造力会下降。实验室研究发现，很多方法能够可靠地诱发被试的积极情绪，所诱发出的积极情绪最长可以保持 15 分钟。这些方法包括（根据有效性排列）：观看令人兴奋的电影或者阅读激动人心的故事，收到意外的礼物（比如巧克力棒），阅读积极的自我陈述，回忆积极事件，获得正面反馈，听音乐，与开朗的人积极互动（Westermann et al., 1996）。使用这些情绪诱导法的实验室研究证明：幸福对知觉、认知和社交有积极作用。类似的研究显示：情绪积极的被试，或者收到成功反馈（说他们在实验任务中获得了成功）的被试，表现出整体视觉加工倾向，注意范围更广；相反，情绪消极的被试，或者收到失败反馈的被试，则表现出部分视觉加工倾向。实验室研究表明，诱导出来的积极情绪会让思维和行为更具创造性和灵活性。Fredrickson 在自己的实验室里进行了一系列研究，验证了积极情绪的扩展和建构理论。在一组实验中，她给被试观看幻灯片，让被试产生快乐或满足等积极情绪，或者产生恐惧或愤怒等消极情绪；诱发出被试的某种情绪后，就让被试列一个清单：在真实生活中产生这种情绪时想做哪些事情，列得越多越好。结果显示，积极情绪下的思维—行动范畴宽广很多。

大量证据表明，积极情绪状态有助于建构持久的个人资源。Lyubomirsky 等人（2005a）做了一个元分析，综合考察了 225 个横断研究、纵向研究和实验室研究，发现积极情绪可促进工作、人际关系、健康三大领域的适应，让人对自我、对他人的认识变得更积极，让人更会社交、更受欢迎、更乐于助人、更擅长应对困境、更擅长解决冲突、更具创造力、更会解决问题。然而，并不是越幸福就在所有领域都越成功。Oishi 等人（2007）分析了一个大型国际性横断调查、一个以大学生为对象的横断调查和四个大型纵向调查（这些调查一共涉及 90 多个国家的被试）后发现：幸福感最高的人在亲密关系和义工领域最成功，幸福感稍低一些的人在收入、教育和政治参与领域最成功。Oishi 及其同事下结论说：只要超过中等水平这个基线，幸福对成功的影响就取决于成功具体有何定义。

一个重要问题是，多少积极情绪才足以促进生活发生积极变化？为了回答这个问题，Fredrickson 和 Losada（2005）邀请了 188 个被试完成了一个测评殷盛（flourishing）水平的初级调查，然后让这些被试连续一个月每天报告自己的积极情绪和消极情绪。如果被试在以下维度中的六项上得高分，即可被视为拥有"殷盛"的人生：自我接纳、人生目标、环境掌控、积极的人际关系、个人成长、自主性、社会凝聚力、社会整合、社会接纳、社会贡献和社会实现。他们发现，殷盛的人，积极情绪与消极情绪之比大于3∶1；不殷盛的人，积极情绪与消极情绪之比低于3∶1。Fredrickson（2009）丰富了扩展和建构理论，增加了一个命题：如果积极情绪要带来明显的长期收益、引发殷盛体验，那么积极情绪与消极情绪之比必须大于3∶1。

寿命

来自纵向研究的证据表明：幸福对寿命有重要影响。Chida 和 Steptoe 做了一个元分析，考察了35个研究，发现：心理幸福感与死亡率存在负相关，对健康人群而言如此，对患病人群而言亦如此。对健康人群的研究发现，积极情感（包括欢乐、幸福、活力、精力）和积极特质（生活知足、抱有希望、乐观和幽默）都与死亡率存在负相关。在证明幸福对寿命的影响时，大家最常引用一个修女研究。Danner 等（2001）在美国选取了180名修女进行逆向追踪研究后发现：这些修女最初进入修道院时的幸福水平的高低与她们长寿与否存在相关。这是一项控制得十分严格的研究。所有被试都有同样的生活方式。她们都是未婚的修女，不吸烟，不喝酒，在整个成年时期都只吃营养均衡的简单食物。最初进入修道院的时候，她们写了简短的自我介绍，还写了对未来的展望。她们并不知道这些文字以后会用来做幸福与寿命研究。半个多世纪后，一批训练有素的评分者对她们在文字中反映出的幸福水平进行量化评分。这些评分者并不知道她们的年龄。在最幸福的1/4的被试中，有90%的人活过了85岁。相比之下，在最不幸福的1/4的被试中，只有34%的人活过了85岁。

前面的介绍清楚地表明：积极情绪不仅促进了生活两大领域——工作和人际关系——的适应，而且能够使人延年益寿。在讨论了幸福的作用之后，现在我们来探究一下幸福的原因。

幸福的原因

确认哪些因素对幸福有贡献不是一件容易的事情（Diener，2009a，2009b，2009c；Eid & Larsen，2008）。快感和对快感的追求会带来幸福，但并非总会带来幸福。例如，人们每次吸烟、吸毒都可获得暂时的快感，可是长期下去会生病，进而带来不幸福。仇杀、攻击、强暴和偷窃或许能够带来即时的满足或短暂的快感，但是长期来看会引发社会、心理或身体方面的种种问题，导致痛苦甚至绝望。人类在漫长的进化中形成了一个特征：在某些情境下体验到幸福，在另外一些情境下则体验到痛苦。

Sonja Lyubomirsky 教授论证说，幸福水平由三组因素决定：（1）设定点；（2）境况；（3）目的性活动（Lyubomirsky，2007；Lyubomirsky et al.，2005b）。关于幸福设定点，Lyubomirsky 提出：幸福的个体差异有50%可以用人格因素来解释，而人格有一部分是基因决定的。至于境况，同样毫无疑问的是，某些境况容易让人幸福，或者有利于培养追求幸福所需的技能。Lyubomirsky 提出：幸福的个体差异，有10%可以由境况因素来解释。本章余下部分将列举一些证据，说明基因和境况的相对作用。Lyubomirsky 还提出：幸福的个体差异有40%可以用目的性活动来解释。这一观点最能给人以希望，因为它意味着我们有很大余地通过有目的地从事某个活动来增进幸福。图 1.4 描绘了三组因素对幸福的相对贡献（Lyubomirsky，2007）。本章稍后会借鉴进化心理学的重要成果，讨论哪些因素会妨碍人们获得幸福（Buss，2000）。然而，具体如何做才能活得

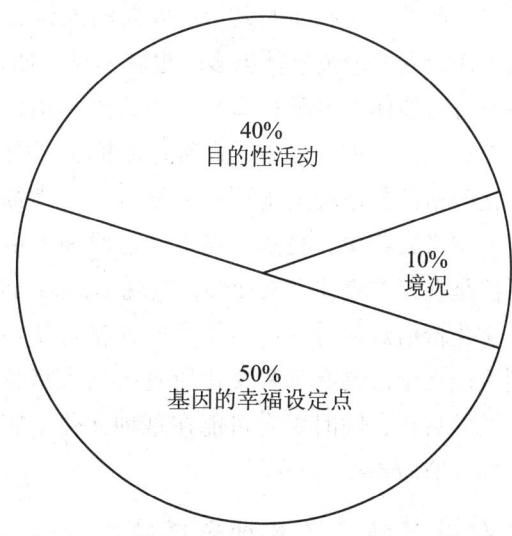

图 1.4 幸福的原因

更幸福，要在本书最后一章讨论。

幸福设定点

幸福设定点这个概念的提出，是因为有人观察到幸福水平在一定程度上由人格特质决定，而人格特质在一定程度上由基因决定。

人格特质与幸福

文献综述和元分析表明：幸福的人与不幸福的人，两者有着迥然不同的人格轮廓（Diener et al., 1999）。在西方文化下，幸福的人是外向的、情绪稳定的、责任心强的、宜人的、乐观的、高自尊的、内控的。相比之下，不幸福的人是神经质的、内向的、责任心弱、宜人性差。有趣的是，智力与幸福无关。幸福与人格特质的关系并不具有跨文化一致性，下面我们来讨论这一发现。

有些因素可以部分地解释外倾性与幸福之间的相关（Diener et al., 1999）。外向的人可能更适合要求频繁社交的环境，因为在这样的环境中，他们的社交需要更容易得到满足，他们更容易感到幸福。而且，有充分证据显示：面对那种用于诱导积极情绪的刺激，外向的人有更强的幸福反应。此外，还有证据显示：外向的人体验到的积极事件更多，神经质的人体验到的消极事件更多。也就是说，如果你是个非常外向的人，那么你更有可能体验到积极事件，因此更幸福；而如果你是个高度神经质的人，那么你就更有可能体验到消极事件，因此更不幸福。

文化因素部分地决定了哪些人格特质与幸福有关。在美国等西方社会的个人主义文化中，自尊、自主性这两种人格特质与主观幸福感存在关联。但是在东方集体主义社会，主观幸福感与这些人格因素并无关联。因此，文化价值观部分地决定了哪些人格特质会影响主观幸福感。其中的机制可能在于，具有某种文化所宣扬的人格特质，就会设定与文化价值观一致的目标，同时更有可能在这种文化下实现所设定的目标，进而获得幸福（Triandis, 2000）。

人格特质的遗传基础和环境基础

大量证据（大都来自双生子研究）表明，影响幸福的主要人格特质，如外倾性和神经质等，其50%的变异可以归于遗传（Krueger & Johnson, 2008）。遗传因素影响人格特质的机制非常复杂。也许是多个遗传因素共同决定了气质特点，这些气质特点与个人所在环境的独有特点交互作用，影响人格特质的发展。许多有关气质与人格特质之联系的纵向研究表明：那些比较活泼、经常体验积极情感的孩子，长大后会变得外向，进而更有可能幸福；那些容易生气、容易胆怯的孩子，长大后则显得高度神经质，进而更有可能展现消极情感（DePauw & Mervielde, 2010）。

幸福设定点的遗传度

在明尼苏达分养双生子实验（Minnesota Study of Twins Reared Apart）中，David Lykken 教授（1999）已经证明：幸福感的变异，大约一半可归于遗传因素。他测量幸福的工具是多维人格问卷（Multidimensional Personality Questionnaire）的幸福感量表（Well-Being Scale）。但是，幸福设定点有98%取决于遗传。人们在很长一段时期内（如10年）的幸福水平都围绕着一个固定值波动，这个固定值就叫做幸福设定点。表1.6给出了支持这一结论的数据。这些数据显示：同卵双生子的幸福感得分之间有较高相关（0.44～0.53），而异卵双生子之间的这一相关系数则很小（0.08～0.13）。这些发现支持了幸福感有44%～53%由遗传因素决定的结论。同卵双生子在实验开始时的幸福感分数与自己在9年后的幸福感分数之间的相关系数是0.55，同卵双生子中的一个在实验开始时的幸福感分数与另外一个在9年后的幸福感分数之间的相关系数是0.54。这一引人注意的结果告诉我们：幸福设定点98%（0.54/0.55）由遗传因素决定。

表1.6 双生子之间、跨时间、双生子×跨时间交互作用的幸福感的相关研究，幸福感分数是双生子使用多维人格问卷中的幸福感问卷的测验分数，时隔9年之后进行重测。

	双生子对数	相关系数
分开抚养的同卵双生子之间的相关性	69	0.53
一起抚养的同卵双生子之间的相关性	663	0.44
分开抚养的异卵双生子之间的相关性	50	0.13
一起抚养的异卵双生子之间的相关性	715	0.08
结论：幸福感的遗传度为44%～53%		

	双生子对数	续表 相关系数
同卵双生子中每一个与自身9年后的相关性	410	0.55
同卵双生子中每一个与其孪生者9年后的相关性	131	0.54
异卵双生子中每一个与其孪生者9年后的相关性	74	0.05
结论：幸福设定点的遗传度为98%（0.54/0.55）		

境况因素和幸福

大量境况因素（其中很多是环境因素）影响幸福（Diener et al., 2009a, 2009b; Eid & Larsen, 2008），其中包括地理位置、文化、宗教灵修、生活事件、财富、婚姻状态、社会支持、教育、工作、休闲、年龄、性别和健康。所有这些境况因素一共可以解释总体幸福10%的变异（Lyubomirsky et al., 2005b）。

地理位置和物理环境

广义而言，物理环境舒适度与幸福感之间存在正相关。与人造环境相比，自然环境更有可能带来强烈的积极感受。在有植被、水和全景景观的地方，人们的积极情绪更多（Ulrich et al., 1991）。人们喜欢这类地方，可以从进化角度去解释（Buss, 2000）。这样的环境既安全又富饶。

天气好，心情就好。在阳光灿烂、暖而不热、不潮不湿的天气，人们报告更多的积极情绪（Brereton et al., 2008; Cunningham, 1979）。然而，人们也能适应不好的天气；而且，跨国研究表明，气候与幸福感之间没有相关性。

房屋质量与生活满意度之间有中度相关。房屋质量的评价指标包括地理位置、人均房间数、房间大小、有无取暖设施等（Andrews & Withey, 1976; Campbell et al., 1976）。

与便利设施的距离也影响幸福感。生活在机场附近（但是没有近到遭受噪音污染）或海边，幸福感较高；而生活在主路附近或废料填埋场附近，幸福感较低（Brereton et al.，2008）。上下班要坐很久的车、住在没有什么公园和绿地的地方、附近有噪音和空气污染，幸福感较低（Diener et al., 2009a）。

调查和情绪诱导实验表明：音乐可以带来短暂的积极情绪，降低攻击性（Hills & Argyle, 1998; Argyle, 2001）。然而，没有证据显示，音乐可以带来持久的积极情绪，提高生活满意度。

文化

Ed Diener 及其团队做了一系列研究（这些研究涉及 90 多个国家的几十万名被试），一致发现：具体的文化和社会—政治因素对幸福有重要影响（Diener, 2009b; Diener & Suh, 2000）。与存在军事冲突或政治压迫的社会相比，生活在富裕、稳定、民主的社会，人们的主观幸福感更强。社会越公平，人们的主观幸福感越强。与集体主义文化相比，生活在个人主义文化中，人们的主观幸福感较强。幸福还和政府机构的一些重要特征之间存在相关性。在高福利国家、公共机构运转效率高的国家、官民关系和谐的国家，人们有较强的主观幸福感。

在比较贫穷的国家，经济状况满意度很大程度上决定着生活满意度；在比较富裕的国家，家庭生活满意度很大程度上决定着总体生活满意度。此外，与欧裔美国人相比，对亚裔美国人、日本人和朝鲜人而言，日常积极体验对日常幸福感的增进作用较小。这里所说的日常积极体验是指与朋友一起吃饭、受到表扬、收到礼物，等等。

宗教灵修

北美的研究（Myers, 2000; Meyers et al., 2008）发现：幸福和参加宗教活动之间存在中等程度的相关性。这一点可见图 1.5，参加宗教活动越频繁的人越幸福。一些元分析和文献综述发现，宗教虔诚与精神健康之间存在正相关（Hackney & Sanders, 2003），灵修与生活质量之间存在正相关（Sawatzky et al., 2005），积极宗教应对与积极心理适应之间存在正相关。然而，宗教信仰和宗教活动与幸福感之间的关系并不简单，并非总是"越多越好"。例如，自杀式爆炸现象表明，极端的宗教激进主义也许是有害的。而且很多非宗教人道主义者，比如法国哲学家 Jean-Paul

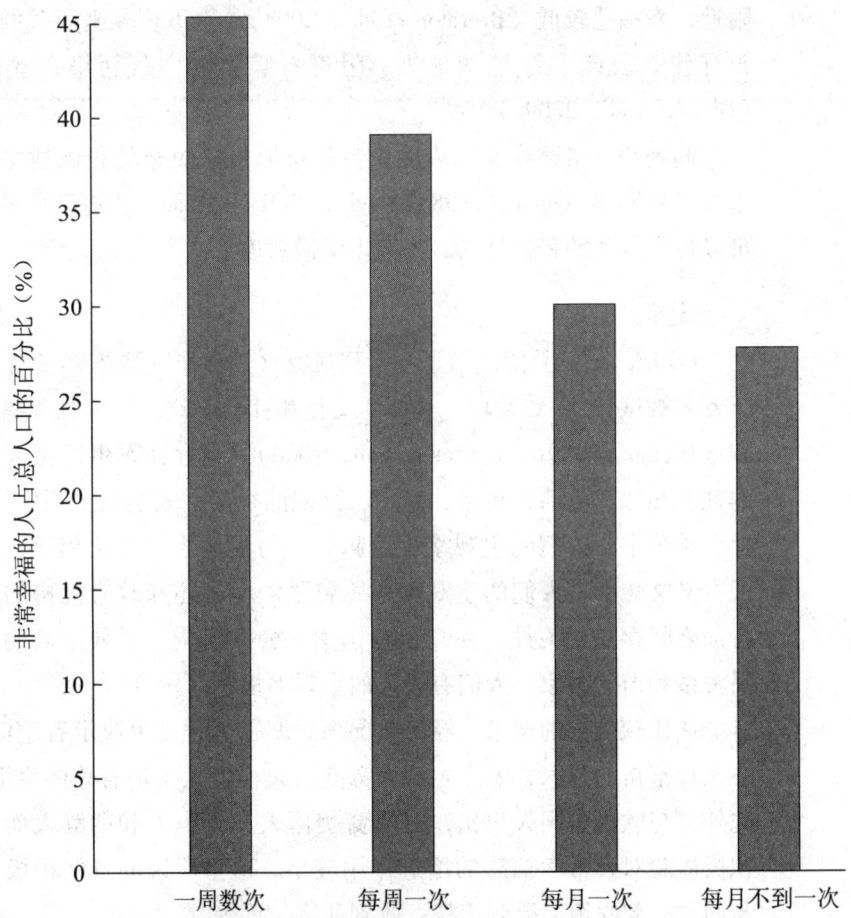

图 1.5 在美国，做礼拜与幸福感的关系

注释：本图表根据美国民意研究中心在 1972—1996 年的综合社会调查中收集到的 35024 例数据绘制。

Sartre（1905—1980）、英国小说家 Sir Terry Prachett，也照样过得非常充实圆满。Kenneth Pargament 教授（2002）回顾了很多有关宗教与幸福的实证研究后下结论说：当信教是自愿的、相信神明会佑护自己的时候，宗教与幸福存在相关性；当信教是被迫的、害怕神明会惩罚自己的时候，宗教与幸福不存在相关性。宗教对于边缘性群体和劣势群体特别有帮助，宗教在压力情境下特别有用。宗教对一个人的幸福有多大影响，取决于这个人在多大程度上把宗教整合到生活当中。

信教者比不信教者幸福的原因有许多，其中有四点是心理学重点考虑的，这四点中每一点都得到了很多证据的支持（Diener & Biswas-Diener，2008；Myers et al.，2008）。第一，宗教提供了一个信仰体系，让人们能够发现生活的意义，对未来充满希望。宗教信仰体系能让人们看清自己在宇宙中的位置，理解人生当中的逆境、压力和不可避免的损失，乐观面对来世，相信这些难题在来世都会得到解决。第二，有规律地参加宗教活动、成为宗教组织的一员，能够为人们提供社会支持，满足人们的归属需要。第三，皈依宗教的人通常会选择更有利于身心健康的生活方式。这种生活方式的特点是忠于婚姻、重视家庭、乐于助人、饮食适度、勤奋工作，以及表现得谦虚、宽容、懂得感恩、富有同情心等。第四，宗教灵修活动包括冥想、诵经、祈祷、礼拜、去美丽的教堂，因此可以诱导欢乐、敬畏、同情和超然等积极情绪。

生活事件

积极（消极）生活事件对幸福感有影响，不过在很多案例中，这种影响是短期的、非长久性的。Brickman 和 Campbell（1971）发明了"享乐主义踏板车"（hedonic treadmill）一词来描述以下现象：在绝大多数情况下，积极（消极）事件会导致幸福感骤然上升（下降），但是没过多久（如几个星期或几个月），幸福感又会回到幸福设定点左右。为了支持这个假设，Brickman 等人（1978）举了两个例子：一个是中彩票的人，一个是车祸致瘫的人。事件发生后，前者极其高兴，后者极其悲伤，但是没过多久，两者都适应了。随后的研究表明：人们能适应人生当中的重大消极事件，例如入狱或残疾；也能适应人生当中的重大积极事件，例如收入增加（Frederick & Lowenstein，1999）。"享乐主义踏板车"这个假设确实直到最近才得到证实。然而，Ed Diener 的团队论证说，有些证据表明"享乐主义踏板车"假设需要加以修订。他们发现，如图 1.6 所示，人们并不能完全适应丧偶、离婚或失业（Diener et al.，2006）。图 1.6 还表明，人们能明显地适应新婚的积极影响。

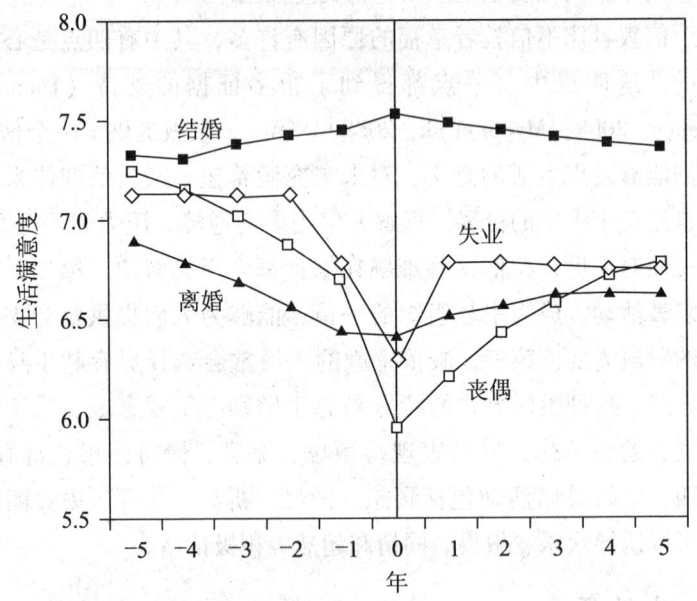

图1.6 对结婚、离婚、丧偶和失业的适应

财富

财富可以带来很多好处（Diener & Biswas-Diener, 2008, 2009）。与穷人相比，富人更健康、更长寿，生活中更少出现压力事件，更不可能中途辍学、年少怀孕、成为暴力犯罪受害者，同样的罪判得更轻。对那些喜欢自己工作的人来说，挣钱是愉快的事情。在大多数社会中，财富让人有更高的社会地位、更能掌控自己的人生。财富还允许人们做愉快的事情，比如助人、购物、休闲。尽管物质财富能够带来这些显而易见的好处，但是很多研究一致地发现：在富裕的工业化国家，比如美国和英国，财富与幸福或主观幸福感之间的相关系数非常小（$r<0.2$）。美国伊利诺伊大学的 Ed Diener 教授（2000）分析了若干国际调查收集到的数据后下结论说：国家的富裕程度与人民的幸福水平之间存在很大的相关性（$r = 0.5 \sim 0.7$），但是，在某些国家，个人富裕程度与个人幸福水平之间的相关性比较小（$r = 0.02 \sim 0.4$）。与富裕国家相比，在贫穷国家（人们更有可能不幸福），财富与幸福的相关性明显更大。例如，在印度加尔各答的贫穷地

区,相关系数大约为0.45;在美国,相关系数大约为0.2。在经济发达国家,过去几十年的经济增长并未伴随着幸福感的增强。除非非常有钱,否则把挣钱当做主要目标的人不如有精神追求的人幸福。这也许是因为,一旦基本的生理需要满足了,那么挣钱的过程和结果也许就不利于满足社会心理需要,而社会心理需要满足了,幸福感才会增强。然而,即使在富裕社会,非常富有的人也比中等收入的人幸福。

图1.7(Diener,2000)描述了国民相对幸福水平随国家相对富裕程

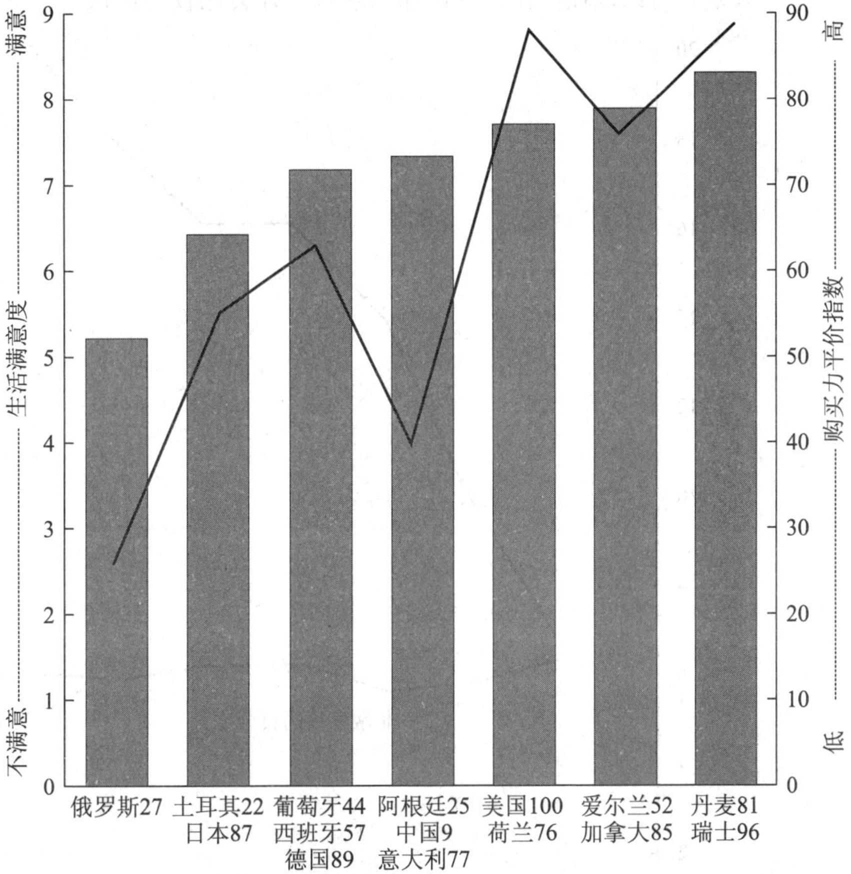

图1.7 国家富裕程度和生活满意度

注释:国名后面的数字是购买力平价指数。条形图是生活满意度。线形图是每个条形图代表的那组国家的平均购买力平价指数的连线。

度而变化的情况。国家相对富裕程度是用购买力平价法来量化的。幸福水平较低的是俄罗斯和土耳其,较高的是爱尔兰、加拿大、丹麦和瑞士。这可能是因为,随着人们可以从媒体上了解外国人的生活状态,穷国的人为不能像富国的人那样奢侈地生活而心生不满。但是,从图1.8 (Myers, 2000)可以看到,随着时间的推移,在富裕国家,比如美国,国家收入增长并未使国民主观幸福感增强。还有研究发现,在发达国家,巨富阶层常常比工薪阶层稍微幸福一些(尽管不是远远幸福很多)。这些发现都可以以社会比较理论加以解释。社会比较理论认为,个人的幸福

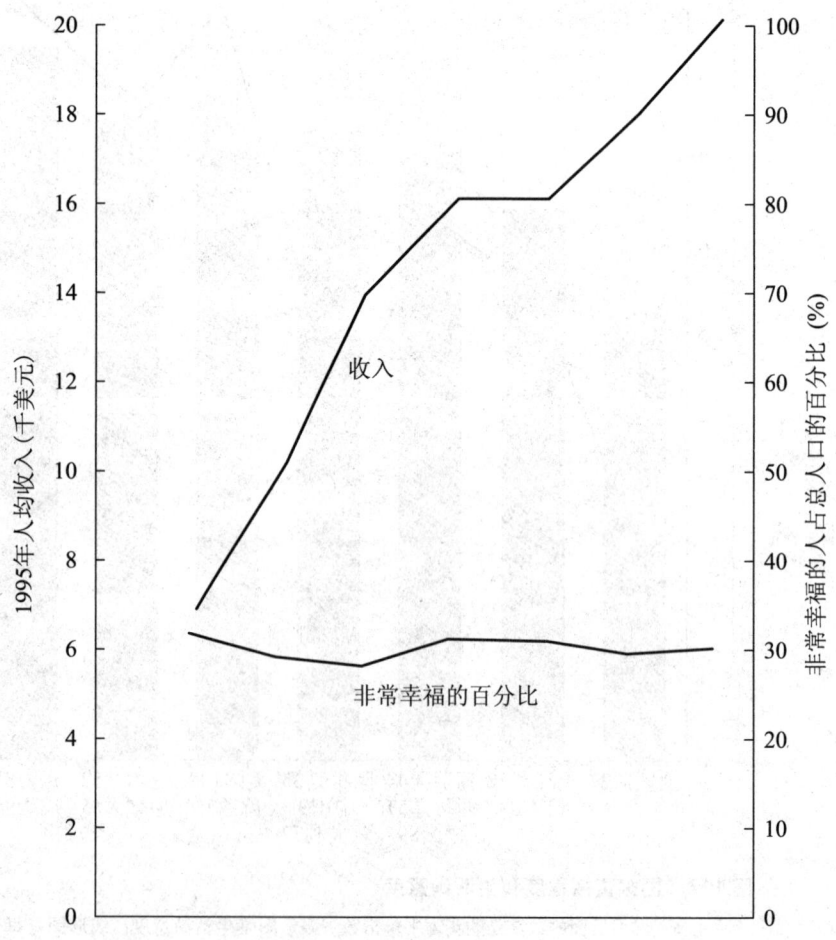

图 1.8 在美国,收入增加与幸福的关系

感不仅取决于个人的绝对状况，而且取决于个人的相对状况（Suls & Wheeler, 2000）。相对于向上比较（与优于自己的人比较），向下比较（与不如自己的人比较）能带来更高的满意度。在富裕国家，比如美国，国家收入增长并未使国民主观幸福感增强，这一发现还可以用 Abraham Maslow（1954）的需要层次理论来解释。需要层次理论认为，一旦满足了基本的衣食住行和安全需要，那么要提高满意度，就只能进一步满足更高级的需要，比如归属需要、自尊需要、自我实现需要，而这些需要的满足，并不一定要求挣更多的钱。

"并不是越富有就越幸福"，这个违反直觉的发现还有一个专门的名字——伊斯特林悖论（Easterlin Paradox）。1974 年，美国加州大学的 Richard Easterlin 教授发表了一篇开创性论文，提出了伊斯特林悖论。他列出了类似于图 1.8 所示的数据来证明这个悖论，用社会比较理论和适应理论（或享乐主义踏板车）解释这个悖论。最近的分析把收入的原始数据转化成了对数，然后计算其与幸福水平的相关系数，发现幸福水平和绝对收入的对数之间存在不大但统计学意义上显著的相关性。这说明，存在一个临界点，过了这个临界点，幸福感的增强速度远远慢于收入的增加速度；不存在什么饱和点，如果存在一个饱和点，那么过了这个饱和点，不管收入增加多少，幸福感都不会增强（Stevenson & Wolfers, 2008）。因此，人们会适应财富的增加，但这种适应永远不会终止。

财富与幸福研究的发现说明，要幸福，我们应该努力生活在一个富裕国家，挣足够的钱以免受穷，然后把剩余精力倾注在挣钱之外的目标上。如果你属于富国的中产阶级，那么更多的钱不可能让你明显地感到更幸福，所以最好有些精神追求。对那些生活在穷国的人以及那些虽然生活在富国但居于社会底层的人来说，挣钱脱贫是很重要的，政府要制订相关政策帮助他们。

婚姻

横断调查结果表明（如图 1.9 所示；Myers, 2000），已婚的人比单身的人幸福，其中的单身包括离异、分居和从未结婚（Diener & Diener Mc-Garvan, 2008；Myers, 2000）。然而，最不幸福的是套在不幸婚姻中的人。

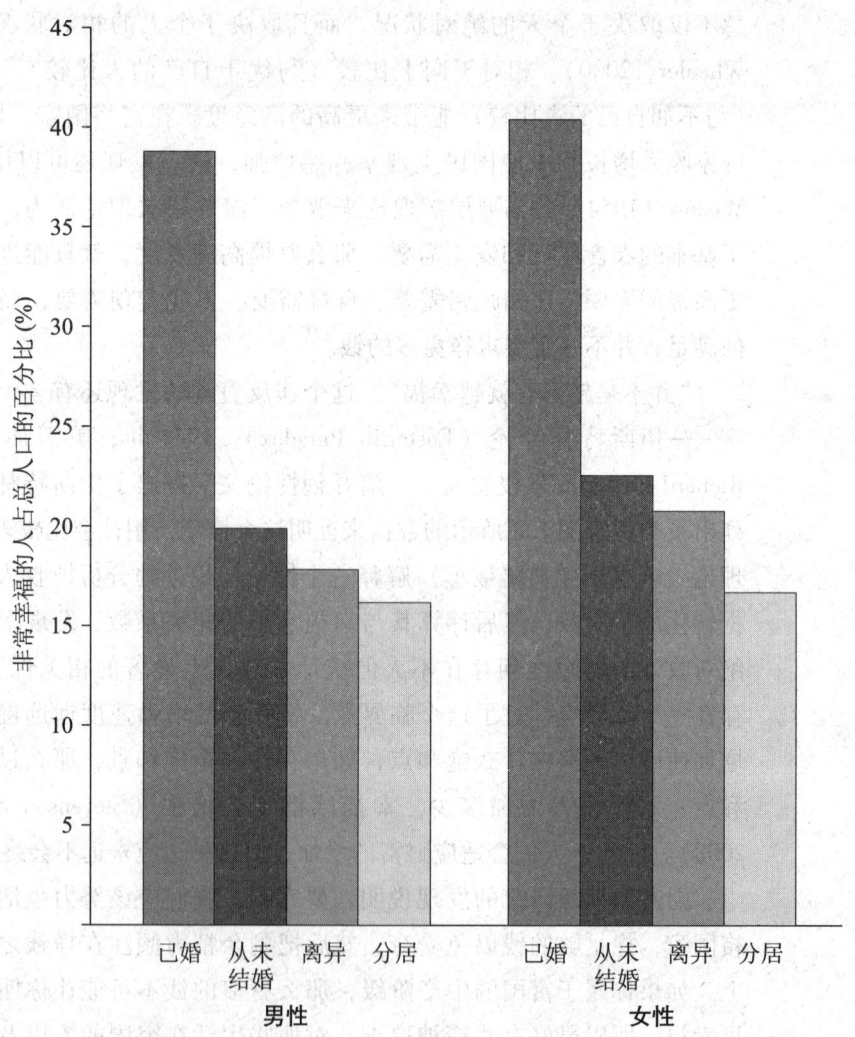

图 1.9 婚姻状态与幸福

注释：本图根据美国民意研究中心在 1972—1996 年的综合社会调查中收集到的 35024 例数据绘制。

已婚比单身幸福，对男人来说如此，对女人来说亦如此。因此，婚姻能给男人和女人带来同样的幸福。至于婚姻与幸福的相关性，可以从两个角度加以解释，一个是选择假设，一个是保护假设。选择假设认为，幸福的人比不幸福的人更可能结婚，因为幸福的人比不幸福的人作为结婚对象更具魅力。保护假设认为，婚姻能提供种种让人幸福的好处，例如，为男女形成心理和身体上的亲密关系提供条件，为建立家庭、生儿育女提供环境，为充当配偶和父母提供了机会，为肯定自我、延续自我创造环境。

"幸福的人更有可能建立美满婚姻"的观点是有一些证据支持的。Stutzer 和 Frey（2006）在德国做了一项历时 17 年的纵向研究，一共跟踪调查了 15000 个案例，结果发现：结了婚的人最初比没结婚的人幸福；离了婚的人，不仅不如自己在婚姻存续期间幸福，而且不如自己在结婚之前幸福。在一个逆向追踪研究中，Harker 和 Keltner（2001）发现：与那些早年在大学年鉴照片中展现虚假笑容的中年妇女相比，那些早年在大学年鉴照片中展现杜彻尼式微笑的中年妇女生活得更幸福，婚姻更美满、更长久。杜彻尼式微笑是一个名叫杜彻尼的人发现的一种微笑，意思是发自内心的微笑，其特征是嘴角上翘、眼睛弯得眼角皮肤皱出了鱼尾纹。虚假笑容就没有这些特征。这个研究受到严格控制，141 名被试并不知道她们 30 年前在大学年鉴照片上的笑容会被受过评分训练的人拿去评分，评分人员也不知道被试中年时期对生活和婚姻的满意程度。在进一步的研究中，评分者给被试照片的"漂亮程度"打分，结果表明，这个分数与被试的生活和婚姻满意度并没有关系。

除了幸福之外，还有一系列因素对建立稳定而美满的婚姻有显著影响。这些因素包括：

1. 个人的性格特点、长处和短处；
2. 夫妻互动风格；
3. 夫妻所在的社会网络对其施加的压力和提供的支持（Bradbury & Karney, 2004）。

关于个人的性格特点，有能力管理愤怒等消极情绪的人，婚姻适应状况更好，因为他们不会让琐碎的小事发展成严重的冲突。性格、能力、态度、兴趣、价值观、政治见解和身体魅力相近的夫妻，更有可能对婚姻满意、维持婚姻、减免冲突和不忠、为子女提供稳定的家庭环境（Buss, 2000）。这可能是由于相似的人之间容易共情，即更容易相互理解。而且，夫妻在婚姻市场价值上的差距越小，就越不可能背叛婚姻。关于互动风格，相互支持、相互欣赏，表达积极情绪情感（特别是在冲突期间仍然如此）、相互尊重地进行明确沟通、原谅彼此错误的夫妻，婚姻满意度更高，因此，这种互动风格很有可能增进幸福感（Harvey & Pauwels, 2009）。关于压力和支持，与那些所在的社会网络提供很少支持、施加很多压力的夫妻相比，所在的社会网络提供很多支持、施加很少压力的夫妻婚姻满意度更高。

Diener 等人（1999）综合分析了 40 个国家的研究后发现：不管是离婚率高的国家还是离婚率低的国家，不管是强调个人主义的国家还是强调集体主义的国家，婚姻状况与幸福水平之间都存在相关性。同居也有利于增进幸福，不论是异性恋同居、女同性恋同居还是男同性恋同居都是如此（Weinke & Hill, 2009）。然而，未婚同居对幸福的影响却受文化的影响。在个人主义文化中，同居者甚至比已婚者还幸福；但是在集体主义文化中，不管是与已婚者相比还是与单身者相比，同居者都更不幸福（Diener et al., 1999）。这种更不幸福可能是因为，在集体主义文化中，未婚同居是受鄙视的，要承受很大压力。对比而言：集体主义文化中的分居者比个人主义文化中的分居者幸福，集体主义文化中的寡居者比个人主义文化中的寡居者幸福。这可能是因为，在集体主义文化中，分居者和寡居者可以得到更多的社会支持，这些额外的社会支持提升了幸福水平。

一些纵向研究证实（如图 1.6 所示）：人们刚刚结婚时，幸福感显著提升；但是随着时间的推移，适应发生了，幸福感回到了近似婚前水平（e.g., Lucas & Clark, 2006; Soons et al., 2009）。在德国一个跨时 19 年、涉及 2000 多个案例的纵向研究中，Lucas 和 Clark（2006）发现，人们结婚之后，刚开始生活满意度会提高，后来又渐渐下降，大约 5 年后回到婚前水平。在荷兰一个跨时 18 年、涉及 5000 多个案例的纵向研究中，Soons 等人（2009）发现，约会、同居、结婚最初会让幸福水平上升，但是关系稳定后，幸福水平会渐渐下降。分居或离婚后，幸福水平剧烈下降，但是通过适应或建立新的关系，幸福水平会再次上升。对单身者而言，幸福水平随着时间缓慢地下降。Soons 及其同事发现的那个婚姻只能暂时提高幸福水平的大趋势也许掩盖了很大的个体差异，即有些人结婚后幸福水平先短暂上升又渐渐下降，而有些人结婚后幸福水平一直上升（Anderson et al., 2010）。第八章讨论家庭生命周期时，会更详细地讨论这个话题以及与婚姻和择偶有关的其他话题。

社会支持、亲情、友谊

社会支持，即来自核心家庭、大家庭以及更广的社会网络的支持，与幸福水平、健康水平、长寿和适应存在正相关（Dickerson & Zoccola, 2009；Diener & Diener McGarvan, 2008；Lucas & Dyrenforth, 2006；Masten et al., 2009；Taylor, 2007）。有人把社会支持分为两种：一种是工具性的（比如帮助解决问题），一种是情绪性的（比如共情和安慰）。也有人从另外一个角度把社会支持分为两种：一种是感知的社会支持，一种是实得的社会支持。实得的社会支持指过去获得过的帮助，而感知的社会支持指预期未来在需要之时会获得的帮助。与家人和朋友之间的支持性关系之所以增进幸福，是因为这种关系能满足亲和需要和归属需要，有助于调节、缓和压力情境引发的消极情绪，有助于解决独自解决不了的问题，能让人满怀希望地迎接未来的挑战，能让人变得慷慨、乐于助人。

从进化角度来说，我们"天生"就会从亲情当中获取幸福（Buss, 2007）。为了增强亲情对幸福的促进效果，我们可以这样做：与家人经常联系、制订能够确保家人紧密相连的生活规划。这种生活规划既包括中长期的人生规划，又包括日常的生活安排。与家人分离期间，用邮件和电话保持联系。与家人保持联系，就能维护社会支持网络，而这不仅能增进幸福，而且能改善免疫系统的机能、增强耐压能力（Dickerson & Zoccola, 2009）。与大家庭保持联系可以减少家庭暴力和儿童虐待的发生机会，因为家庭暴力和儿童虐待最容易在隐私的掩蔽下发生在孤立的核心家庭中。

Diener 和 Seligman（2002）在开创性研究"非常幸福的人"中发现：220 名大学生中最幸福的 10%，最明显的特征是社交生活丰富。他们把大量时间花在与朋友交往上，他们自己、他们的朋友都评价他们非常擅长建立并维持亲密友谊。这些幸福的人更有可能被人选做朋友和知己,因为作为伙伴,他们比痛苦的人更有魅力。而且,友谊也通过提供社会支持来增强幸福感。

进化心理学这些有关友谊的发现和见解（Buss,2000）,对如何通过友谊增进幸福很有启示意义：结交几个好朋友并与他们保持密切联系。如果你想结交好朋友,那么你选择的工作和休闲娱乐活动应当让你有可能遇到和你兴趣相投、能力相当、境况相似、阅历相仿的人,因为相似之人的友谊比相异之人的友谊深厚得多。让自己的特长、人格和风格尽可能匹配潜在朋友的需要和偏好,这个匹配对友谊的建立非常重要。如果你有一些独特的地方正好匹配了新朋友的需要,那么你被人代替的可能性就很小。用进化论的话说就是：想和某个人做朋友的,不仅有你,而且有其他一些人;如果你有一些独特的地方正好匹配了那个人的需要,那么对做那个人的朋友而言,你比其他人更有竞争力。友谊一旦建立,为了检验其牢靠程度,可以暴露自己的缺点,或者在某些活动（比如登山或赛船）中把自己置于需要朋友救援的境地。能够包容你的缺点、在你有难的时候帮助你的朋友,才是真正的朋友（Zahavi & Zahavi,1997）。建立并维持友谊将在第八章被作为家庭生活周期的一个方面加以详细探讨。友谊的收益——社会支持,将在第七章"应对策略"一节中加以探讨。

教育

受教育水平与幸福、健康、长寿和社会经济地位之间存在正相关（Michalos,2008）。受教育水平与主观幸福感之间的正相关性在不发达国家尤其显著（Diener et al.,1999）。这可能是由于,在不发达国家,教育提供的级差收益更大。在这些国家,未受教育的人可能连自己最基本的生理需要都无法满足,而受过教育的人可以挣到足够的钱来充分满足自己对食物和住所的需要。相比之下,在发达国家,即使受教育极少,也大都可以满足这些基本需要。

上学幸福感（或者学校满意度）与学生的个人特点和学校的情境特点都有关系（Huebner et al.,2009）。学校满意度高的学生,具有更高的学习自我效能感、希望水平、内在动机和社交能力,更常参加课外活动。相比之下,学校满意度低的学生,更可能出现焦虑、抑郁、药物滥用、人际障碍、精神健康问题,大多是外控型。老师提倡选择和自主、同学关系积极,学校满意度就高。得到这些发现的研究,所研究的班级都实行一样的班规。学校满意度还与教学风格有关:提倡主动学习与提倡被动学习(不管是以小组形式学习还是以个人形式学习)相比,前面一种情况下的学校满意度更高;引导学生树立长远学习目标与引导学生树立短期学习目标相比,前面一种情况下的学校满意度更高。目前已有多种多样的课程和教学策略被用来在学生身上培养积极心理学看重的东西,包括沉浸、希望、乐观、共情、控制感、创造力、自我调节、个性优势、积极自我概念和积极同伴关系(Gilman et al., 2009)。Seligman 等人(2009)及其团队开发出了一整套立足于学校的项目来促进最优发展,还以澳大利亚的吉龙语法学校为试点实施了这个项目。这个项目的内容是:教导学生乐观看待、积极应对日常生活中的挑战,帮助学生掌握问题解决、头脑风暴、决策制订、放松和果敢等方面的技能。

工作

就业状态与幸福相关,有工作的人比没工作的人幸福,从事技术性工作的人比从事非技术性工作的人幸福(Argyle, 2001)。在一个涉及 100 多个研究的元分析中,McKee-Ryan 等人(2005)发现:没工作的人的身体状况和心理状况都劣于有工作的人。在德国的一个跨时 15 年、涉及 24000 个案例的纵向研究中,Lucas 等人(2004)发现:失业会导致幸福感明显而严重的下降;即使过了很多年,失业的人也没恢复到失业前的幸福水平。图 1.6 描绘了这一点。他们得出结论说:失业能改变幸福设定点。然而,并非所有失业的人都同样的不幸福。身体状况好、经济压力小、社会支持多、工作欲望弱的人,比较幸福一些;与失业率较低的地区的失业者相比,失业率较高的地区的失业者比较幸福(Warr, 2007)。

工作满意度与幸福有中等程度的相关,其相关系数约为 0.4(Diener et al., 1999)。这可能是由于:第一,工作可以提供最佳水平的刺激,让人觉得愉悦;第二,工作可以提供机会让人满足好奇心、发展技能;第三，工作可以提供社会支持网络，赋予人们身份感和目标感。英国谢菲尔德大学的 Peter Warr 教授（2007）指出，在令人满意的工作中，个人与环境实现了很好的匹配。从事这样的工作，就是在适合自己技巧、能力和偏好的环境里履行职责、完成任务。这样的工作给予工作者很强的自主权，工作者可以自由地决定怎样履行职责、完成任务，没有强制的要求，也没有严格、琐碎而频繁的监督。从事这样的工作，工作者就能运用自己娴熟的技能，获得符合自己内在价值观的奖励，同时为社会创造效益。这样的工作，其任务还相当多样化。从这一点来看，我们应该努力找一份工作环境与自身技能、优势和偏好匹配的工作，这样我们工作起来就会有很高的兴致、很强的自主性。工作满意度的其他相关因素包括角色定位清晰、上级督管以支持为主、有机会与同事交流互动、受社会尊重、确保人身安全、有经济保障、有职业发展机会、公平而道德的工作关系（Warr，2007）。前面已经指出，幸福的人生产率更高，因此幸福与生产率之间的关系是双向的。某些类型的工作环境会增进幸福，幸福反过来又会提高生产率。组织领导与组织发展的积极心理学聚焦于探索如何才能营造良好的工作环境，让人愉快而高效地工作（Linley et al.，2010）。

休闲

休息、放松、美食和业余活动都对幸福有短期的积极影响（Argyle，2001）。放假期间，人们报告更多的积极情绪、更少的焦躁。有证据显示，参加业余活动团体，尤其是那些涉及舞蹈、音乐、义工或既耗时间又耗精力型的运动的团体，可以增强幸福感。参加业余活动团体之所以能够增强幸福感，是因为它具有如下优点：在一个小圈子里，参加自己感兴趣的活动，与志同道合的人交流，获得社会支持。参加涉及音乐的业余活动团体，人们除了获得上述那些好处外，还能享受音乐对积极情绪的诱导作用所带来的一切好处。这样，基于团体的业余活动就可以通过满足一些需要来增进幸福，这些需要包括亲和需要、助人需要、兴奋需要、竞争需要、成就需要和自主需要。有人利用休闲对幸福的积极作用开发出休闲治疗技术，也就是在临床背景下用休闲促进身体或心理上有问题或残障的人的幸福（Carruthers & Hood, 2007; Hood & Carruthers, 2007）。

年龄和性别

Blanchflower（2009）综合分析了多个有关自评幸福感与人口统计学特征之关系的国际调查后发现，女人的幸福感强于男人，老人和小孩的幸福感强于中青年。人的一生中，幸福感随年龄变化趋势呈 U 形曲线。在美国和西欧随机抽查 50 多万人收集到的数据表明，幸福感一般在中年阶段达到最低水平，这里所说的中年阶段始于近 40 岁，终于 50 岁出头。从青少年到中年，幸福感水平下降；从中年到老年，幸福感水平上升（Blanchflower & Oswald, 2008, 2009）。与男人相比，更多女人报告极度幸福或极度痛苦；与年纪较大的人相比，更多年纪较轻的人报告极度幸福或极度痛苦（Diener et al., 1999）。

健康

人们对自己健康状况的主观评价与幸福相关，但是医生给出的客观评价与幸福不相关（严重残疾人士除外）（Diener et al., 1999）。所以，除了一些极端情况之外，客观的健康状况很可能对总体幸福感没有丝毫影响。另外一方面，同健康状况客观评价与幸福的相关相比，健康状况主观评价与幸福的相关更易受人格特质的影响，这里所说的人格特质包括神经质和应对策略（比如否认或重构）。高度神经质的人，可能痛苦地抱怨自己身体不健康，但在医生看来，其身体却非常健康。相比之下，在医生看来，身体很不健康的人却可能报告自己感觉相当好，因为他们使用否认或重构等策略积极应对身体疾病。除了严重残疾人士之外，大多数人能够相对迅速地适应健康问题，对自己的健康状况形成与自己的幸福水平一致的自我认识。尽管客观健康状况对幸福影响有限，但是有大量证据表明：幸福（表现为积极情感）可以通过免疫系统对健康状况产生积极作用。与不幸福的人相比，幸福的人免疫系统机能更强，而免疫系统机能更强，就更少生病（即使生病，症状和痛苦也更轻），更长寿（正如前面在讨论修女研究时提到的那样）（Cohen & Pressman, 2006; Steptoe et al., 2009）。

从进化角度看妨碍幸福的因素

美国得克萨斯大学的进化心理学家 David Buss 教授论证说：要想获得幸福，就必须意识到那些在进化的保证下能够带给我们深度满意的情境，也就是那些在生理机制的决定下能让我们体验到幸福的情境（Buss, 2000, 2007; Hill & Buss, 2008）。进化确保我们在有利于繁衍的情境中体验到深度幸福。婚配、与家人保持亲密关系、与小群体建立深厚友谊、与大群体维持合作关系、在安全而丰富的环境中生活、参加体育活动、培养并运用有利于目标实现的技能、享受美食等都能带来快乐，因为它们都有利于我们的生存。

在西方文明国家，我们的生活环境在许多方面比我们穴居祖先的生活环境要舒服得多。婴儿死亡率降低了，许多致命传染病灭绝了，食物短缺被克服了，新能源开发出来了，恶劣天气的毁灭性影响因为住所和交通的发展而大大减弱了。我们学会了保护自己免遭凶禽猛兽伤害，发明了机器代替我们做粗活重活，形成了包括教育、运动、艺术和休闲在内的生活方式，把人均寿命提高了一倍。可是，我们仍然会时不时地不高兴，有些人甚至在大多数时候都不高兴。妨碍我们获得幸福的因素有很多，其中有些可以从进化心理学角度去解释（Buss, 2000）。

源于进化的幸福障碍包括：我们天生倾向于习惯或适应愉快情境，还倾向于对同等得失做出不对等反应。另外一个幸福障碍是：我们倾向于拿自己和他人做比较。这种比较倾向在远古时代是适宜的，可是，在现代社会，传媒经常大大美化他人的形象，于是比较倾向变得不适宜。幸福的另一障碍是：我们在漫长的自然选择过程中逐渐进化出来一个特征，即体验一些令人痛苦的情绪，比如焦虑、抑郁和愤怒，因为这些情绪有利于我们适应环境。下面，我们依次探讨上述幸福障碍。

对愉快情境的习惯和适应

进化决定我们必须迅速习惯和适应愉快情境，因为这有利于我们那些以狩猎和采集为生的祖先适应环境（Buss, 2000; Frederick & Lowenstein, 1999）。大自然偏爱那种每当生活质量有所提高就迅速习惯和适应的人，不喜欢那种生活质量稍有改善就满足了的人。在现代社会，人类这个源自进化的特征支撑着消费主义。人们原以为，如果衣食住行有所改善，自己就会更幸福，可是，如果真的改善了，他们不久就会习惯、适应，又想要更好的。

为了描述这个现象，Brickman 和 Campbell（1971）发明了"享乐主义踏板车"一词，其具体含义是：在绝大多数情况下，积极（消极）事件会导致幸福水平感骤然上升（下降），但是没过多久（如几个星期或几个月），幸福感水平又会回到幸福设定点附近。随后的研究显示：如图1.6 所示，人们能够迅速习惯或适应一些事件（例如入狱或结婚），但是根本无法习惯或适应另外一些事件（例如丧偶或离婚）（Diener et al., 2006）。为什么会这样？答案还不是十分清楚。根据我们对习惯和适应的了解，习惯和适应是不可避免的；如果接受了这一点，那么我们在发现改善生活质量只能暂时地提升幸福后，就不会那么失望和烦躁。

有关适应的第二个重要发现是：对不连续快感的习惯没那么迅速；如果各次愉快体验间隔很远的话。吃自己喜欢的食物或听自己喜欢的音乐所获得的快感，都是不连续快感。如果对下次快感的期待能在下次得到满足之前消散的话，那么这种不连续快感可以产生更多积极影响。这个发现是在研究动物上瘾过程时得到的（Shizgal, 1997）。由此可见，为了增进幸福，我们应该安排好上次快感体验与下次快感体验之间的时间距离。比如，每次听自己喜欢的音乐或吃自己喜欢的食物，都应该安排在基于以往快感体验而产生的对它们的渴望已经消失的时候（Seligman, 2002）。

消极的社会比较

我们的幸福水平取决于我们如何评价自己以及我们如何评价自己当前的境况；在评价自己当前境况的时候，我们不仅与我们近期的境况比较，而且与别人的境况比较（Hill & Buss, 2008; Suls & Wheeler, 2000）。我们和别人比健康、比魅力、比孩子和父母的健康和魅力、比财富、比社会地位、比学习成绩和运动成绩，等等。这种社会比较在远古社会是具有适应性的，因为它使我们努力成为群体中最优秀的，进而获得群体中最好的资源，让我们的基因繁衍下去。在远古社会，每个人群中（一般包括大约50～200人）可能有少数几个人拥有最大的魅力，采用最好的生活方式，或者在工作、运动或人际关系中是最优秀的。因此，每个人群中都有少数几个人由于自己在某个领域是最好的而感到幸福。同时，每个人群中都有很多人渴望自己会有一天在某个领域成为最好的。这种渴望是切合实际的。在现代社会，我们还可以与媒体（比如电视、电影、录像、杂志、报纸和互联网）中的优秀人物做比较。但是，当我们用媒体典范而非所在人群中最优秀者为标准来衡量自己时，我们就会感到不幸福。媒体典范优雅的生活方式，巨大的身体魅力，或者在工作、运动或人际关系领域的卓越成就，是我们大多数人可望而不可及的。在某些情况下，这可能是因为媒体典范的形象有虚假成分。例如，海报、广告中的明星形象，拍摄前经过精心地化妆，拍摄后经过精心地处理；报纸、电视中的明星事迹，有一部分是明星自己在作秀，还有一部分是媒体在炒作。在另外一些情况下，对我们大多数人而言，生活现状不允许我们把所有精力都投入一个领域，比如唱歌、下棋、芭蕾等，而我们又没有很高的天分。当我们因自己不如媒体典范优秀而判断自己为失败者时，我们的自尊就会下降，我们就会感到不幸福。当我们因为电视上看到的俊男靓女而觉得伴侣越看越不顺眼时，我们的婚姻满意度就会下降；婚姻满意度下降，婚姻就可能出现危机；婚姻出现危机，我们的幸福感就会进一步减弱，我们的孩子的幸福感也会受到影响（Myers，1992）。

根据多重差异理论（Multiple Discrepancy Theory；Michalos，1985），我们的满意程度取决于我们拿自己当前的境况与多重标准做比较的结果。这些标准包括：那些优于或劣于我们的人、我们过去的境况、我们的抱负和理想、我们的需要和目标。这一理论提示：我们可以选择是增进幸福，还是与媒体典范进行消极比较来降低自尊。我们可以与那些不如我们的人做比较，这样我们的人际关系、我们的个性优势、我们的成绩以及我们所拥有的其他东西就会显得更有价值。我们可以拿我们的境况与我们那些切合实际的目标和抱负做比较，所谓切合实际是指符合我们的能力和资源。我们可以拿身边的人而非媒体典范为标准来评判自己。我们还可以考察媒体典范的形象是否有虚假成分。有证据表明，以这些方式做比较，可以增强幸福感（Diener et al., 1999）。

对同等得失的不对等反应

美国佛罗里达大学的 Roy Baumeister 教授从心理学多个领域收集到的大量证据表明："坏比好强大。"（Baumeister et al., 2001；Sparks & Baumeister, 2008）也就是说，消极心理现象比积极心理现象强大。我们对消极人生事件的反应比对积极人生事件的反应强烈，对社交挫折的反应比对社交成功的反应强烈，对负面反馈的反应比对正面反馈的反应强烈，对损失的反应比对收益的反应强烈。此外，我们对坏消息的加工比对好消息的加工更彻底。David Buss（2000，2007）论证说，进化决定了我们对损失的情绪体验比对同等大小的收益的情绪体验强烈，因为这有利于我们的祖先适应环境。努力追了很久的猎物跑掉了所引起的消极情绪，和同样努力追了同样久的同样的猎物被逮到了所引起的积极情绪，前者比后者强烈很多。那些体验过损失带来的强烈情绪的人，会为了避免损失而更卖力地工作，最后得以生存下来。那些没有体验过损失带来的强烈情绪的人，就一直不是特别努力地工作，于是在食物、住所和其他生存必需品等多个方面遭遇损失，最终灭绝了。祖先的这种特点一直延续到了现代社会，留给了我们。失去100美元的失望感，与挣到100美元的满足感，在程度上是不对等的。这种在自然选择中形成的对同等得失的不对等反应的一个后果就是：要体验一定的幸福，需要收获很多东西；要体验相同程度的痛苦，只需失去一点东西。这两个因素都限制了我们追求幸福的能力。而且，很大的收益才能让幸福多一点，很小的损失就会让幸福少很多，这个事实本身带来的失望让我们进一步远离幸福。但是，如果我们能够接受这个源自进化的事实，那么，当中等成就只让我们变得稍微幸福一些，我们就不会那么失望。当我们预期会遭遇中等损失，或者当我们遭遇了中等损失，我们可以采取措施从朋友和家庭那里获得更多支持来避免幸福大大减少。

有利于适应但令人痛苦的情绪

我们在漫长的自然选择过程中逐渐进化出来了一个特征，即体验一些令人痛苦的情绪，比如焦虑、抑郁、嫉妒和愤怒，因为这些情绪有利于我们适应环境（Buss，2000，2007）。当面临危险或威胁时（例如遇到蛇或与父母分离），我们的祖先会体验到焦虑，这就驱使他们回避危险和威胁，以求生存。失去权力、地位或者亲人，他们会体验到抑郁，这就提示群体中其他人别再去挑战和攻击他们，以便他们能生存下去。发现配偶可能出轨，他们会像我们一样体验到嫉妒，这就驱使他们守住配偶，以便孩子能生存下去。在实现目标的过程中（例如寻找食物或性）遇到障碍，他们会体验到愤怒，这就驱使他们除掉障碍，以便生存下去。这些令人痛苦的情绪有利于适应，所以我们从祖先那里继承了下来。于是，我们都会在威胁面前感到焦虑，在损失面前感到抑郁，在配偶可能出轨时感到嫉妒，在障碍面前感到愤怒。这些令人痛苦的情绪都会妨碍我们获得幸福。心理治疗，尤其是认知行为疗法和系统疗法，开发出了一些技术，通过改变思考方式、行为方式来管理令人痛苦的情绪（Carr，2009a）。

　　对于抑郁，要回避让你痛苦的情境。如果无法回避，就把注意力集中到情境中令你不痛苦的方面。如果这样也不行，就严正请求那些让你痛苦的人改变行为方式。如果你已经开始觉得抑郁，那么就挑战那些悲观主义和完美主义的想法，寻找证据来支持自己尽可能乐观地解释所处情境。定期锻炼身体，做那些让你觉得刺激和愉快的事情，让自己变得活跃一些。经常见见亲朋好友，从他们那里获得社会支持。

　　对于焦虑，要挑战那些杞人忧天的想法，寻找证据说服自己情况其实没有那么糟。进入令你害怕的情境，在那里一直待到你的焦虑消失为止，这样可以锻炼你的勇气。接受这些挑战时，请亲朋好友给你支持和鼓励。接受这些挑战前，认真做好准备工作，学习一些应对技巧，比如做放松练习、听令人静心的音乐等。

　　对于愤怒，要回避让你生气的情境。如果无法回避，就把注意力集中到情境中不令人讨厌的方面。如果还不行，严正请求那些惹你生气的人改变行为方式。如果你已经开始觉得生气，那么离开让你生气的情境，降低你的生理唤醒水平。这样你才能有效地思考。当强烈的愤怒、恐惧或兴奋让我们处于高唤醒状态时，我们没法有效地思考。然后，尽量倾听别人的观点，也许你会发现其中没有任何值得你动怒的地方。如果确实有，那么平静下来后，你将更有可能找到更具建设性的交涉方式。

增进幸福

本章介绍了幸福研究的很多发现，我们可以根据这些发现提出一些增进幸福的策略。表1.7总结了这些策略。本书其他几章结尾处也给出了类似的策略清单。本书最后一章还会专门介绍积极心理学干预、相关项目和心理治疗取向。Seligman的团队开发了一个治疗抑郁的积极心理学项目，旨在增进参与者的生活快乐感、投入感和意义感。他们通过效度研究发现，中轻度抑郁患者参加这个项目一年后抑郁症状减轻了，这个项目对门诊病人的症状缓解率高于一般疗法（不管是否用到药物）（Seligman et al., 2005, 2006）。积极心理治疗包括一些培养个性优势和积极情绪的环节，还包括一些促进原谅、感恩、慷慨、依恋、品味快乐和降低期望的环节。另外，Seligman还开发了一个非常有效的项目来促进乐观，本书第三章将更详细地讨论乐观（Seligman, 1998）。

相关概念

心理幸福感、社会幸福感和健康方面的生活质量都是与主观幸福感（subjective well-being）既有关联又有区别的几个概念。

心理幸福感

心理幸福感（psychological well-being）是指一个人全部心理潜能的实现。这个概念是人本主义理论流派的核心。Carol Ryff是这个领域的一流研究者，她的心理幸福感量表包括六个维度：自主性、环境掌控、个人成长、积极的人际关系、生活目标和自我接纳（Ryff, 1989; Ryff & Keyes, 1995; Ryff & Singer, 2008）。Keyes等人（2000）在一项对3000多名25~74岁的美国人的因素分析研究中发现：心理幸福感和主观幸福感是既有关联又有区别的两个概念，它们与一些人口统计学变量和人格变量之间的相关性是有差异的。心理幸福感和主观幸福感都随着年龄、受教育程度、情绪稳定性、外倾性和责任心的增加而增强。但是，与主观幸福感高于心理幸福感的成人相比，心理幸福感高于主观幸福感的成人更年轻、受教育程度更高、经验开放性更强。Ryff 的量表究竟是测量了心理幸福感的所有六个维度还是只测量了心理幸福感较少的几个方面，这一点是存在争议的（Ryff & Singer，2006；Springer & Hauser，2005；Springer et al.，2006）。

社会幸福感

社会幸福感（social well-being）是指一个人在所在的社会网络和社区中处于最佳机能状态时的积极感受。Keyes（1998；Keyes & Magyar-Moe，2003）的社会幸福感量表包括五个维度：社会一致、社会贡献、社会凝聚、社会实现、社会接纳。这些量表的得分与测量社会失范、繁衍后代、社会限制感、社区参与、邻里关系和受教育水平的量表的得分之间存在相关性。（由这些量表测出的）社会幸福感和主观幸福感有明显差异。

生活质量

生活质量（quality of life）是一个比主观幸福感宽泛很多的概念。这个复杂概念涵盖多个方面，包括健康状态、日常生活活动能力、工作角色状态、追求业余兴趣的可能机会、与亲人朋友的交往状态、享受健康医疗资源的机会、生活水平和一般幸福感。不是所有的生活质量问卷都包含上述所有方面。现有的生活质量问卷形形色色，包括一般生活质量问卷、与健康有关的生活质量问卷、针对疾病的生活质量问卷，它们被用来评估各种人群的生活质量（Preedy & Wastson，2010）。

启示

表 1.7 总结了本章提及的增进幸福的策略。这些策略可以用作自助练习，也可用于临床实践。

表 1.7 增进幸福的策略

领域	策略
人际关系	• 找个与自己相似的人结婚，与伴侣的沟通要友善、明确，原谅伴侣的过错 • 与大家庭保持联系 • 结交几个好朋友 • 与熟人合作 • 信教、灵修
环境	• 确保自己和家人的人身财产安全和舒适，但不要一味追求消费 • 定期享受好天气 • 住在风景优美的地方 • 住在有悦耳的音乐和养眼的美术作品的地方
身体状况	• 戒除有损健康的习惯 • 有规律地锻炼身体
教育和工作	• 运用本身就令人愉快的技能，完成具有挑战性的任务 • 从事有趣且有挑战性的工作，获得成功和认可 • 为一组相互协调的目标而奋斗
休闲	• 适度品尝美食 • 适度休息、放松、度假 • 与朋友一起参加群体性休闲活动，比如唱歌、跳舞、打球、划船、冲浪
习惯	• 了解并接受"享乐主义踏板车"现象，不过度追求物质，要有精神追求
比较	• 认识到媒体典范形象有夸大成分和虚假成分，不要与媒体典范做比较 • 与所在圈子中的人做比较，与不如自己的人做比较 • 根据自己的能力和资源设置恰当的目标和标准
对同等得失的不对等反应	• 认识到"很大的收益才能让幸福多一点，很小的损失就会让幸福少很多"，避免失望
令人痛苦的情绪	• 对于抑郁，要回避让你痛苦的情境，把注意力集中到情境中不令你痛苦的方面，严正请求那些让你痛苦的人改变行为方式，挑战那些悲观主义和完美主义的想法，让自己变得活跃一些，寻求社会支持 • 对于焦虑，挑战那些杞人忧天的想法，进入令你害怕的情境以锻炼勇气，运用应对技巧减轻焦虑 • 对于愤怒，回避让你生气的情境，把注意力集中到情境中不令人讨厌的方面，严正请求那些惹你生气的人改变行为方式，自己退一步，尝试换位思考

争议

这一领域最富争议的问题之一是：研究幸福感是采取享乐论取向还是实现论取向（Biswas-Diener et al., 2009；Deci & Ryan, 2008b）。享乐论取向是将幸福和美好生活定义为追求快乐、回避痛苦。这一取向在哲学史和心理学史上有众多拥护者，可以追溯到公元前4世纪的希腊哲学家阿瑞斯提普斯。最近，Kahneman、Diener和Schwartz三位教授（1999）合著的《幸福感：享乐主义心理学的基石》（*Well-being: The Foundations of Hedonic Psychology*）以及其他作者的一些著作重新提到了这一取向。对比而言，实现论取向则用实现人的全部潜能来诠释幸福和美好生活。这一取向在宗教灵修运动中很受欢迎，可以追溯至亚里士多德。亚里士多德认为，真正的幸福不是源于满足欲望，而是源于完成良心认为值得去做的事情。也就是说，幸福源于美德的表达。因此，尽管可以通过满足需要和欲望来追求幸福，但是这样做并非总是可以带来幸福感。有时候，追求快感甚至会妨碍幸福。例如，酗酒、吸毒、暴饮暴食可能导致成瘾、癌症或心脏病。相比之下，追求美德很多时候并不能带来快感。例如，英勇之举，比如救落水之人，可能带来痛苦，而非快感。目前，实现论取向的代言人是Alan Waterman（2010）和Carol Ryff（2008）。前面一节提到过Carol Ryff的心理幸福感研究（Ryff & Singer, 2008）。对享乐论取向幸福感测量与实现论取向幸福感测量的因素分析研究表明：主观幸福感与个人成长是两个既有关联又有区别的因素（Linley et al., 2009；Gallagher et al., 2009）。这一结果支持了Seligman（2002）区分快感（享乐论）和欣慰（实现论）的观点。

总结

积极心理学有关积极的情绪、特质和体系，旨在促进快乐的生活、投入的生活和有意义的生活。本章焦点是积极情绪和主观幸福感；本章关注享乐论取向而非实现论取向的美好生活。

积极情感与外倾性相关，消极情感与神经质相关。积极情感与外倾性也许有着同样的神经生理机制，消极情感与神经质也许有着同样的神经生理机制。积极情感和消极情感都有一定的遗传性。积极情感与工作满意度、婚姻满意度之间存在正相关。增进积极情感的方式有：有规律地锻炼身体、保证充足的睡眠、与亲朋好友时常联系，以及为重要目标而奋斗。

幸福研究用到的测量工具有单题量表、多题量表和体验抽样法。国际调查一致地表明，大多数人是幸福的，人们在10点量表上的幸福平均分是6.75。

积极情绪促进人们在很多生活领域（比如工作、人际关系和健康）中的适应。幸福还能延长寿命。积极情绪的扩展和建构理论可以解释，为什么积极情绪不仅标志着个人幸福感，而且可以促进创造性思维、提高生产率。积极情绪要带来明显的长期收益，积极情绪与消极情绪之比必须大于3∶1。

幸福设定点、生活境况和目的性活动是决定幸福的三大因素。双生子研究表明，幸福的个体差异大约有一半可以归结到遗传因素，但是幸福设定点（决定了幸福的上限）大约有98%由遗传因素决定。幸福的个体差异大约有10%可以归结到境况因素，剩下的40%可以归结到目的性活动。这意味着我们有很大余地来增进幸福。

人格与幸福研究表明，幸福的人是外向的、乐观的、内控的、自尊高的。地理位置、文化、宗教灵修、生活事件、财富、婚姻、社会支持、教育、工作、休闲、年龄、性别和健康都与幸福相关，且相关系数大小各不相同。

我们可以从以下方面着手增强幸福感。在关系方面，找个与自己相似的人结婚，与伴侣的沟通要友善、明确，原谅伴侣的过错；与大家庭保持联系；结交几个好朋友；与熟人合作；信教、灵修。在环境方面，确保自己和家人的人身财产安全和舒适，但不要一味追求消费；居住的地方要有宜人的气候，风景优美，有悦耳的音乐和养眼的美术作品。在身体健康方面，戒掉有损健康的习惯；有规律地锻炼身体。在生产率方面，运用本身就令人愉快的技能完成具有挑战性的任务；从事有趣且有挑战性的工作，获得成功和认可；为一组相互协调的目标而奋斗。在休闲方面，适度品尝美食；适度休息、放松、度假；与朋友一起参加群体性休闲活动，比如唱歌、跳舞、打球、划船、冲浪。源于进化的几大幸福障碍包括：对愉快情境的习惯和适应，对同等得失的不对等反应，消极的社会比较，抑郁、焦虑和愤怒体验。为了增进幸福，我们要了解并接受享乐主义踏板车现象，不过度追求物质，要有精神追求；要认识到媒体典范形象有夸大成分和虚假成分，不与媒体典范做比较；要与所在圈子中的人做比较，与不如自己的人做比较；要根据自己的能力和资源设置恰当的目标和标准；认识到"很大的收益才能让幸福多一点，很小的损失就会让幸福少很多"，避免失望；对于抑郁，要挑战那些悲观主义和完美主义的想法，让自己变得活跃一些，寻求社会支持；对于焦虑，要挑战那些杞人忧天的想法，进入令你害怕的情境以锻炼勇气；对于愤怒，要自己退一步，尝试换位思考。

心理幸福感、社会幸福感和生活质量都是与主观幸福感既有关联又有区别的概念。

本领域的最大争议是，研究幸福是采用享乐论取向还是实现论取向。享乐论取向把幸福和美好生活定义为追求快乐、回避痛苦，实现论取向把幸福和美好生活定义为充分实现潜能。

问题

个人发展问题

1. 你的生活中有哪些促进幸福的因素？
2. 你的生活欠缺哪些促进幸福的因素？
3. 你可以采取什么策略让自己更加幸福？
4. 这些增进幸福的策略，各有什么成本和收益？
5. 尝试采用其中的某些策略，每采取一个策略之前、之后都测测你的幸福感，看看每个策略对你有多大效果。

研究问题

1. 重复并拓展以下研究：E. Diener, & M. Seligman. (2002). Very happy People. *Psychological Science*, 13, 81-84. 也可以选择其他类似的综述性研究。
2. 重复并扩展一项心境诱导研究，如：M. Cohn, & B. Fredrickson. (2009). Positive emotions. In S. Lopez & C. R. Snyder (Eds.) *Oxford handbook of positive psychology* (Second Edition, pp. 13-24). New York: Oxford University Press.

拓展阅读

学术论文：积极心理学

Aspinwall, L., & Staudinger, U. (2003). *A psychology of human strengths. Fundamental questions and future directions for a positive psychology.* Washington, DC: American Psychological Association.

Eid, M., & Larsen, R. (2008). *The science of subjective well-being.* New York: Guilford.

Gilman, R., Huebner, S., & Furlond, M. (2009). *Handbook of positive psychology in schools.* New York: Routledge.

Kahneman, D., Diener, E., & Schwartz, N. (1999). *Well-being: The foundations of hedonic psychology.* New York: Russell Sage Foundation.

Keyes, C., & Haidt, J. (2001). *Flourishing: The positive person and the life well lived.* Washington, DC: American Psychological Association.

Linley, P., & Joseph, S. (2004). *Positive psychology in practice.* Chichester: Wiley.

Linley, P., Harrington, S., & Garcea, N. (2010). *Oxford handbook of positive psychology and work.* Oxford: Oxford University Press.

Lopez, S. (2009). *The encyclopaedia of positive psychology* (Volumes 1 and 2). Chichester: Wiley.

Lopez, S., & Snyder, C. R. (2003). *Positive psychological assessment. A handbook of models and measures.* Washington, DC: American Psychological Association.

Lopez, S., & Snyder, C. R. (2009). *Oxford handbook of positive psychology* (Second Edition). New York: Oxford University Press.

Ong, A., & Van Dulmen, M. (2007). *Oxford handbook of methods in positive psychology.* Oxford: Oxford University Press.

Peterson, C., & Seligman, M. (2004). *Character strengths and virtues. A handbook and classification.* New York: Oxford University Press.

学术入门：积极心理学

Baumgardner, S., & Crothers, M. (2009). *Positive psychology.* Upper Saddle River, NJ: Prentice Hall/Pearson Education.
Boniwell, I. (2006). *Positive psychology in a nutshell.* London: PWBC.
Compton, W. (2005). *An introduction to positive psychology.* Bemont, CA: Thompson Wadworth.
Peterson, C. (2006). *A primer in positive psychology.* Oxford: Oxford University Press.
Snyder, C. R., & Lopez, S. (2007). *Positive psychology. The scientific and practical explorations of human strengths.* Thousand Oaks, CA: Sage.

自助阅读：幸福

Argyle, M. (2001). *The psychology of happiness* (Second Edition). London: Routledge.
Ben-Shahar, B. (2007). *Happier.* New York: McGraw Hill.
Diener, E., & Biswas-Diener, R. (2008). *Happiness: Unlocking the mysteries of psychological wealth.* Malden, MA: Blackwell.
Fredrickson, B. (2009). *Positivity.* New York: Crown.
Layard, R. (2005). *Happiness.* New York, Penguin Press.
Lykken, D. (1999). *Happiness. The nature and nurture of joy and contentment.* New York: St Martin's Press.
Lyubomirsky, S. (2007). *The how of happiness.* New York: Penguin.
Myers, D. (1992). *The pursuit of happiness.* New York: Morrow.
Nettle, D. (2005). *Happiness: The science behind your smile.* Oxford: Oxford University Press.
Seligman, M. (2002). *Authentic happiness.* New York: Free Press.
Warr, P. (2010). *The joy of work: Jobs happiness and you.* London: Routledge.

自助阅读：克服抑郁

Burns, D. (1999). *Feeling good. The new mood therapy.* New York: Avon.
Burns, D. (1999). *The feeling good handbook* (Revised Edition). New York: Plume.
Gilbert, P. (2000). *Overcoming depression: A self-guide using cognitive behavioural techniques* (Revised Edition). London: Robinson.
Greenberger, D., & Padesky, C. (1995). *Mind over mood: Changing how you feel by changing the way you think.* New York: Guilford.
Lewinsohn, P., Munoz, R., Youngren, M., & Zeiss, A. (1996). *Control your depression.* Englewood Cliffs, NJ: Prentice Hall.
Williams, M., Teasdale, J., Segal, Z., & Kabat-Zinn, J. (2007). *The mindful way through depression: Freeing yourself from chronic unhappiness.* New York: Guilford.

自助阅读：焦虑管理

Anthony, M. (2004). *10 simple solutions to shyness: How to overcome shyness, social*

anxiety & fear of public speaking. Oakland, CA: New Harbinger.
Antony, M., Craske, M., & Barlow, D. (2006). *Mastering you fears and phobias. Workbook* (Second Edition). Oxford: Oxford University Press.
Barlow, D. H. (2006). *Master your anxiety and panic. Workbook* (Fourth Edition). Oxford: Oxford University Press.
Craske, M., & Barlow, D. (2006). *Mastery of your anxiety and worry. Workbook* (Second Edition). Oxford: Oxford University Press.
Davis, M., McKay, M., & Robbins Eshelman, E. (2000). *The relaxation and stress reduction workbook* (Fifth Edition). Oakland, CA: New Harbinger.
Foa, E. B., & Wilson, R. (2001). *Stop obsessing! How to overcome your obsessions and compulsions* (Revised Edition). New York: Bantam Books.
Rosenbloom, D., Williams, M., & Watkins, B. (2010). *Life after trauma: A Workbook for healing* (Second Edition). New York: Guilford.

自助阅读：愤怒管理

Beck, A. (2000). *Prisoners of hate: The cognitive basis of anger, hostility, and violence.* New York: Harper Collins.
Deffenbacker, J., & McKay, M. (1999). *Overcoming situational and general anger: Client manual.* Oakland, CA: New Harbinger.
Potter-Efron, R., & Potter-Efron, R. (1995). *The ten most common anger styles and what to do about them.* Oakland, CA: New Harbinger.
Tavris, C. (1989). *Anger: The misunderstood emotion* (Revised and Updated). New York: Touchstone.

研究使用的测量工具

个性优势

Peterson, C., & Seligman, M. (2001). Values in Action Inventory of Strengths (VIA-IS). http://www.viacharacter.org/SURVEY/tabid/61/language/en-US/Default.aspx

幸福、主观幸福感或享乐主义幸福感

Alfonso, V., Allinson, D., Rader, D., & Gorman, B. (1996). The Extended Satisfaction with Life Scale: Development and psychometric properties. *Social Indicators Research*, 38, 275–301.
Argyle, M. (2001). *The psychology of happiness* (Second Edition). London: Routledge. Contains the Revised Oxford Happiness Inventory.
Cruise, S., Lewis, A., & McGukin, C. (2006). Internal consistency, reliability, and temporal stability of the Oxford Happiness Questionnaire short-form: Test-retest data over two weeks. *Social Behaviour and Personality*, 34, 123–126.
Diener, E., Emmons, R., Larsen, R., & Griffin, S. (1985). The Satisfaction with Life Scale. *Journal of Personality Assessment*, 49, 71–75.

Fordyce, M. (1988). A review of research on the happiness measure. A sixty second index of happiness and mental health. *Social Indicators Research*, 20, 355–381.
Hektner, J., Schmidt, J., & Csikszentmihalyi, M. (2007). *Experience sampling method: Measuring the quality of everyday life*. Thousand Oaks, CA: Sage.
Hills, P., & Argyle, M. (2002). The Oxford Happiness Questionnaire: A compact scale for the measurement of psychological well-being. *Personality and Individual Differences*, 33, 1071–1082.
Joseph, S., & Lewis, C. (1998). The Depression-Happiness Scale: Reliability and validity of a bipolar self-report scale. *Journal of Clinical Psychology*, 54, 537–544.
Lykken, D. (1999). *Happiness*. New York: St Martin's Press. On page 35 this book contains the Well-Being Scale of the Multidimensional Personality Questionnaire used in Tellegen's twin study.
Lyubomirsky, S., & Lepper, H. S. (1999). A measure of subjective happiness: Preliminary reliability and construct validation. *Social Indicators Research*, 46, 137–155.
Pavot, W., & Diener, E. (1993). Review of the Satisfaction with Life Scale. *Psychological Assessment*, 5, 164–172.
Tennant, R., Hiller, L., Fishwick, R., Platt, S., Joseph, S., Weich, S., Parkinson, J., Secker J., & Stewart-Brown, S. (2007). The Warwick-Edinburgh Mental Well-being Scale (WEMWBS): development and UK validation. *Health and Quality of Life Outcomes*, 5, 63 (doi: 10.1186/1477-7525-5-63).

心理幸福感或实现主义幸福感

Ryff, C., & Keyes, C. (1995). The structure of psychological well-being revisited. *Journal of Personality and Social Psychology*, 69, 719–727. For further details on the psychological well-being scales: cryff@facstaff.wisc.edu
Waterman, A., Schwartz, S., Zamboanga, B., Ravert, R., Williams, M., Agoch, V., Kim, S., & Donnellan, M. (2010). The Questionnaire for Eudaimonic Well-Being: Psychometric properties, demographic comparisons, and evidence of validity. *Journal of Positive Psychology*, 5, 41–61.

社会幸福感

Keyes, C. L. (1998). Social well-being. *Social Psychology Quarterly*, 61, 121–140.

生活质量

Frisch, M. B. (1994). *Manual and treatment guide for the quality of life inventory – QOLI*. Minneapolis, MN: Pearson Assessments.
Gottschalk, L., & Lolas, F. (1992). The measurement of quality of life through the content analysis of verbal behaviour. *Psychotherapy and Psychosomatics*, 58, 69–78. Further information available from http://www.gb-software.com/develop.htm
WHOQOL Group (1998). The World Health Organization Quality of Life scale (WHOQOL): Development and general psychometric properties. *Social Science and Medicine*, 46, 1569–1585. http://www.bath.ac.uk/whoqol/

情绪

Izard, C., Libero, D., Putnam, P., & Hayes, O. (1993). Stability of emotion experiences and their relations to states of personality. *Journal of Personality and Social Psychology*, 64, 847–860. Contains the Differential Emotions Scale.

Laurent, J., Catanzaro, S., Joiner, T., Rudolf, K., Potter, K., & Lambert, S. (1999). A measure of positive and negative affect for children: Scale development and preliminary validation. *Psychological Assessment*, 1, 326–338.

Lonigan, C. J., Hooe, E. S., David, C. F., & Kistner, J. A. (1999). Positive and negative affectivity in children: Confirmatory factor analysis of a two-factor model and its relation to symptoms of anxiety and depression. *Journal of Consulting Clinical Psychology*, 67, 374–386.

McNair, D., Lorr, M., & Doppleman, L. (1971). *Manual for the profile of mood states*. San Diego, CA: Educational and Industrial Testing Service.

Thompson, E. R. (2007). Development and validation of an internationally reliable short-form of the positive and negative affect schedule (PANAS). *Journal of Cross-Cultural Psychology*, 38(2), 227–242. Contains a 10-item version of PANAS.

Watson, D., & Clark, L. (1994). *The PANAS-X: Manual for the Positive and Negative Affect Schedule – Expanded Form*. Unpublished Manuscript: University of Iowa, Iowa City.

Watson, D., Clark, L., & Tellegen, A. (1988). Development and validation of brief measures of positive and negative affect. The PANAS scales. *Journal of Personality and Social Psychology*, 44, 1063–1070.

Zuckerman, M. (1985). *Manual for the MAACL-R. The Multiple Affect Adjective Checklist Revised*. San Diego, CA: Educational and Industrial Testing Service.

宗教灵修

Bufford, R. K., Paloutzian, R. F., & Ellison, C. W. (1991). Norms for the Spiritual Well-Being Scale. *Journal of Psychology & Theology*, 19, 35–48.

Daaleman, T., & Frey, B. (2004). The spirituality index of well-being: A new instrument for health-related quality of life research. *Annals of Family Medicine*, 2, 499–503.

Ellison, C. W. (1983). Spiritual well-being: Conceptualization and measurement. *Journal of Psychology & Theology*, 11, 330–440.

Hatch, R. L., Burg, M. A., Naberhaus, D. S., & Hellmich, L. K. (1998). The spiritual involvement and beliefs scale: Development and testing of a new instrument. *Journal of Family Practice*, 46, 476–486.

Idler, E. L., Musick, M. A., Ellison, C. G., George, L. K., Krause, N., Ory, M. G., Pargament, K. I., Powell, L. H., Underwood, L. G., & Williams, D. R. (2003). Measuring multiple dimensions of religion and spirituality for health research. *Research on Aging*, 25, 327–365.

Peterman, A. H., Fitchett, G., Brady, M., Hemandez, L., & Cella, D. (2002). Measuring spiritual well-being in people with cancer: The Functional Assessment of Chronic Illness Therapy – Spiritual Well-Being Scale (FACIT-Sp). *Annals of Behavioural Medicine*, 24, 49–58.

Plante, T. G., & Boccaccini, M. T. (1997). Reliability and validity of the Santa Clara Strength of Religious Faith Questionnaire. *Pastoral Psychology*, 45, 429–437.

Plante, T. G., & Boccaccini, M. T. (1997). The Santa Clara Strength of Religious Faith Questionnaire. *Pastoral Psychology*, 45, 375–387.

Stewart, C., & Koeske, G. F. (2006). A preliminary construct validation of the multidimensional measurement of religiousness /spirituality instrument: A study of southern USA samples. *The International Journal for the Psychology of Religion*, 16, 181–196.

Underwood, L. G., & Teresi, J. A. (2002). The daily spiritual experience scale: Development, theoretical description, reliability, exploratory factor analysis, and preliminary construct validity using health-related data. *Annals of Behavioural Medicine*, 24, 22–33.

网站

欧洲积极心理学网：http://www.le.ac.uk/pc/aa/pal/enpp/

美国宾夕法尼亚大学积极心理学中心：www.positivepsychology.org

积极心理学在线项目：http://www.positivepsychologytraining.com/default.aspx

第二章
积极特质

> **学习目标**
> - 能够叙述大五人格理论以及基于这个理论的研究发现。
> - 能够说明如何测评特质相关性优势，以及特质相关性优势的遗传基础和环境基础。
> - 能够描述奉行价值观—性格优势和美德分类体系，以及基于这个分类体系的研究发现。
> - 懂得利用特征优势促进幸福。
> - 能够指出需要进一步研究哪些问题，以更好地理解积极特质和优势对美好生活的作用。

积极心理学不仅关注积极情绪（第一章的焦点），而且关注积极特质（Lopez & Snyder, 2009; Seligman, 2002）。积极心理学的主要成就之一是建立了一个积极特质分类体系。分类体系收纳了积极心理学领域感兴趣的积极特质，包括好奇心、勇敢、善良、宽容，等等。关于这个分类体系的开发过程，Christopher Peterson 教授和 Martin Seligman 教授（2004）在《性格优势和美德》（*Character Strengths and Virtues*）中介绍过了，本章稍后也会简要介绍一下。为了说明这个相对较新的特质相关性优势分类体系，我们需要首先概述一下心理学的一个相对较老的领域——人格特质。

人格特质理论和个性优势

人格特质指的是在不同时间、不同情境中保持相对一致的行为方式的倾向（Matthews, et al., 2009）。例如，如果我们责任心强，那么我们会在大部分时间、大部分场合按时可靠地完成任务。特质不同于状态。特质是持久的，在很多场合起作用；相比之下，状态是暂时的，与具体场合有关。例如，责任心是个特质，"忙着"是种状态。

人格特质理论的首要假定是，用有限几个维度就可以描绘一个人的人格。其中隐含的理念是，一个人格特质也许与好几个个性特点存在关联。例如，在宜人性上得高分的人可能既信任他人又乐于助人，其中，个性特点信任他人和乐于助人是构成宜人性这一人格特质的两个子维度。人格特质在人群中呈正态分布。因此，对于任何一个人格特质（如外倾性），大多数人都处于它分布的中间位置，少数人位于它的两个极端。近年来，各种人格特质理论已经逐渐趋同为大五人格模型（McCrae & Costa, 2008）。该模型包括以下五个维度：神经质、外倾性、经验开放性、宜人性和责任心。这五大因素，每个因素包含6个子维度（见表2.1）。

表2.1 五因素人格模型涉及的优势

因素	成分		相关积极特质形容词
情绪稳定性（神经质）	N1	勇气/焦虑	不紧张的
	N2	冷静/愤怒、敌意	不易怒的
	N3	幸福/抑郁	满足的
	N4	积极的自我关注/自我意识	不害羞的
	N5	自制/冲动	不情绪化的
	N6	韧性/脆弱	自信的
外倾性	E1	热情	开朗的
	E2	合群	好交际的
	E3	果敢	强势的
	E4	活跃	精力充沛的
	E5	寻求刺激	爱冒险的
	E6	积极情绪	充满激情的

续表

因素	成分		相关积极特质形容词
经验开放性	O1	幻想	富于想象力的
	O2	审美	有美感的
	O3	感受	易兴奋的
	O4	尝新	兴趣广泛的
	O5	思辨	好奇的
	O6	价值观	非传统的
宜人性	A1	信任	宽容的
	A2	坦诚	不苛刻的
	A3	助人	热心的
	A4	顺从	不固执的
	A5	谦虚	不炫耀的
	A6	温和	富有同情心的
责任心	C1	胜任	效率高的
	C2	秩序	有条理的
	C3	尽责	不粗心的
	C4	进取	周密的
	C5	自律	不懒惰的
	C6	审慎	不冲动的

  这五大因素是怎么得来的？首先，从词典里抽取那些描绘个性特点的形容词，经语义聚类后做成一份详尽列表，然后用这份列表收集自评数据或他评数据进行大量的因素分析研究，最后就得到了这五大因素（John et al., 2008；McCrae & Costa, 2008）。（因素分析是种复杂的统计技术，它通过考察一大组题目得分的相关情况，来确定这一大组题目实际上测量了哪几个有限的因素。）这五大因素，每个因素都包含一组相互关联的题目，把这组相互关联的题目的得分结合起来就是该因素的得分。对于人格具体用几个特质来描述比较合适，不同的特质理论有不同的看法。例如，已故的英国伦敦大学教授 Hans Eysenck（1916—1997）认为，三个广义次级特质（神经质、外倾性与精神质）就可以解释大部分的人格（Furnham et al., 2008），而美国的 Raymond Cattell 教授（1905—1998）认为，需要 16 个

狭义初级特质（Boyle，2008）。实际上，不同模型之所以可得到不同数目的特质，是因为因素分析方法不同、题目范围不同。

大五人格模型是在 Eysenck 人格模型和 Cattell 人格模型的基础上发展而来的。这三个模型有相通之处。对 Cattell 的 16 个初级因素继续进行因素分析，就得到了类似于大五人格模型的那五大因素。而且，大五的前两个维度与 Eysenck 的神经质和外倾性是一样的，大五的宜人性和责任心则是 Eysenck 的精神质的两个方面。

测评特质相关性优势

有很多人格问卷和形容词检核表可以用来测评大五人格特质。最全面、最综合的那个测验有 240 道题，把大五模型的五个因素以及每个因素的六个子维度都测到了，它就是 NEO 人格问卷修订版（NEO Personality Inventory Revised, NEO-PI-R；Costa & McCrae，1992）。比较短的量表包括 60 道题的 NEO 五因素量表（NEO Five Factor Inventory, NEO-FFI；Costa & McCrae，1992）、100 道题或 50 道题的国际人格题库五因素模型形容词检核表（International Personailty Item Pool Five Factor Model Adjective Checklist，简称 IPIP-FFM-AC；Gddberg，1992）、44 道题的大五问卷（John et al.，2008）、40 道题的微型大五测验（Big Five Mini-Markers；Saucier，1994；Thompson，2008）、20 道题的国际人格题库微型大五测验（Mini International Personailty Item Pool Scale；Donnellan et al.，2006）和 10 道题的人格问卷（Personality Inventory et al.，2003）。表 2.2 给出了国际人格题库微型大五测验的全版。另外，人际形容词量表（Interpersonal Adjective Scale；Wiggins，1995）则是从人际行为圆形模型出发测量大五人格特质。

与特质及其子维度有关的优势

表 2.1 给出了与大五及其子维度有关的优势。与情绪稳定性 6 个子维度有关的优势是勇气、冷静、幸福、自尊、自制和韧性。与外倾性 6 个子维度有关的优势是热情、合群、果敢、活跃、寻求刺激和积极情绪。

表 2.2 国际人格题库微型大五测验

下面这些陈述描述了你的个性特点，请认真阅读每个陈述，在后面的数字当中选一个圈上，表示每个陈述对你的描述有多准确。请根据你的实际情况，而不是你的理想情况，也不是与你性别相同、年龄相近的人的情况，如实地作答。

维度	题号	题目					
E	1	我是聚会中活跃气氛的人。	1 很不准确	2 较不准确	3 拿不准	4 比较准确	5 非常准确
A	2	我能对别人的情绪表示理解。	1 很不准确	2 较不准确	3 拿不准	4 比较准确	5 非常准确
C	3	我小事不拖拉。	1 很不准确	2 较不准确	3 拿不准	4 比较准确	5 非常准确
N	4	我的情绪经常波动。	1 很不准确	2 较不准确	3 拿不准	4 比较准确	5 非常准确
I	5	我想象力丰富。	1 很不准确	2 较不准确	3 拿不准	4 比较准确	5 非常准确
E−	6	我话不多。	1 很不准确	2 较不准确	3 拿不准	4 比较准确	5 非常准确
A−	7	我对别人的事情不感兴趣。	1 很不准确	2 较不准确	3 拿不准	4 比较准确	5 非常准确
C−	8	我经常忘了把东西放在合适的地方。	1 很不准确	2 较不准确	3 拿不准	4 比较准确	5 非常准确
N−	9	我大多数时间是放松的。	1 很不准确	2 较不准确	3 拿不准	4 比较准确	5 非常准确
I−	10	我对抽象概念不感兴趣。	1 很不准确	2 较不准确	3 拿不准	4 比较准确	5 非常准确
E	11	我在聚会上与很多不同的人说话。	1 很不准确	2 较不准确	3 拿不准	4 比较准确	5 非常准确
A	12	我能感受别人的情绪。	1 很不准确	2 较不准确	3 拿不准	4 比较准确	5 非常准确
C	13	我喜欢一切井井有条。	1 很不准确	2 较不准确	3 拿不准	4 比较准确	5 非常准确
N	14	我容易变得不安。	1 很不准确	2 较不准确	3 拿不准	4 比较准确	5 非常准确
I	15	我很难理解抽象概念。	1 很不准确	2 较不准确	3 拿不准	4 比较准确	5 非常准确
E−	16	我喜欢待在幕后。	1 很不准确	2 较不准确	3 拿不准	4 比较准确	5 非常准确
A−	17	我其实对别人不感兴趣。	1 很不准确	2 较不准确	3 拿不准	4 比较准确	5 非常准确
C−	18	我经常把东西弄得很乱。	1 很不准确	2 较不准确	3 拿不准	4 比较准确	5 非常准确
N−	19	我很少觉得忧郁。	1 很不准确	2 较不准确	3 拿不准	4 比较准确	5 非常准确
I−	20	我缺乏想象力。	1 很不准确	2 较不准确	3 拿不准	4 比较准确	5 非常准确

注释：E、A、C、N、I 分别代表外倾性、宜人性、责任心、神经质和经验开放性；"−"代表反向计分。

经验开放性的 6 个子维度涉及如下优势：对幻想保持开放心态、对审美保持开放心态、对感受保持开放心态、对行动保持开放心态、对观念保持开放心态以及对不同价值观保持开放心态。宜人性的 6 个子维度涉及如下优势：信任、坦诚、助人、顺从、谦虚和心软。责任心的 6 个子维度涉及如下优势：胜任、秩序、尽责、进取、自律和审慎。

类型学研究一再确认了与大五有关的 3 个人格轮廓，分别是韧性型、高控型和低控型（John & Srivastava，1999）。韧性型的人，在所有五大因素上都得分积极（得分积极是指，好因素上得高分，坏因素上得低分；后面提到的得分积极也是这个含义），具有表 2.1 列出的所有个性优势。高控型的人，宜人性和责任心得分高，外倾性得分低。低控型的人，神经质得分高，宜人性和责任心得分低。而且，低控型人格与不良行为之间存在相关性。

特质相关性优势的实证证据

元分析和文献综述得到的证据有力地说明，在大五特质上得分积极的人，往往在一系列效标上也得分积极，这些效标包括幸福感、问题应对、长寿、健康行为、人际关系、创造力、学习成绩和职业适应。

大五与幸福感

在一个包括 347 个样本、总共涉及 100000 多个案例的元分析中，Steel 等人（2008）发现：大五特质与一系列幸福感指标之间存在相关性，这些幸福感指标包括幸福水平、生活满意度、积极情感和消极情感、生活质量。外倾性、神经质、宜人性、责任心和经验开放性与幸福水平之间的相关系数分别是 0.57、0.51、0.36、0.27 和 0.14（都是绝对值）。显然，外倾性和神经质所涉优势与幸福感的相关性最强。

外倾性和责任心与适应性应对

应对策略个体差异研究表明：特质相关性优势越多的人，使用的适应性应对策略越多。在一个包括 165 个样本、总共涉及 33000 多个被试的元分析中，Connor-Smith 和 Flachsbart（2007）发现，在外倾性和责任心维度上得高分的人，更有可能使用问题解决和认知重组来应对压力。相比之下，在神经质维度上得高分的人，更有可能使用不良应对策略，比如一厢情愿地幻想、逃避退缩。

责任心与长寿和生活方式

在一个包括 20 个样本、总共涉及 6 个国家 8000 多个被试的元分析中，Kern 和 Friedman（2008）发现，责任心与长寿显著相关。责任心也许是通过健康行为和生活方式对寿命产生影响的。这一点得到了另外一个元分析的支持。在这个包括 194 个研究、总共涉及 100000 多个被试的元分析中，Bogg 和 Roberts（2004）发现，责任心强的人，较少吸毒、酗酒、抽烟、不健康饮食、危险开车、危险性交、打骂他人、伤害自己，较多运动锻炼，因此身体更健康。

情绪稳定性、外倾性和宜人性与人际关系

情绪稳定性、外倾性和宜人性这三个特质对建立并维持令人满意的人际关系非常重要。Ozer 和 Benet-Martínez（2006）回顾了数个纵向研究后得出以下结论：对儿童和青少年来说，外倾性和宜人性与良好的同伴关系之间存在相关性；对成人来说，情绪稳定性和宜人性与持久美满的婚恋关系之间存在相关性。

责任心与学习成绩和工作绩效

长久以来，人们认为责任心对学习成绩和工作绩效非常重要，尽管其他特质也重要。在一个包含 23 个研究、涉及 5000 多个案例的研究中，O'Connor 和 Paunonen（2007）发现，大五人格特质中只有责任心与大学学习成绩显著相关（$r = 0.24$）。在一个包含 60 个研究、涉及 15000 多个被试的研究中，Zhao 等人发现，成功的企业家在责任心、经验开放性和情绪稳定性维度上得分高。Peeters 等人（2006）对 500 多个团队的工作绩效数据进行元分析后发现，团队成员在责任心和宜人性维度上得分的平均值越大、方差越小，团队绩效越高。责任心对工作绩效重要，而情绪稳定性和外倾性对工作满意度重要。在一个包括 92 个研究、涉及 24000 多个被试的元分析中，Judge 等人（2002）发现，情绪稳定的外倾者报告了更高的工作满意度。

特质相关性优势的遗传与环境基础

特质相关性优势由哪些因素决定，这是一个值得关注的重要问题。这些优势是先天遗传的，还是在后天社会化过程中习得的呢？双生子研究得到的大量证据表明：表2.1所列特质相关性优势的一半变异可以由遗传因素和环境因素按同等比例解释（Johnson et al., 2008）。

至于决定特质相关性优势的环境因素，我们有充足理由相信，安全依恋是在大五模型各人格特质上得分积极的重要预测因子（Cassidy & Shaver, 2008），而父母用热情和适度控制的方式抚养孩子也会促进孩子在这些因素上得分积极（Darling & Steinberg, 1993）。第八章会联系毕生积极关系，详细讨论早期经历对日后积极发展的预测作用。

遗传因素影响人格特质的机制是复杂的。或许是多种基因共同决定了气质特征，而这些气质特征与环境因素交互作用影响着人格特质的发展。我们带着从父母那里继承而来的基因出生在一定的家庭、物理和社会环境里，不过我们可以通过我们的行为影响他人对我们的反应方式，进而塑造我们的环境。我们的环境反过来影响我们人格特质的发展，我们的人格特质又反过来影响我们对环境的塑造和选择。人格特质的遗传度可以通过考察不同的基因相似度分别会多大的人格特质相似度来评估。因为显而易见，同卵双生子的基因是完全相同的，而异卵双生子的基因只有50%是相同的，所以评估人格特质遗传度最常使用双生子研究。用双生子研究评估人格特质遗传度的具体做法是：找若干对同卵双生子和若干对异卵双生子，对他们施以人格测验，看看同卵双生子和异卵双生子分别在各人格特质上有多大的相似度。特质遗传度可以用以下公式进行估算：$h^2 = 2(r_{mz} - r_{dz})$。其中，h^2代表遗传度，r_{mz}为同卵双生子的特质相关系数，而r_{dz}则为异卵双生子的特质相关系数（Johnson et al., 2008）。因此，遗传度即为两个相关系数之差的两倍。对于大五人格特质，该值通常为0.4~0.5。

特质相关性优势的毕生发展

支撑人格特质及其相关优势的是气质特征，因为有研究发现早期气质轮廓与晚期人格轮廓之间存在连续性（DePauw & Mervielde，2010）。气质指婴儿期即已出现的情感反应典型风格，主要由体质或遗传因素决定。

气质由体质因素决定并支撑着人格特质的观点，最早是在公元前4世纪由希波克拉底提出的，然后在公元2世纪由加伦延伸扩展。他们认为，四种体液与构成四类人格之核心的四种鲜明气质之间存在联系（Murray，1983）。根据他们的观点，人体内有四种体液，即血液、粘液、黄胆汁和黑胆汁。血液出于心脏，是火根，有干燥的性质；粘液生于脑，是水根，有冷的性质；黄胆汁生于肝，是气根，有热的性质；黑胆汁生于胃，是土根，有渐温的性质。各种体液所占比例的不同决定了气质的不同，血液占优势的人属于多血质，粘液占优势的人属于粘液质，黄胆汁占优势的人属于胆汁质，黑胆汁占优势的人属于抑郁质。多血质的人，长大后形成快乐、活泼的性格；粘液质的人，长大后形成冷静的性格；胆汁质的人，长大后形成冲动、易怒的性格；抑郁质的人，长大后形成悲观的性格。Eysenck指出，这四种气质实际上相当于相互正交的两个特质神经质与外倾性所定义的四个象限（Eysenck & Eysenck，1975）。从图2.1可以看出，根据这个双因素模型，情绪稳定的内倾者是粘液质的，情绪稳定的外倾者是多血质的。这些都是具有韧性的气质。神经质的内倾者是抑郁质的，而情绪不稳定的外倾者是胆汁质的。

表2.3给出了三个比较著名的气质模型与人格三因素模型、人格五因素模型之间的对应关系，只是过于简化了一些（McCrae & Costa，2008；Furnkam, Eysenck, & Saklofske，2008；Clark & Wastson，2008；Buss & Plomin，1975；Thomas & chess，1977）。对应关系建立的依据是各模型对人格维度和气质维度的描述，以及有关气质与人格之连续性的研究发现。从表2.3可以看出，气质的分类方式多种多样。Thomas和Chess（1977）的婴儿气质模型包括了由观察者评定测量出来的9个因素。Buss和Plomin（1975）的儿童气质模型包括了以EASI气质调查（EASI Temperament Survey）测量出来的4个因素，EASI是该模型的四个因素——情绪性（emotionality）、活动性（activity）、社交性（sociability）与冲动性（impulsivity）的英文首字母缩写。而Clark和Watson（1999）提出的成人气质三因素模型，与Eysenck的人格三因素模型十分相似。

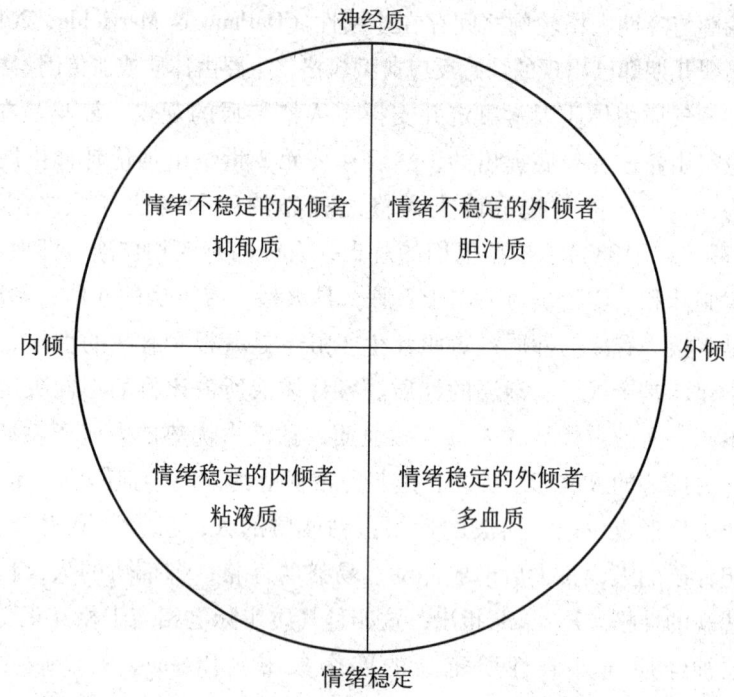

图2.1 气质与人格

表2.3 气质与人格

McCrae 和 Costa (2008) 的人格五因素模型	Eysenck 的 (Furnham el al., 2008) 的人格三因素模型	Clark 和 Watson (2008) 的成人气质三因素模型	Buss 和 Plomin (1975) 的儿童气质四因素模型	Thomas 和 Chess (1977) 的婴儿气质九因素模型
情绪稳定—神经质	神经质	消极气质	情绪性	心境强度 感觉阈限 趋避性 适应性 节律性
外倾—内倾	外倾性	积极气质	社交性 活动性	主导心境 活动水平
责任心 宜人性 经验开放性	精神质	去抑制	冲动性	注意持久 注意涣散

现代纵向研究肯定了气质与人格之间的这种联系（DePauw & Mervielde, 2010; Rothbart & Ahadi, 2006）。例如，活跃度高、气质积极的儿童，长大后会是外向的，能享受与外倾性有关的优势的好处。注意力持久的儿童，长大后会具有很强的责任心以及与责任心有关的特质相关性优势。暴躁、胆小的儿童，长大后会变得高度神经质。气质特征极端的儿童，对来自环境的压力和支持都比较敏感，会引发父母等人表现出一些加重其极端气质特征的反应。

除了气质风格和人格轮廓的这种连续性之外，也有充分证据表明，大五人格特质的毕生发展轨迹是可以预测的，而且这种可预测性在各个文化中都是一样的。在一个包括92个样本、涉及50000多个案例的研究中，Robert等人（2006）发现，在青少年期，经验开放性和（外倾性子维度之一的）社会活力增强；但是在老年期，两者都减弱；在成年早中期，即20~40岁，责任心、情绪稳定性和（外倾性子维度之一的）社会支配会增强；在整个一生中，宜人性都渐渐增加。这些发现（见图2.2; Roberts，Walton，& Viechtbauer，2006）与一个被广泛持有的观点相互矛盾，这个观点认为，30岁之后人格就相当稳定。这些发现意味着：年轻人

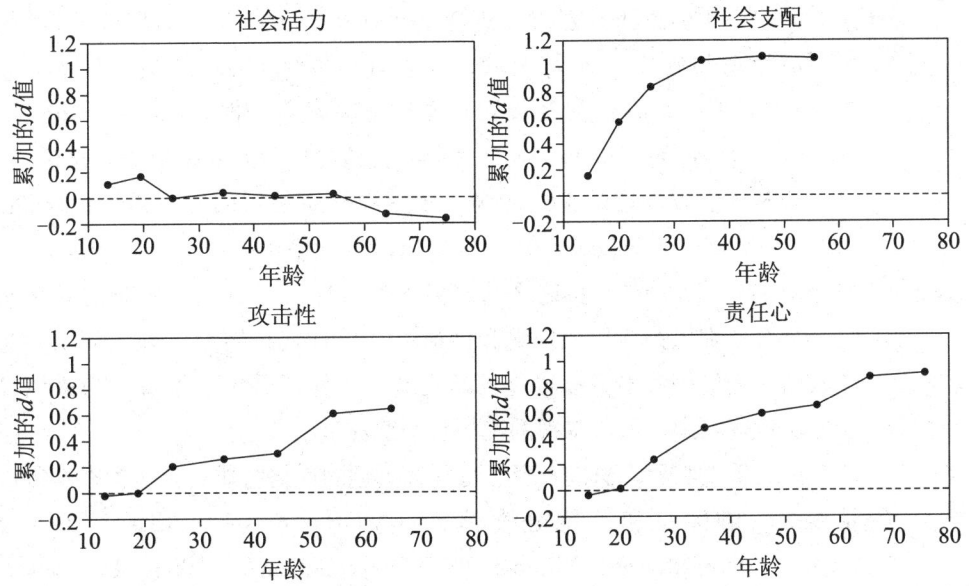

图2.2　人格特质随时间变化情况

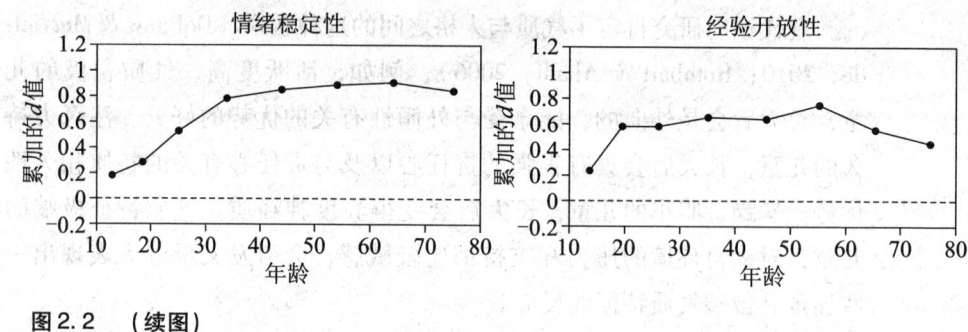

图2.2　（续图）

群的优势是社会活力和经验开放性,而中老年人群的优势是情绪稳定性、责任心、社会支配和宜人性。

奉行价值观—性格优势和美德分类体系

优势和美德积极心理学与传统人格特质心理学的不同之处在于其目标和当前所处发展阶段。优势和美德积极心理学把目标明确定为找出与美好生活有关的人格特质。相比之下,传统人格特质心理学在很大程度上并不关心所确认和研究的人格特质有何道德价值。人格特质心理学很早就成为一门独立的科研领域,标志其成立的事件是 1937 年 Gordon Allport（1897—1967）发表《从心理学角度解读个性》（*Personality：A psychological interpretation*）。而对优势和美德的科学研究是最近才出现的。优势和美德积极心理学正式成为一个独立科研领域的标志是 Christopher Peterson 和 Martin Seligman 在 2004 年出版《性格优势和美德》（*Character Strengths and Virtues*）。在这之前,根本没有针对所有性格优势的系统研究,只有个别优势（比如乐观和创造性）已被实证研究了几十年,而对于其他一些优势最多只有零星的研究。这个科研领域的形成,为采用科学方法考察心理学以前忽视的优势和美德提供了背景。

如表 2.4 所示,积极心理学特别感兴趣的性格特质,都包含在奉行价值观—性格优势和美德分类体系（Values in Action Classification of Character Strengths and Virtues；Peterson & Seligman, 2004；Peterson & Park, 2009）中,简称 VIA 优势和美德分类体系。美德（比如智慧、勇

气）是道德哲学家特别关注的特征；而性格优势（比如创造力、感恩）是较不抽象的人格特质，可以用来实现美德。VIA 优势和美德分类体系中的 6 个美德是：智慧、勇气、仁慈、正义、克己和超然。下面依次简要介绍各美德相关性优势以及与之有关的关键研究发现。

表 2.4　VIA 优势和美德分类

	美德	定义性特征		优势	定义性特征
1	智慧	获取并运用知识	1	创造力	用标新立异且富有成效的方式做事情
			2	好奇心	对所有新事物都感兴趣
			3	思维开阔	多方位、多角度考虑问题
			4	热爱学习	掌握新技能、新话题和新知识
			5	洞察力	能够给他人提供明智的建议
2	勇气	顶着内外部压力完成目标的意志	6	本真	说真话，表现真实自我
			7	无畏	在威胁、挑战、困难和痛苦面前不退缩
			8	毅力	一旦开始就坚持到底
			9	热忱	用热情和活力拥抱生活
3	仁慈	人际优势	10	善良	给他人帮助，为他人做好事
			11	爱	重视亲密关系
			12	社会智力	对自己和他人的动机和感受保持清醒的认识
4	正义	公民优势	13	公平	按照公平原则对待所有人
			14	领导力	组织群体活动，确保活动顺利完成
			15	团队合作	作为团队的一员，高效地工作
5	克己	预防原罪的优势	16	宽容	原谅对不起自己的人
			17	稳重	让成绩说话
			18	谨慎	谨言慎行，不说后悔的话，不做后悔的事
			19	自我调节	调节自己的情绪和行为
6	超然	让心灵与宇宙相连的优势	20	欣赏	意识到生活方方面面的美好、卓越和精彩，并欣赏之
			21	感恩	意识到生活当中发生的好事，并心怀感恩
			22	希望	抱最好的期望，并努力实现之
			23	幽默	喜欢逗乐搞笑，娱乐自己，娱乐他人
			24	虔诚	有信仰，有追求

智慧

智慧这种美德所包含的性格优势是创造力、好奇心、思维开阔、热爱学习和洞察力。这些认知优势涉及获取知识并运用理智增进幸福。

创造力

一个人要称得上富有创造力，必须能够在艺术、科学或其他领域提出有利于产生优秀成果的新思想或新方法。创造力既取决于个人特征，又取决于心理社会背景，这些个人特征和心理社会背景可以用多种方式加以测评（Kaufman & Sternberg, 2010）。创造力不同于天赋，也不同于智慧。第六章会详细讨论这三个概念。

好奇心

好奇心强的人强烈渴望获得新的体验、知识和信息。在心理学中，好奇心与兴趣是不一样的，前者是持久的特质，后者是暂时的状态。与好奇心相近的几个特质是，经验开放性、寻求新异和寻求刺激（Kashdan & Sylvia, 2009）。经验开放性在前面介绍过，是大五人格特质之一，指对新的观念、幻想、感受和价值观保持开放心态；寻求新异和寻求刺激都与风险承担有关。好奇心和内在动机对习得技能和专长非常重要，因此与第四章将要讨论的沉浸体验有关。

思维开阔

在不确定情境中做决策时，思维开阔的人会多方位、多角度地考虑问题，把能找到的证据都用上，不武断下结论。如果新证据说明他以前的想法不对，那么他不会固执己见，而是会调整想法，最后得到一个综合判断。心理学领域中研究思维开阔的是对批判性思维、判断和决策感兴趣的心理学家，其中包括诺贝尔奖获得者 Laureate Daniel Kahneman（Hardman, 2009；Stanovich, 2009）。这方面的研究指出，人们在不确定情境中做决策容易犯很多判断错误，而认真、理性、思维开阔就能少犯错误。

热爱学习

热爱学习的人，发自内心地渴望掌握新的技能和知识，并用系统方法满足这个需要。热爱学习这个特质，在心理学中曾经叫做成就动机，最近又叫做胜任动机（Elliot & Dweck, 2005）。热爱学习这个特质的发展，一方面取决于个人的天分和气质，另一方面取决于所在环境的机会和支持。环境的关键方面包括父母、老师、同伴、教练、导师和雇主，以及社会经济状况和文化氛围。第四章将讨论胜任动机。

洞察力

有洞察力的人，能够给人提供明智的建议。他们认真倾听，考虑全局，做出综合判断，用简洁明了且具有说服力的方式表达自己的看法。在心理学中，运用这种洞察力就是智慧（Sternberg & Jordan, 2005）。智慧曾被定义为与认知和人格高级发展阶段有关的专家知识系统。它涉及运用智力和创造力，平衡所涉各方的利益，权衡各类方案的利弊，实现一个符合公共道德和多方共赢的结果。第六章将详细讨论智慧。

勇气

勇气这一美德所包含的性格优势是本真、无畏、毅力和热忱。

本真

本真的人，心里怎么想就怎么说。他们呈现自己真实的样子，不假装、不造作，为自己的信念、感受和行为负责。他们诚信、正直。道德发展心理学研究表明，这些特质的获得受先天因素（比如气质）和环境因素（特别是父母教养、学校教育质量以及亲社会同伴）的影响（Killen & Smetana, 2006）。自我决定论研究表明，自主地追求自认为重要的目标（本真的核心所在）与幸福感有关（Deci & Ryan, 2002; Sheldon, 2004）。第四章将讨论自我决定论。在心理治疗领域，以来访者为中心的治疗运动的创始人 Carl Rogers（1902—1987）论证说，治疗师的本真是治疗成功的关键条件，来访者的本真是治疗的重要目标。因此，不足为奇的是，Rogers 的以来访者为中心的治疗成了积极心理治疗的创建平台

(Joseph & Linley, 2006)。第九章会讨论积极心理治疗。

无畏

无畏的人,敢于直面身体和心理上的威胁、挑战、困难和痛苦。无畏指的是,只要相信某件事情是正确的,就为之挺身而出、力争到底。无畏和勇气是心理学的新兴研究领域(Pury & Lopez, 2009)。

毅力

有毅力的人,任务再难,困难再多,也会坚持到底,永不言弃。心理学领域中研究毅力的,是对坚持、勤奋和延迟满足感兴趣的心理学家(Peterson & Seligman, 2004)。在行为心理学中,有研究者发现,与撤去持续性强化相比,撤去间歇性强化后,行为坚持得更久。在认知心理学中,有研究者发现,与具有悲观解释风格的人相比,具有乐观解释风格的人更可能在任务中坚持下去,因为后者相信努力就会成功,而前者变得习得性无助。在很多情况下,延迟满足能力强、自尊高、自我效能感强、自主性强、自制力强的人,坚持得更久。

热忱

热忱的人,对生活充满热情,精力充沛、活力四射。他们把人生看作冒险,满怀激情地体验其中的一切。自我决定论认为,追求内在的东西,就会对生活充满热情,因为这个追求过程能够满足交往需要、胜任需要或自主需要,进而增强活力。相比之下,追求外在的东西,则对生活没有那么热情,因为这个追求过程不能满足交往需要、胜任需要或自主需要。越来越多的证据支持这个观点(Ryan & Deci, 2008)。第四章将联系沉浸体验讨论自我决定论和内在动机。

仁慈

仁慈这一美德所包含的性格优势是善良、爱和社会智力。这些人际优势可以用于经营一对一的亲密关系。

善良

善良的人,为别人做好事、照顾别人的需要。他们乐于助人、有同情心、体贴、慷慨。心理学对利他的研究确认了共情是支撑善良和利他行为的重要因素（Batson et al.，2009）。也就是说，共情性情绪激发利他动机，通俗地说就是，对别人的痛苦感同身受，就愿意牺牲自己帮助别人。第八章将进一步讨论人际关系中的共情和利他。

爱

爱让人重视并经营亲密关系，并在亲密关系中相互分享、相互照顾。爱有不同类型，包括父母对子女的爱、子女对父母的爱、朋友之间的爱、伴侣之间的爱。心理学研究各种类型的爱，大都依据英国John Bowlby（1907—1990）提出的依恋理论（Cassidy & Shaver，2008）。依恋理论的核心假设是：亲子之间、朋友之间、伴侣之间建立并维持依恋关系的动机和能力是自然选择出来的，对人类的生存至关重要。人生早期阶段与父母或其他首要养育人之间的依恋模式会内化下来，成为后来与朋友、伴侣建立亲密关系的模板。与父母或其他首要养育人之间形成安全依恋关系的婴儿，长大成人后能与朋友、伴侣建立安全依恋关系。第八章将详细讨论爱和人际关系。

社会智力

社会智力让人对自己和他人的动机和感受保持清醒的认识，在各种社会情境中做出恰当的反应。社会智力是在各种社会情境中准确识别自己和他人的心理状态、有效管理自己的心理状态的能力。它有别于智商测验测量的那种智力，即运用知觉、记忆、信息加工、抽象推理等技能解决言语、数学问题的能力。在VIA分类体系中，社会智力包括情商（Salovey et al.，2009）。第五章将详细讨论情商。

正义

正义这一美德所包含的性格优势是公平、领导力和团队合作。这些社会优势让人在团队、团体和社区发展强大的社会支持网络。前文提到的与仁慈有关的优势（善良、爱、社会智力）主要涉及人际关系，而与正义有关的优势主要涉及群内关系。

公平

公平的人，对所有人一视同仁，不让个人感情左右决定。因此，公平是道德判断的结果。心理学曾把公平作为道德发展的一个方面研究过（Killen & Smetana, 2006）。权威型教养方式特别有利于道德推理和道德行为的发展；道德推理的发展与观点采择能力和共情能力的发展有关。

领导力

领导力使人能够有效组织群体活动，营造群体成员之间的良好关系，确保群体完成任务。心理学对领导力的研究有着悠久的传统（Bass & Bass, 2008；Linley et al., 2010）。有证据表明，不同的领导风格适合不同的领导情境，有效的领导者根据群体的目标、特征和发展阶段，自己和群体其他成员的技能和优势，群体所在环境的普遍特点，来调整领导风格。

团队合作

团队合作使人能够与所在工作团队中的其他成员维持良好关系，做好分派给自己的工作。团队合作涉及社会责任感、公民意识和社区意识。青少年发展与公民参与心理学这个新兴领域指出，那些提倡公民参与的家庭教养、学校教育和社区义工项目对公民意识的发展有重要作用（Sherrod et al., 2010）。有关团队合作的心理学研究，集中在组织心理学、职业心理学和工业心理学这几个成熟领域（West et al., 2003），而有关公民意识与协作的心理学研究，集中在政治心理学这个相对较新的领域（Sullivan et al., 2008）。

克己

克己这一美德所包含的性格优势是宽容、稳重、谨慎和自我调节。这些优势可以预防原罪。宽容让人远离仇恨，稳重让人远离傲慢，谨慎让人不会因追求一时快乐而造成长久痛苦，自我调节让人不会因强烈情绪做出不恰当的反应。

宽容

宽容的人，心肠软、不记仇，愿意给对不起自己的人第二次机会。宽容是种特质，与之对应的状态是原谅。有关原谅的心理学研究表明，原谅是个复杂的心理过程（McCullough et al.，2009；Worthington，2005）。它涉及与过错方共情，进而在信念、情绪、动机和行为上发生一系列变化。原谅受很多因素的影响，包括伤害的程度、道歉和弥补的程度、受害方和过错方的特征、他们之间的关系以及伤害和原谅发生的背景。第八章将联系积极关系详细讨论原谅。

稳重

稳重的人，让成绩说话，不自吹自擂，不自视高人一等。稳重的人，经常表现得谦虚。谦虚指准确评价自己，认可自己的长处和成绩，也接受自己的短处和失败，更强调他人的价值而非自己的价值（Tangney，2009）。谦虚、稳重的人不会给人以威胁感。然而，一般人很难做到谦虚、稳重，因为人天生喜欢抬高自己，这是有大量证据证明的，第三章在讨论乐观时会再次讨论这一点。

谨慎

谨慎的人，不冒不必要的险，不会只顾眼前、不顾将来地放纵，不逞一时之快说一些日后后悔的话、做一些日后后悔的事。因此，谨慎就是在决策之时更多地考虑行动的长远后果。心理学把谨慎当做大五责任心维度的一个子维度广泛研究过（Roberts et al.，2009）。本章在前面指出过，责任心包括几个子维度，分别是胜任、秩序、尽责、进取、自律和审慎；还指出过，责任心与学习成绩、工作绩效、健康和长寿相关。

自我调节

自我调节让人得以控制自己的想法、感受、欲望和冲动等，以做出恰当反应，而不是出于本能做出反应。自我调节也叫做自我控制、自我约束和执行功能（Forgas et al.，2009）。自我调节的核心特点是，搁置本能反应，代之以更具适应性的反应。研究证明，在很多方面，比如吃、喝、性、花钱、理性思考、决策制订和人际行为等，自我控制都能带来积极结果。然而，自我控制会消耗自我控制资源，只有补充了这些资源，才能继续表现恰当行为。

超然

超然这一美德所包含的性格优势是欣赏、感恩、希望、幽默和虔诚。这些优势让人超然于小我，把心灵与宇宙相连，在生活当中制造意义。欣赏让人关注一切的美好事物，感恩让人为生活当中的一切好事心怀感恩，希望让人用梦想和抱负拥抱未来，幽默让人笑对生活中的挑战和难题，虔诚让人有信仰、有追求。

欣赏

这个优势让人注意并欣赏日常生活、大自然、科学中的一切美好事物。善于欣赏大自然的人，体验到敬畏；善于欣赏他人技艺的人，体验到崇拜；善于欣赏美德展现的人，体现到高尚（Diessner et al., 2008; Haidt, 2003）。欣赏的某些方面，类似于大五经验开放性维度的审美子维度。

感恩

懂得感恩的人，会意识到生活当中发生的好事，并在这个意识过程中体会到快乐，进而生出感恩之情。心理学对感恩的研究，历史相对较短（Emmons & McCullough, 2004; Emmons et al., 2003; Walkins et al., 2009）。感恩可以分为个人感恩和超个人感恩。个人感恩指，因为某个人给自己带来好处而感恩这个人，或者仅仅因为某个人的存在而感恩这个人。超个人感恩指，因为自己所拥有的而感恩上天，或者仅仅因为自己活在这个世上而感恩上天。感恩还可以分为状态性的和特质性的，状态性感恩与具体情境有关，特质性感恩是一种总体心态。特质性感恩与情绪稳定性、宜人性、自信这些特质有关，还与不自恋、不物质主义有关。感恩与幸福感之间的相关性，强于大五人格特质中任何一个特质与幸福感之间的相关性。一些实验研究和临床研究对被试进行感恩干预：要求被试详细回忆或者记录让自己心怀感恩的事情，或者要求被试给自己想要感谢的人写感谢信。结果表明,这类干预增强了幸福感。第八章将讨论人际关系中的感恩,而第九章将讨论感恩干预。

希望

心怀希望的人,抱最好的期望并努力去实现。与希望相近的概念有特质性乐观和乐观解释风格,心理学对这三个概念的研究都有着悠久的传统,并且开发出了多种多样的工具来测量这三个概念(Carver et al., 2009;Peterson & Steen, 2009;Rand & Cheavens, 2009)。相关研究、实验研究和临床研究都表明,希望、乐观和乐观解释风格与幸福、适应性应对、积极关系和身心健康有关。第三章将详细讨论乐观和希望。

幽默

幽默让人笑对生活中的挑战和难题,还通过逗乐和搞笑娱乐自己、娱乐他人。心理学对幽默以及与之有关的机智、喜剧、讽刺、戏谑、逗乐和游戏的研究有着悠久的传统(Martin, 2007)。幽默包括认知、情感、人际和生理几个方面。幽默可以分为幽默感知和表现幽默。在童年和青少年时期,人们使用的幽默形式越来越高级。幽默可以起到积极作用,比如建立关系、应对压力、释放紧张等,但是也可用于表达攻击和蔑视。有些形式的幽默对身心健康有积极作用;有证据表明,把幽默整合到心理治疗中,可以起到很好的效果。第七章会进一步讨论作为应对策略的幽默。

虔诚

虔诚的人,相信并敬畏超能量,追求人生意义。因为有信仰、有追求,他们内心充实,生活方式简朴而高尚。信仰主要指信仰宗教。有研究发现,当信教是自愿的、相信神明会佑护自己的时候,宗教与幸福相关;当信教是被迫的、害怕神明会惩罚自己的时候,宗教与幸福不相关(Pargament, 2002;Pargament & Mahoney, 2009)。

VIA 分类体系的发展

这个分类体系基于研究者对全世界主要宗教流派和哲学流派提到的

美德和优势的综述（Peterson & Seligman, 2004）。通过这一综述，研究者确认了6个美德，即智慧、勇气、仁慈、正义、克己和超然。这些美德是普遍存在的，还很有可能在世界大多数文化中都是被公众认可的。它们也许由进化决定，被自然选择出来维持人类的生存繁衍。

　　研究者还通过综述确认出了一长串优势，然后根据一套清晰详细的标准从中挑选了24个，归到6个美德下面。选择标准包括：是特质；是普遍存在的；大体上使人感到生活充实；有道德价值；不会有损他人；有对应的劣势（例如，无畏对应的劣势是胆怯）；可以测量；可以与其他优势区分开来；在一些模范身上尤为明显；在儿童和青少年时代就初露端倪；在一些人身上完全不存在；受社会常规、习俗和礼仪的特意培养。非性格优势（比如智力和体育天分）和不是所有文化都重视的性格优势（比如整洁和节俭），并没有纳入这个分类体系。每种美德下面的各个性格优势，都与那个美德有关，但又都与那个美德不同。要有好性格，必须展示每种美德下面的一两个性格优势。性格优势是实现美德的途径。

　　一个性格优势的促成条件，就是使人在给定情境下展现这一优势，进而促进美德的因素。促成条件包括：教育机会和职业机会；支持性的、一贯性的家庭环境；安全的社区和学校；政治稳定和民主。身边有导师、角色榜样或支持性同伴，很有可能也是促成条件。有利于培养性格优势和美德的环境具有一些特征。这些特征，就物理环境而言，是天然、秀美、可预测性和可控制性、新异性或多样性，等等；就社会环境而言，是赋能授权程度、可预测性和可控制性、新异性或多样性，等等。其中，可预测性和可控制性是学习心理学家的研究内容，新异性或多样性是组织心理学家的研究内容，赋能授权是社区心理学家的研究内容。

测评优势

　　测评VIA分类体系的24个优势，对成人可以用240道题的自陈问卷——奉行价值观—优势问卷（Values in Action Inventory of Strengths，简称VIA-IS；Peterson & Seligman, 2004），对11岁~17岁的青少年可以用

198 道题的奉行价值观——青少年调查（Values in Action Youth Survey，简称 VIA-YS；Park & Peterson，2006a）。VIA-IS 和 VIA-YS 可以在以下网站找到：http：//www.viacharacter.org/VIASurvey/tabid/55/Default.aspx。这两个工具的 24 个优势量表都有很好的信度，两个工具现在都在进行效度验证。VIA-IS 还有了日文版本（Otake et al.，2005）。

特征优势

特征优势就是在 VIA-IS 中得分很高的那些优势（Peterson & Seligman，2004）。你可以登录上述网站，做一下 VIA-IS，找到你的特征优势。做完测试，你可以立即得到一份报告，这份报告给出了你的整体优势轮廓和排在最前面的三个特征优势。Seligman（2002）把与现在有关的积极情绪分为两类：即时的快感和长久的欣慰。快感来自感官体验，而欣慰来自全神贯注地从事那些令人沉浸其中的活动，这些活动常常需要动用个人独有的特征优势（signature strengths），赛船、跳舞、阅读、写作和教书都是这类活动。生活当中，人们在以下几大领域需要使用特征优势：

1. 与伴侣（包括恋人和配偶）的关系；
2. 与后代的关系；
3. 工作；
4. 休闲。

有人假设，运用特征优势有利于沉浸、全神贯注和获得幸福感。这个假设值得尽快去验证。特征优势具有以下鲜明特征：

- 相信这个优势是自己的核心特质；
- 运用这个优势时，觉得非常兴奋；
- 首次运用这个优势时，很快入手；
- 不断学习新方法来运用这个优势；
- 渴望找到新方法来运用这个优势；
- 觉得自己不由自主地在很多情境下运用这个优势；

- 运用这个优势时，觉得精力充沛而非精疲力竭；
- 围绕这个优势安排生活、规划人生；
- 运用这个优势时，心中充满快乐和热情。

实证研究结果

有关 VIA 优势的研究在世界多个国家和文化中开展过。Park（2006）等人通过互联网调查了美国 50 个州和其他 40 个国家一共 117000 多人后发现，美国人最认可的优势是善良、公平、诚信、感恩和判断力。他们还发现，美国人最不认可的优势是谨慎、稳重和自我调节。美国人的优势轮廓与其他国家国民的优势轮廓有很大一部分的重叠。Biswas-Diener（2006）的一个研究表明，VIA 分类体系中的优势并不仅限于有文字的文化。他对东非肯尼亚 123 个马赛人和格陵兰北部 21 个因纽特人进行访谈研究后发现，VIA 分类体系中的 24 个优势也存在于这些没有文字的文化中，而且很受重视。

优势的性别差异

一些研究发现，优势存在性别差异，但是在不同的文化中，优势的性别差异是不一样的，这也许是因为在不同的文化中性别角色是不一样的。Linley 等人（2007）通过互联网调查英国 17056 个成人后发现：除创造力外，在其他所有 VIA 优势上，女性的得分均高于男性；性别差异最大的三个优势是善良、感恩和爱。Shimai 等人（2006）在调查日本的 308 个年轻人和美国的 1099 个年轻人之后发现，女性在爱和善良这两个优势上的自评分数更高，而男性在无畏和创造力这两个优势上的自评分数更高。然而，Biswas-Diener（2006）在一个跨文化研究中发现：在因纽特人中，女性在善良优势上的他评分数更高，而男性在自我控制优势上的他评分数更高；相比之下，在肯尼亚马赛族人中，女性在自我控制优势上的他评分数更高，而男性在诚信、公平和领导力优势上的他评分数更高。

优势与年龄

Linley 等人（2007）在英国做了一项研究后发现，优势随年龄增长而变强。然而，VIA优势与年龄之间的相关性很低，相关系数在0.00（希望）与0.16（好奇心）之间变化。与年龄最相关的优势是好奇心、热爱学习和公平。

优势与社会亚群体

可以预料的是，社会不同亚群体有着不同的优势轮廓。Matthews等人（2006）在调查了美国西点军校103个学生、挪威海军学院141个学生和美国838个平民之后发现，诚信、希望、无畏、勤奋和团队合作是军人的最大优势。Park和Peterson（2006a）在比较了250个青少年和83576个成人在VIA优势上的得分之后发现，青少年身上比较常见的优势是希望、团队合作和热忱，而成人身上比较常见的优势是欣赏、本真、领导力和思维开阔。

优势与幸福感

一系列研究表明，在儿童、青少年和成人身上，热忱、希望、爱和感恩与幸福感强烈相关。Peterson等人（2007）发现，不论是在包含12439个美国成人的样本中，还是在包含445个瑞士成人的样本中，热忱、希望和爱是与生活满意度之间的相关性最强的三个优势（$r>0.4$）。在美国人样本中，感恩与生活满意度的相关系数也大于0.4；在瑞士人样本中，毅力与生活满意度的相关系数也大于0.4。他们还发现，快乐地生活、投入地生活和有意义地生活（积极心理学的三大支柱）分别与不同优势之间存在相关性。对两个样本而言，幽默与快乐生活之间有着最强的相关性；热忱与投入生活之间有着最强的相关性；虔诚与有意义地生活之间有着最强的相关性。Park等人（2004）通过互联网调查了5299个成人后发现：热忱、希望、爱和感恩与生活满意度之间的相关性最强，而稳重、欣赏、创造力、判断力和热爱学习与生活满意度之间只有很弱的相关性。Shimai等人（2006）让日本的308个年轻人完成了日语版的VIA-IS问卷，再次证实了热忱、希望和感恩与幸福之间有着最强的相关性。Park和Peterson（2006b）在互联网上邀请有3岁~9岁孩子的父母描述自己的孩子，一共收到了680份书面描述，他们在进行内容分析之后发现：在比较小的孩子身上，热忱、希望和爱与幸福相关；在比较大的孩子身上，感恩与幸福相关。Park 和 Peterson（2006a）发现，在青少年身上，热忱、希望、爱和感恩与生活满意度强烈相关，即使控制了大五人格特质的效应之后也仍然如此。这个研究表明，VIA 量表测评的内容超过了大五人格量表测量的内容，尤其多出了道德维度。Park 和 Peterson（2006a）还发现，父母的自我调节、热忱、希望、爱和感恩与青少年的生活满意度相关。这一发现表明，除了拥有热忱、希望、爱和感恩这些关键优势之外，如果父母还有能力调节自己的消极情绪，那么他们就能营造一个积极的、稳定的环境，让孩子过上满意的生活。

优势与创伤和疾病

有研究发现，VIA 优势与创伤和疾病之间存在相关性。Peterson 等人（2008）通过互联网调查了 1739 个成人后发现，创伤事件（比如事故和骚扰）数量与优势（特别是无畏、创造力、欣赏和善良）之间存在正相关。所有 24 个优势与创伤后成长之间都存在显著相关。Peterson 和 Seligman（2003）做了一个互联网横断调查，在 2001 年 "9·11" 恐怖袭击事件前后一共测评了 4817 人。他们发现，人们在感恩、希望、善良、领导力、灵修和团队合作上的得分变高了。袭击发生 2 个月后，得分差距非常大；袭击发生 11 个月后，得分差距仍然显著，但是不再那么大。他们提出，圣保罗的神学美德（信仰＝灵修；希望和慈善 ＝ 爱、善良、感恩、领导力和团队合作）以自我延续的方式增强人们的归属感。Peterson 等人（2006）访谈了 2087 个成人后发现：对无畏、善良和幽默的人来说，身体疾病并不会导致生活满意度降低多少；对懂得欣赏和热爱学习的人来说，心理障碍并不会导致生活满意度降低多少。

优势与工作

在一个涉及 7348 个成人的互联网调查中，Peterson 等人（2010）发现，好奇心、热忱、希望、感恩和灵修与工作满意度相关。优势并没有任何职业针对性。在一个涉及 9803 个员工的互联网调查中，Peterson 等人（2009）发现，热忱能够预测富有使命感的工作态度（$r = 0.39$），以及工作满意度（$r = 0.46$）和一般生活满意度（$r = 0.53$）。

优势与教育

Park 和 Peterson（2006a）在调查 250 个青少年之后发现，毅力、公平、感恩、诚信、希望和洞察力能够预测大学平均成绩。Dahlsgaard 等人（2003）在调查 134 个中学生之后发现，被老师评价为受欢迎的学生，在领导力、公平、自我调节、谨慎和宽容这些 VIA 优势上得分高于其他学生。

优势与童年适应

Park 和 Peterson（2006a）还发现，热忱、希望和领导力与内向性行为问题较少有关，爱、毅力、本真和谨慎与外向性行为问题较少有关。

优势的先天遗传与后天培养

优势的发展，既取决于遗传因素，又取决于环境因素。Steger 等人（2007）从美国明尼苏达双生子登记处获取了 336 个双生子的数据进行分析后发现，基因因素和环境因素对 24 个优势中的 21 个有显著影响。人格特质测验测量的内容与性格优势测验测量的内容有很大的重叠；那些影响人格特质的遗传因素，可以解释性格优势中的大部分而非所有遗传变异。Park 和 Peterson（2006a）让 395 个青少年及其父母填写 VIA 优势测评问卷（分别用青少年版和成人版）后发现，父母优势与子女优势之间存在显著相关。

VIA 优势的因素结构

对于 VIA 优势的因素结构，研究者没有达成一致意见。因素分析得到了 1~5 个因素，具体为多少个因素取决于研究使用的样本和方法（Shryack et al.，2010）。Peterson（2006）报告了一个特别有用的斜交因素分析研究，该研究确认了两个维度，一个是关注自我对关注他人，另外一个是用脑对用心。图 2.3 给出了 24 个 VIA 优势在这两个维度构成的坐标系上的位置（Frederickson，2002）。从该图可以看出，好奇心和创造力属于那种关注自我型优势，而关注他人型优势包括公平和团队合作。自我调节和毅力属于用脑型优势或曰理性优势，而爱和感恩属于用心型优势或曰感性优势。Peterson 和 Park（2009）论证说，用这种方式把优势结构化就可以看出，没人能在所有优势上都得高分。但是，在图2.3中靠得比较近的优势（比如爱和感恩）上同时得高分是可能的，在靠得比较远的优势（比如谨慎和热忱）上同时得高分是比较难的。所以，人们在培养优势时要仔细权衡。

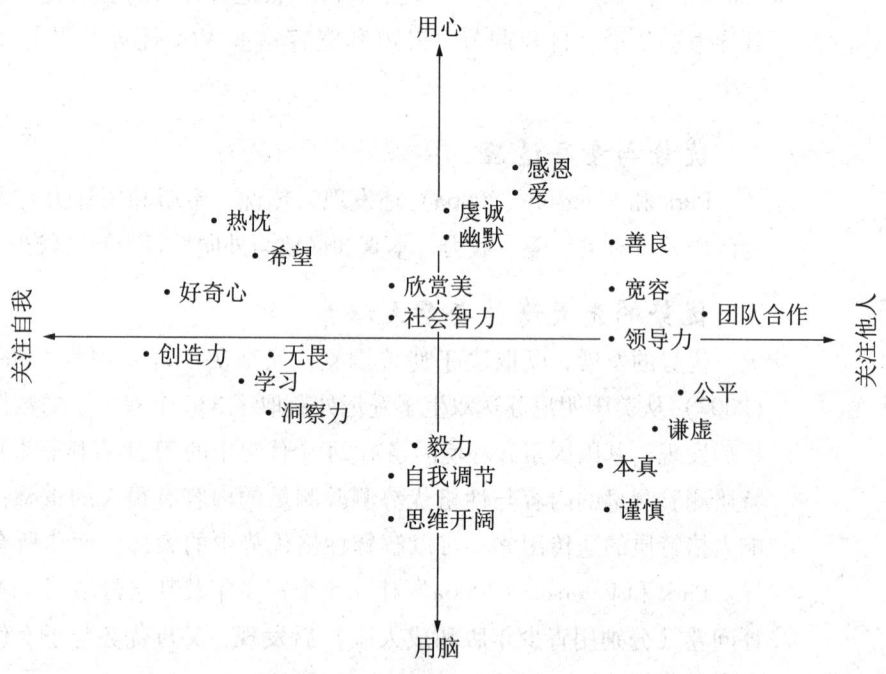

图2.3　优势分布图

启示

表2.5列出了通过各种优势增强幸福感的方式（Based on Peterson，2006）。请登录http：//www.viacharacter.org/VIASurvey/tabid/55/Default.aspx，用上面的VIA-IS在线测评工具确认自己的特征优势，然后从中选一个优势，每天换种方式加以运用，一共坚持一个星期。在一个控制了安慰剂效应的互联网研究中，Seligman等人（2005）发现，这样干预6个月后，幸福感会增强。

积极特质 81

表 2.5 运用你的特征优势

登录 http://www.viacharacter.org/VIASurvey/tabid/55/Default.aspx，做做上面的 VIA-IS 在线测评，从反馈报告中找到排在最前面的三个优势，这些就是你的特征优势。选一个特征优势，每天换种方式加以运用，一共坚持一个星期。下面就如何做这个练习提供了一些建议。

优势	任务
智慧	
创造力	• 选一个常规任务，用全新方式去完成 • 用非常简短但极其精确的语言描述你能想到的最美的一幕
好奇心	• 选一个你每天都经过但一点都不了解的地方，弄清里面的一切 • 放学后（或下班后）换条路线回家，留意一下新路线上有什么你没见过的东西
思维开阔	• 想想你特别坚持的某个观点，然后想想别人会以什么理由质疑这个观点，至少想出五个理由 • 下次碰到有人表达了一个你不认同的观点时，问问这个人为什么会那么认为，认真倾听这个人的阐述
热爱学习	• 要求自己每天都能学到新东西 • 今天花 15 分钟阅读原本没打算阅读的一本书或一篇文章
洞察力	• 下次碰到两个朋友争论，不要听信一面之词，要弄清双方的想法 • 花一天时间，少说、多听，只有在别人要求你才发表意见，提供建议，而且要经过认真地思考
勇气	
本真	• 花一天时间，只说你真正相信的东西 • 每天做一件你认为反映了你深层价值观的事情
无畏	• 找一件让你紧张的事情做一下，表明自己可以做到勇敢 • 下次你害怕做某件事（不是坏事）时，向自己承认自己害怕，然后做那件事
毅力	• 为今天列个任务清单，按时完成清单上的任务 • 想想你有什么重要任务一直拖着没去完成，为这个任务列个分步执行计划，加以实施，直至完成

续表

优势	任务
勇气	
热忱	• 今天做一件你想做的事情，而不是你该做的事情 • 选一天，睡足8小时，锻炼1小时，三餐吃得适量且健康；注意你会因此变得多么有精神
仁慈	
善良	• 不图回报地帮助一个朋友或陌生人 • 拜访某个孤独的人，跟这个人好好聊聊
爱	• 陪朋友或伴侣做他们真正想做的事情 • 别人赞美你，你只说"谢谢"就够了
社会智力	• 当某人说了让你生气的话或者做了让你生气的事时，不要立即回敬；试着想想背后的动机 • 做些什么或说些什么让一个紧张的人放松下来
正义	
公平	• 当你发现错待了某个人时，承认错误，承担责任 • 当某人说的话你不认同时，不要打断，认真倾听
领导力	• 在朋友或家人之间组织一次聚会 • 让所在社交圈的某个不受欢迎的某个人或某个新人觉得受到了欢迎，融入社交圈
团队合作	• 今天，按时到场，多分担一些事情 • 为某慈善组织做些义工
节制	
宽容	• 给对不起你的人写封原谅信，但是别寄出去；每天读一次，坚持一周 • 如果某人让你生气，那么一笑置之吧
谦虚	• 今天，别谈论自己 • 赞美某个朋友在某件事上做得比你好

续表

优势	任务
节制	
谨慎	• 今天，问问自己，是否值得拿健康冒险，比如吃垃圾食物、多喝两杯或超速驾驶
	• 今天，压抑某个冲动
自我调节	• 下次觉得自己想发脾气，就从1数到10
	• 今天控制自己不要说人闲话
超然	
欣赏	• 一天两次驻足欣赏周围美景
	• 每天写下你所看到的最美的东西，一共坚持一周
感恩	• 每天结束写下当天值得感恩的经历
	• 给帮过你但从未感谢过的人写封感谢信，详细描述这个人是怎么帮你的
希望	• 想想你下个月的目标，就如何完成这些目标制订计划
	• 想想某件让你失望的事情，再想想这件事情给你制造了什么机会
幽默	• 今天，逗笑一个人
	• 今天，自嘲一下
虔诚	• 今天冥想15分钟
	• 今天想想你为什么而活

争议

围绕积极人格特质的主要争议是，VIA 分类体系是否只是新瓶装旧酒？换句话说，24 个优势是否只是与大五人格特质稍有不同的东西？对 VIA 问卷题目和量表进行因素分析得到的几个维度，特别像情绪稳定性、外倾性、经验开放性、宜人性和责任心（Shryack et al., 2010）。然而，其他研究表明，VIA 问卷与大五问卷测量的东西有所重叠又有所区别。例如，前面指出过，Park 和 Peterson（2006a）发现，在青少年身上，即使控制了大五人格特质的效应，热忱、希望、爱和感恩与生活满意度之间也存在强烈相关。前面还指出过，Steger 等人（2007）发现，那些影响人格特质的遗传因素，并没能解释性格优势的所有遗传变异。VIA 问卷似乎测量了大五的某些方面，但增加了道德维度。

总结

人格特质指在不同时间、不同情境中保持相对一致的行为方式的倾向。近年来，各种人格特质理论已经逐渐趋同为五因素人格模型。五因素人格模型包含的人格特质是，情绪稳定性（神经质）、外倾性、经验开放性、宜人性和责任心。这五大人格特质各包含六个子维度，这些子维度都可以看作优势。有很多问卷和量表可以测量大五人格特质及其子维度。与幸福相关性最强的是外倾性和情绪稳定性。情绪稳定性、外倾性和宜人性与人际关系中的积极适应相关。外倾性和责任心与适应性应对相关。责任心与学习成绩和工作绩效相关，还与健康生活方式和长寿相关。大五人格特质大约 50% 的变异，可以由遗传因素解释。纵向研究证据支持气质和人格特质之间的关联。人格特质随人生阶段的不同而变化。青少年期，经验开放性和社会活力增强；但是在老年期，两者都减弱。从 20 岁到 40 岁，责任心、情绪稳定性、社会支配增强。整个一生中，宜人性都渐渐增加。

在积极心理学领域，研究者综述了全世界主要宗教流派和哲学流派所提到的美德和优势，确认了6种美德和24个性格优势，还把这24个性格优势归结到了6种美德之下。6种美德是智慧、勇气、仁慈、正义、克己和超然。智慧涉及获取并运用知识，可以通过创造力、好奇心、思维开阔、热爱学习和洞察力这些优势来实现。勇气指顶着内外部压力完成目标的意志，可以通过本真、无畏、毅力和热忱这些优势来实现。仁慈有利于经营一对一的关系，可以通过善良、爱、社会智力这些优势来实现。正义有利于与所在群体中的其他成员维持良好关系，可以通过公平、领导力、团队合作这些优势来实现。克己指适度表达欲望和本能，可以通过宽容、稳重、谨慎和自我调节这些优势来实现。超然让心灵与宇宙相连，可以通过欣赏、感恩、希望、幽默和虔诚这些优势来实现。我们可以通过VIA-IS或VIA-YS测量性格优势，确定特征优势。实证研究表明，VIA优势在所调查过的众多国家中都存在。善良、公平、诚信、感恩和判断力是最受认可的优势。在大部分VIA优势上，女性的得分均高于男性。与年龄最相关的优势是好奇心、热爱学习和公平。人们经历的创伤事件越多，在无畏、创造力、欣赏和善良优势上得分越高。2001年"9·11"恐怖袭击事件后，人们在感恩、希望、善良、领导力、灵修和团队合作上的得分提高了。对无畏、善良和幽默的人来说，身体疾病并不会导致生活满意度降低多少；对懂得欣赏和热爱学习的人来说，心理障碍并不会导致生活满意度降低多少。好奇心、热忱、希望、感恩和灵修与工作满意度相关。毅力、公平、感恩、诚信、希望和洞察力与学习成绩相关。对青少年而言，热忱、希望和领导力与内向性行为问题较少有关，爱、毅力、本真和谨慎与外向性行为问题较少有关。基因因素和环境因素对24个优势中的21个有显著影响。VIA性格优势问卷的因素分析研究得到了1~5个因素，其中一个斜交因素分析研究确认了两个维度：一个是关注自我对关注他人，另外一个是用脑对用心。

问题

个人发展问题

1. 学完这一章，你了解到自己的优势是什么了吗？

2. 你会采取什么策略，以便在生活中更多地运用这些优势？
3. 这些策略各有什么成本和收益？
4. 采用其中的某些策略，每采取一个策略之前、之后都用第一章提到的某个幸福感量表测一测，看看你的幸福感增强了没有。

研究问题

1. 就表2.1所列的人格特质与表2.4所列的性格优势之间的关系提出一系列假设，设计并开展一个研究来验证这些假设。
2. 用本章提到的一些术语（比如，大五、性格优势、感恩、宽容，等等）做关键词，在PsycINFO上搜索有关的文章。找一个你感兴趣且容易复制和拓展的研究，重做一次。

拓展阅读

学术阅读

Boyle, G., Matthews, G., & Saklofske, D. (2008). *The Sage handbook of personality theory and assessment* (Vols. 1 and 2). Thousand Oaks, CA: Sage.

Lopez, S., & Snyder, C. R. (2003). *Positive psychological assessment. A handbook of models and measures*. Washington, DC: American Psychological Association.

Matthews, G., Deary, I., & Whiteman, M. (2009). *Personality traits* (Third Edition). Cambridge: Cambridge University Press.

Peterson, C., & Seligman, M. (2004). *Character strengths and virtues. A handbook and classification*. New York: Oxford University Press.

自助阅读

Buckingham, M., & Clifton, D. D. (2001). *Now discover your strengths*. New York: Free Press. This is a strengths book for people on work teams with a link to a website http://www.strengths2020.com/ where you can take 'Realise2', which is a strengths inventory for use in business contexts.

Linley, A., Willars, J., & Biswas-Diener, R. (2010). *The strengths book*. Coventry: CAPP Press. A strengths book for people on work teams.

Niemiec, R., & Wedding, D. (2008). *Positive psychology at the movies. Using films to build virtues and character strengths*. Cambridge, MA: Hogrefe. Shows how to use films to learn about Peterson and Seligman's virtues and strengths.

研究使用的测量工具

性格优势

Park N., & Peterson, C. (2006). Values in Action Youth Survey (VIA-YS;). http://www.viacharacter.org/VIASurvey/tabid/55/Default.aspx. (Park, N., & Peterson, C. (2006). Moral competence and character strengths among adolescents: The development and validation of the values in action inventory of strengths for youth. *Journal of Adolescence*, 29, 891–905.)

Peterson, C., & Seligman, M. (2004). Values in Action Inventory of Strengths (VIA-IS). http://www.viacharacter.org/VIASurvey/tabid/55/Default.aspx

人格特质

Buss, A., & Plomin, R. (1975). *A temperament theory of personality development*. New York: Wiley. Contains the EASI Temperament Survey.

Clark, L., & Watson, D. (1990). *The General Temperament Survey*. Unpublished Manuscript. University of Iowa, Iowa City, IA.

Costa, P., & McCrae, R. (1992). *Revised NEO Personality Inventory (NEO-PI-R, and NEO Five-Factor Inventory (NEO-FFI) professional manual*. Odessa, FL: Psychological Assessment Resources.

Donnellan, M. B., Oswald, F. L., Baird, B. M., & Lucas, R. E. (2006). The Mini-IPIP scales: Tiny-yet-effective measures of the Big Five factors of personality. *Psychological Assessment*, 18, 192–203. Contains a 20-item measure of the big five.

Eysenck, H., & Eysenck, S. (1975). *Manual of the Eysenck Personality Questionnaire*. San Diego, CA: Educational and Industrial Testing Service.

Goldberg, L. (1992). The development of markers for the Big Five factor structure. *Psychological Assessment*, 4, 26–42. Contains 50 and 100 trait descriptive adjective checklists for the big five.

Gosling, S., Rentfrow, P., & Swann, W. (2003). A very brief measure of the Big-Five personality domains. *Journal of Research in Personality*, 37, 504–528.

John, O., Naumann, L., & Soto, C. (2008). Paradigm shift to the integrative big-five trait taxonomy: History, measurement, and conceptual issues. In O. John, R. Robins, & L. Pervin (Eds.), *Handbook of personality: Theory and research* (Third Edition, pp. 114–158). New York: Guilford Press. Contains the 44-item Big Five Inventory.

Saucier, G. (1994). Mini-markers: A brief version of Goldberg's unipolar Big-Five markers. *Journal of Personality Assessment*, 63, 506–516.

Thompson, E. (2008). Development and validation of an International English Big-Five Mini-Markers. *Personality and Individual Differences*, 45, 542–548. Contains a 40-item measure of the big five.

Wiggins, J. (1995). *Interpersonal Adjective Scale: Professional manual*. Odessa, FL: Psychological Assessment Resources.

网站

大五人格特质网站：http://www.uoregon.edu/~sanjay/bigfive.html

VIA 性格优势问卷网站：http://www.viacharacter.org/

第三章
希望和乐观

学习目标

- 能够描述积极幻想,以及具体的自我欺骗、否认、压抑、选择性注意和良性遗忘等心理过程。
- 知道气质性乐观和乐观解释风格的区别。
- 理解希望理论。
- 能够阐述期望主义。
- 能够概述有关乐观神经生理学基础的研究有何发现。
- 知道有关积极幻想、乐观、希望和期望主义的研究对增进幸福有何启示。
- 能够指出需要进一步研究哪些问题,以促进对积极幻想、乐观、希望与幸福的理解。

20世纪70年代晚期以前,人们一直把乐观视为心理缺陷、性格弱势或不成熟的标志,而把既不乐观也不悲观视作心理健康、性格优势和成熟的标志(Petersen,2000)。对乐观的这种负面看法,可见于法国作家Voltaire(1759)的一部作品、美国作家Porter(1913)的一部作品和精神分析创始人Sigmund Freud(1856—1939)的文章。Voltaire那部作品的主人公Pangloss博士,天真地坚持认为我们生活在一个最理想的世界;Porter那部作品的主人公Pollyanna,盲目乐观、苦中作乐;Freud分析说,宗教是一种乐观幻想。

Freud（1928）在《一种幻想的未来》（*Future of an Illusion*）一书中指出："控制攻击冲动和性冲动就能在来生得到好报"的乐观信念，是对文明化至关重要的幻想。如果没有这个幻想，人们就会把攻击本能和性本能付诸于行动。然而，这种乐观幻想是有代价的。它要求否认性本能和攻击本能的现实。人们一方面需要满足性冲动和攻击冲动，另外一方面需要以社会可接受的方式行事。这两个相互冲突的需要会引起焦虑。为了应对这个焦虑，人们使用各种各样的防御、神经质妥协和乐观幻想。精神分析的目标就是，帮助来访者认识并接受现实，舍弃乐观幻想，达到心理成熟。

1978 年，Matlin 和 Stang 整合了认知心理学家积累的大量研究证据，出版了《波丽安娜效应》（*The Pollyanna Principle*）一书，指出人们的思维是乐观的。例如，大部分人对积极事件的回忆快于对消极事件的回忆，在口头和书面语言中使用的积极词语多于消极词语，自己对自己的评价高于他人对自己的评价。Tiger（1979）在《乐观主义：希望的生理学基础》（*Optimism: The Biology of Hope*）一书中提出：乐观思维是人类在漫长的自然选择过程中逐渐进化出来的特征。他们的理由是，一个人如果现实或悲观地看待未来和不可避免的危险、疾病和死亡，就缺乏动力去做对生存必不可少的事情，最终被自然淘汰；相比之下，一个人如果乐观地看待未来和不可避免的危险、疾病和死亡，就会有很强的动力生存下去，最后在自然选择中胜出。

人们如何或为何会积极地看待世界？积极心理学有三大研究流派对这个问题做过大量思考。这三大研究流派的关注点分别是：

1. 积极幻想和自我欺骗；
2. 乐观；
3. 希望。

本章接下来将依次阐述这三大研究流派。

积极幻想

美国加州大学洛杉矶分校的 Shelly Taylor（1989）教授在其著作《积

极幻想》（*Positive Illusions*）中总结道：研究表明，大部分人，尤其是健康的人，有乐观看待自己的倾向；研究还表明，积极幻想与健康、幸福相关。《积极幻想》出版之后 20 多年来的研究大都支持 Taylor 的观点。研究发现，积极幻想带来更强的主观幸福感、更高的关系满意度和更强的逆境适应能力；研究还发现，在工作中，积极幻想还让人执行任务时坚持得更久，而且只要任务不过难，积极幻想还让人更高产（Marshall & Brown，2008）。在很多案例中，积极幻想还可促进身体健康，不管是从自我报告看，还是从免疫机能、血压、疾病进展和死亡率等客观指标来看，都是如此（Segerstrom & Roach，2008）。

正是由于这种良性的积极偏差，人类的思维才有别于其他物种的思维。也就是说，我们的大脑天生就偏好积极而非现实或消极的思考方式。大部分人积极地看待自己、世界和未来。Taylor 等人用很多精心设计的社会心理学实验表明，积极思考的方式主要有三个：第一，高估自己，即过高地评价自己、自己的表现和自己的特性（智力、性格、外表等）；第二，有着超出实际的控制感，即毫无根据地过度相信自己能够转危为安、扭亏为盈，但是发生不好的事情从不在自己身上找原因；第三，盲目乐观，即过于看好未来，即相信好事比坏事更有可能发生。大部分人没有意识到这些积极幻想，这主要是因为积极幻想如此管用以至于我们没有意识到其本质，还因为我们很少进行那种容易拆穿的积极幻想。

自我欺骗

现场研究和实验室研究的结果表明，为了维持对自我、对世界的积极看法，我们使用各种各样的防御方式和自我欺骗策略来管理负面信息（Chang，2008；Taylor，1989；Taylor & Brown，1988，1994）。这些负面信息主要包括：一般来说，我们的表现和特性都在正常范围内，而不是超常的；我们对多变而混乱的世界只有有限的控制力，我们对自己的冲动、情绪、思维和行动也只有有限的控制力；我们的未来是暗淡的。未来是暗淡的，因为青春活力会消逝，健康体力会消逝，才华智力会消逝，珍贵友情会消逝，工作角色会消逝，而且我们自己、我们钟爱的人总有一天会死去。我们为了管理这些负面信息而使用的自我欺骗策略包括防御机制和积极幻想。

否认和压抑

否认和压抑是帮助我们对自我、对世界维持积极看法的两种最常见防御机制。否认是指不承认外部世界那些威胁事件或压力事件的存在或意义。压抑是指不承认内心世界那些不可接受的攻击冲动或性冲动的存在。很多冲动，社会不允许我们感受，更不允许我们表达。压抑就是把这些冲动挡在意识之外的一种方式。Taylor（1989）认为，否认和压抑那样的防御是不利于适应的，因为它们歪曲现实。被歪曲的现实，有一部分大脑是"知道"的，结果大脑的这一部分就会与其他部分隔离开来。相比之下，自我欺骗式的积极幻想是有利于适应的，因为它不歪曲现实，而是让人们知道有关自我、有关世界的负面信息，并用乐观方式进行诠释，以维持对自我、对世界的积极看法。大量研究表明，积极幻想涉及选择性注意、良性遗忘、容忍不足之处和消极自我图式等认知过程（Taylor & Brown，1988，1994）。

选择性注意和良性遗忘

选择性注意是指注意到正面的自我信息、忽略掉负面的自我信息，也就是说，用有偏颇的方式汲取信息，只对正面信息进行登记和编码。良性遗忘是指与自我有关的负面信息比较难以回想起来。相比之下，那些支持积极自我认识的信息，则比较容易详细地回忆起来。

容忍不足之处

人们会明确认识到自己的不足之处，接受自己在某些方面能力不足的事实，以此来管理负面自我信息。例如，一些人知道自己不擅长数学，就把数学作为智商的次要方面圈出去，这样就仍然可以认为自己智商高。容忍自己的不足之处，不用自己在这些方面的表现来评估自己的价值，人们就能维护自尊。

消极自我图式

人们还可以用另外一个策略管理负面自我信息，那就是（在积极自我图式之外）建立消极自我图式。消极自我图式是一套有关负面自我形象的信念，这套信念允许人们预想那些有可能收到负面自我信息的情境，并发展出应对那些情境的策略。例如，一个人认为自己害羞，就少讲话；一个人认为自己肥胖，就少穿紧身衣。消极自我图式允许人们围绕自己的劣势设置一个边界，预想那些与之有关或无关的情境，然后做出相应的计划。收到负面评价，就把这些评价归因于消极自我图式中的核心特征，以维护自尊。例如，我考试没考好，是因为我害羞，不敢在课堂上提问题，而只有那些提问题的人才能取得好成绩。

积极幻想的发展

积极幻想的发展受父母教养风格的影响。如果亲子关系是温暖的、安全的，父母给孩子设置明确的行为规范，给孩子提供必要的信息并鼓励孩子自主选择，那么孩子就容易发展出积极幻想。而放任或专制的教养风格不利于积极幻想的发展。

积极自我知觉始于人生早期。学前儿童认为自己是有能力的、受欢迎的，这个积极看待自己的倾向会保持一生，尽管强度会渐渐变弱。之所以形成这个倾向，一部分原因在于记忆的工作方式。记忆是以自我为中心的。我们大部分人把过去看作一场戏剧，而自己是其中的主角。此外，我们选择注意和记住哪些信息取决于我们的自我图式。自我图式就是那些有关我们是什么样的人、我们有什么独有特点的信念。例如，一个人的自我图式如果包含"我懂音乐、有体育天分"这条信念，那么他可能就会记住"我对一幕音乐剧做了颇有见地的评价"，"我跑得快"。相比之下，一个人的自我图式如果包含"我善良、聪明"这条信念，那么对同样事件的记忆可能就变成了"为了让大家放松下来，我戏说了一下音乐"，"为了不迟到，我卖力地跑"。自我图式决定一个人会注意情境的哪些方面，而注意到的这些方面会强化这个人对情境的印象。所以，对于同一情境，会跑步、懂音乐的人记住了自己会跑步、懂音乐的一面，聪明、和善的人记住了自己聪明、和善的一面。

大部分人把好事（如通过考试、帮助别人）的发生归因于自己，把坏事（如未通过考试、伤害别人）的发生归因于外界，因为好事（如成功、善良）是他们想要的，而坏事（如失败、残忍）是他们不愿要的。而且，合伙做事时，人们容易夸大自己的贡献和功劳。比如，问一对夫妻谁做的家务活更多，丈夫和妻子答案的总和肯定超过100%，这个结论同样适用于科学、文学和音乐等领域的创作团队。

积极评价自己的人，也积极评价他人，因此比较受欢迎。任何年龄阶段，从学前到老年，都是如此（Mruk，1999）。积极看待自己、乐观看待未来、环境控制感强的人，工作更努力，因为他们相信努力就有回报。遇到困难，他们会尝试各种解决办法直到成功，因为他们坚信自己最终会成功。因此，他们的工作风格是成就动机强、喜欢挑战、颇具毅力、绩效高、成就大。

对环境的控制需要和控制感是与生俱来的。刚刚几个月大的孩子，就表现出了对环境的控制需要——掌握了一个方面，很快就会厌烦，转去下一个。举例来说，孩子开始会被一个移动的物体吸引，很快便厌倦了，然后被一个发声的物体吸引，又很快厌倦了，然后又被一个毛绒玩具吸引。对孩子来讲，中等新颖的情境比非常熟悉或完全陌生的情境更有趣、更刺激。因此，孩子喜欢稍微超出自己能力范围的新挑战，而不是非常容易或非常艰巨的任务。

大部分成人认为世界是可控的。我们认为，只要有周密的计划、辛勤的努力、合适的工具、科学和技术辅助，就很少有做不成的事情；我们相信，自然灾害、疾病、社会问题和经济问题，甚至战争都是可以解决的；我们相信，努力就会成功，懒惰就会失败，所以成功是努力的标志，失败是懒惰的标志。Becker（1973）在《拒绝死亡》（*Denial of Death*）一书中指出，我们相信世界是有序的、可控的，这一信念保护着我们，让我们不必时刻面对那个可怕的现实：在人生任何时刻，我们距离死亡都只有一步之遥。

我们之所以始终相信自己能够控制环境，原因有很多。我们把很多理想的结果错误地归功于自己的行动。例如，人们会认为"我浇水，所以植物生长"。再例如，我有一个朋友，他冬天总是不关车库里的灯，因为他坚信这样就能保证第二天早上车能正常发动。我们之所以出现归因错误，是因为有些事情是同时发生的。冬天的早晨，如果天气寒冷的话，我朋友的车有时发动不了。他原本通常在晚上关掉车库的灯，但是有天晚上忘关了，第二天早上，尽管天气寒冷，但是他的车启动了。由此他把车的启动归因于灯开着。自那以后，遇到寒冷天气，他晚上就不关车库的灯。后来，头天晚上不关灯，第二天早上车就能启动。结果，"灯的开关能控制车的启动"的信念就不断得到强化。这种寻找例子验证先前信念的常见认知偏差造成了很多迷信行为。人们倾向于不去证伪，例如选择几个晚上把灯熄了，看第二天车能否发动。

  控制感可以减少压力反应。在一项实验研究中，研究人员让两组被试接受相同强度的突发性电击或噪声的刺激，给其中一组被试一个应急按钮（虽然他们没用那个按钮）。结果发现，这组被试的心率和皮肤电指标显示出了较少的心理压力（Carr & Wilde 1988）。玩靠运气取胜的游戏，比如掷骰子或抽纸牌，如果提供线索表明赢要靠技能，比如让衣着得体的专家演示如何玩，那么人们就会表现得好像这个游戏真的是靠技能取胜似的（Langer，1975）。

人际关系中的积极幻想

  积极幻想不仅适用于自己，而且适用于与重要他人的关系。Marshall 和 Brown（2008）综述了很多亲密关系与积极幻想的研究后，下结论说：大多数人认为自己的伴侣比别人的好，自己的爱情比别人的强烈，自己关系中的问题（比如沟通不良或者兴趣不合）不如别人的严重，自己对关系更有控制力、更不可能分手。把伴侣和关系理想化的人，对关系有更强的承诺和更高的满意度，而且关系更稳定。如果双方都把对方和关系理想化，那么关系承诺非常强、关系满意度非常高。积极幻想好像也适用于亲子关系。例如，Wenger 和 Fowers（2008）发现，父母觉得自己的孩子比一般的孩子拥有更多积极特点、更少消极特点。自我评价比较积极的父母，对孩子的评价也比较积极。

矫正积极幻想

儿童的积极幻想比成人强。积极幻想很有可能植入了我们的神经系统，因为从进化角度来说，它们特别有利于适应（McKay & Dennett, 2009）。幻想如果不利于适应，那么最好予以矫正。矫正积极幻想，就要用不会造成伤害的正确方式给予负面信息。创伤、受害和丧失等经历可以动摇积极幻想，让人们不再认为自己是什么都好、一切掌控在手中的，也不再认为未来是光明的、安全的。有过创伤经历的人、受过他人虐待的人、突然患上重病的人或者突然失去亲人的人，也许会质疑自我价值、环境掌控力和未来安全性。人生早期经历这样的事情，以后就更有可能患上抑郁症或其他疾病。

乐观

乐观的测量主要有两大取向，这两大取向分别基于两个截然不同的理论。一个理论认为，乐观是种人格特质，以普遍的乐观期望为特征（Carver et al., 2009）；另外一个理论认为，乐观是种解释风格（Peterson & Steen, 2009）。也就是说，研究者们区分了乐观解释风格和气质性乐观。

气质性乐观

气质性乐观是总体上期望未来好事多于坏事。Michael Scheier 教授、Charles Carver 教授及其同事认为，乐观的人在困难面前会继续为目标而奋斗，还会采取有效的应对策略，不断调整自我状态，以便尽可能实现目标（Carver et al., 2009）。为了测量气质性乐观，Scheier 和 Carver 于 1985 年编制了一个简短的自陈问卷，即生活定向测验（Life Orientation Test, LOT），随后又进行了修订（Scheier et al., 1994；见表 3.1）。还有人开发了让父母评价孩子气质性乐观的 LOT（Lemola et al., 2010）。LOT 测量的乐观是一种人格特质，其特点是总体上对未来怀有美好期望。

表3.1 生活定向测验（修订版）

下面有6个陈述，请在每个陈述后面选一个数字勾上，表示你对这个陈述的同意或反对程度。

1.	事情没确定时，我总是抱最好的期望。	1 非常反对	2 反对	3 既不同意也不反对	4 同意	5 非常同意
2.	对我而言，有可能出错的事情最后一定会出错。	1 非常反对	2 反对	3 既不同意也不反对	4 同意	5 非常同意
3.	我总是乐观地看待我的未来。	1 非常反对	2 反对	3 既不同意也不反对	4 同意	5 非常同意
4.	我几乎从不期望事随我愿。	1 非常反对	2 反对	3 既不同意也不反对	4 同意	5 非常同意
5.	我很少指望好事降临到我头上。	1 非常反对	2 反对	3 既不同意也不反对	4 同意	5 非常同意
6.	我总体上期望未来好事多于坏事。	1 非常反对	2 反对	3 既不同意也不反对	4 同意	5 非常同意

注释：评分方法为1、3、6题正向计分，2、4、5题反向计分。

综述大量气质性乐观的研究，可以得到以下几个结论（Carver et al., 2009, 2010）。与积极幻想研究呼应的是，气质性乐观研究表明，大多数人是乐观者。气质性乐观是个相当稳定的特质，具有25%的遗传度。父母慈爱、经济有保障的家庭环境，与乐观的形成有关。乐观者抱最好的期望，即使在境况艰难之时也是如此。悲观者抱最坏的期望，不管境况是好是坏。压力研究表明，乐观者和悲观者以不同的方式面对逆境，包括遭遇导弹袭击、患上癌症、做心脏搭桥手术或骨髓移植手术、照顾患有癌症或痴呆症的亲人。在有关这些压力事件的研究中，乐观者比悲观者报告了更强的幸福感和更少的苦恼。因此，乐观者的积极期望会带来更强的幸福感，即使在逆境面前也是如此。而悲观者在逆境面前会有消极感受。乐观者和悲观者在压力和逆境面前的应对方式是不同的。在一个包括50个研究、涉及11000多个案例的元分析中，Solberg-Nes 和 Segerstrom（2006）发现，气质性乐观与那些旨在消除、减轻或管理压力源的应对策略之间存在正相关（$r = 0.17$），与那些旨在忽略、回避或退出压力源的应对策略之间存在负相关（$r = -0.21$）。因此，乐观者倾向于使用问题聚焦型应对策略，尽力解决可以解决的压力相关性问题。而悲观者倾向于使用回避型应对策略，让自己在心理上远离压力相关性问题。乐观者更有可能坚持不懈地解决问题，而悲观者更有可能放弃尝试，特别是对于具有挑战性的任务。第七章会讨论应对策略。对接受康复训练的心脏病人和 HIV 阴性的同性恋男子的研究发现，乐观者比悲观者更积极地采取措施降低健康风险。乐观者往往比悲观者健康。在一个包括 84 个研究、涉及 30000 多个案例的元分析中，Rasmussen、Scheier 和 Greenhouse（2009）发现，乐观与身体健康之间的相关系数是 $r = 0.17$。这个元分析所涉及的研究，有的考察癌症，有的考察心脏病，有的考察疼痛症。采用自评身体健康状况数据的研究与采用客观身体健康状况评价数据的研究相比，前者显示的相关性更强。乐观者治愈得更快；如果患上的是慢性病，那么乐观者体验到的疾病进展更慢。在学习和工作中，乐观者积极解决问题的生活态度让他们比悲观者更能坚持不懈地努力，最后获得更大的成就。乐观者能比悲观者更有效地维持社会网络和亲密关系，这很有可能是因为前者更容易让人喜欢，而且前者对关系抱有更好的期望，进而会更用心地经营关系。

乐观解释风格

Martin Seligman 教授和 Chris Peterson 教授以及他们的同事认为，乐观不是一种人格特质，而是一种解释风格（Peterson & Steen, 2009; Seligman, 1998）。根据这个观点，乐观的人把消极事件或体验归因于外部的、暂时的和特殊的因素，比如大环境不好；悲观的人则把消极事件或体验归因于内部的、稳定的和普遍的因素，比如自己能力不足。所以，如果考试没考好，乐观的人会说，是因为题目出错了，或考场空气不清新让人无法集中注意力；而悲观的人会说，是因为自己没学好，或自己比较笨。测量这个意义的乐观—悲观，可以用归因风格问卷（Attributional Style Questionnaire, ASQ; Dykema et al., 1996; Peterson et al., 1982; Peterson & Villanova, 1988）和言语解释内容分析（Content Analysis of Verbal Explanations，CAVE；Peterson et al.，1992）。ASQ 包括一系列事件，有消极的也有积极的。受测者的任务是，想象一下，如果事件发生在自己身上，那么主要原因是什么。受测者还要在以下三个维度对原因评分：

1. 内部—外部；
2. 稳定—暂时；
3. 普遍—特殊。

把评分综合起来，就可以得到受测者的乐观—悲观指数。CAVE 评估技术主要有两个步骤：首先从日记、讲话、访谈记录或新闻报道等材料中抽取出对消极事件和积极事件的归因解释，然后让专家在内部—外部、稳定—暂时和普遍—特殊三个维度上对归因解释评分。把评分综合起来，就可以得到受测者的乐观—悲观指数。

除 ASQ 和 CAVE 外，还有儿童版的 ASQ（Seligman et al.，1984；Seligman，1998）。还有人开发了关系归因量表（Relationship Attribution Measure，简称 RAM）来测量婚姻中的乐观（Finchman & Bradbury，1992；Fincham，2000）。Ledds 归因编码系统（Leeds Attributional Coding System）则用于对婚姻家庭治疗记录进行编码，进而得出归因风格（Stratton et al.，1986）。

乐观的发展

乐观的发展受很多因素的影响，包括父母的心理健康水平、父母提供哪类角色模型、父母对乐观的鼓励和奖励程度（Abramson et al.，2000；Gillham，2000；Peterson & Steen，2009；Seligman，1998）。乐观的人更有可能来自于父母双方都不抑郁的家庭。乐观的父母是孩子的好榜样，孩子可以向他们学习，把成功归因于内部的、稳定的和普遍的因素，把失败归因于外部的、暂时的和特殊的因素，渐渐形成乐观解释风格。小时候目睹家人以乐观方式应对逆境（如失业、贫穷等）并成功走出逆境的人，长大后更有可能变得乐观。悲观的人更有可能来自父母至少有一方抑郁的家庭。悲观的父母是孩子的坏榜样，在他们的影响下，孩子学会把失败归因于内部的、稳定的和普遍的因素，把成功归因于外部的、暂时的和特殊的因素,渐渐形成悲观解释风格。另外,如果父母经常批评孩子,或者把孩子的失败归因于内部的、普遍的、稳定的因素,孩子长大后就比较容易变成悲观者。父母的虐待和忽视,也容易让孩子形成悲观解释风格,变得抑郁。乐观还与延迟满足能力(即为实现长期目标而放弃眼前利益的能力)相关,这很有可能是因为乐观的人坚信长期目标是可以实现的。

前瞻性研究和回顾性研究表明,面对重大生活压力事件,如父母长期不和、父母离婚、失去父(母)等,具有乐观解释风格的人较不可能生病、抑郁或自杀。相比之下,具有悲观解释风格的人更容易抑郁。如果有良好的社会支持网络,那么他们的抑郁就可能减轻;但是,如果抑郁症状导致他们学习不好,而他们又把学习不好归因于内部的、普遍的、稳定的因素,那么他们的抑郁就会加剧。

在成年时期,乐观与良好的学业成绩、体育成绩、职业适应和家庭生活密切相关。乐观的人,大学成绩更好;乐观对大学成绩的预测,比学习能力倾向测验(Scholastic Aptitude Test,SAT)对大学成绩的预测更准确(Peterson & Barrett, 1987)。乐观的人,(个体和团体)运动成绩更好(Seligman et al., 1988)。乐观对不同职业领域(如销售)的成就有预测作用。研究人员用 ASQ 测量保险销售员,然后比较得分最高的 10% 的人(非常乐观者)和得分最低的 10% 的人(非常悲观者),发现前者比后者的业绩好 88%(Seligman, 1998;Seligman & Schulman, 1986);用 RAM 测量婚姻中的乐观,发现它与积极互动相关,而且发现用它能预测婚姻满意度(Fincham, 2000)。

乐观还深刻影响在丧亲和失落时的应对方式。Susan Nolen-Hoeksema (2000) 发现,乐观者在丧亲时倾向于采用以下应对方式:积极重评,寻求社会支持,用运动和爱好来转移注意力。相比之下,悲观者在丧亲时倾向于采用以下应对方式:否认,用酗酒等方式来转移注意力。乐观者把丧亲理解为一记"警钟"。在这记警钟的提醒下,他们认识到生命是脆弱的,人应该生活在当下而不是过去和未来。于是,他们开始多关注与亲朋好友的关系,少关注工作和泛泛之交。他们还着手解决一直没有解决的家庭冲突,做一直想做但没做的改变,如换工作或继续深造。他们变得更加宽容。他们发现自己身上蕴藏着一种前所未知的力量，变得对自身的死亡不再那么恐惧。丧亲后 6 个月内发现一些积极意义的乐观者，在随后 18 个月内心理适应情况较好，抑郁或焦虑症状较少。

一系列有关声名显赫的政治人物或军事人物的研究（把讲话、日记、新闻报道作为素材，用 CAVE 分析其解释风格是悲观还是乐观）发现，乐观决定着人在公共生活领域的成功（Satterfield，2000）。其他调查发现，乐观解释风格还与美国政治家能否赢得大选、美国政治家咄咄逼人的竞选活动、国际领导人的抗压能力、海湾战争和第二次世界大战的军事侵略和冒险行动相关。

归因重塑

在 Aron T. Beck 博士（1967）和 Albert Ellis 博士（Ellis & Harper，1975）的认知治疗模型的基础上，Seligman（1998）开发出了一些归因重塑项目，帮助成人和儿童把解释风格从悲观转为乐观。在这些归因重塑项目中，参与者学习监控并分析引起情绪变化的情境，然后修正自己的悲观信念，从而让自己的解释风格变得乐观。

在归因重塑项目的第一部分中，参与者学习监控坏事引起的情绪变化。他们每次遇到坏事时就进行 ABC 分析，即分析：坏事具体是什么，坏事发生时自己有何想法，之后有何情绪变化。在此举例说明一下 ABC 分析。

- A（Adversity，坏事）：朋友不打电话给我。
- B（Beliefs，信念）：他不在意我们的友谊了，因为我总是惹人烦。
- C（Consequent，结果）：我的心情从好变到很坏（在 10 点心情量表上从 3 变到 7；1 = 非常快乐，10 = 非常抑郁）。

类似这样的分析，参与者一共要做十几次，并在最后进行总结：心情变坏之前脑子里出现过的想法与心情变好之前脑子里出现过的想法有什么不同。他们分析之后就会发现：心情变坏之前的想法与悲观解释有关，而心情变好之前的想法与乐观解释有关。悲观解释把坏事归因于内部的、稳定的和普遍的因素，乐观解释把坏事归因于外部的、特殊的和暂时的因素。掌握了 ABC 分析之后，参与者就练习把悲观解释风格转化成乐观解释风格的三个技巧：转移、远离和辩论。

转移指做些其他事情转移注意力，让内心停止对坏事的悲观解释，具体技巧有：用手拍桌子，大声喊"停"；在手腕上绑个橡皮筋，弹自己；在纸上写个大大的"停"字，然后一直看着它；把注意力集中到某个物件上；尽量过会儿再去想坏事；坏事一发生，就马上写下对它的悲观解释，等等。

远离指不断提醒自己，悲观解释仅仅是一种可能的解释，而不是客观的现实。转移是"关掉"悲观思维，而远离是"调小"悲观思维对情绪的影响。"调小"的具体方法是认识到解释只是信念而并非事实，同一情景可以从多个角度加以解释，悲观解释只是一个角度。远离为辩论奠定基础。

辩论是一种内部对话，目的是为坏事找一个同样有力甚至更有力的乐观解释。在辩论过程中，我们分别就证据、代替、影响和功用四个问题进行对话。

1. 证据：悲观解释有何证据，这些证据是否确实？
2. 代替：是否有比较有力的乐观解释来代替悲观解释？
3. 影响：如果找不出一个更有力的乐观解释，那这个悲观解释的不良影响是长期的还是暂时的？
4. 功用：如果不能决定哪个解释的证据更充分，那么想一想，哪个解释对产生积极情绪和达成目标是最有用的？

ABC分析技巧与转移、远离和辩论技巧放在一起，就称为ABCDE练习，其中A代表坏事，B代表信念，C代表结果，D代表辩论（Disputation），E代表振作（Energisation）。参与者除了指出坏事、信念和结果之外，还要围绕信念进行辩论，关注辩论过程让情绪发生了什么积极变化（即关注用乐观信念代替悲观信念后心情是否会变好）。以下举例说明：

- A（坏事）：朋友不打电话给我。
- B（信念）：他不在意我们的友谊了，因为我总是惹人烦。
- C（结果）：我的心情从好变到很坏（在10点心情量表上从3变到7；1=非常快乐，10=非常抑郁）。
- D（辩论）：证据——可以找出他在意这份友谊的证据，如上一年我们每周见面2~3次；代替——他可能在想其他事情，也可能正面临某个麻烦；影响——就算他不在意这份友谊，那也不是世界末日，我还有其他朋友，生活可以继续；功用——他之所以不打电话给我，是因为他自己暂时遇到了麻烦，而不是因为我让他厌烦了，这样想是否更有用？

- E（振作）：我现在觉得好受了一些（在10点心情量表上得分为4）。

为了培养辩论技巧，可以找个好朋友帮你。讲一件不好的经历，让他指出你在这次经历中的悲观解释和消极信念。你的任务就是与他辩论：检查消极信念的依据是否可靠；找出可能的乐观解释；如果悲观解释看起来证据更充分，那么分析它会造成什么影响；评估乐观和悲观信念的功用。

宾夕法尼亚大学韧性项目

宾夕法尼亚大学韧性项目（Penn resiliency program）就是一种归因重塑项目，其目的是帮助学龄儿童培养乐观解释风格，以此预防抑郁（Gillham et al., 2008）。这个项目为期12周，内容包括：分析情境，具体分析最初是什么状态、中间有什么行为、最后情绪发生了什么变化；分析信念，从解释风格的三个维度，即内部—外部、普遍—特殊、稳定—暂时来分析信念；从其他角度解释情境，评估这些解释是否有充分依据；挑战悲观思维。这个项目还从行为治疗里借鉴了一些行为技巧训练模块，包括家庭冲突管理训练、果敢和谈判训练、问题解决技巧训练、决策技巧训练、放松和应对技巧训练、避免拖延训练和社交技巧训练。项目的认知部分让孩子形成希望，即相信自己能够解决以前看似不可解决的问题。项目的行为部分向孩子传授技巧，这些技巧对解决生活中的困难必不可少。根据参与者在标准化无助量表、无望量表和抑郁量表上的得分变化情况来看，项目是有效的，而且效果至少可以维持两年。在一个包括17个研究、涉及2000多个年轻人的元分析中，Brunwasser等人（2009）发现：根据治疗结束后的测量结果和一年后回访时的测量结果来看，宾夕法尼亚大学韧性项目减轻了参与者的抑郁症状，效应值为0.11~0.21。

希望

希望是一个和乐观密切相关的概念。根据已故教授 Rick Snyder (1944—2006) 的理论，希望主要包括两个部分：一个是能力，一个是动力。能力指能够规划出克服困难、实现目标的路径，动力指愿意沿着这些路径前进 (Rand & Cheavens, 2009；Snyder, 2000)。这两个部分加起来就是希望（见图 3.1 的下面部分）。根据这个理论，如果追求的是一个有价值的目标，且遇到可以克服的巨大障碍，那么希望是最强烈的。如果目标肯定可以实现，那么希望就没有必要。目标肯定不能实现，就是无望。因此，积极或消极情绪不过是在追求目标的过程中产生希望或无望想法时顺带产生的东西。

Snyder (2000) 用图 3.1 描述了在一定情境中体验希望的过程。人们在追求任何一个有价值的目标时，希望的强度由下面三个因素共同决定：

1. 对结果或目标的价值评定；
2. 对达到目标的所有可能路径的思考，以及相应的期望；
3. 对自身动力的思考，以及对自身能多么有效地沿路径前进的思考。

以上三个因素都取决于：在当前情境下，人们根据先前知识、过去经验在以下两个方面的思考：

1. 根据自身对相关和因果的了解来思考实现目标的路径；
2. 根据自身在启动事件因果链上的经验来思考实现目标的动力。

在图 3.1 中，上述关系均用粗箭头表示，细箭头表示反馈过程，即目标导向行为对路径思考、动力思考、结果价值评定的即时影响和长期影响。

Snyder 的团队开发了一系列量表来测量希望的不同方面 (Lopez et al., 2000；Rand & Cheavens, 2009)。其中，成人气质性希望量表 (Adult Dispositional Hope Scale) 和状态性希望量表 (Adult Stage Hope Scale) 都是简短的自陈问卷，分别用于测量成人的特质性希望和状态性希望。儿童希望量表 (Children's Hope Scale) 适用于学龄儿童，幼儿希望量表 (Young Children's Hope Scale) 适用于学前儿童。成人、儿童和幼儿

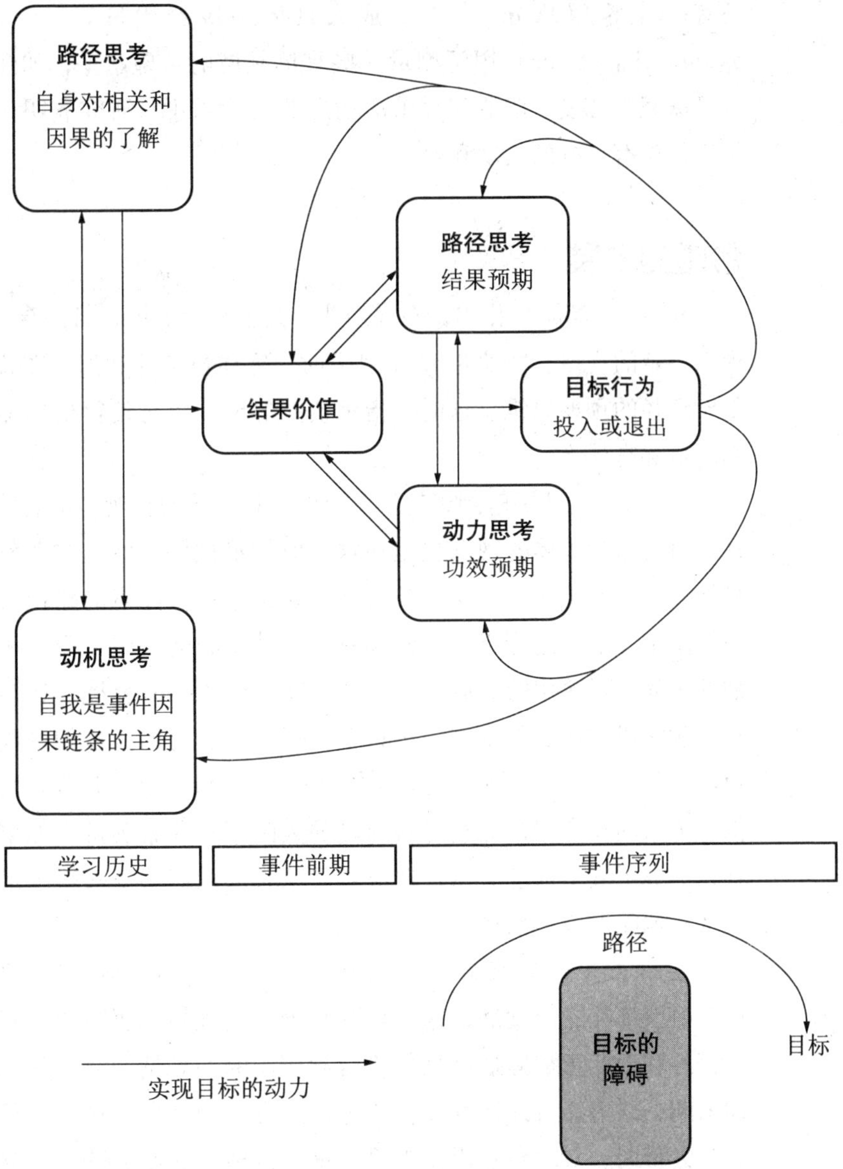

图 3.1 Snyder 的希望理论

希望量表都有观察版，观察版主要由研究者、父母或老师作为评价者来完成。所有这些自陈量表和观察量表除了可得到路径和动力分数之外，还有一个希望总分。另外，成人具体领域希望量表（Adult Domain Specific Hope Scale）用于测量一些具体领域的希望水平，如在社会、学业、家庭、恋爱、职业和娱乐活动上的希望水平。研究表明，所有希望量表都具有良好的信度和效度。

希望的发展

Snyder（2000）指出，在婴幼儿、儿童和青少年时期，希望的发展呈现出一定的规律。婴幼儿12个月大时，客体恒常性和因果图式让他们有了对路径的预期思维。这时，指示技能的发展完善使得他们能够表明他们的目标是什么。

2岁时，幼儿了解到，他们可以发起目标导向行为，沿着路径实现目标。自我作为主体的观念也是在这一时期形成的。幼儿在2岁时学到的另外一个与希望相关的重要技能是，认识到克服障碍的路径可以由自己规划出来并沿着它走下去。碰到障碍、计划如何克服障碍并积极实施计划的过程，对希望的形成非常重要。Michael Rutter教授（1994）在伦敦精神病学研究所工作期间，把这个克服障碍、走出逆境的过程比做心理免疫过程，把这个过程的结果叫做韧性（resilience）。儿童与抚养者之间依恋关系的安全性、儿童应对逆境的人际背景非常关键。如果儿童与养育人形成了安全依恋关系，在应对逆境时从他们那里获得了足够的社会支持，他能形成韧性和希望。

在3~6岁的学前期，言语能力、前运算直觉思维、讲故事的兴趣、行为习惯都在迅速发展，这些均有利于儿童规划克服障碍的路径。身体发育有利于儿童掌握把计划付诸行动所需的各种精细复杂的技能。在学前末期，共情能力开始发展，儿童开始意识到，自己对重要目标的追求有时会帮助、有时会妨碍他人追求重要目标。观点采择（区分自己与他人的观点，进而根据当前或先前的有关信息对他人的观点做出准确推断）能力的发展，有利于儿童在自己的计划中也考虑到别人的愿望和想法。

在童年中期和青春期前，逻辑思维（而非直觉思维）能力、记忆能力、阅读能力和高级社交观点采择能力迅速发展。由于这些能力的发展，个体可以综合考虑更多人（父母、兄弟姐妹、同伴、老师等）的愿望，为实现目标做出更精细复杂的计划并付诸实施。

在青春期，抽象推理能力不断增强。这有利于处理一些复杂问题，比如渐渐从父母那里独立出来、形成排外的亲密关系、做出职业生涯发展规划。在解决这些复杂问题的过程中，青少年可以练习如何在困难面前充满希望地计划出实现目标的路径，以及即使遭遇重重挫折也充满希望地把计划付诸实施。

发展出了气质性希望的儿童，他们的父母一般也总是心怀希望，充当了他们的榜样，辅导他们制订并实施克服障碍、实现目标的计划。这些儿童与父母形成了安全型依恋关系，父母为他们提供了一个良好的家庭环境，充满温暖，也立有规矩，严格按照规矩一致地、可靠地、公平地奖励或惩罚他们。

一些（但并非所有）长期被忽视、被虐待的儿童，或者父母不和、分居、离婚甚至去世的儿童，也许不能发展出气质性希望。也有的孩子尽管在压力很大的家庭环境中长大，但是发展出了更强的韧性和气质性希望（Mahoney，1991）。第一，这些孩子察觉到父母有难处，就把父母不恰当的教养方式视作父母的缺点，而不是自身的缺点。第二，这些孩子发现其他成人可以满足他们对关怀、控制和智力刺激的日常需要。第三，这些孩子很早就表现出某种天赋，并依靠这种天赋进入了新的社会支持网络。第四，这些孩子有强烈的动力掌握那些依靠毅力取胜的技能。第五，他们把逆境视作挑战或机会而非障碍。

总是心怀希望的成人也有特色鲜明的人格轮廓（Snyder，2000）。总是心怀希望的成人，经历的挫折不比别人少，但是发展出了自己能迎接挑战、走出逆境的信念。他们坚持进行积极的自我对话，比如对自己说"我能做到，我不会放弃"，等等。他们更关注成功而非失败。在实现目标的过程中遇到障碍时，他们较少体验到消极情绪。这可能是因为他们能运用创造力找到实现目标的其他可能路径，或者能灵活地选择其他更容易实现的目标。心中没有多大希望的人，遇到不可逾越的障碍，情绪就会按一个相对可预测的模式变化：从希望到愤怒，从愤怒到失望，从失望到绝望。心中有较大希望的人，遇到看似不可解决的、定义模糊的大问题，就会试着把大问题分解成一个个能够解决的明确的小问题。

Rand 和 Cheavens（2009）回顾了希望研究后得出结论：特质性希望与多个领域的良好适应相关，这些领域包括身体健康、心理健康和人际关系。有人研究了失明、纤维肌痛、脊椎受伤或严重烧伤的病人，发现特质性希望水平高的人对所患疾病的应对更有效。对儿童、大学生和老年人的研究表明，特质性希望水平高的人表现出了更好的心理适应，即使在逆境面前也是如此。特质性希望水平高的人，更擅长经营社会网络，报告了更大的社会支持感。

希望疗法

希望疗法是从 Snyder 的希望理论发展而来的，还借鉴了认知行为疗法、焦点解决疗法、叙事疗法的思想。希望疗法的目标是：帮助来访者形成清晰的目标，找出实现目标的多条路径，激励自己去追求目标，把障碍视作挑战。

希望疗法和归因重塑都帮助个体或小团体形成希望和乐观驱动型问题解决策略。期望主义则是帮助整个人群形成更安全的未来导向型生活方式。下面我们来详细介绍期望主义。

期望主义、风险自稳理论和时间观

期望主义是一种预防策略，它通过让人们更加认识到未来的价值来降低生活方式相关性疾病、事故、暴力和死亡在整个人群中的发生率。它的基础是风险自稳理论（Wilde，2001）。该理论认为，对于给定人群来说，风险行为发生率是稳定的，由事故和生活方式相关性疾病造成的损失大小也是稳定的，除非风险倾向发生变化。风险倾向是指为了最大化一项活动的期望收益而选择接受的风险水平。一个国家的人均事故率是一个闭环控制过程的结果。在这个过程中，事故率的波动决定了人们随后的行为谨慎度的波动，而人们行为谨慎度的波动又造成国家人均事故率的波动。如果人们能够预期技术性安全健康干预的潜在结果，那么事故率的波动就会大大减小。让人们了解某些行为模式的风险指数（即这些行为模式与事故率和疾病发生率的关系），同时让人们进行预期，那么人们就会调整自己的行为，进而稳定事故发生率。事故发生过程的自平衡性质意味着，只有那些旨在降低整个人群风险倾向的干预才会降低人均事故率。

风险自稳理论预测：工程（比如设计更好的道路和交通工具）、教育（比如传授安全健康知识）、立法（比如因为某些偶尔的不安全行为惩罚人们）或医疗（开发出更好的救生程序，用于事故管理或应急管理）带来的安全健康进步，不会显著影响整个人群的事故发生率。这个预测是基于以下事实：这些创新都没影响整个人群的风险倾向。它们没让人更渴望健康、安全和长寿。风险自稳理论的这个大胆预测得到了大量实证数据的支持。例如，从 1900 年到 1975 年（战争年代除外），尽管工程、教育、立法、医疗等方面都有了很大进步，但是暴力致死与标准化死亡比几乎没有什么变化（Wilde，1986，2001）。

然而，依据风险自稳理论，要想改变一个人群的事故发生率，就要降低这个人群的风险倾向。降低风险倾向，主要有以下 4 种策略：

1. 让人们更加清楚安全行为的好处；
2. 让人们认识到，做出安全行为其实不需要付出很大代价；
3. 让人们更加清楚风险行为的代价；
4. 让人们认识到，做出风险行为其实没有多大好处。

大量实证证据表明，基于策略 1 的激励计划对减少工业事故和交通事故特别有效（Wilde，1986，2001）。激励（不同于奖励）的本质特征是，预先承诺做出某个行为就给予多大奖励。因此，激励不是提供即时满足，而是增强对未来享乐的预期，进而增强未来的主观价值。如果我们相信未来是美好的，那么我们今天就会更谨慎、少冒险。因此，安全健康管理、预防生活方式相关性疾病、预防暴力，取决于所用措施在多大程度上能够增强未来的主观价值。

激励人们注意安全、预防事故，意味着给人们提供一个理由，让人们对未来有更大的期望。因此，那种通过提高未来的主观价值来减少生活方式相关性疾病和死亡发生率的预防策略就叫期望主义。未来的主观价值相对于现在的主观价值越大，人们就越谨慎。有证据表明，有益健康的习惯在看重未来的人群当中更常见（Björgvinsson & Wilde，1995；Syrathman et al.，1994）。

眼光长短问卷（Time Horizons Questionnaire，见表 3.2）可以用于测量一个人是更看重现在，还是更看重未来。这个问卷包括两个分量表，一个是现在价值分量表，一个是未来价值分量表。用未来价值分量表得分减去现在价值分量表得分就是眼光长短分数。

表 3.2　眼光长短问卷

下面有 40 个陈述，请在每个陈述后面的数字里选一个圈上，表示你对每个陈述的同意或反对程度。（1 = 非常反对，2 = 反对，3 = 不确定，4 = 同意，5 = 非常同意）

1 活在当下比担心明天更重要。	1	2	3	4	5
2 我为现在而活，而不是为将来而活。	1	2	3	4	5
3 我有多大能力就办多大的事。	1	2	3	4	5
4 我经常觉得时间不够用。	1	2	3	4	5
5 享受生活比担心将来更重要。	1	2	3	4	5
6 日子好像总是过得很快。	1	2	3	4	5
7 现在不努力，将来不成功。	1	2	3	4	5
8 我很少给自己排进度表。	1	2	3	4	5
9 让我们为今天而活，没有人知道未来如何。	1	2	3	4	5
10 我经常赶工。	1	2	3	4	5
11 我做事情经常是开了头之后才发现难度超过了想象。	1	2	3	4	5
12 我做事情经常赶不及。	1	2	3	4	5
13 我更在意现在有何感受而不是将来有何感受。	1	2	3	4	5
14 我把日常活动计划得井井有条。	1	2	3	4	5
15 我经常考虑我将来会做什么。	1	2	3	4	5
16 我经常一次安排很多事情。	1	2	3	4	5
17 我能忍住把所有事情一下子做完的冲动。	1	2	3	4	5
18 我有生活连续感。	1	2	3	4	5
19 我很少思考未来。	1	2	3	4	5
20 在我看来，我的职业发展规划做得很好。	1	2	3	4	5
21 在我看来，今天比未来的任何一天都重要。	1	2	3	4	5
22 我经常按照进度表高效地完成工作。	1	2	3	4	5

					续表
23 我在做一些对未来有好处的事情。	1	2	3	4	5
24 我没有哪一天觉得时间是充裕的。	1	2	3	4	5
25 我知道自己想成为什么样的人、有什么目标。	1	2	3	4	5
26 我经常要浪费很多时间才能静下心来做事情。	1	2	3	4	5
27 对我来说,未来比此时此刻更重要。	1	2	3	4	5
28 我觉得事情好像越做越多。	1	2	3	4	5
29 想到将来,我觉得很快乐。	1	2	3	4	5
30 我很少有匆忙感。	1	2	3	4	5
31 我经常老早就做计划。	1	2	3	4	5
32 我从来找不到时间放松。	1	2	3	4	5
33 我认为计划未来是浪费时间。	1	2	3	4	5
34 我觉得10年后我不如现在快乐。	1	2	3	4	5
35 重要的是享受此刻,而不是担心明天。	1	2	3	4	5
36 我经常把今天能做的事情拖到明天做。	1	2	3	4	5
37 我活在当下,而不是担心未来。	1	2	3	4	5
38 重要的是最大限度利用今天,而不是担心明天。	1	2	3	4	5
39 当我想获得什么时,我会设定目标,并考虑实现目标的种种方式。	1	2	3	4	5
40 我最多提前一天做计划。	1	2	3	4	5

Reproduced with permission from Gerald J. S. Wilde, Queen's University, Kingston, Ontario Canada. Home page:http://psyc.queensu.ca/faculty/wide/index.html

注释:8、19、26、27、30、33、34、36、40题反向计分。未来价值评定分量表:7、15、18、19、20、23、25、29、33、34;现在价值评定分量表:1、2、5、9、13、21、27、35、37、38;未来计划分量表:3、8、14、17、22、26、31、36、39、40;时间压力分量表:4、6、10、11、12、16、24、28、30、32。

预期策略还分为特殊型和一般型。特殊预期策略是指在预定那天完成有特定要求的任务就予以奖励。例如,1年内没有发生工作或交通事故;到了50岁还没患因酒精引起的肝硬化;或者到了55岁还没患因吸烟引起的呼吸道疾病,就予以奖励。一般预期策略没有具体条件,只要到预定那天还活着就予以奖励。例如,退休那天,发放10倍于65岁年薪的奖金。

事故率、不良习惯出现率和暴力行为出现率取决于人们对未来的态度。人们期望未来得到的越多,就越谨慎。一个社会的冒险水平,并非取决于安全技术和教育，而是取决于盛行的价值观。根据期望主义，我们可以让社会做些改变，让人们有充足的理由期待下个生日、下个10年和人生晚年。对于小孩子，可以在他们每年生日那天把零用钱调高一个档次。对于年轻人，可以让他们每完成一年的学习就少交一些大学学费。对于员工，可以随工龄提高最低工资、延长年假。服务时间越长，工资越高、工作越有保障。让年龄越大的人在税收、保险、退休储蓄方面享受越多的优惠，就能激励人们把钱更多地投在未来。这些经济激励，可以在一定程度上让人们不再那么担心自己会在晚年时期成为他人的负担，或者遭到忽视、虐待，或者感到孤单。

期望主义指出，可以采取措施激励人们为以后节约。为以后节约的一个好处是保护环境和珍惜资源。激励人们为未来着想，人们就不太可能做出为了眼前利益而破坏环境、浪费资源的事情。

Wilde 的期望主义观点与时间观方面的研究是一致的。时间观指人们是倾向于把焦点放在过去、现在还是未来。Boniwell（2009）综合分析了各种采用 Zimbardo 时间观问卷（Zimbardo Time Perspective Inventory；Zimbardo & Boyd，1999）的研究后得出结论：未来导向与各种积极结果有关，比如动机水平高、责任感强、计划周密、自我效能感强、学习成绩好、能积极适应失业。未来导向还与抑郁和无望之间存在负相关。相比之下，冒险、吸毒、酗酒和乱交与现在导向之间存在相关性。具有消极过去导向的人，容易回想不好的经历；具有积极过去导向的人，则容易回想美好的经历。

幸福感与过去导向、现在导向、未来导向之间的相关强度各不相同。积极的过去导向与幸福感之间的相关性最强，现在导向与幸福感之间的相关性居中，未来导向与幸福感之间的相关性在统计学意义上不显著。Wilde 认为，重要的是促进人们的未来导向，而 Zimbardo 认为，有个平衡的时间观，即同时追忆过去的积极经历、品味现在的快乐、企盼未来的美好，才最幸福（Zimbardo & Boyd，2008）。

乐观的神经生理学基础

最近的脑成像研究表明，乐观与几个脑区有关。英国伦敦大学的 Tali

Sharot博士及其同事（2007）用功能性磁共振成像扫描了15个年轻人在展望未来时的大脑。这些年轻人或想象消极事件，比如结束一段恋情，或想象积极事件，比如赢得一个奖项。他们评价了自己的活力、情绪效价等，还填写了一份气质性乐观问卷。想象消极事件与想象积极事件相比，在后一种状态下，杏仁核和前喙古带皮质更活跃。有研究发现，抑郁症患者的这两个脑区（见图3.2）存在异常，而抑郁与悲观有关。其中的前喙古带皮质的活动，与特质性乐观相关。这个研究的结果向描绘"乐观脑"迈出了第一步。

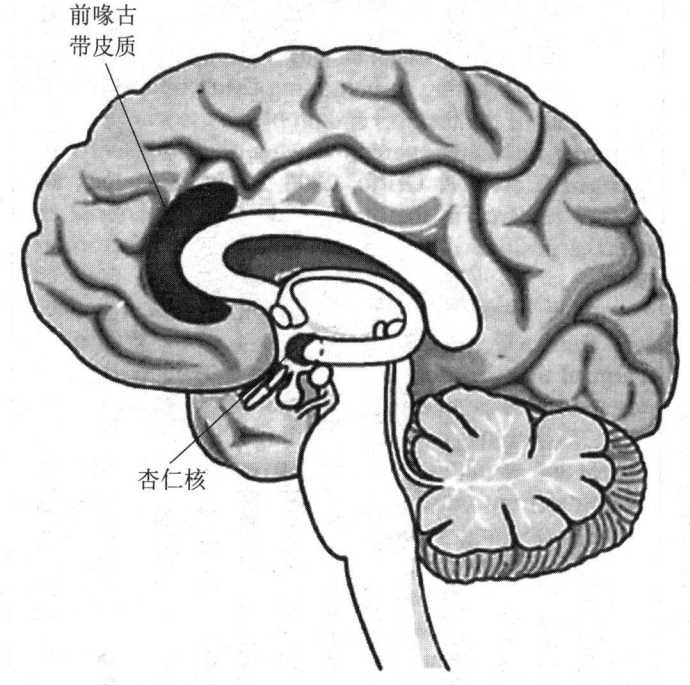

图3.2 乐观思维激活的脑区

启示

表3.3总结了促进积极幻想、乐观、希望和积极预期的自助策略。这些策略可以直接用于临床实践。

表 3.3 促进积极幻想、乐观、希望和积极预期的策略

领域	策略
积极幻想	1. 回想过去经历时,主要关注积极事件的细节。
	2. 在心理上把能力不足之处圈出去,认为这些并不妨碍你是一个能干的人;把你身上那些你不喜欢的个性圈出去,认为这些并不妨碍你是一个有魅力的人。
乐观	3. 每当发现自己把一个坏事归因于内在的、普遍的、稳定的因素时,就进行 ABC 练习,即确认坏事,找出信念,在 10 点量表上对情绪变化进行评分。
	4. 做些其他事情转移注意力,让内心停止对坏事的悲观解释。具体技巧有:用手拍桌子,大声喊"停";在手腕上绑个橡皮筋,弹自己;在纸上写上写个大大的"停"字,然后一直看着它,把注意力集中到某个物件上;尽量过会儿再去想坏事;坏事一发生,就马上写下对它的悲观解释,进而在心理上远离悲观解释。
	5. 不断提醒自己,悲观解释仅仅是一种可能的解释,而不是客观的现实。
	6. 在内心辩论,为坏事找一个同样有力甚至更有力的乐观解释。
	7. 注意转移,远离和辩论引起的心情变好是如何让你振作的。
希望	8. 产生希望,形成清晰的目标,找出实现目标的多条路径,激励自己去追求目标,把障碍视作挑战。
积极预期	9. 减少可能让你短命的风险行为,制订有助于你把未来看得重于现在的激励计划。

争议

积极幻想和乐观领域的一个核心争议是："积极幻想和乐观总是好东西吗？"显然，并非如此。积极幻想强烈、过度乐观的人，不在意客观现实，容易做出愚蠢的决定。他们也许没有留下足够的养老金，晚年生活凄惨；他们也许不听医生的建议，结果错过了最佳治疗时机；他们也许做风险过大的事情，让自己陷入危险境地，或者允许孩子做风险过大的事情，让孩子陷入危险境地；在极端情况下，他们也许表现出自恋人格障碍的一切特点和问题，包括积极自我认识受到挑战时就攻击他人（Colvin & Griffo, 2008；Klein & Cooper, 2008）。该领域的未来研究方向是，确认让积极幻想和乐观变成风险因子而非保护因子的个人因素和情境因素。

该领域的另外一大争议有关期望主义的基础——风险自稳理论。Gerry Wilde 教授（2001）指出，想减少事故、改变不健康的生活方式，最有效的策略就是制订激励计划，让人们把未来看得重于现在。这个策略可以降低人们的风险倾向，进而激励人们选择更安全的生活方式。然而，有人不同意这个观点，而是提倡创建更安全的环境，例如，设计安全性能更好的交通工具，或者设计交通信号更好的道路。然而，很多研究表明：收到安全带、头盔、新信号灯可以降低交通事故率的反馈信息后，人们在驾车时就变得更莽撞了，结果交通事故率又会回到先前水平。Wilde 认为，基于安全工程、环境改善和安全教育的安全干预，最终是无效的，因为它们不会改变整个人群的风险倾向。

总结

20 世纪 70 年代晚期以前，人们一直把乐观视作心理缺陷。弗洛伊德认为，"控制攻击冲动和性冲动就能在来生得到好报"的乐观信念，是对文明化至关重要的幻想。到了 20 世纪 70 年代晚期，认知心理学家积累的大量研究证据表明，人们的思维是乐观的。在积极心理学领域，有关积极幻想及自我欺骗、乐观和希望的研究一直特别重要。

有关积极幻想及自我欺骗的研究表明：正是由于这种良性的积极偏差，人类的思维才有别于其他物种的思维。大多数人积极地看待自己、世界和未来。为了维持对自己、对世界、对未来的积极看法，我们会使用一些管理负面信息的策略，包括防御机制和积极幻想。最常见的防御机制是否认和压抑，而积极幻想涉及选择性注意、良性遗忘、容忍不足之处和消极自我图式等认知过程。积极看待自己的倾向会保持一生，尽管强度会渐渐变弱。人们之所以形成积极看待自己的倾向，一部分是因为记忆具有自我中心性质，一部分是因为自我图式导致选择性注意。矫正积极幻想，就要用不会造成伤害的正确方式给予负面信息。

乐观研究存在两种取向，一种是把乐观视作一种人格特质，一种是把乐观视作一种解释风格（即把消极事件或体验归因于外部的、暂时的和特殊的因素）。乐观的发展受很多因素的影响，包括父母的心理健康水平、父母提供哪类角色模型、父母对乐观的鼓励和奖励程度。面对重大生活压力事件，如父母长期不和、父母离婚、失去父（母）等，具有乐观解释风格的人较不可能生病、抑郁或自杀。相比之下，具有悲观解释风格的人更容易抑郁。在成年时期，乐观与良好的学业成绩、体育成绩、职业适应和家庭生活密切相关。乐观还深刻影响人们在丧亲和失落等情形下的应对方式。乐观决定着人们在公共生活领域的成功。目前已经有了一些可以帮助成人和儿童把解释风格从悲观转为乐观的项目。

希望主要包括两个部分：一个是能力，一个是动力。能力指能够规划出克服困难、实现目标的路径，动力指沿着这些路径前进的意愿。在婴幼儿、儿童和青少年时期，希望的发展呈现出一定的规律。发展出了气质性希望的儿童，他们的父母一般也总是心怀希望，充当了他们的榜样，辅导他们制订并实施克服障碍、实现目标的计划。这些儿童与父母形成了安全型依恋关系，父母为他们提供了一个良好的家庭环境，充满温暖，也立有规矩，严格按照规矩一致地、可靠地、公平地奖励或惩罚他们。希望疗法的目标是：帮助来访者形成清晰的目标、找出实现目标的多条路径、激励自己去追求目标、把障碍视作挑战。

期望主义是一种预防策略，它通过让人们更加认识到未来的价值来降低生活方式相关性疾病、事故、暴力和死亡在整个人群中的发生率。它的基础是风险自稳理论。该理论认为，对于特定人群来说，风险行为发生率是稳定的，由事故和生活方式相关性疾病造成的损失大小也是稳定的，除非风险倾向发生变化。要改变风险倾向，就要采取激励措施让人们把未来看得重于现在。

乐观和希望可以用来预测身心健康，与身心健康的很多指标相关，这些指标包括自陈式健康水平、对医疗干预的积极反应、主观幸福感、积极情绪、免疫力、有效应对（认知重评、问题解决、回避生活压力事件、寻求社会支持）等。

脑成像研究初步表明：乐观与杏仁核和前喙古带皮质更活跃有关。

问题

个人发展问题

1. 你去年在健康、家庭、朋友、恋爱、娱乐、教育和工作方面主要有哪些成就？
2. 有什么证据表明这些成就可以归因于你自身的优势（而非环境因素）？
3. 你明年在健康、家庭、朋友、恋爱、娱乐、教育和工作方面主要有哪些目标？
4. 每个目标有哪些实现路径？
5. 你自身有什么优势可以帮助你沿着这些路径实现目标？
6. 你打算用什么措施激励自己实现这些目标？
7. 每个目标的每条路径各有什么成本和收益？
8. 尝试采用其中的某些路径，每采取一条路径之前、之后都用第一章提到的某个幸福感量表测测你自己，看看你的幸福感增强了没有。

研究问题

1. 设计并开展一个研究检验以下假设：自我欺骗、气质性乐观、乐观解释风格、特质性希望和未来导向与快乐感之间存在显著相关。看看其中哪个变量所能解释的幸福感变异最多。
2. 用本章提到的一些术语（比如，自我欺骗、乐观、希望和未来导向等）做关键词，在 PsycINFO 上搜索有关的文章。找一个你感兴趣且容易复制和拓展的研究，重做一次。

拓展阅读

学术阅读

Chang, E. (2008). *Self-criticism and self-enhancement: Theory, research, and clinical implications.* Washington, DC: American Psychological Association.

Gillham, J. (2000). *The science of optimism and hope.* Philadelphia, PA: Templeton Foundation Press.

Snyder, C. R. (2000). *Handbook of hope.* Orlando, FL: Academic Press.

Wilde, G. (2001). *Target risk 2: A new psychology of health and safety: What works, what doesn't and why…* Toronto: PDE Publications.

自助阅读

McDermott, D., & Snyder, C. (1999). *Making hope happen.* Oakland, CA: New Harbinger.

McDermott, D., & Snyder, C. (2000). *The great big book of hope. Help your children achieve their dreams.* Oakland, CA: New Harbinger.

Reivich, K., & Shatté, A. (2002). *The resilience factor.* New York: Broadway Books.

Segerstron, S. (2006). *Breaking Murphy's Law. How optimists get what they want from life and how pessimists can too.* New York: Guilford Press.

Seligman, M. (1998). *Learned optimism: How to change your mind and your life.* New York: Pocket Books.

Taylor, S. (1989). *Positive illusions: Creative self-deception and the healthy mind.* New York: Basic Books.

Zimbardo, P., & Boyd, J. (2008). *The time paradox: The new psychology of time that will change your life.* New York: Free Press.

研究使用的测量工具

自我欺骗

Gur, R., & Sackeim, H. (1979). Self-deception: A concept in search of a phenomenon. *Journal of Personality and Social Psychology*, 37, 147–169. Contains the Self-Deception Questionnaire.

气质性乐观

Scheier, M., & Carver, C. (1985). Optimism, coping and health: Assessment and implications of generalised outcome expectancies. *Health Psychology*, 4, 219–247.

Scheier, M., Carver, C., & Bridges, M. (1994). Distinguishing optimism from neuroiticism (and trait anxiety, self-mastery, and self-esteem). A re-evaluation of the Life Orientation Test. *Journal of Personality and Social Psychology*, 67, 1063–1078.

Lemola, S., Räikkönen, K., Matthews, K., Scheier, M., Heinonen, K., Pesonen, A., Komsi, N., & Lahti, J. (2010). A new measure for dispositional optimism and pessimism in young children. *European Journal of Personality*, 24, 71–84.

乐观解释风格

Dykema, K., Bergbower, K., Doctora, J., & Peterson, C. (1996). An Attributional Style Questionnaire for general use. *Journal of Psychoeducational Assessment*, 14, 100–108.

Finchman, F., & Bradbury, T. (1992). Assessing attributions in marriage: The Relationship Attribution Measure. *Journal of Personality and Social Psychology*, 62(3), 457–468.

Peterson, C., & Villanova, P. (1988). An expanded Attributional Style Questionnaire. *Journal of Abnormal Psychology*, 97, 87–89.

Peterson, C., Semmel, A., vonBaeyer, C., Abramson, L., Metalsky, G., & Seligman, M. (1982). The Attributional Style Questionnaire. *Cognitive Therapy and Research*, 6, 287–299.

Peterson, C., Schulman, P., Castellon, C., & Seligman, M. (1992). CAVE: Content Analysis of Verbal Explanations. In C. Smith (Ed.), *Motivation and personality: Handbook of thematic content analysis* (pp. 383–392). New York: Cambridge University Press.

Stratton, P., Heard, D., Hanks, H., Munton, A., Brewin, C., & Davidson, C. (1986). Coding causal beliefs in natural discourse. *British Journal of Social Psychology*, 25, 299–311.

Seligman, M., Peterson, C., Kaslow, N., Tanenbaum, R., Alloy, L., & Abramson, L. (1984). Attributional style and depressive symptoms among children. *Journal of Abnormal Psychology*, 93, 235–238. Children's attributional style questionnaire is validated in this and is contained in full in Seligman, M. (1998). *Learned optimism*. New York: Pocket Books.

希望

Lopez, S., Ciarlelli, R., Coffman, L., Stone, M., & Wyatt, L. (2000). Diagnosis for strength: On measuring hope building blocks. In C. R. Snyder (Ed.), *Handbook of hope* (pp. 57–88). Orlando, FL: Academic Press. Contains all Snyder's Hope Scales.

未来导向

Strathman, A., Gleicher, F., Boninger, D., & Edwards, C. (1994). The consideration of future consequences: Weighing immediate and distant outcomes of behaviour. *Journal of Personality and Social Psychology*, 66, 742–752. Contains the 12-item Consideration of Future Consequences scale that evaluates willingness to sacrifice immediate benefits like pleasure or convenience to achieve more desirable future states.

Zimbardo, P., & Boyd, J. N. (1999). Putting time in perspective: A valid, reliable individual-differences metric. *Journal of Personality and Social Psychology*, 77, 1271–1288.

第四章

沉 浸

> **学习目标**
> - 能够叙述沉浸体验的特点,以及产生这种体验的条件。
> - 理解内在动机、逆转理论和沉浸研究对增强主观幸福感的意义。
> - 能够阐述内在动机和自我决定连续体概念。
> - 理解逆转理论及其对内在激励性活动的意义。
> - 能够指出需要进一步研究哪些问题,以更好地理解内在动机、特征优势、沉浸和幸福。

美国加利福尼亚克莱蒙研究生大学(Claremont Graduate School California)的 Mihaly Csikszentmihalyi 教授通过广泛研究发现,人们在内在动机驱使下从事具有挑战性和可控性的活动时、会体验到一种独特的心理状态——沉浸(Csikszentmihalyi, 1975/2000, 1990, 1997, 2003; Csikszentmihalyi & Csikszentmihalyi, 1988; Nakamura & Csikszentmihalyi, 2009)。沉浸方面的理论和研究是本章的核心主题。本章还会讨论 Deci 和 Ryan 的自我决定论,因为这个理论强调内在动机,还强调内在动机在沉浸体验中的核心地位(Deci & Ryan, 1985, 2002, 2008a; Ryan & Deci, 2000)。本章还会简要介绍 Apter(2001, 2007a, 2007b)的逆转理论,因为带来沉浸体验的挑战性任务有时与状态性焦虑和兴奋之间的相互转化有关,或者与目标导向式思维和活动导向式思维之间的相互转化有关。

沉浸

沉浸是我们在内在动机驱使下从事具有挑战性和可控性的需要大量技能的活动（比如帆船比赛、写作或者畅谈）时，体验到的一种主观状态（Nakamura & Csikszentmihalyi, 2009）。沉浸体验的定义性特征是，完全沉浸在活动中，暂时忘掉了自我，也忘掉了周围其他一切东西。要获得沉浸体验，所从事的活动必须是我们内心真正喜欢的，而且对我们而言具有挑战性。这里的挑战性是指，我们只有发挥最佳水平才能完成。也就是说，活动难度要与我们的技能水平匹配：太难的话，我们会焦虑；太容易的话，我们又会感到无聊。在沉浸体验中，我们对技能的运用已经熟练到了自动的地步。活动必须有明确的目标，活动过程中必须有即时的反馈。在沉浸体验中，我们全神贯注，不由自主地沉浸在活动中，抛却了日常生活中的忧愁和烦恼。在沉浸体验中，我们有控制感。因为有这种控制感，我们不担心活动会失控，即使活动涉及风险，例如跳伞、冲浪或攀岩。在沉浸体验中，我们的自我感消失了；自相矛盾的是，任务完成时，我们的自我感又回来了，而且更强了。在沉浸体验中，我们的时间知觉扭曲了，有时一小时过去了就像才过了一分钟，而有时几分钟又像几个小时那样漫长。归纳起来，沉浸体验有9个关键特征：

1. 发自内心地喜欢所从事的活动；
2. 活动难度与个人技能相匹配；
3. 行为自动化；
4. 目标清晰；
5. 反馈即时；
6. 注意力集中在活动上；
7. 有控制感；
8. 有忘我感；
9. 时间知觉扭曲。

活动难度与个人技能相匹配

要获得沉浸体验,活动对我们而言必须具有挑战性。这个挑战性是指,我们只有发挥最佳水平才能完成。例如,写文章、作曲或打游戏,就是这样的活动。挑战性的操作定义是,活动难度与个人技能要水平相当,且两者都高于一般水平。这一点反映在图4.1(Csikszentmihalyi,2007)中,就是高难度—高技能会带来沉浸体验;低技能—低难度导致麻木;高难度—低技能导致焦虑,因为高难度—低技能会让我们缺乏控制感;难度低、技能至少为中等水平时,我们会觉得无聊。随着技能越来越娴熟,我们需要越来越难的活动才能获得沉浸体验,如果不转向难度较大的活动,我们就会觉得无聊。相比之下,如果技能还不够娴熟就转向难度较大的活动,那么我们就会觉得焦虑。

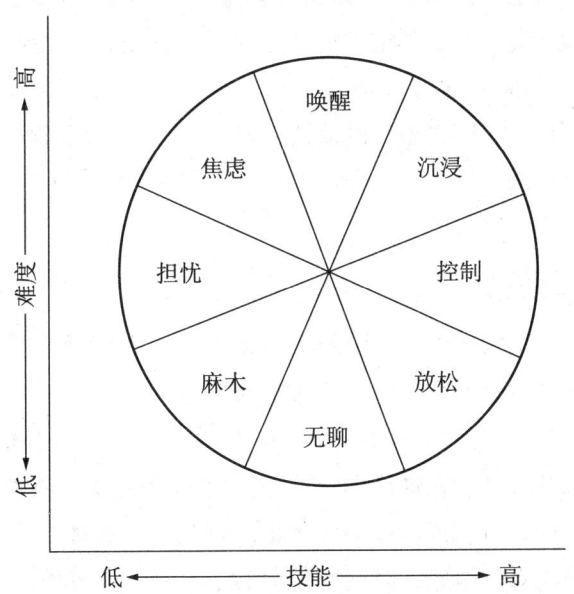

图4.1 技能水平、难度水平共同决定沉浸等状态

目标和反馈

能够引发沉浸体验的活动,有明确的目标,而且在进行过程中有即

时的反馈。一些运动，如帆船比赛或网球比赛，都有相当明确的目标，比如速度快过对手或者得分多于对手。在所有体育活动中，反馈都是即时的。参与者时刻知道自己是占上风还是居下风。根据反馈，参与者可以运用娴熟的体育技能采取补救措施。

全神贯注和忘我

因为引发沉浸体验的活动有明确的目标和即时反馈，所以我们必须全神贯注地投入其中。其结果就是忘我。一门心思扑在活动上，不再想其他事情。舞者成为舞的一部分，歌者成为歌的一部分，水手成为船的一部分。如果分神进行自我评判，则会破坏沉浸体验，也会影响表现。所以在沉浸体验中，我们不问自己这样做对不对（或者有没有更好的方式），因为提问就会打断沉浸体验。这样暂时忘我会带来一个结果：沉浸体验过后，自我感增强。这是因为，在沉浸体验中，我们没有耗神思考"我这样做好不好"或者"别人会怎么看我"，然而，沉浸体验过后，我们可以反思刚刚做过的事情，想着："哇！我做到了。我就是那种能做这个事情的人！"

时间知觉扭曲

在沉浸体验中，时间知觉扭曲了：人们做重复性活动时，过了几个小时像只过了几分钟；而做需要迅速运用复杂技能的活动时，时间好像变慢了。例如，人们阅读一本好书时，会觉得时间过得飞快，几个小时就像几分钟。在这样的情况下，时间流逝体验浓缩了。在另外一些沉浸体验中，时间流逝体验膨胀了。例如，在帆船比赛中遇上狂风，选手运用技能驾驭帆船，时间可能只过了几秒，但是在沉浸体验中却像过了一个世纪。

本身即目的性活动和本身即目的性人格

带来沉浸体验的活动，具有以下定义性特征：活动本身就是目的，或者说本身即目的（autotelic）。"Autotelic"来自希腊词汇"auto"和"telos"，"auto"的意思是自己，"telos"的意思是目标。人们从事自身即目的性活动时，从事活动主要不是为了外在奖励，活动本身就是一种奖励。人们从事该活动，最初可能是为了其他原因，但最终其本身就是一种奖励。作家经常说，自己写作不是为了"钱途"，也不是为了前途，写作本身就是一种快乐。帆船手投入很多金钱和时间好好维护帆船，不是因为想赢得帆船比赛，也不是因为想结交其他帆船手，而是因为对他们来说，什么也比不上赛船带来的沉浸体验。尽管大多数人都报告过沉浸体验，但是沉浸体验的频度和强度存在很大的个体差异。根据这一发现，有人提出了本身即目的性人格的概念，这种人格的特点是倾向于更强调活动本身而不是活动结果（Csikszentmihalyi, 1997）。具有这种人格的人，拥有一些元技能，这些元技能让他们相对容易进入并维持沉浸状态。这些元技能包括：好奇、毅力、不以自我为中心。持久特质（好奇）与暂时状态（兴趣）构成了人们从事新活动直至完全掌握的内在动机（Silvia & Kashdan, 2009）。内在动机对人们获得新知识、培养新技能，以及在运用这些知识和技能的过程中体验到沉浸非常关键。

如何测量沉浸体验

在探索性质化研究中，测量沉浸体验用的是半结构化访谈（Csikszentmihalyi, 1975/2000; Jackson, 1995; Neumann, 2006; Perry, 1999）。在量化研究中，测量沉浸体验用的是心理问卷，还可以用体验抽样法。澳大利亚昆士兰大学的Sue Jackson博士及其同事开发了一套自陈量表来测量沉浸体验（Jackson et al., 2010）。量表包括两个部分：一个是特质性量表，一个是状态性量表。特质性量表测量运动、上学或工作等领域中的沉浸体验频度。状态性量表测量跑步比赛、学校考试或工作项目等活动中的沉浸体验强度。特质状态沉浸量表有完整版、简易版之分，完整版36道题，简易版9道题。还有另外一些完整版量表来测量体育活动和非体育活动中的沉浸体验。所有这些量表都测量9个关键维度：发自内心地喜欢所从事的活动、活动难度与个人技能相匹配、行为自动化、目标清晰、反馈即时、注意力集中在活动上、有控制感、有忘我感和时间知觉扭曲。完整版量表还为 9 个维度各提供一个分量表。还有一种 CORE 气质状态沉浸量表测量最佳沉浸体验是什么样的。除了这套量表外，Bakker（2008）还开发出了一个工作相关性沉浸问卷，这个问卷包括 13 道题，结果包括一个总分和三个因素分，这三个因素分别为沉浸、享受工作和内在工作动机。这个量表对研究职场沉浸特别有用。

若是用体验抽样法测量沉浸体验，就应让被试携带一个传呼机，研究人员每隔一段时间提醒被试在小册子里的表格中记下自己当时的体验状态，每天不定时地提醒 8 次左右。在大多数研究中，被试要携带传呼机一星期。每个被试的小册子的每张表格都是一样的，表 4.1 给出了这个表格。把研究期间填写的各张表格的结果综合起来，就是沉浸体验各维度的分数。这些维度包括：情感（高兴、安详、热闹）、系统负熵（system negenthropy，清楚、开放、合作）、激活（警觉、主动、强壮、兴奋）、认知效能感（注意力集中、容易集中注意力、忘我、明确）、动机（愿意从事该活动、对行动有控制感、全神贯注）、自我概念（自我感觉良好、实现自己的期望、对表现满意）（Csikszentmihalyi & Csikszentmihalyi，1988；Hektner et al.，2007）。

个体和团体的沉浸体验

在最初的概念里，沉浸体验来自个体活动。现在，大家了解到，团体活动也可以带来沉浸体验。在一系列研究中，Walker（2010）发现，团体活动带来的沉浸体验比个体活动带来的沉浸体验更令人快乐。在一项调查中，大学生评价说，回忆团体沉浸体验与回忆个体沉浸体验相比，前者更快乐；在两个实验中，与别人一起打《弹性乒乓球》游戏同自己单独打相比，被试在前面那种情况下报告说更快乐，也表现得更快乐。在这些实验中，在团体条件下与在个体条件下的活动，难度与技能水平匹配度是一样的。

沉浸 127

表 4.1 用体验抽样测量法测量日常生活中的沉浸体验

A 日期　　　　　　　传呼时间　　　　　　　　　填写时间

B 你在哪儿?

C 你正在做什么?

D 你为什么做这个?　　我必须做　　我想要做　　我没有其他事可做

E 收到传呼之时,你还在做其他什么事情?

1.	你的注意力集中得好不好?	0 一点都不好	1	2	3	4	5	6	7	8	9 非常好
2.	集中注意力难不难?	0 一点都不难	1	2	3	4	5	6	7	8	9 非常难
3.	你忘我了吗?	0 一点都没有	1	2	3	4	5	6	7	8	9 非常忘我
4.	你自我感觉好吗?	0 一点都不好	1	2	3	4	5	6	7	8	9 非常好
5.	你对情境有控制感吗?	0 一点都没有	1	2	3	4	5	6	7	8	9 非常强
6.	你在努力达到自己的期望吗?	0 根本不是	1	2	3	4	5	6	7	8	9 确实如此
7.	你在努力达到别人的期望吗?	0 根本不是	1	2	3	4	5	6	7	8	9 确实如此

续表

请描述收到传呼之时的情绪状态

8. 警觉	非常 0	一点 1	有些 2	说不清 3	有些 4	一点 5	非常 6 昏沉
9. 高兴	非常 0	一点 1	有些 2	说不清 3	有些 4	一点 5	非常 6 伤心
10. 急躁	非常 0	一点 1	有些 2	说不清 3	有些 4	一点 5	非常 6 安详
11. 强壮	非常 0	一点 1	有些 2	说不清 3	有些 4	一点 5	非常 6 虚弱
12. 主动	非常 0	一点 1	有些 2	说不清 3	有些 4	一点 5	非常 6 被动
13. 孤独	非常 0	一点 1	有些 2	说不清 3	有些 4	一点 5	非常 6 热闹
14. 羞耻	非常 0	一点 1	有些 2	说不清 3	有些 4	一点 5	非常 6 自豪
15. 全神贯注	非常 0	一点 1	有些 2	说不清 3	有些 4	一点 5	非常 6 心不在焉
16. 兴奋	非常 0	一点 1	有些 2	说不清 3	有些 4	一点 5	非常 6 无聊
17. 封闭	非常 0	一点 1	有些 2	说不清 3	有些 4	一点 5	非常 6 开放
18. 清楚	非常 0	一点 1	有些 2	说不清 3	有些 4	一点 5	非常 6 迷惑
19. 紧张	非常 0	一点 1	有些 2	说不清 3	有些 4	一点 5	非常 6 放松
20. 竞争	非常 0	一点 1	有些 2	说不清 3	有些 4	一点 5	非常 6 合作
21. 收到传呼之时，你有身体上的不适吗？	0 根本没有	1	2	3	4	5	6 7 8 9 有严重不适

请你详细说明

22. 你与谁在一起？ 单独一人　母亲　父亲　兄弟姐妹　男性朋友（多少个？）　女性朋友（多少个？）　陌生人　其他

续表

请描述你对活动的感受

23.	活动难度	低 0	1	2	3	4	5	6	7	8	9 高
24.	你在活动中的技能水平	低 0	1	2	3	4	5	6	7	8	9 高
25.	活动对你重要吗?	根本不重要 0	1	2	3	4	5	6	7	8	9 非常重要
26.	活动对别人重要吗?	根本不重要 0	1	2	3	4	5	6	7	8	9 非常重要
27.	你做得成功吗?	根本不成功 0	1	2	3	4	5	6	7	8	9 非常成功
28.	你在想"要是做其他事情就好了"吗?	根本没有 0	1	2	3	4	5	6	7	8	9 确实如此
29.	你对你的表现满意吗?	根本不满意 0	1	2	3	4	5	6	7	8	9 非常满意
30.	活动对你的其他目标重要吗?	根本不重要 0	1	2	3	4	5	6	7	8	9 非常重要
31.	如果可以选择,你想和谁在一起?										
32.	如果可以选择,你想做什么?										
33.	自上次收到传呼以来,有没有发生什么影响你感受的事情? 或者,你有没有做过影响你感受的事情?										

可以带来沉浸体验的活动

心理学研究表明,可以带来沉浸体验的活动包括竞技运动、非竞技运动(Jackson & Csikszentmihalyi, 1999; Jackson & Kimiecik, 2008)、社交活动(Colby & Damon, 1992)、审美(Csikszentmihalyi & Robinson, 1999)、写作(Perry, 1999)、做学问(Neumann, 2006)以及多种多样的基于计算机的活动(Finneran & Zhang, 2005),特别是电子游戏(Weber et al., 2009)。在所有这些领域中,都有一些证据表明,心理因素可以提高绩效。沉浸体验在日常活动中的出现频率见图4.2(Csikszentmihalyi, 1997)。

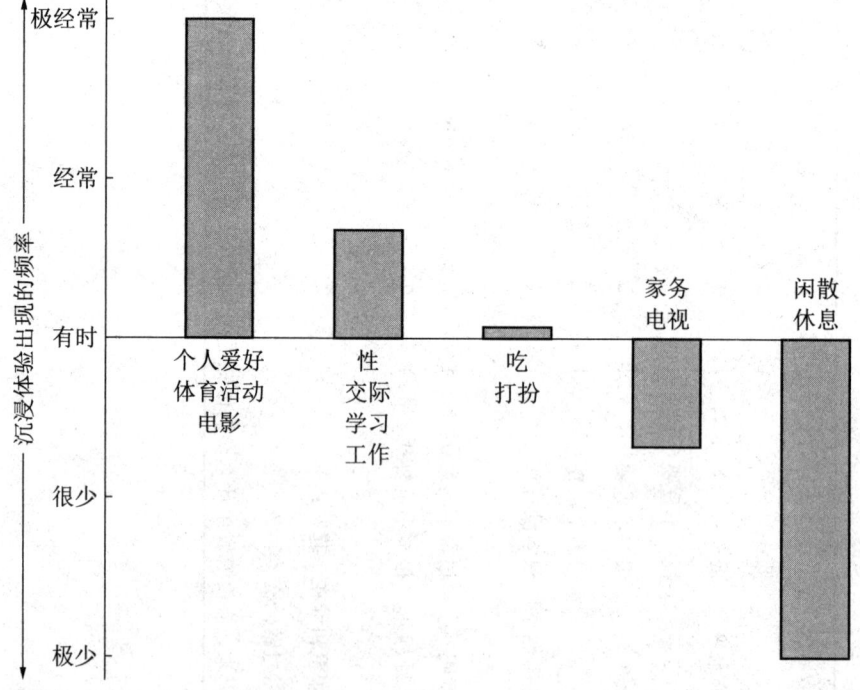

图4.2 沉浸体验在日常活动中的出现频率

计算机与沉浸体验

沉浸体验可以来自于多种多样的基于计算机的活动,包括写文章、写邮件、搜索信息、玩游戏、买东西，等等。Finneran 和 Zhang（2005）在综合分析了多个有关计算机媒体环境与沉浸体验的研究后得出结论：在计算机媒体环境下，沉浸体验相对常见。计算机媒体环境下的沉浸体验包括以下元素：快乐感、专注感、忘我感、时间知觉扭曲感和临场感。临场感指觉得自己置身于计算机虚拟环境中。计算机媒体环境下的沉浸体验有很多短期好处和长期好处，包括制造积极情感、促进学习、探索、沟通和促进计算机的使用。也就是说，它让人变得更擅长在计算机媒体环境下工作，以后更有可能在计算机媒体环境下用计算机进行探索和沟通。带来沉浸体验的计算机媒体环境有几个特点，包括计算机使用技能与计算机活动难度相匹配，还有虚拟环境的速度、逼真度、互动度、重要性和吸引力。然而，计算机活动带来的沉浸体验并非总是好事。它也有不良影响，可能导致网络成瘾，特别是对低自尊高焦虑的人而言（Ho-Kyung & Davis，2009）。

如何在体育活动中制造沉浸体验

要培养在跑步、游泳之类的体育活动中制造沉浸体验的能力，可以遵循以下建议（Jackson & Kimiecik，2008）：第一步，设定总目标，然后将其分解成一个个小目标；第二步，为目标选择一种合适的测量方式，以评估进展情况；第三步，把注意力尽量集中在活动上，注意小目标的实现情况；第四步，逐渐提高活动的难度，以匹配逐渐熟练的技能。

家庭中的沉浸体验

美国芝加哥大学的 Kevin Rathunde 博士（1988）发现，几类家庭有助于引发沉浸体验。清晰度、中心度、选择度和承诺度处于最佳水平的家庭，沉浸体验比一般家庭频繁。在清晰度处于最佳水平的家庭，目标和反馈是清晰的，孩子清楚地知道家庭对自己有何期望。在中心度处于最佳水平的家庭，孩子知道父母对自己此时此刻的活动和感受感兴趣，并非只关心自己日后能否考上好大学、找到好工作。在选择度处于最佳水平的家庭中，孩子认为自己对自己的行为有一定的选择权，还知道不同选择（包括违反父母的规定）的不同结果。在承诺度处于最佳水平的家庭，孩子认为家庭是安全的，安全到足以让自己忘我地投入到自己真正感兴趣的活动中，而不用担心得到负面评价、批评或羞辱。因此，只有非常信任父母，孩子才能全身心地投入到能给自己带来沉浸体验的活动中。在挑战度处于最佳水平的家庭，随着孩子年龄的增长和技能的提高，父母会努力创造机会让孩子迎接更大的挑战，锻炼孩子日益娴熟的技能。

他的研究结果表明，为了帮助孩子获得更多沉浸体验，父母可以采取如下措施：给孩子提供明确的目标和反馈；尊重孩子当前的兴趣，而不是仅仅关注是否有利于孩子将来的发展；提供机会让孩子做选择，还让孩子考虑清楚这些选择可能带来什么结果；鼓励孩子忘我地去做他们自己选择做的事情；随着孩子渐渐长大，提供机会让孩子迎接更大的挑战。

亲密关系中的沉浸体验

对大多数人来说，性关系最初是令人愉悦和满足的。然而时间久了，它就会由积极体验退化成令人生厌的例行公事或者让人成瘾的依赖。短期看来，如果人们尝试不同性爱技能提高快感的话，性关系可以不断提供沉浸体验。古代的《爱经》（*Kama Sutra*，见 Doniger & Kaker，2009）和现代的《性爱的欢愉》（*The Joy of Sex*，Comfort，2002）都介绍了让性关系更富情趣的方法。然而，要让性关系长期保持活力，重要的是同时在情感维度和情欲维度上经营性关系（Csikszentmihalyi，1990）。具体方法是：体贴照顾伴侣；与伴侣分享重要的兴趣、希望和梦想；与伴侣一起探险；与伴侣一起抚养孩子；与伴侣一起面对生活中的纷扰、压力和失落，等等。第八章会更详细地讨论婚姻满意度。

沉浸体验与教育

Shernoff 和 Csikszentmihalyi（2009）综述了多种多样的现场研究后得出结论：对小学和中学来说，一些教育取向促进沉浸体验，并能够改善学生的学习成绩和行为表现。这些取向通过以下两条途径促进沉浸体验：

1. 让学习能够带来快乐；
2. 让学习具有挑战性。

在实际操作中，这涉及鼓励学生积极参与个体和团体学习活动，促进内在学习动机的发展（这里的学习指，学习在自己看来对自己在学校之外的生活有用的新知识和新技能）。促进沉浸体验的教育取向，其特点是师生合作的积极教学氛围。老师为学生的学习提供支持和"拐杖"，给学生布置的学习任务与学生的知识技能水平相匹配。例如，Rathunde 和 Csikszentmihalyi（2005）在研究了 290 个学生（这些学生有的在蒙台梭利学校上学，有的在传统中学上学）后发现，在蒙台梭利学校上学的学生，沉浸体验更强烈。之所以如此是因为，蒙台梭利学校鼓励学生自主学习，创造机会让学生参与难度与自己的技能水平最匹配的活动。蒙台梭利学校处理不良行为的主要方式是，把学生的注意力转移到亲社会活动中，还表扬孩子在这些活动当中的投入，很少采用惩罚或制裁。

工作中的沉浸体验

Csikszentmihalyi（2003）指出，职场沉浸体验的出现条件是：人们对工作有控制感，工作要求人们运用娴熟的技能完成具有挑战性的任务，工作有明确的目标和频繁的反馈。在一个因素分析研究中，Bakker（2008）发现，工作相关性沉浸量表的题目聚合到了三个因素上，这三个因素分别是沉浸、享受工作和内在工作动机。第一章讨论过，这三个因素与工作满意度相关（Warr，2007）。Csikszentmihalyi 和 LeFevre（1989）对 78 个职业人士进行体验抽样研究后发现了"工作悖论"现象：工作中越常体验沉浸，休闲中越常体验快乐。

文化与沉浸体验

有些文化容易引发沉浸体验（Csikszentmihalyi & Csikszentmihalyi，1988）。所有文化都包含目标，还包含决定目标实现途径是否合情合理的社会规范、个人角色、规则和仪式。在目标、规范、角色、规则和仪式与人们的技能密切匹配的文化里，人们有更多机会体验沉浸。第一章提过的科学调查支持这种观点。根据那个科学调查，政府更稳定、人们更富裕、教育水平更高的国家，人们报告的生活满意度更高。在不同文化中，沉浸体验出现的频度是不一样的；具体频度为何，取决于一系列与沉浸体验有关的领域盛行什么惯例，这些领域包括工作、宗教和运动。如果在某个文化中，人们承担的工作角色既不过于单调，又不是过于有难度或过于有压力，而且工作角色与人们的要求与人们的技能相匹配，那么在这个文化中，与工作有关的沉浸体验比较常见。如果一个文化的宗教仪式涉及经常跳舞、唱歌或冥想（这些活动都容易引发沉浸体验），那么在这个文化中，沉浸体验比较常见。如果一个文化经常让势均力敌的对手进行竞技比赛，那么在这个文化中，沉浸体验比较常见。

在我们自己的文化中，我们可以通过以下方式增加沉浸体验的频度：以任务难度与人们的技能水平相互匹配为标准设计工作，增加工作相关性沉浸体验；培养跳舞、唱歌或冥想等技能，并时常练习这些技能，增加仪式相关性沉浸体验；学习一项或多项体育活动，学得精一些，然后时常练习，让体育活动难度与技能水平相匹配，增加体育活动相关性沉浸体验；培养终身学习意识，保持求知欲，增加智力活动相关性沉浸体验。

沉浸体验的神经生理学机制

就沉浸体验的神经生理学机制而言，两个理论值得一提：Dietrich（2004）的额叶低功能理论和 Weber 等人（2009）的注意网络和奖励网络同步理论。根据 Dietrich（2004）的说法，沉浸体验产生时，基底神经节活跃度增加（这有利于不费力的、自动的内隐认知过程），前额皮层活跃度降低（即额叶低功能），中颞叶活跃度也降低（这有利于费力的、控制的外显认知过程）。Dietrich 的理论是在内隐和外显认知过程神经心理学机制研究的基础上提出的，但是仍然需要用正在体验沉浸的人加以检验。

Weber 等人（2009）认为，沉浸体验与注意网络和奖励网络的同步有关。奖励网络的基础是脑部的边缘系统，包括多巴胺能系统、眶额皮层、前额皮层腹正中区和背外侧区、丘脑和纹状体。与沉浸体验有关的注意过程涉及额顶叶皮层（有利于警觉）、上下顶叶、额叶眼裂和上丘脑（有利于定向）。根据 Weber 等人（2009）的说法，在沉浸体验中，这些注意网络和奖励网络同步"放电"。在一个功能性核磁共振研究中，Weber 及其团队的研究结果表明：随着玩电子游戏引发的沉浸体验减弱，注意网络和奖励网络之间的同步也减弱。额叶低功能理论以及注意网络和奖励网络同步理论的有效性，都需要进一步研究加以检验。

促进沉浸体验的临床干预

在临床背景下，沉浸理论可用于开发干预方案，帮助有身体或心理健康问题的人在生活中创造条件，使其更经常、更强烈地体验沉浸。这些干预方案的有效性，可以用前面提过的体验抽样法和沉浸问卷加以评价（Delle Fave & Massimin，2005）。我们需要进行随机控制实验，检验基于沉浸体验的干预方案的有效性。

自我决定论和内在动机

引发沉浸体验的活动一般具有内在激励性，即活动本身就能给人以激励。与内在激励性对应的是内在动机，内在激励性是活动的属性，内在动机是人的属性。自我决定论特别系统地解释了内在动机，因此值得在此讨论一下（Deci & Ryan，1985，2002，2008a；Ryan & Deci，2000）。动机可以分为内在动机和外在动机。所谓外在动机是指，我们之所以参加某个活动是因为这个活动能够带来我们想要的结果。例如，很多人工作是为了挣钱买吃的、住的、玩的，避免穷困。所谓内在动机是指，我们之所以参加某个活动是因为我们喜欢这个活动本身，例如艺术、运动或探险。

自我决定论是美国罗切斯特大学的 Richard Ryan 教授和 Edward Deci 教授提出来的，其目的是解释有哪些条件促进内在动机（Deci & Ryan，

1985，2002，2008a；Ryan & Deci，2000）。这个理论把内在动机定义为一种追求新奇和挑战、发展和锻炼自身能力、勇于探索和学习的内在倾向。这个理论预测：胜任需要、交往需要、自主需要得到满足后，内在动机才有可能出现；若这些需要没有得到满足，自我激励就不大可能发生。自我决定论没有解释这些需要是怎样形成的，只是假定它们是进化而来的先天倾向。

与在外在动机驱动下做事情的人相比，在内在动机驱动下做事情的人对所做的事情表现出了更多的兴趣、兴奋和信心。他们还表现出了更优的绩效、毅力和创造力，一般还报告了更高的自尊和主观幸福感。即使两者有同等水平的胜任感和自我效能感，内在动机的这些好处仍然存在。

当人们可以选择做事方式，可以进行自我指导，得到正面反馈时，内在动机就会增强。然而，如果得到负面反馈，人们的内在动机就会减弱。正面反馈是通过增强胜任感来增强内在动机的。

毫不奇怪的是，惩罚、威胁说要惩罚、让人有压力的评价会削弱内在动机，强加目标、时限和指令也会削弱内在动机。一个包括多种研究的元分析得到了一个令人惊讶且具有争议的发现：给予奖励会削弱内在动机，特别是如果人们认为奖励具有控制性的话（Deci et al.，1999）。惩罚和奖励都会削弱内在动机，是因为它们降低了人们的自主感，让人们更加觉得自己的成绩是外在因素而非内在因素引起的。也就是说，人们认为自己的成绩是在奖励的诱惑下或惩罚的威胁下做出的，而不是源自内在兴趣。

自我决定连续体

童年早期过后，人们就很难有机会随心所欲了，做什么事情都要顾及父母、老师、同伴、伴侣、同事、习俗或法律。图4.3描绘了Ryan和Deci（2000）提出的自我决定连续体理论。从该图可以看出，在内在动机与没有动机这两个极端之间，就是外在动机。外在动机可以区分为多个等级，每个等级对应一个调节风格。这些风格的不同之处在于，有的偏内在激励一些，有的偏外在激励一些。如果从事活动是因为服从就获得奖励、不服从就受到惩罚，那就属于外在调节。这是行为主义心理学家感兴趣的那类外在激励；在最初有关激励的实验室研究中，与内在激励相对的就是这类外在激励。如果以自我控制、自我投入的方式从事活动，以获得内在奖励（比如自尊提高）或避免内在惩罚（比如自我价值降低）为目的，那就属于内射调节。此时，人们之所以从事该活动是为了符合从他人那里内射而来的标准。具体而言，人们对从事活动怀有矛盾情感，但是仍然去从事；之所以从事，是因为觉得应该，是因为不从事该活动自尊就会下降。如果人们有意地评估活动并且认为活动对自己而言是重要的，那就属于认同调节。认同与内射的相同点是，标准都来自他人。认同与内射的不同点是，认同是在心里认可标准、在行为上遵守标准；而内射是虽然心里不认可标准，但在行为上遵守标准。如果人们从事活动是因为认为活动符合自身的价值观和需要，是自我的一部分，那就属于统和调节。然而，统和调节仍然具有外在激励性，因为在此情况下，人们从事活动是为了获得某个结果，而不是因为觉得活动本身是有趣的、快乐的。

沿着自我决定连续体向右，人们在调节过程中体验到的自主水平越来越高；自主水平越高，在活动上就坚持得越久，表现就越好，主观幸福感就越强。这适用于学习、慢性病（以及肥胖症或成瘾症）、病人改变生活习惯、体育锻炼、环保行动以及亲密关系中的活动。

内在动机的发展

有很多事情，我们曾经非常厌恶，长大后却发自内心地想去做。我们学会了在内在动机的驱动下做这些事情，这涉及沿着图4.3所示的自我决定连续体向右跨过几个外在激励阶段，也就是渐渐从外在调节过渡到内射调节，再过渡到认同调节，最终过渡到统和调节。在成长过程中，孩子内化、整合了越来越多的调节方式，在多种多样的活动中体验到了越来越强的自主性。而且，随着认知能力的发展，他们能够内化的调节方式越来越多。

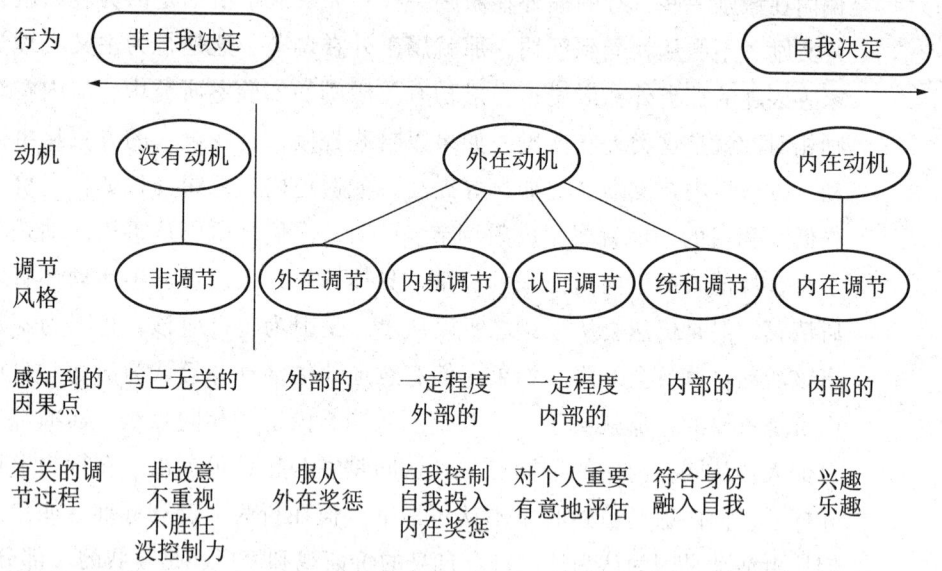

图 4.3 Ryan 和 Deci 的自我决定连续体理论

　　一些调节方式有利于内在动机的发展。内在动机的发展，部分取决于孩子的父母、老师、教练以及社会网络中其他重要他人在多大程度上满足了孩子的交往需要、胜任需要和自主需要。发展心理学研究积累的证据表明，交往需要、胜任需要和自主需要在一定程度上是天生的。孩子从出生那一刻起就表现出了依恋行为。从出生那一刻起，孩子就开始努力掌握并自主运用各种技能。

　　在婴儿和儿童时期交往需要得到满足的孩子，表现出了更多的内在动机。婴儿和儿童依恋研究表明，与父母形成了安全依恋关系的儿童，表现出了更多的内在激励性探索行为。在家庭里，支持型而非控制型的父母教养方式，有利于培养孩子的内在动机。类似地，在学校里，支持型而非批评型的教学风格，有利于培养学生的内在动机。

　　给孩子与年龄相称的任务和责任，满足孩子的胜任需要，孩子就会形成对这些任务的统和调节。相比之下，给孩子太过超前的任务，孩子就会始终处于外在激励阶段，或者最多对这些任务形成内射调节。

　　让我们产生内在动机的活动具有以下特点：

1. 具有挑战性；
2. 我们觉得自己能够做好；
3. 带给我们满足感（Bandura, 1997）。

对于难度过大的任务，可以把任务分解，设置一个个子目标，鼓励孩子努力实现子目标，以此培养孩子的内在动机。内在动机在一定程度上受自我效能感的影响。也就是说，只有相信自己能够在活动中取得成功，我们才在内在动机的驱动下活动。内在激励性活动给个人带来满足感，这种满足感往往与实现个人设置的绩效标准进而生出积极情绪有关。

内在动机的发展与奖励之间的关系比较复杂。奖励如果让人觉得是控制，就会削弱内在动机，但是，这样的奖励有助于人们沿着自我决定连续体往内在激励方向移动。也就是说，最初的时候，奖励可以帮助人们在任务中坚持下来，直到人们获得了足够的自我效能感，进入统和调节状态。只要奖励让我们知道我们做得有多好，就可以帮助我们沿着自我决定连续体往内在激励方向移动。

元动机状态和逆转理论

人类有个比较奇怪的特点，即可能对同一事物既爱又恨、既向往又害怕。而且，人们做某件事情，有时是为了实现某个目的，有时是因为做这件事情是快乐的，这两种情况有可能在短时间内相互转化。也就是说，内在动机和外在动机可以相互转化。带来沉浸体验的挑战性任务，有时就与这样的转化有关。"逆转理论"（reversal theory）为人们理解这两种表面上相互对立的动机的相互转化提供了框架（Apter, 2001, 2007a, 2007b）。

这个理论假定：在任何一个时刻，人们的动机都可以用处在一对元动机状态之间的哪个位置来定义。比如，定义内在动机和沉浸体验，就可以用 Apter 提出的那对与"手段—目的"有关的元动机状态：有目的状态和无目的状态。所谓有目的状态是指，在外在动机驱使下认真做一件事情，按照计划实现一个目标。所谓无目的状态是指，在内在动机驱使下做一件事情，因为做这件事情是快乐的而自发地去做，几乎不考虑做这件事情要达到什么目的。在有目的状态下，人们做一件事情是为了达到一个目的；在无目的状态下，人们做一件事情就是为了这件事情本身。有目的状态与认真、成就有关，而无目的状态与游戏、乐趣有关。（逆转理论当中的其他几对元动机状态则与其他领域有关，这些领域包括对待规则、管理交易和处理关系等。既然这些与本章主题没有直接关系，在这里就不详述了。）

逆转理论把情绪（积极的和消极的）解释为元动机状态的结果。图4.4描述了情绪与有目的状态和无目的状态之间的关系（Apter, 2001）。在有目的状态下，如果生理唤醒水平低且情感色彩是积极的，那么主要情绪就是放松；随着唤醒水平上升、情感色彩变得消极，放松就转化成焦虑。相比之下，在无目的状态下，生理唤醒水平低且情感色彩

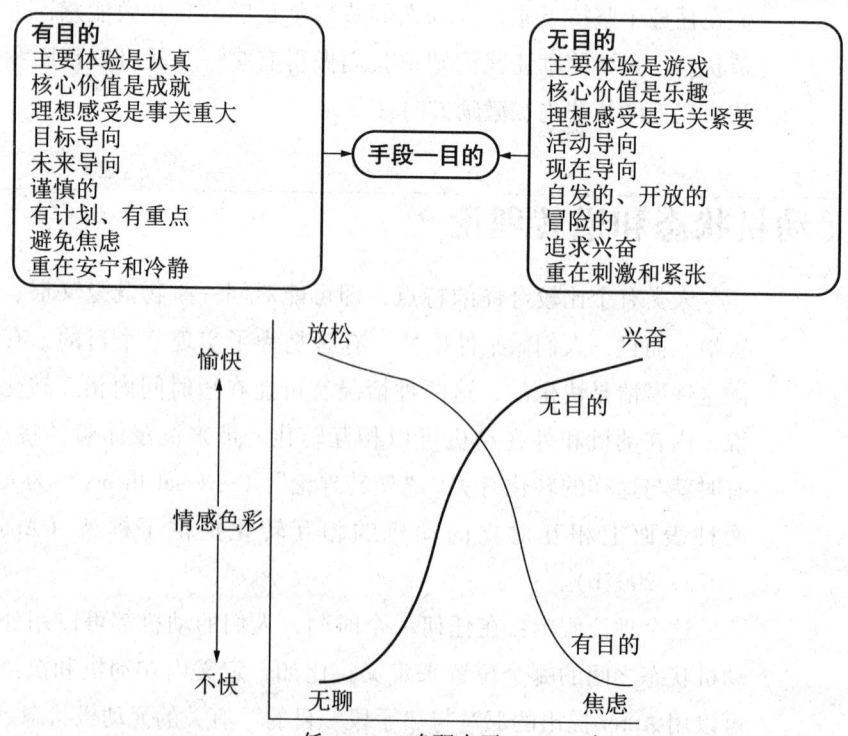

图4.4 逆转理论中的有目的和无目的元动机状态

是消极的，那么主要情绪就是无聊；随着唤醒水平上升、情感色彩变得积极，无聊就转化成兴奋。

在任何一个唤醒水平上，挫折、厌腻或情境变化都可能让一个元动机状态转化成另外一个元动机状态。与之相伴的是，情绪突然改变，比如从放松到无聊，或者从焦虑到兴奋。

比如，人们坐过山车时，处在无目的状态，唤醒水平高，主要情绪是兴奋；但是，如果觉得太危险，就会转化到有目的状态，相应地，兴奋就变成焦虑。Apter 及其同事用一系列研究证明了这个观点。这些研究涉及：在有目的状态、无目的状态下冒着巨大危险跳伞的人；启幕前、启幕后的舞蹈演员；解超难字谜的实验被试；执行任务厌腻时有机会选择从有目的状态变成无目的状态的实验被试。

Young（1988）在研究了职业网球队员以后发现，沉浸体验既可能与有目的状态有关，也可能与无目的状态有关。所以，无目的状态和沉浸体验不是一回事。

逆转理论还提出，人们有占优势地位的元动机状态（Apter, 2001）。占优势地位的意思是：更常出现。有目的状态占优势的人，更常处在有目的状态。有研究发现：有目的状态占优势的人，内在动机较弱，工作动机较强，工作满意度与生活满意度之间的相关性较强，生活较有条理，较多担心失败、较少希望成功，青少年犯罪和吸毒行为较少，危险性行为较少，处理日常挫折或重大变故的压力较大，常运用问题聚焦型应对策略。

有目的状态与一系列鲜明的心理生理特点有关。与处在无目的状态的人相比，处在有目的状态的人，在执行要求集中注意力的任务时肌肉紧张度更大，在威胁面前生理唤醒水平更高（反映在心跳和呼吸加速上），皮层激活模式更集中、更局部。相比之下，处在无目的状态的人，在执行心理运动任务时肌肉紧张度有更大的阶段性波动，看喜剧时心跳和呼吸都有更大的阶段性波动。

元动机概念的测量

已经有很多方法可用来测量元动机状态以及各元动机状态的优势排

位情况（Apter，2001，第三章）。下面介绍的测验，可以用于测量本节重点讨论的有目的状态和无目的状态。

- 有目的状态测验（Telic State Measure；Kerr，1997），这个工具可用于测量被试当前或最近处在有目的—无目的维度的哪个位置。它包括5个六点评分量表：认真—游戏、有计划—自发的、低偏好唤醒—高偏好唤醒、低唤醒—高唤醒、不费力—很费力。
- 有目的—无目的状态测验（Telic-Paratelic State Instrument；Kerr，1999）包括12道题，7道题测量被试当前或最近处在有目的—无目的维度的哪个位置，5道题测量被试处在唤醒回避—唤醒寻求维度的哪个位置。该测验信度良好。
- 元动机状态访谈和编码工具（Metamotivational State Interview and Coding Schedule；O'Connell等，1991）包括就几对元动机状态进行访谈的问题，还包括一个如何处理访谈结果的编码系统，可以得到8个元动机状态的分数。这8个元动机状态分别是，与手段—目的有关的有目的状态和无目的状态，与对待规则有关的抗拒状态和服从状态，与事务处理有关的掌控状态和同情状态，与处理关系有关的自我指向状态和他人指向状态。
- 阿普特动机风格测验（Apter Motivational Style Profile；Apter International，1999）信度高，效度高，有40道题，测量有目的占优势以及其他3对元动机状态（即抗拒—服从、掌控—同情和指向自我—指向他人）里的优势状态。它还能得到所有8个元动机状态的分数，即有目的、无目的、抗拒、服从、掌控、同情、自我指向和他人指向。

启示

表4.2总结了利用沉浸体验和内在动机增进幸福感的自助策略。这些策略可以整合到临床实践中。

表 4.2 利用沉浸体验和内在动机增进幸福感的策略

领域	策略
挑选内在激励性活动	• 选择具有以下特点的活动去从事：让你发自内心地想去做，可以发挥你的优势，虽有难度但你觉得自己可以做好，能给你带来满足感。 • 对于难度过大的复杂活动，可以先设置一个中等水平的子目标，实现之后再设定一个稍微高些的子目标，这样逐渐调高目标直至完成并掌握整个活动。
沿着自我决定连续体向内在移动	• 要认识到，很多需要技能的活动可以渐渐从外在激励性转为内在激励性。 • 对于不熟悉的活动，利用外在奖励提供的信息，锻炼自己的技能，改进自己的表现，渐渐把外在激励转化成内在动机。 • 一旦技能变得娴熟，就不要为了外在奖励去从事活动，而要为了活动本身从事活动（但是要认识到，即使是在内在动机驱动下从事活动，有时也会得到奖励）。
逆转	• 从事对技能有很高要求、让人高度沉浸其中的活动时，要认识到你有时可能会从无目的状态跳到有目的状态；无目的状态指为了活动本身而以游戏态度从事活动，有目的状态指为了活动带来的结果而以认真态度从事活动。 • 挫折、厌腻或情境变化都可能导致逆转。
制造沉浸体验	• 挑选具有挑战性但让你有控制感、让你觉得自己能够做好、能让你沉浸其中的内在激励性活动去从事。 • 挑选你有充裕时间完成的活动去从事。 • 挑选有明确目标、即时反馈的活动去从事。 • 把焦点放在活动上，不要关注你自己、你的感受，也不要关注活动可能带来什么奖励。 • 对忘我状态体验和时间知觉扭曲体验有预期。 • 渐渐提高活动难度，以匹配你逐渐娴熟的技能。
帮助孩子发展沉浸体验	• 给孩子设置清晰的目标，为孩子提供正面反馈，不要批评孩子。 • 尊重他们现在的兴趣，不要只让他们做将来对他们有好处的事情。 • 让他们有机会选择做事方法，还要让他们有机会考虑各种选择可能带来什么结果。 • 鼓励他们在自己选择的活动中忘我地努力。 • 随着孩子年龄的增长，给他们提供越来越大的挑战。

争议

这个领域的一个争议可以用以下问题加以总结:"沉浸体验总是好东西吗?"短期来看,沉浸体验本身对人是有益的,但是长期来看,产生沉浸体验的情境可能对人是有害的,或者对自己的家庭、社会网络是有害的,甚至对社会是有害的。例如,高速驾驶偷来的车、持械斗殴、高空跳伞可能带来沉浸体验,但是这些活动显然可能极大地伤害自己或他人的健康。举个不那么极端的例子,废寝忘食地工作或者打电脑游戏,可以带来沉浸体验,但是也可能让人忽略家人和朋友。长期来看,沉浸在带来沉浸体验的工作或休闲活动中,会造成社会网络的分崩离析,而社会网络对幸福感非常重要。研究沉浸体验在什么条件下会增强总体幸福感,就要回答这个问题。

这个领域的第二个争议是有关奖励对内在动机的影响。关于内在动机,有一个极端说法是:内在动机和外在动机不可能共存于同一活动,即从事一项活动,要么受内在动机驱使,要么受外在动机驱使;所有形式的奖励都会削弱内在动机。这个说法不再站得住脚(Ryan & Deci, 2000)。在内在动机与没有动机这两个极端状态之间,有数个不同等级的外在动机。此外,从事同一活动,可能有时受内在动机驱使,有时受外在动机驱使。最后,如果把奖励视作反馈而非控制,那么奖励就不会削弱内在动机。

总结

当我们从事具有挑战性但让我们有控制感、需要大量技能但我们觉得自己能够做好的内在激励性活动时,就会体验到沉浸。这些活动一般要求明确的目标和即时的反馈。它们要求高度集中注意力。在沉浸体验中,我们全神贯注,忘掉了自己,抛却了日常生活中的忧愁烦恼。在沉浸体验中,我们的时间知觉扭曲了。读书、运动、艺术创作、科学研究等活动都可能带来沉浸体验。带来沉浸体验的活动,具有本身即目的性。经常体验到沉浸的人，具有本身即目的性人格。沉浸体验的测量，可以用半结构化访谈、心理问卷或体验抽样法。个体活动和团体活动都可能带来沉浸体验。一系列学习、工作和休闲活动都可能带来沉浸体验，而沉浸体验反过来会改善人们在这些活动中的表现。清晰度、中心度、选择度和承诺度处于最佳水平的家庭与一般家庭相比，前者的孩子更频繁地体验到沉浸。要让性关系长期保持活力，重要的是同时在情感维度和情欲维度上经营性关系，具体方法是：体贴照顾伴侣；与伴侣分享重要的兴趣、希望和梦想；与伴侣一起探险；与伴侣一起抚养孩子；与伴侣一起面对生活中的纷扰、压力和失落，等等。对小学和中学来说，一些教育取向能够促进学生的沉浸体验、改善学生的学习成绩和行为表现。这些取向通过以下两条途径促进沉浸体验：（1）让学习能够带来快乐；（2）让学习具有挑战性。职场沉浸体验的出现条件是：人们对工作有控制感，工作要求人们运用娴熟的技能完成具有挑战性的任务，工作有明确的目标和频繁的反馈。有两个理论揭示了沉浸体验的神经生理学机制，一个是额叶低功能，一个是注意网络和奖励网络同步理论。在目标、规范、角色、规则和仪式与人们的技能密切匹配的文化里，人们有更多机会体验沉浸。沉浸理论可用于开发干预方案，帮助有身体或心理健康问题的人在生活中创造条件，使其更经常、更强烈地体验沉浸。

　　引发沉浸体验的活动，一般具有内在激励性。自我决定理论解释了什么是内在动机，还解释了内在动机是如何发展的。动机可以分为内在动机和外在动机，外在动机是指我们之所以参加某个活动是因为这个活动能够带来我们想要的结果，内在动机是指我们之所以参加某个活动是因为我们喜欢这个活动本身。内在动机可以提高绩效、毅力和创造力，进而提高自尊和主观幸福感。在自我决定连续体上，在内在动机与没有动机这两个极端状态之间，有四个等级的外在动机，每个外在动机对应一个调节风格，分别是：外在调节、内射调节、认同调节、统和调节。沿着自我决定连续体向右，人们在调节过程中体验到的自主水平越来越高。在成长过程中，孩子内化、整合了越来越多的调节方式，在多种多样的活动中体验到了越来越强的自主性。从事觉得自己能够做好、能够带来满足感的、具有挑战性的活动，可以发展出内在动机。人们的胜任需要、交往需要、自主需要得到满足后，内在动机才有可能出现。当人们可以选择做事方式、可以进行自我指导、得到正面反馈时，内在动机就会增强。人们可能对同一事物既爱又恨、既向往又害怕。而且，人们做某件事情，有时是为了实现某个目的，有时是因为做这件事情是快乐的，这两种情况有可能在短时间内相互转化。逆转理论为人们理解这两种表面上相互对立的动机的相互转化提供了框架。

问题

个人发展问题

1. 列出你真心喜欢且能给你带来沉浸体验的活动。
2. 指出哪些是个体活动，哪些是团体活动。
3. 指出哪些是工作相关性活动，哪些是休闲相关性活动。
4. 你可以对每天或每周的时间安排做些什么改变，以更多地从事你真心喜欢且能给你带来沉浸体验的活动？
5. 做出这些改变的成本和收益是什么？
6. 做出其中的一些改变，做出每个改变之前、之后都用第一章提到的某个幸福感量表测测你自己，看看你的幸福感增强了没有。

研究问题

1. 设计并开展一个研究来检验状态性或特质性沉浸与逆转理论的多个变量之间的关系。
2. 用本章提到的一些术语（比如，沉浸体验、内在动机、逆转理论，等等）做关键词，在 PsycINFO 上搜索有关的文章。找一个你感兴趣且容易复制和拓展的研究，重做一次。

拓展阅读

学术阅读

Apter, M. (2001). *Motivational style in everyday life: A guide to reversal theory.* Washington, DC: APA.

Csikszentmihalyi, M., & Csikszentmihalyi, I. (1988). *Optimal experience: Psychological studies of flow in consciousness.* Cambridge: Cambridge University Press.

Deci, E., & Ryan, R. (2002). *Handbook of self-determination research.* Rochester, NY: University of Rochester Press.

自助阅读

Csikszentmihalyi, M. (1990). *Flow: The psychology of optimal experience.* New York: Harper Row.

Csikszentmihalyi, M. (1997). *Finding flow: The psychology of engagement with everyday life.* New York: Basic Books.

Csikszentmihalyi, M. (2003). *Good business, leadership, flow, and the making of meaning.* New York: Penguin Books.

Jackson, S., & Csikszentmihalyi, M. (1999). *Flow in sports: The keys to optimal experiences and performances.* Lower Mitcham, South Australia: Human Kinetics.

研究使用的测量工具

沉浸

Bakker, A. B. (2008). The work-related flow inventory: Construction and initial validation of the WOLF. *Journal of Vocational Behaviour, 72,* 400–414.

Csikszentmihalyi, M., & Csikszentmihalyi, I. (1988). *Optimal experience: Psychological studies of flow in consciousness.* Cambridge: Cambridge University Press. Contains the Flow experience questionnaire.

Hektner, J., Schmidt, J., & Csikszentmihalyi, M. (2007). *Experience sampling method: Measuring the quality of everyday life.* Thousand Oaks, CA: Sage.

Jackson, S., Eklund, R., & Martin, A. (2010). *The FLOW manual.* Mind Garden Inc. www.mindgarden.com

内在动机：来自自我决定理论

McAuley, E., Duncan, T., & Tammen, V. V. (1989). Psychometric properties of the Intrinsic Motivation Inventory in a competitive sport setting: A confirmatory factor analysis. *Research Quarterly for Exercise and Sport, 60,* 48–58. http://www.psych.rochester.edu/SDT/measures/IMI_description.php

激励风格：来自逆转理论

Apter International (1999). *Apter Motivational Style Profile, manual and workbook.* Loughborough: Apter International. http://www.apterinternational.com/

Kerr, J. (1997). *Motivation and emotion in sport: Reversal theory.* Hove: Psychology Press. Telic State Measure is in appendix F.

Kerr, J. (1999). *Experiencing sport: Reversal theory.* Chichester: Wiley. The Telic-Paratelic State Questionnaire is in appendix B.

O'Connell, K., Potocky, M., Cook, M., & Gerkovich, M. (1991). *Metamotivational state interview and coding schedule instruction manual.* Kansas City, MO: Midwest Research Institute.

Sit, C., Lindner, K., Apter, M., Michel, G., & Mallows, R. (2010). The development of the motivational style profile for children (MSP-C). *Current Psychology: Research & Reviews,* 29, 71–87.

网站

沉浸体验：Mihaly Csikszentmihalyi 的网站：http://www.cgu.edu/pages/4751.asp

逆转理论：Apter 国际中心：http://www.apterinternational.com/

逆转理论社团：http://www.rtresearchgroops.org/site/

自我决定理论：http://www.psych.rochester.edu/SDT/index.php

第五章

情　商

学习目标
- 能够区分作为能力的情商和作为人格特质的情商。
- 能够阐述情商在儿童时期和青少年时期的发展。
- 理解依恋在情绪能力和韧性的发展中的重要性。
- 能够解释情商的神经生理学基础。
- 知道情商的测量与人格、智商等概念的测量之间有何关系。
- 能够区分情商和一些相关概念，比如实践性智力、自闭症谱系障碍特质、经验开放性、述情障碍、心理感受性和情绪创造力。
- 理解情商研究对增强主观幸福感的作用。
- 能够指出需要进一步研究哪些问题，以更好地理解情商和幸福。

　　1995年，美国方言协会（1999）选出的最有用的新词语就是情商（直译为情绪智力）。人们对这个概念燃起极大的兴趣是源于Daniel Goleman的畅销书——《情商：为什么比智商更重要》（*Emotional Intelligence: Why It Can Matter More Than IQ*）。心理学家兼科学记者Goleman在这本书中向大众介绍了有关情商的学术研究，还介绍了有关自身智力和人际智力的学术研究。有关情商的学术研究论文，最早由美国新罕布什尔大学的John Meyer教授和美国耶鲁大学的Peter Salovey教授于1990年发表（Mayer et al., 1990; Salovey & Mayer, 1990），有关自身智力和人际智力的学术研究论文由美国哈佛大学的 Howard Gardner 教授于 1983 年首次发表。Mayer 和 Salovey 的研究结果表明：加工情绪信息所需的能力，不同于加工言语、数学或视觉空间信息所需的能力，而传统智商测验只测量了加工后一类信息所需的能力。Gardner 认为，除了传统智商测验测量的智力以外，智力还有其他很多种，比如自身智力（理解并调节自己情绪的能力）、人际智力（理解并管理人际关系的能力）。这并不是什么新观点。早在 20 世纪 20 年代，Edward Thorndike（1874—1949）就把社会智力的观点引入了美国学术心理学（Landy, 2006）。

  Goleman 在书中提出的观点是，人们在工作和生活中的成功，很大程度上不是缘于智商，而是缘于情商——识别并管理自己以及重要他人情绪的能力。不过，随后综合了很多研究、涉及几千个案例的元分析并不支持这个观点（Joseph & Newman, 2010）。而且，尽管大家公认遗传因素为智商设置了上限，但是 Goleman 在书中暗含的观点是，情商主要由环境因素决定，可以通过训练加以提高。美国公众非常乐意接受这个观点，因为它正好出现在 Herrnstein 和 Murray 的《钟形曲线》（The Bell Curve）（1994）出版之后，而这本书的作者认为，智商主要由遗传因素决定，高智商是人们获得事业成功和较高社会地位的关键决定因素。当前证据表明，智商和情商都具有一定的遗传性，两者都可在遗传因素设置的上限内通过干预项目得以提高（Grigorenko, 2000; Lange & Carr, 2002; Parker et al., 2009; Vernon et al., 2008）。

情商：能力还是人格特质？

  最近的研究者以两种截然不同的方式定义情商（Mayer et al., 2008）。有的研究者把它定义为加工情绪信息所用到的一组能力。拥护这个观点的有 Mayer、Salovey 及其同事，他们共同开发了 MSC 情商测验（Mayer-Salovey-Caruso Emotional Intelligence Test, MSCEIT; Salovey et al., 2009）。另外一些研究者把情商定义为一组人格特质。拥护这个观点的有 Reuven Bar-On 教授、Goleman 及其同事、英国伦敦大学学院的 KV Petrides 博士和 Adrian Furnham 教授，以及澳大利亚斯威本大学的 Con Stough 教授。其中，

Bar-On 开发了情商问卷（Emotional Quotient Inventory, EQ-i; Wood et al., 2009），Goleman 开发了情绪能力问卷2（Emotional Competence Inventory 2, ECI2; Boyatzis et al., 2000），Petrides 和 Furnham 开发了特质情商问卷（Trait Emotional Intelligence Questionnaire, TEIQue; Petrides, 2009a），Stough 开发了 Genos 情商问卷（Genos Emotional Intelligence Inventory, Genos EI; Palmer et al., 2009）。

表5.1 总结了一些较好的能力取向情商测验和特质取向情商测验。曾经有一个时期出现了很多情商自陈问卷。例如，Perez 等人（2005）综述了15个情商自陈问卷，其中只有5个纳入了表5.1。表5.1 还介绍了一些任务测验，这些任务测验主要测量情商非常具体的方面，比如情绪识别或情绪理解。这些任务测验包括非言语准确性诊断分析2（Diagnostic Analysis of Nonverbal Accuracy 2, DANVA2; Nowicki, 2003）、日本人与高加索人情绪识别简短测验（Japanese and Caucasian Brief Affect Recognition Test, JACBART; Matsumoto et al., 2000）、情绪意识水平量表（Levels of Emotional Awareness Scale, LEAS; Lane et al., 1990）和儿童情绪技能测评（Assessment of Children's Emotional Skills, ACES; Trentacosta & Izard, 2007）。

情商的特质取向和能力取向在情商的定义和测量上是不同的（Mayer et al., 2008）。能力取向把情商视作一组能力，最好用任务测验来测量。这些任务测验类似于认知能力测验，答案有对错之分，测量的是最佳表现。特质取向把情商视作一组人格特质，最好用自陈问卷（或他评问卷）来测量。这些问卷类似于人格特质问卷，答案无对错之分，测量的是一般表现。特质取向也称作混合—模型框架，因为自陈问卷测量的情商，包括乐观等人格特质，还包括情绪调节等技能或能力（Roberts et al., 2008）。

情商的特质取向和能力取向演化成了截然不同的流派（Murphy & Sideman, 2006）。从表5.1可以看出，用 MSCEIT、DANVA2、JACBART、ACES 和 LEAS 测量的情商能力，对情商的定义相对较窄；用 EQ-i、TEIQue 和 ECI2 测量的情商特质，对情商的定义则宽得多。情商的能力模型与智力测量流派的共同处多于与人格测量流派的共同处。

表5.1 情商测验

类型	工具	原创者	题目数	量表数	分量表数	版本	量表、分量表简介
能力	MSC情商测验（Mayer-Salovey-Caruso Emotional Intelligence Test，简称MSCEIT）	John Mayer、Peter Salovey、David Caruso	141	4	8	成人版、青少年版	**感知情绪** 脸孔：识别脸孔表达的情绪 图片：识别风景和图标表达的情绪 **运用情绪** 促进：回答涉及情绪对思维有何影响的问题 感觉：回答涉及感觉与情绪有何关系的问题 **理解情绪** 变化：做涉及情绪如何变化的选择题 混合：做涉及情绪词汇含义的选择题 **管理情绪** 情绪管理：指出一系列内心问题的各个解决方案的有效性 情绪关系：指出一系列人际问题的各个解决方案的有效性
能力	非言语准确性诊断分析2（Diagnostic Analysis of Nonverbal Accuracy 2，简称DANVA2）	Stephen Nowicki	64	—	3	成人版、青少年版	**面部表情** 24张面部表情图片，有的是高兴，有的是害怕，有的是伤心，有的是生气，强烈程度各不相同 **声音语调** 24个录音片段，男声或女声说"我现在要离开房间，不过，一会儿就回来"，语气有的是高兴、有的是伤心、有的是害怕、有的是生气 **身体姿势** 32张男性或女性的站坐姿图片，有的表示高兴、有的表示伤心、有的表示害怕、有的表示生气，强烈程度各不相同

续表

类型	工具	原创者	题目数	量表数	分量表数	版本	量表、分量表简介
能力	日本人与高加索人情绪识别简短测验（Japanese and Caucasian Brief Affect Recognition Test，简称JACBART）	David Matsumoto	56	—	1	成人版	56张日本人或高加索人的脸孔图片，脸孔所带表情为高兴、蔑视、伤心、生气、惊讶和恐惧。在两张没有表情的脸孔之间呈现一张带有表情的脸孔，每张有表情的脸孔呈现0.2秒。受测者的任务就是指出有表情的脸孔表达了什么情绪
能力	情绪意识水平量表（Levels of Emotional Awareness Scale，简称LEAS）	Richard Lane	20	—	1	成人版	描述20个引发生气、害怕、高兴或伤心的社交场景，让受测者回答自己或其他人在这些场景下有何感受
能力	儿童情绪技能测评（Assessment of Children's Emotional Skills，简称ACES）	Carroll Izard	56	—	3	儿童版	面部表情 24张脸孔图片，脸孔分别带有高兴、伤心、害怕或生气等情绪，有的脸孔没有情绪。 社交情境 呈现15个社交短片，让孩子估计短片主角的情绪 社交行为 呈现15个社交短片，让孩子估计短片主角的情绪

续表

类型	工具	原创者	题目数	量表数	分量表数	版本	量表、分量表简介:
特质	Schutte情商自陈问卷（Schutte Self Report Emotional Intelligence Test，简称SSEIT）	Nicola Schutte	33	3	0	成人版	感知情绪 运用情绪 管理自己情绪 管理他人情绪
特质	情商问卷（Emotional Quotient Inventory，简称EQ-i）	Reuven Bar-On	长问卷133，短问卷51	5	15	成年版、青少年版、父母或老师版	**自身** 自知自爱 自我情绪觉察 果敢 独立 自我实现 **人际** 共情 社会责任 人际关系管理 **压力管理** 压力承受 冲动控制 **适应** 问题解决 现实检验 灵活性 **心情** 保持快乐 保持乐观 **积极印象** 不一致性

续表

类型	工具	原创者	题目数	量表数	分量表数	版本	量表、分量表简介:
特质	特质情商问卷 (Trait Emotional Intelligence Questionnaire, 简称 TEIQue)	KV Petrides、Adrian Furnham	长问卷153、短问卷30	4	15	成年版、青少年版、儿童版、成年360度版	**幸福感** 特质性乐观 特质性幸福 自尊 **社交性** 管理他人情绪 果敢 社交意识 **情绪性** 情绪感知（自己和他人） 情绪表达 特质性共情 关系营建能力 **自我控制** 情绪调节 低冲动性 压力管理 **辅助方面** 适应性 自我动机

续表

类型	工具	原创者	题目数	量表数	分量表数	版本	量表、分量表简介
特质	情绪能力问卷 2（Emotional Competence Inventory 2，简称 ECI2）	Daniel Goleman	72	4	18	成年版、成年 360 度版	**自我意识**：自我情绪觉察、准确的自我评价、自信心；**自我管理**：情绪自我控制、可信赖性、适应、成就导向、主动性、乐观；**社交意识**：共情、组织意识、服务导向；**关系管理**：培养他人、感召式领导、促发改变、影响力、冲突管理、团队合作
特质	Genos 情商问卷（Genos Emotional Intelligence Inventory，简称 Genos EI）	Con Stough	长问卷 70、短问卷 31、超短问卷 14	0	7	成年版、成年 360 度版	自我情绪觉察、情绪表达、他人情绪觉察、自我情绪管理、他人情绪管理、情绪自我控制

情商的特质模型则恰好相反,这些模型的研究借鉴了人格测评心理学。如果区分纯研究与应用研究(或实用导向研究),那么情商的能力模型是在纯研究流派里发展出来的,而情商的特质模型是在应用研究流派里发展出来的。情商能力模型研究的主要目的是促进对概念的理解,而情商特质模型研究则强调在学校、职场、临床背景下测评并提高情商(Zeidner et al.,2009)。

Mayer、Salovery 和 Caruso 的情商能力模型和 MSCEIT

根据 Mayer、Salovery 和 Caruso 的情商能力模型,情商指用于加工自己和他人情绪信息的能力(Salovey et al.,2009)。这个模型认为情商有四个分支(见图 5.1):感知情绪、运用情绪、理解情绪和管理情绪。情绪感知能力指,能够识别自己和他人的情绪,能够准确表达情绪以及相关的需要,能够区分准确或真实的感受与错误或扭曲的感受。情绪感知能力强的人,能从所在环境中获取更多信息,因而能更好地适应环境。能够觉察微妙的不耐烦表情的人与没有这种能力的人相比,在社交情境中更容易把冲突消灭在萌芽状态。

该模型中情商的第二个分支,情绪运用能力,指能够读取并产生那种促进思考的情绪。情绪可以作为有关具体感受的外显思维(例如"我很高兴")进入认知系统,也可以转化成与情绪状态一致的认知(例如高兴的人认为"今天一切都如我所愿")进入认知系统。因此,情绪可以通过提供情绪信息(让我们知道自己是高兴、伤心、害怕还是生气)来促进思考,也可以通过让思考方式与情绪状态一致来促进思考。因此,情绪运用能力强的人更有可能在高兴的时候乐观地看问题,在伤心的时候悲观地看问题,在焦虑或生气的时候从有无危险这个角度看问题。这个根据心情转换视角的能力意味着,情绪运用能力强的人可以随着心情的变化从多个角度看问题。这种从多个角度看问题的能力,可以促使人们创造性地解决问题,可以解释为什么情绪波动大的人比情绪稳定的人更富创造力。情绪在多大程度上在自主控制范围内波动,取决于情绪管

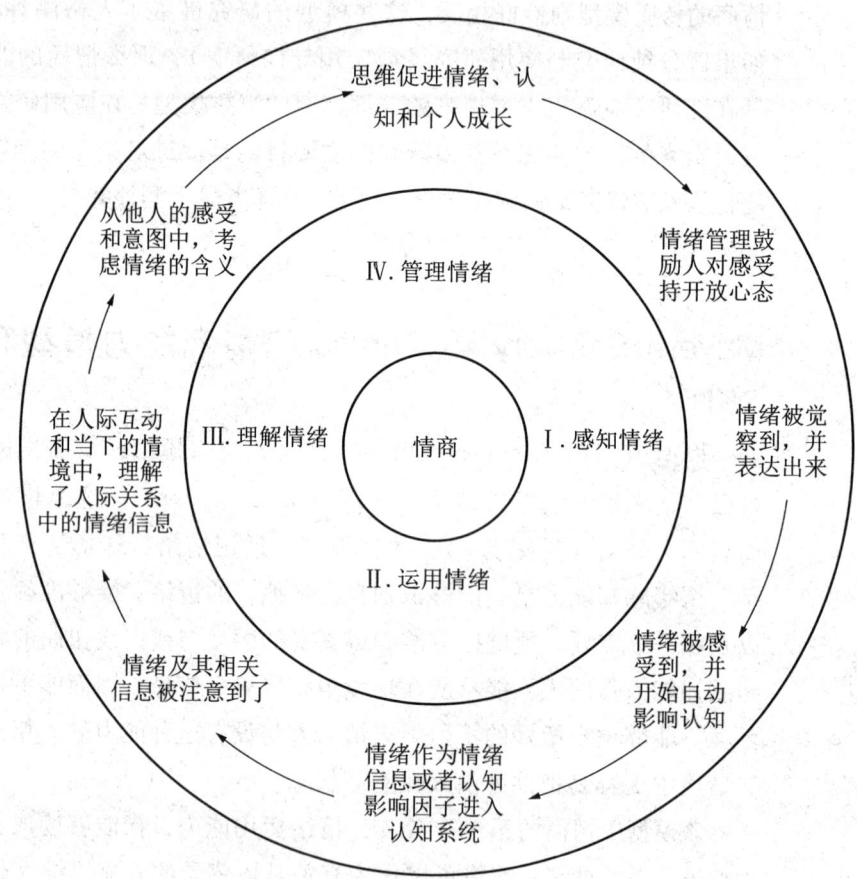

图 5.1　Mayer、Salovey 和 Caruso 的情商模型

理能力——该模型中情商的第四个分支,下面会介绍到。

该模型中情商的第三个分支,情绪理解能力,指能够理解情绪有何含义。情绪理解能力强的人,知道一种情绪是如何引发另外一种情绪的,知道情绪是如何随时间变化的,知道人们能同时具有几种相互冲突的复杂情绪,知道情绪变化是如何影响人际关系的。例如,愤怒可以表现为攻击(即伤害他人),遭到报复的话就转化为懊悔,没有遭到报复的话就继续升级,知道这一点的人比不知道这一点的人能够更好地处理冲突情境。

该模型中情商的第四个分支,情绪管理能力,指能够对各种情绪

（不管愉快与否）持开放心态并仔细体验，能够监控、反思这些情绪，能够留住或摆脱某种情绪状态，能够控制情绪的表达，能够管理他人表现出来的情绪。情绪管理能力强的人，可以选择体验还是压抑情绪。例如，在正常的日常交往中，对自己体验到的情绪或他人表现出的情绪持开放心态、自由地表达情绪，可以丰富生活、加深感情；然而，在紧急情况下，例如避免撞车、遇到抢劫、救火或者做风险很大的手术时，压抑情绪、限制其表达，可能更有利于适应。情绪管理能力强的人，能够选择在多大程度上体验、表达情绪。

情绪感知、运用、理解和管理能力，可以用 MSCEIT 来测量（Mayer et al.，2002，2005）。这些测验的题目要求受测者对情绪进行复杂的判断，答案有对错之分。在情绪感知维度，受测者要识别一系列表情、风景和图标主要表现或引发了什么情绪。在情绪运用维度，受测者要回答的问题有的涉及情绪对思维有何影响，有的涉及感觉与情绪有何关系。例如，见公公婆婆（或岳父岳母）时，何种心情比较有用：紧张、惊讶还是喜悦？（请在 5 点量表上给每种心情评分，1 = 没有用，5 = 很有用。）在情绪理解维度，包括一系列像下面这样的题目："想到有一大堆工作要做，汤姆焦虑了，还觉得有压力。上司又给他派了一个项目，他是觉得崩溃、抑郁、羞耻、忸怩还是紧张？"在情绪管理维度，包括一系列像下面这样的题目："黛比刚刚度假回来。她觉得宁静、满足。以下哪种行动能把这种心情保持下去？列出要做哪些家务事；思考下次度假在什么时候、什么地方；既然心中的感受无论如何也不能长久保持下去，那么忽略它。"（受测者要在 5 点量表上给每个选项评分，1 = 非常无效，5 = 非常有效）。MSCEIT 的评分有两个标准：（1）专家共识，也就是一组专家的看法；（2）大众共识，也就是常模组最常见的看法。实际上，两个标准非常类似。

MSCEIT 是根据长得多的多维情商问卷（Multidimenstonal Emotional Intelligence Scale，MEIS）改编而来的，目前已经有了第二修订版（Mayer et al.，1997）。MSCEIT 既有成年版，也有青少年版（Mayer et al.，2002，2005）。MSCEIT 的信度、效度都够高（Mayer et al.，2008；Papadogiannis et al.，2009；Rivers et al.，2008）。MSCEIT-2 建立了一个国际常模，这

个常模的样本量为5000。对常模数据的因素分析表明，MSCEIT子测验分数拟合预测中的四因素模型。然而，一个涉及1000个案例的元分析型因素分析表明，三因素模型更好，其中情绪感知和情绪运用汇聚到了一个维度上（Fan et al.，2010）。测量情绪感知、运用、理解和管理能力的四个分测验，内部一致性信度和重测信度都超过了合格标准0.7。至于构想效度，和预期的一样，MSCEIT与认知能力（包括智商）测验之间的相关性居中（$r = 0.3 \sim 0.4$），与第二章介绍过的大五人格特质之间的相关性较弱（$r = 0.1 \sim 0.3$）。至于效标效度，（在一些研究中）MSCEIT与幸福感之间是正相关；与朋友、家人和爱侣关系质量之间是正相关；与职场胜任力之间是正相关；与情绪预测（预测一个人在特定情境下有何感受）之间是正相关。与MSCEIT呈负相关的有：适应问题（比如心理困扰、药物滥用）。不出所料，能力取向测量情商的MSCEIT与特质取向测量情商的工具，两者得分的相关性较低。女性在MSCEIT上的得分高于男性。

能力取向测量情商部分技能的工具

MSCEIT测量的是情商能力模型提到的所有技能，而表5.1中其他4个能力测验测量的是情商的部分技能。这些测验包括DANVA2（Nowicki，2003）、JACBART（Matsumoto et al.，2000）、LEAS（Lane et al.，1990）和ACES（Trentacosta & Izard，2007）。DANVA2、JACBART和ACES的一些分测验测量的是基于面部表情、身体姿势或者声音语调的情绪感知技能。这些测验让受测者看脸孔图片或人际互动图片，或者听用某种语调说出的句子，然后让受测者识别其中的情绪，比如高兴、伤心、害怕或生气。LEAS和ACES的另外一些分测验测量的是人际情境下的情绪理解技能。这些测验描述了一个个社交场景，每描述一个社交场景就让受测者推断这个社交场景中的人体验到了什么情绪。所有4个测验都有合格的内部一致性信度，DANVA2和JACBART还有合格的重测信度。至于效度，如果受测者在这些测验上得高分，那么他们在一系列效标测验上也都会得高分（负面效标得低分）。Mayer等人（2008）回顾了多个使用这4个测验之一的实证研究后得出结论：情商能力测验得分与童年、成年社交能力相关，与家庭关系和工作关系的质量相关，与学习成绩、工作绩效相关，与心理幸福感相关。

Schutte 情商自陈问卷（SSEIT）

Schutte 情商自陈问卷（Schutte Self Report Emotional Intelligence Test，SSEIT）是澳大利亚的 Nicola Schutte 博士开发的，将 Mayer、Salovey 和 Caruso 的早期情商能力模型变得可操作，是自陈问卷而非任务测验（Schutte et al., 2009）。SSEIT 包括 33 个自陈题目，每个题目后面有一个 5 点标尺，1 = 强烈反对，5 = 强烈同意，受测者要从中选一个数字作为答案。测验得到一个情商总分，以及四个维度分数，即感知情绪、运用情绪、管理自己情绪、管理他人情绪。很多研究者用过 SSEIT。它的内部一致性和重测信度都高于合格线 0.7。初步因素分析研究表明，33 道题都汇聚到了一个情商因素上，随后的因素分析确认了一个四因素结构，四个因素与四个分量表对应。至于效标效度，有研究发现 SSEIT 与一系列效标相关，这些效标包括幸福感、心理健康，以及社交、学术、职场适应。它与大五人格的经验开放性之间呈现强相关，与大五人格其他四个特质之间为弱到中等相关。

Bar-On 的社会—情绪智力模型和 EQ-i

与前面那些情商能力观不同的是，Reuven Bar-On（2000，2006）把社会—情绪智力视作一组有利于成功应对环境要求的非认知胜任力。从图 5.2 可以看出，这个特质模型区分了五个领域的社会—情绪智力：自身、人际、压力管理、适应和心情（Bar-on, 1997）。五个领域各有一套具体的技能，所有这些技能构成了社会—情绪智力。自身领域包括以下技能：自知自爱、自我情绪觉察、果敢、独立、自我实现。人际领域包括以下技能：共情、社会责任、人际关系管理。压力管理领域包括以下技能：压力承受、冲动控制。适应领域包括以下技能：问题解决、现实检验、灵活性。心情领域包括以下技能：保持快乐、保持乐观。

在自身领域；自知自爱指能够理解、接纳、尊重自己；自我情绪觉

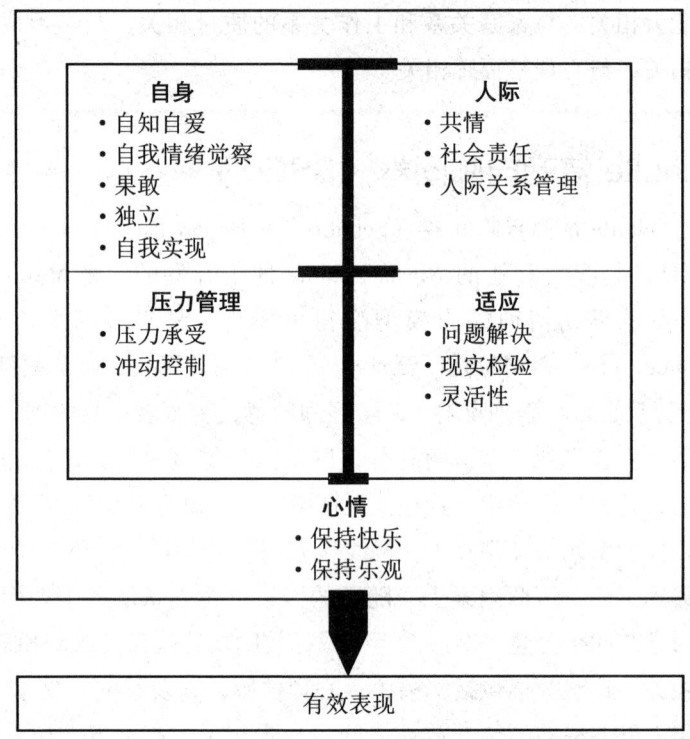

图 5.2 Reuven Bar-On 的情商模型

察指能够识别、理解自己的情绪；果敢指能够为了维护自己的权益用不具攻击性的方式表达自己的想法、信念和感受；独立指能够在思想和行动上进行自我指导和自我控制，不在情感上依赖他人；自我实现指能够发挥自己的潜能，实现自己想要实现的目标。

在人际关系领域，共情指能够意识、理解、欣赏他人的情绪，社会责任指能够与人合作并对所在社会群体做出贡献，人际关系管理指能够建立并维持真正的友谊（真正的友谊，指情感上亲近、心理上亲密的友谊）。

在压力管理领域，压力承受指能够承受不幸、挑战、压力和强烈情绪而不会代谢失调或情绪崩溃；冲动控制指能够抵制冲动或延迟行动，能够控制自己的情绪。

在适应领域，问题解决指能够明确社交和人际情境中的问题，用有利于问题解决的方式重新加以定义，形成并实施有效的解决方案；现实检验指能够评价内部主观体验与外部客观情境之间的一致性；灵活性指能够根据情境变化调整自己的想法、感受和行为。

在心情领域，保持快乐指能够过得快活，玩得高兴，表达积极情绪，对生活满意；保持乐观指始终能够看到事物光明的一面，哪怕在逆境面前也是如此。

EQ-i 就是根据 Bar-On 的模型开发的情商测评工具（Wood et al., 2009）。EQ-i 有完整版、简易版、成人版、青少年版、自陈版、他评版（Bar-On, 1997, 2002; Bar-On & Hadley, 2003; Bar-On & Parker, 2000）。成人他评版是 EQ-360，青少年父母或老师评价版是 EQ-i：YV。所有版本的 EQ-i，题目都是简短的陈述，作答者要在一个 5 点标尺上选出一个合适的数字表示该陈述与自己（或被评价者）的情况的符合程度（1 = 很不符合，5 = 非常符合）。所有版本的 EQ-i 都可得到一个情商总分和五个领域的情商分数。完整版 EQ-i 还会得到来自 5 个领域一共 15 个具体技能的分数。

有研究者考察了 EQ-i 的心理测量属性（Conte & Dean, 2006; Mayer et al., 2008; Wood et al., 2009; Zeidner et al., 2009）。EQ-i 从不止 15 个国家收集到了几千份常模数据。很多研究表明，EQ-i 量表有足够的内部一致性和重测信度（都高于 0.7），有一定的效度。至于构想效度，对 EQ-i 的 15 个分量表得分进行因素分析得到了一个单因素解，即情商。然而，对题目得分进行因素分析没有得到 Bar-On 模型以及 EQ-i 分量表所指的那个 15 因素解。至于构想效度，EQ-i 与智商存在低相关（$r = 0.1 \sim 0.2$），这是有问题的。如果 EQ-i 测量智力的一个分支，那么它与一般智力测验的相关性应该更高。EQ-i 与（第二章介绍过的）大五人格的几个因素的相关居中（$r = 0.2 \sim 0.6$），因此可能增益效度低。也就是说，它是另外一个大五人格测验，只是顶着不同的名字而已。EQ-i 给出与专家评分类似的等级结果，能够部分地预测哪类人会在哪种工作情境下有最佳表现。它是计算机计分，如果一个人的作答模式显示这个人过于积极或过于消极地描述自己，计算机就对其分数进行补偿。

Bar-On（2000）研究发现，不同性别、不同年龄的人有着不同的 EQ 得分或 EQ-i 轮廓。至少在中年以前，情商都随年龄增长。四五十岁的人情商高于年轻一些的人，也高于年老一些的人。男性和女性的情商总分是一样的，但是男性在自身、适应、压力管理领域得分更高，而女性在人际领域得分更高。与男性相比，女性的自我情绪觉察能力更强，更擅长共情，人际关系更好，社会责任感更强。与女性相比，男性更自知自爱、更独立、（短期来看）更能承受压力、更灵活、更会解决问题、更乐观。还有大量证据表明，EQ-i 得分高的人心理健康状况好，EQ-i 得分低的人心理问题多。

Petrides 的情商特质模型和 TEIQue

伦敦大学的 KV Petrides 博士在一个定义清晰的情商特质模型的基础上，主持开发了第二代情商自陈问卷。他提出，用 TEIQue（Petrides et al.，2009a，2009b）测量的情商（他更喜欢叫它情绪自我效能感）不是智力的一个分支，而是处在特质结构较低层级的一个人格特质。因为它在认知能力范围之外，所以它不该与智商相关。因为它是一个人格特质，所以它和它的子维度应该与大五人格特质相关。这个观点是有证据支持的：十几套数据表明，情商自陈问卷得分与认知能力测验（包括智商测验）得分之间相关性低，与人格特质测验得分之间的相关性高（Petrides et al.，2007）。20 世纪 90 年代开发 TEIQue 时决定测量哪些方面，依据的是对其他模型和情商自陈问卷的内容分析。TEIQue 保留了不同模型和自陈问卷共有的核心维度，去掉了非共有的维度。

最后，15 个互不相同但相互关联的维度被纳入了 TEIQue（见表 5.1）。对这些子维度的因素分析确认了四个因素，每个因素有三四个子维度。TEIQue 的四个因素是幸福感、社交性、情绪性、自我控制。幸福感的子维度包括特质性乐观、特质性幸福、自尊；社交性的子维度包括管理他人情绪、果敢、社交意识；情绪性的子维度包括情绪感知（对自己和他人）、情绪表达、特质性共情、关系营建能力；自我控制的子维度包括情绪调节、低冲动性、压力管理。

TEIQue 的所有题目都是简短陈述，每个陈述附带一个 7 点标尺（从 1 到 7，1 = 完全反对，7 = 完全同意），受测者要从中选一个合适的数字作为答案。题目结合起来,生成子维度得分、因素得分。TEIQue 有很多版本,包括完整版、简易版、成人版、青少年版、儿童版,都是自陈问卷(Petrides,2009b)。对成人而言,既有简易版又有完整版,既有用于自我测评的自陈问卷,又有用于在职场背景下评价他人的 360 度问卷。

一系列研究考察了 TEIQue 的心理测量属性(Petrides,2009a,2009b)。成人版有个样本量为 1721 的国际常模。所有子维度的内部一致性系数都超过了合格线 0.7,重测信度最小为 0.59、最大为 0.86。TEIQue 具有一个稳定的四因素结构。情商总分的性别差异可以忽略不计。效度研究表明,如果受测者 TEIQue 情商总分高,那么很有可能其应对风格具有适应性,幽默风格多是亲和型、自强型,韧性强,儿童亲社会行为多,有多语背景的成人外语焦虑低,乐师每日训练时间长(这表明其更有耐心、更有毅力),芭蕾舞演员能力强,对实验室情绪诱导程序敏感。相比之下,如果受测者 TEIQue 情商总分低,那么很有可能其应对风格不具适应性,幽默风格多是攻击型、自欺型,有不良态度和抑郁,有人格障碍,常旷课逃学,在校期间有行为问题。像 EQ-i 一样,TEIQue 也因在大五人格测验之外没有多少增益效度而遭人诟病(Mayer et al.,2008;Roberts et al.,2008)。

Goleman 的情商模型和 ECI

EQ-i 和 TEIQue 是用于各种背景下的情商特质问卷,而 ECI(Boyatzis et al.,1999;Wolff & Hay Group,2005)则是专门用于职场背景下的情商问卷。ECI 的基础是 Goleman 的情商模型,他在这个话题上的两本畅销书首次阐述了他的情商模型(Goleman,1995,1998)。ECI 现在有了第二修订版(Wolff & Hay Group,2005)。ECI 既有自陈版也有同事评价版,都是与美国凯斯西储大学的组织心理学家 Richard Boyatzis 教授合作开发的。ECI 的目的是测评对在商业环境下取得杰出成绩比较重要的情商胜任力。

ECI 区分了自我意识、自我管理、社交意识与关系管理各自所需的胜任力。表 5.1 列出了 ECI2 的主量表和分量表。自我意识指知道自己的内心状态、偏好、资源和直觉，它包括以下胜任力：自我情绪觉察、准确的自我评价和自信心。自我管理指管理自己的内心状态、冲动和资源，它包括以下胜任力：自我控制、可信赖性、适应成就导向、主动性和乐观。社交意识指把握他人的感受、需要和忧虑，它包括以下胜任力：共情、组织意识、服务导向。关系管理指擅长在他人身上诱导出自己想要的反应，它包括以下胜任力：培养他人、感召式领导、促发改变、影响力、冲突管理和团队合作。ECI 的所有题目都是简短陈述，每个陈述附带一个 6 点标尺（从 1 到 6，1 = 从未，5 = 总是，6 = 不知道）。选"不知道"的题目，计分时忽略掉，如果一个量表有超过 25% 的题目选"不知道"，那么这个量表不计分。ECI 是一个 360 度评价工具，为了有效地测评一个人的情商，必须让受测者自己以及熟悉其在一系列背景下有何种表现的四五个同事填写问卷。

　　现有证据表明，利用在一次国际会议期间调查 4000 多个管理者收集到的数据开发出来的 ECI2，具有相当好的心理测量属性（Wolff & Hay Group, 2005）。所有量表的他评得分内部一致性系数平均值超过了合格线 0.7，而自评得分内部一致性系数平均值只有 0.6。ECI 的重测信度也呈现了类似的模式，即自评得分信度不够，而他评得分信度较好。尽管在开发过程中使用了因素分析，但是因素分析的结果并没公布，所以尚不清楚 ECI 的因素结构。至于构想效度，像 EQ-i 和 TEIQue 一样，ECI 与认知能力测验低相关，相对人格测验没有多少增益效度，因为它与大五人格里的某些特质之间，特别是外倾性和宜人性，相关性相当高。至于效标效度，有研究表明，ECI 得分可以用来预测一系列职业的工作绩效，这些职业包括销售、消防、商业环境下的领导，以及垒球教练的输赢纪录。

Genos 情商问卷（Genos EI）

　　Genos EI（Gignac, 2008；Palmer et al., 2009）像 ECI 一样，是专门在职场背景下用于员工选拔和培养的情商测验，既有自评版，也有他评版。Genos EI 是斯威本大学情商测验（Swinburne University Emotional Intelligence Test，SUEIT）的修订版，两个工具都是 Con Stough 教授、Benjamin Palmer 博士和 Gilles Gignac 博士在澳大利亚开发的。Genos EI 的目的并不是测量情商，而是测评一个人有多常展现与高情商有关的 70 个职场行为，这 70 个职场行为分为 7 类：自我情绪觉察、情绪表达、他人情绪觉察、情绪推理、自我情绪管理、他人情绪管理和情绪自我控制。自我情绪觉察指感知、理解自己的情绪。情绪表达指有效表达自己的情绪。他人情绪觉察指感知、理解同事的情绪。情绪推理指在决策制订中利用情绪信息。自我情绪管理指管理自己的情绪。他人情绪管理指积极影响同事的情绪。情绪自我控制指控制自己强烈的个人情绪。Genos EI 的 70 道题都是简短陈述，每个陈述后面附有一个 5 点标尺（从 1 到 5，1 = 几乎从不，5 = 几乎总是），被评价者本人及其上司、同事要从中选择一个合适的数字作为答案。题目涉及一系列积极情绪和消极情绪。积极情绪包括满意、热情、乐观、兴奋、投入和动机高。消极情绪包括焦虑、愤怒、压力感、烦躁、沮丧、失望和没耐心。被评价者本人及其上司、同事在线填写 Genos EI 问卷，计算机在线生成给被评价者本人看的结果报告和给被评价者上司看的结果报告，结果报告的内容是被评价者有什么优势、有哪些发展机会，还附有自我发展建议，以及遵循建议有何好处。Genos EI 还开发出了 31 道题的简易版和 14 道题的超简易版。

Genos EI 各量表的内部一致性信度和重测信度都高于合格线 0.7。利用 4000 多个自评分数和 6000 多个他评分数针对题目进行的验证性因素分析，证实了七因素结构；针对量表的因素分析，证实了单因素结构。至于效标效度，目前为止有研究表明，Genos EI 与药品销售代表绩效相关，与女性管理者转换型领导分数相关。

现有情商测验各自的优缺点

特质取向和能力取向情商测验各有一些优缺点，其中有些颇值得一提（Roberts et al.，2008；Zeidner et al.，2008）。能力取向情商测验的主要优点是，它测量受测者加工情绪信息的能力的极限。在这个意义上，这样的测验类似于智商测验。而且，这样的测验的得分与智商测验的得分中等相关。长期来看，能力测验测得的情商，很有可能归入公认的智力层级模型（Carroll，1993）。

然而，能力取向情商测验也有缺点。第一，题目的正确答案不像智商测验题目的正确答案那样容易确定。确定题目正确答案的方式有几种，每种都有问题：有的把开发者或者专家组的看法作为确定正确答案的标准，有的把常模组大多数人的看法作为确定正确答案的标准。第二，对情商定义很窄，因此也许漏掉了这个概念的关键方面。这个缺点在那些测量情商部分技能的任务测验上体现得尤为明显。第三，综合能力取向情商测验太长，因此在有些背景下不适用。综合能力取向情商测验的另外一个问题是，在职场背景下用于员工选拔和培养时缺乏表面效度（或可信度）。

特质取向情商测验克服了能力取向情商测验的某些缺点。它的优点是，对情商定义较宽，容易开发、实施、计分，在职场背景下使用有较好的表面效度（这也许可以解释为什么曾经有一段时间出现了很多情商自陈问卷）。大多数较好的特质取向情商测验具有较好的信度、因素效度和效标效度。

特质取向情商测验的主要缺点是构想效度和增益效度有限。至于构想效度，它们与智商测验之间的相关性不高。因此，它们很有可能并不像大多数特殊智力测验一样，测量的是一般智力的一个方面，或者说某些特殊能力。情商测验要有好的构想效度，必须与智商测验具有中等相关。至于增益效度，很多特质取向情商测验与大五人格特质高度相关，对个人幸福感、（社会、学校和职业）适应等效标的预测力在大五人格测验的基础上并没增加多少。这是因为，情商测验里的果敢量表与大五人格测验的外倾性量表其实是一回事，情商测验里的压力管理量表与大五人格测验的神经质量表其实是一回事。在这个意义上，某些特质取向情商测验不过是"新瓶装旧酒"。

能力取向情商测验和特质取向情商测验还有一些共同的问题。二者对情商到底是什么缺乏共识。情商定义到底有多宽、情商到底是一般智力的一个方面还是一个人格特质，是有争议的。结果，能力取向情商测验与特质取向情商测验之间的相关性往往非常低。还有人假定：情商涉及外显知识和技能，这些外显知识和技能可以用任务测验和自陈问卷加以测评。然而，极有可能的是，情商涉及内隐知识和无意识信息加工，而对这些内隐知识和无意识信息加工，现有的情商模型并未阐述，现有的情商测验并未测评（Fiori，2009）。它也许涉及颇具选择性地展现（即在某些情境展现，在另外一些情境不展现）积极乐观偏差（第三章提到过），还涉及无意识地调用颇具创造性、灵活性和适应性的策略来利用情绪信息并管理自己和他人的情绪。我们都认识一些颇具"人际技巧"的人，这些人能得体、老练地处理复杂的人际情境，但并没充分意识到自己是如何做到的。情商测验应该测到这个内隐知识。另外一个问题是，情商领域的研究者都没利用复杂的心理测验开发程序（比如项目反应理论）来开发情商测验（Embretson & Reise，2000）。

积极的一面是，情商测评能力取向的倡导者和特质取向的倡导者一致同意：情商是个重要的多维度概念，是可以测量的，它的测量工具应该具有较好的信度和效度。他们还一致同意：情商测验得分应该与其他心理概念（包括认知能力和人格特质）之间呈现有意义的相关。他们还一致同意：情商有利于适应，因此情商测验得分应该与一系列领域（包括个人、社交、学习、工作）的良好适应之间存在相关性。

情绪能力的发展

Zeidner 等人（2009）的情商发展投资模型见图5.3。这个模型认为，情商的发展取决于三个因素的交互作用：

1. 由遗传决定、以生理为基础的气质性特征；
2. 通过规则学习获得的情绪能力；
3. 对情绪的自我意识和策略性调节。

模型的第一层（纵向），婴儿时期那些由遗传决定、以生理为基础的气质性特征（比如情绪性、社交性等）为随后的情商发展提供了平台。与平易型气质的婴儿相比，麻烦型气质的婴儿可能更难发展出高情商。情商的遗传度是有一些证据的。Vernon 等人（2008）开展了一个

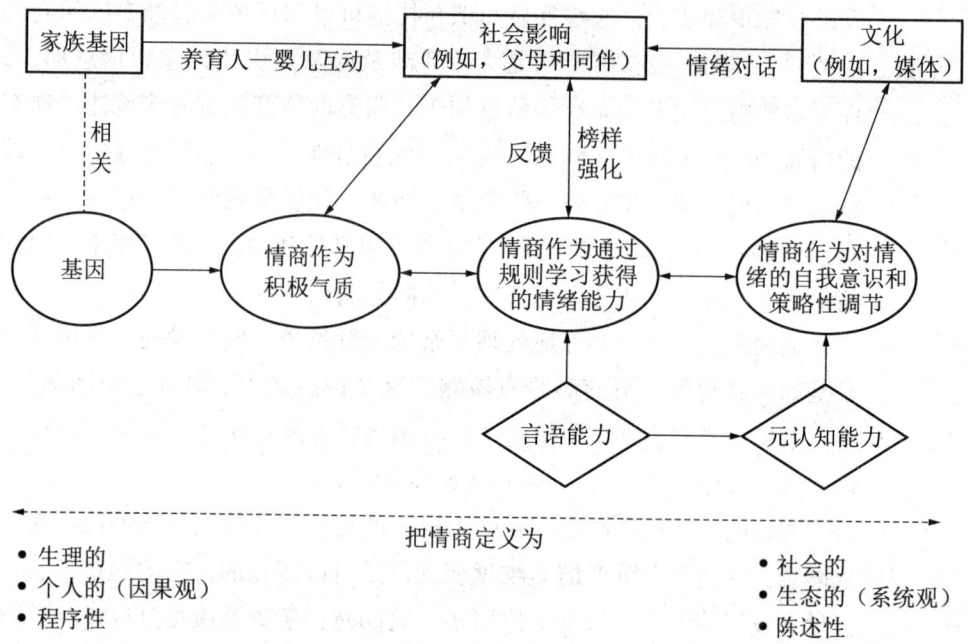

图 5.3 Zeidner、Matthews 和 Robert 的情商发展投资模型

家族研究和一个双生子研究，来观察遗传因素对 TEIQue 测量的情商的发展有何作用。他们发现：情商的总遗传度在 0.32~0.42。模型的第二层，在与父母或其他养育人的依恋关系中、在与同伴等人的互动中，通过榜样和强化之类过程，我们学习那些用于识别、理解、管理自己和他人情绪的规则。安全型依恋关系和言语技能的正常发展会促进这个过程，而不安全型依恋关系和言语技能发展迟滞会抑制这个过程。模型的第三层，通过父母、老师、同伴等人的教育和训练，通过媒体以及其他文化因素的影响，我们发展出对自己和他人情绪的自我意识和策略性调节。好的情商教练和角色榜样会促进这个过程的发展。从婴儿到成年，情商的基础渐渐从以生理因素为主转化为以社会因素为主。

情绪能力发展研究让我们看到，成年时期的情商可能存在哪些发展先兆。如表 5.2 所示，从婴儿时期到青少年时期，涉及情绪交流的情绪调节技能、情绪表达技能、情绪管理技能渐渐发展（Saarni, 1999, 2000; Saarni et al., 2008）。

表 5.2　情绪能力的发展

年龄	调节情绪	表达情绪	管理情感关系
婴儿期 0～1 岁	● 自我抚慰 ● 调节注意力，让养育人在他们痛苦悲伤时停下手中的事情来抚慰他们 ● 陷入困境时，仰仗养育人提供情绪支持	● 非言语情绪表达渐渐增加，用非言语情绪表达去回应各种刺激（包括自己控制之下的刺激和他人控制之下的刺激）	● 区分他人积极情绪与消极情绪的能力日益增强 ● 出现了轮流能力（反映在躲猫猫之类游戏中） ● 出现了社会参照
幼儿期 1～2 岁	● 越来越充分地意识到自己的情绪反应 ● 自主需要受到父母限制时，表现出烦躁	● 言语情绪表达渐渐增加 ● 增加了一些涉及自我意识和自我评价的情绪表达，例如骄傲或害羞	● 预测自己情绪反应的能力增强了 ● 表现出了初级共情 ● 表现出了利他行为
学前期 2～5 岁	● 利用语言（内心对话以及与人交流）来调节情绪体验	● 在游戏中戏弄别人或者遭人戏弄的时候，越来越能假装表达某种情绪	● 越来越能洞察别人的情绪 ● 意识到自己可以通过假装表达某种情绪来误导别人
童年前期 5～7 岁	● 调节涉及自我意识的情绪，比如尴尬 ● 从养育者那里得到了更多的情绪调节自主权	● 在同伴面前表现得"冷酷"	● 在处理自己和他人的情绪时，运用越来越多的社交技巧 ● 理解大家公认的情绪脚本
童年中期 7～10 岁	● 更喜欢自主地调节情绪状态，不喜欢像早先一样让养育者参与这个过程 ● 如果对情境没有控制力，就使用远离策略来管理情绪	● 越来越多地用情绪表达来调节人际关系的亲疏程度	● 开始意识到自己可能对同一个人怀有多种相互冲突的情绪 ● 利用有关自己和他人在不同场合有何情绪的信息和记忆来建立和维持友谊
青春期前 10～13 岁	● 越来越有效地使用多种策略来自主地调节情绪、管理压力	● 在亲密朋友面前展现真实情绪，在其他人面前伪装情绪	● 越来越了解社会角色和情绪脚本在建立和维持友谊中的作用

续表

年龄	调节情绪	表达情绪	管理情感关系
青春期 13 岁以上	• 日益意识到情绪的复杂性，例如因为愤怒而内疚，因为害怕而羞愧 • 越来越多地使用复杂策略来自主地调节情绪	• 使用自我展示策略进行印象管理	• 逐渐意识到相互坦露深层情绪在建立和维持友谊中的作用

婴儿期

在生命的第一年中，婴儿发展出初级的自我抚慰技能（比如打滚和吃奶）来调节情绪。他们还发展出注意力调节技能，这些技能使他们的养育人在他们痛苦悲伤时停下手中的事情来抚慰他们。陷入困境时，他们仰仗养育人提供情绪支持。在生命的第一年中，非言语情绪表达渐渐增加，婴儿用非言语情绪表达去回应各种刺激（包括自己控制之下的刺激和他人控制之下的刺激）。刚出生时，婴儿就能通过持续注意来表示兴趣，而对污秽的气味和味道表示厌恶。4 周时，婴儿就能在有人逗弄时通过微笑表示愉快。4 个月时，婴儿开始在有人拿走其磨牙玩具时表现出悲伤和愤怒。9 个月时，婴儿开始用面部表情反映自己对分离的恐惧。在生命的第一年，婴儿区分他人积极情绪与消极情绪的能力也日益增强。一旦发展出足以理解客体恒常性的认知技能，婴儿就出现了轮流能力，这反映在躲猫猫之类的游戏中。在 1 岁的最后阶段，婴儿的行为中也出现了社会参照，他们通过参照其养育人的情绪表达而学会了在一定情境中表达恰当的情绪。

幼儿期

在生命的第二年，初学走路的孩子越来越充分地意识到自己的情绪反应。当他们需要自主和探索，而父母又给予很多限制的时候，他们就会表现出烦躁。这种会烦躁的阶段通常被称作"可怕的 2 岁"。2 岁的时候，他们对情绪状态有了更多的言语表达，并且增加了一些涉及自我意识和自我评价的情绪表达，例如骄傲或害羞。之所以这样，是因为他们的认知能力发展到足以让他们开始思考别人对他们的看法了。在人际关系方面，他们在具体情境中预测自己情绪反应的能力增强了。他们表现出了初级共情和利他行为。

学前期

在学前期，即2~5岁，儿童逐渐学会利用语言来调节情绪。他们用内心对话以及与人交流来调节情绪体验。在这个阶段，在游戏中戏弄别人或者遭人戏弄的时候，儿童越来越能假装表达某种情绪。儿童也越来越能洞察别人的情绪。在这个阶段，儿童日益意识到，自己可以通过假装表达某种情绪来误导别人。在学前期，比较高级的共情和利他行为也发展出来了。

童年前期

儿童5~7岁通常在幼儿园度过，他们在这个阶段越来越能调节涉及自我意识的情绪，比如尴尬。他们还从养育者那里得到了更多的情绪调节自主权。在这个阶段，儿童在同伴面前表现得"冷酷"，在处理自己和他人的情绪时运用越来越多的社交技巧。在这个时期，儿童开始理解大家公认的情绪脚本，以及自己在这些情绪脚本中的角色。

童年中期

7~10岁是童年中期，在这个阶段，儿童更喜欢自主地调节情绪状态，不喜欢像早先一样让养育者参与这个过程。如果情境对情绪反应的要求比较苛刻，儿童达不到要求，那么儿童就会使用远离策略来管理情绪。另外，儿童越来越多地用情绪表达来调节人际关系的亲疏程度。儿童开始意识到，自己可能对同一个人怀有多种相互冲突的情绪，比如可能对自己喜欢的人发脾气。他们利用有关自己和他人在不同场合有何情绪的信息和记忆来建立和维持友谊。

青春期前

青春期前是指 10～13 岁，在这个阶段，儿童越来越有效地使用多种策略来自主地调节情绪、管理压力。他们在亲密朋友面前展现真实情绪，在其他人面前伪装情绪。他们越来越了解社会角色和情绪脚本在建立和维持友谊中的作用。

青春期

青春期是 13～20 岁，在这个阶段，青少年日益意识到情绪的复杂性，例如因为愤怒而内疚，因为害怕而羞愧。在青春期，年轻人越来越多地使用复杂策略来自主地调节情绪。这些自我调节策略越来越多地顾及道德原则、是非信念。然而，与此同时，他们越来越多地使用自我展示策略进行印象管理。青少年逐渐意识到相互坦露深层情绪在建立和维持友谊中的作用。

依恋与情绪能力的发展

情绪能力的发展最初发生在家庭背景下。与父母（或其他养育人）形成了安全依恋关系的儿童，也发展了情绪能力。如果父母善于发觉并积极回应孩子对安全的需要，那么孩子就会形成安全依恋模式。在这个过程中，孩子渐渐了解到，父母是个安全基地，倚靠这个安全基地，他们可以大胆地探索周围的世界。依恋理论的提出者 John Bowlby（1988）认为，6 个月到 3 岁的孩子在探索周围环境的过程中面临危险的时候，就会展现出那种由基因决定的、对物种生存至关重要的依恋行为，即努力亲近养育人。得到安慰后，孩子就会继续探索周围的环境。每次孩子觉察到危险，安全需要就被激活，养育人便给予回应（或者不予回应，甚至觉察不到）。重复多次之后，孩子就逐渐建立了一种依恋关系内部工作模型。内部工作模型是认知关系地图，它在早期依恋经历的基础上发展起来，充当日后发展亲密关系的模版。因为内部工作模型的存在，所以人们可以预测自己和重要他人在关系中有何表现。对母亲与孩子的实证研究表明，亲子依恋可以划分为四类（Cassidy & Shaver，2008）。最近对成人亲密关系的研究证实，这四类依恋风格在人的一生中表现出了连续性，成年时期的重要关系也可划分为对应的四类。还有证据表明，这些依恋风格也体现在家庭系统中（Carr，2006）。图5.4对这四类依恋风格进行了总结。

图5.4 儿童和成人四种依恋风格的特征

　　安全依恋型儿童或伴侣把父母或伴侣当做安全基地，倚靠这个安全基地大胆地探索周围的世界。这种依恋关系中的父母或伴侣对儿童或伴侣的需要敏感，并积极给予回应。安全依恋关系占主导地位的家庭适应性强，家人之间的连接是灵活的。安全依恋风格与自主性有关，而其他三种依恋风格与不安全感有关。焦虑依恋型儿童，与父母分离后急切寻找父母，但是找到父母后也不能得到安慰。他们黏着父母哭闹或者发脾气。属于这种依恋类型的伴侣，往往过分亲密但还是得不到满足。焦虑依恋关系占主导地位的家庭，家人之间边界模糊、相互纠缠。回避依恋型儿童与父母分离后回避父母。他们生气。属于这种依恋类型的伴侣，往往对伴侣冷漠、对关系不满。回避依恋关系占主导地位的家庭，家人之间边界分明、互不干涉。混乱依恋型儿童，与父母分离后，既有焦虑依恋型的表现又有回避依恋型的表现。儿童虐待、儿童忽视、早期没有父母陪伴，往往会造成混乱依恋风格。混乱型婚姻关系和家庭关系的特点是，充满靠近—回避冲突，令人困惑，时而黏腻，时而生气。安全依恋是韧性的核心特征，下一节会讨论韧性。

情绪能力和韧性

遭遇逆境时，一些孩子表现出很强的韧性，而一些孩子没有（Goldstein & Brooks, 2006）。没有韧性的孩子，一般是屡次遇到过自己应付不了的挑战、压力、困难和问题，在遭遇这一切的时候，又没有从主要依恋对象或者其他养育人那里得到社会支持，而且经常有一群行为出格的同伴。相比之下，遇到挑战、压力、困难和问题时，自己付出努力就能应付，孩子在遭遇这些困境的时候从主要依恋对象或者其他养育人那里得到了社会支持，而且没有什么行为出格的同伴，那么遭遇逆境就是一种锻炼，孩子的韧性就会增强。这有助于情商的发展。

情商的神经生理机制

那些要求脑损伤病人做出复杂社会判断的研究，有助于说明情商的神经生理机制。美国艾奥瓦大学（University of Iowa）的 Antonio Damasio 教授研究了双侧腹正中前额皮层受损病人的决策制定错误（Damasio, 1994；Bechara et al., 2000），之所以这样做是因为临床上观察到，以前适应良好的人，双侧腹正中前额皮层受损后，智商并没有明显的下降，但是为工作活动和人际关系做计划的能力明显下降了，这给他们带来了一系列损失，包括失去金钱、失去友谊、失去社会地位。考虑到这些临床观察，Damasio 开展了一系列实验：把有这种神经损伤的人作为实验组,把具有同等智商但没有脑损伤的人作为控制组,比较实验组和控制组在决策制定任务上的成绩。因此,成绩差异可以归于腹正中前额皮层的功能。

这些实验评价决策制定行为的工具是艾奥瓦博弈任务。这个任务要求参与者从四叠牌(A叠、B叠、C叠、D叠)中随便选一叠从中抽牌,赢取尽可能多的虚拟货币。从A叠或B叠中抽牌,每抽到一张赢牌就得到100美元,每抽到一张输牌就失去350美元;从C叠或D叠中抽牌,每抽到一张赢牌就得到50美元,每抽到一张输牌就失去250美元。这些规则并没告诉参与者,还有一点没有告诉参与者的是,不管从哪叠牌中抽牌,一共有100次抽牌机会。控制组参与者发现,从C叠和D叠中抽牌是最佳策略,因为尽管每抽到一张赢牌得到的钱相对较少,但是每抽到一张输牌失去的钱并不多(只有250美元)。而实验组参与者大多从A叠和B叠中抽牌,这样抽牌,每抽到一张赢牌就能得到100美元,但是他们没有学习到,这种短期收益很容易就被巨大的长期损失(每抽到一张输牌就失去350美元)抵消掉。这样,双侧腹正中前额皮层受损的病人在执行这种任务时表现出的决策模式,类似于他们在日常生活中的决策模式。他们总是根据短期收益做决策,不考虑长期下来可能遭受更大损失,在那些长期损失信息不明确、必须依赖直觉的情境下尤其如此。

这些实验测量了抽牌之前的皮电反应(skin conductance responses, SCR)——预期生理唤醒或"直觉"的一个指标。正常参与者随着实验的进行表现出了更多的预期SCR。而且,他们从风险叠(A叠和B叠)抽牌时的SCR反应强于从安全叠(C叠和D叠)抽牌时的SCR反应。因此,正常参与者变得对四叠牌更有经验,他们的"直觉"指导了他们的决策制定,让他们回避了风险叠(A叠和B叠)。相比之下,双侧腹正中前额皮层受损的病人并没产生预期SCR,所以他们的决策制定并没受"直觉"的指导。这些结果表明:在风险信息不明确的复杂情境中,预期情绪反应可以指导人们有效地做决策。

预期情绪反应指导决策制定,是否只发生在人们充分意识到它们的时候?为了弄清这一点,研究者在一个博弈任务研究中,让参与者每抽10次牌就说说对从各叠牌抽牌的收益损失情况有何想法。这个研究发现:

正常参与者在明确意识到 A 叠和 B 叠风险更大之前，从 A 叠和 B 叠抽牌时的 SCR 反应就强于从 C 叠和 D 叠抽牌时的 SCR 反应；而双侧腹正中前额皮层受损的病人在明确意识到 A 叠和 B 叠风险更大之后，仍然没有表现出预期的 SCR 反应，继续偏爱从 A 叠和 B 叠抽牌。这些结果表明：在复杂情境中，指导有效决策制定的是无意识的预期情绪反应。

Damasio（1994）指出，腹正中前额皮层属于一个神经网络，这个神经网络涉及杏仁核、躯体感觉或脑岛皮质以及来自感觉器官的神经投射。Damasio 及其团队做了一系列研究，比较了三组脑损伤病人的反应，各组的脑损伤分别是：（1）双侧腹正中前额皮层受损；（2）双侧杏仁核受损；（3）右躯体感觉或脑岛皮质受损。他发现，三种损伤都导致病人不能产生预期 SCR 反应，不能学会在博弈任务中选择安全的做法。若双侧杏仁核受损或者右躯体感觉或脑岛皮质受损，病人就很难判断面部表情传达的情绪的强度。只有双侧杏仁核受损的病人不能形成条件情绪反应。所谓条件情绪反应是指：一个本身不能引起情绪反应的条件刺激（CS，比如蓝色方块）与一个本身能引起情绪反应的非条件刺激（UCS，比如吓人的声音）一起出现多次后，CS 单独出现也能引起情绪反应（指标就是 SCR）。只有右躯体感觉或脑岛皮质受损的病人不能在回想令人高兴、令人害怕或令人生气的情境时重新体验情绪。

根据这些研究结果，我们可以暂时下结论说，杏仁核受损就不能有效地做决策，其背后的机制也许是杏仁核受损，病人就不能形成条件情绪反应，也就体会不到刺激的情绪含义，进而就不能有效地做决策；右躯体感觉或脑岛皮质受损就不能有效地做决策，也许是因为不能记住与事件有关的情绪；双侧腹正中前额皮层受损就不能有效地做决策，也许是因为不能抑制本该抑制的反应。因此，他们很难形成高级条件化反应——在高级条件化程序里，条件刺激与非条件刺激相距很远，或者条件刺激非常抽象。

Damasio 的研究是情商神经生理机制研究方面的先驱，在这些研究的基础上，最近又出现了更多的研究。Krueger 等人（2009）用 MSCEIT 测量了头部受伤的越战退伍老兵后发现：腹正中前额皮层受损的人，对情绪信息的理解和管理能力下降；背外侧前额皮层受损的人，对情绪信息的感知和整合能力下降。Reis 等人（2007）用 fMRI 研究了 16 个成人后发现：做 MSCEIT 时，最活跃的脑区是左前额极区和左前颞区。Van Overwalle（2009）对 200 个 fMRI 研究做了元分析后发现，情绪判断以及积极、消极情绪体验会激活内侧前额皮层的背侧、腹侧和上侧。现有证据表明，情商活动需要涉及杏仁核、右躯体感觉或脑岛皮质和前额皮层的神经网络有效地工作。

训练经历和创伤经历可能会改变这个神经网络的工作有效性。Joseph LeDoux（1996）已经得到的证据表明：杏仁核可以脱离前额皮层独立工作，储存在杏仁核的情绪事件记忆可以引导决策制定，而无须前额皮层的参与。切除了听觉皮层的老鼠能对音符形成条件化恐惧——首先同时呈现一个电刺激（UCS）和一个音符（CS）多次，然后单独呈现这个音符（CS），看看是否引起恐惧反应。LeDoux 认为，海马负责记忆事件的事实信息，而杏仁核负责记忆事件的情绪信息。海马让我们记住大学的考场在哪里，而杏仁核让我们记住考试引发的焦虑。在紧急情况或压力情境下，我们的感知和反应不是由海马控制，而是由杏仁核控制。

从进化角度看，人类大脑的底层——脑干，在结构上类似于早期的物种，比如爬行动物；上一层是边缘系统，在结构上类似于早期的哺乳动物；再上一层是薄薄的哺乳类皮层，在结构上类似于高级哺乳动物；最高层——巨大的新皮层，是人类独有的。杏仁核是边缘系统的一部分，面对紧急情况或者面对那些让我们记起强烈情绪性经历的线索时，我们的反应就像早期的哺乳动物一样。腹正中前额皮层位于人类独有的那层脑区，正是它让我们理性地处理情绪情境。

我们在紧急情况下或者在记起强烈情绪性经历时，绕过理性脑，像早期哺乳动物一样做出反应，既有好处也有坏处。好处是，新情境的微妙信号可以不需前额皮层或意识的参与，而让杏仁核记起过去涉及相似信号的紧急情况，激活强烈的情绪记忆，启动迅速的反应，保护我们免受伤害。例如，汽车挡风玻璃上的反光落在边缘视野，可以让司机迅速倒车避免相撞，而不用首先权衡这样做的利弊。坏处是，储存在杏仁核的记忆所引发的迅速而强烈的情绪反应有时可能非常不恰当。例如，一个年轻的父亲告诉我，第一次闻到妻子的奶水味，他有一种强烈的愤怒。

他不知道这是为什么，但是后来从哥哥姐姐那里了解到，在他的哺乳期，他的妈妈突然生病了，之后他就吃不到母乳，只能用奶瓶喝奶，他闹了很长一段时间才适应奶瓶。这个年轻的父亲与妻子的感情很好，也很爱自己的孩子，从这一点来看，他的强烈愤怒是难以理解的。但是，哺乳期间母亲消失，代之以奶瓶，与这个事件有关的愤怒记在了他的杏仁核里。这个情绪记忆，因为意义重大，所以没有前额皮层的参与就被激活了。情商高的人很有可能知道这种情绪反应的可能性，能够预测自己和他人的这种情绪反应并加以避免或矫正。在心理治疗中，人们会学习识别并矫正这种情绪反应。

一般智力研究用脑电图（electroencephalogram，EEG）技术表明，与智商较低的人相比，智商较高的人在解决问题时大脑活动水平较低，因此更有效率（Neubauer & Flink，2009a）。运用这个范式，有研究发现，情商较高的人解决情绪问题所需的大脑活动水平较低，因此更有效率（Jausovec & Jausovec，2005；Jausovec et al.，2001）。也有fMRI证据表明，这个"更有效率"体现在Damasio确认出的那些负责情绪信息加工的脑区（腹正中前额皮层、杏仁核和脑岛）。Killgore和Yurgelun-Todd（2007）对16个健康的青少年做了fMRI研究，在他们观看恐惧面孔期间扫描他们的大脑。其EQ-i得分与Damasio确认出的那些负责情绪信息加工的脑区以及其他边缘脑区的活动水平之间存在显著的负相关。这些发现表明，EQ-i测量的情商与腹正中前额皮层、杏仁核和脑岛加工情绪信息的效率有关。

情商问答

最近的研究解答了情商方面的很多关键问题。比如，特质取向情商测验与能力取向情商测验之间有何关系？特质取向情商测验、能力取向情商测验与智商测验、大五人格测验之间有何关系？情商与重要效标（比如工作绩效）之间的相关性有多强？为了给这些问题提供明确的答案，陆续有人做了一些元分析，这些元分析整合了很多研究的发现，涉及了几千个案例（Harms & Credé，2010；Joseph & Newman，2010；

Schutte et al.，2007；Trentacosta & Fine，2010；Van Rooy & Viswesvaran，2004；Van Rooy et al.，2005）。除非另有说明，否则下面的结论都来自这些元分析研究中最一致的发现（Joseph & Newman，2010）。

特质取向情商测验与能力取向情商测验有何关系？

特质取向自陈式情商测验得分与能力取向任务式情商测验得分之间的相关性较低（$r = 0.26$）。这是因为：（1）特质取向情商测验测量典型表现，而能力取向情商测验测量最佳表现；（2）特质取向对情商的定义比较宽，而能力取向对情商的定义比较窄。

特质取向情商测验、能力取向情商测验与智商测验、大五人格测验有何关系？

与特质取向情商测验相比，能力取向情商测验得分与智商测验以及其他认知能力测验得分之间的相关性更高（$r = 0.11$ 对 $r = 0.25$）。与能力取向情商测验相比，特质取向情商测验得分与大五人格测验得分之间的相关性更高（$r = 0.13 \sim 0.29$ 对 $r = 0.29 \sim 0.53$）。这表明，能力取向情商测验测量的是一般智力的一个方面，而特质取向情商测验测量的是人格的一个方面。

情商与工作绩效有何关系？

总体而言，与能力取向情商测验相比，特质取向情商测验的得分与工作绩效之间的相关性更高（$r = 0.18$ 对 $r = 0.47$）。总体而言，涉及大量情绪劳动的工作与涉及少量情绪劳动的工作相比，不管是能力取向情商测验还是特质取向情商测验，其得分与工作绩效之间的相关都更高（$r = 0.24 \sim 0.59$ 对 $r = 0.01 \sim 0.43$）。这里的情绪劳动指识别并管理自己和他人的情绪。这一发现表明，情商高特别有利于人们从事那种以复杂方式与同事、顾客和客户打交道的工作，比如销售、领导、顾问。相比之下，科学家、机械师和工厂工人的工作涉及少量情绪劳动，高情商对他们的工作并不是特别有利。

对工作绩效而言，情商比智商更重要？

总体而言，与智商测验之类的认知能力测验相比，（不管是能力取向还是特质取向的）情商测验得分与工作绩效之间的相关性并没高多少（$r = 0.44$ 对 $r = 0.18 \sim 0.47$）。这一点并不符合 Goleman 在其畅销书《情商：为什么比智商更重要》中的说法。而且，对涉及大量情绪劳动的工作而言，与认知能力测验相比，（不管是能力取向还是特质取向的）情商测验得分与工作绩效之间的相关性并没高多少（$r = 0.37$ 对 $r = 0.24 \sim 0.59$）。

对工作绩效而言，情商比大五人格更重要？

总体而言，与大五人格当中的任何一个特质相比，（不管是能力取向还是特质取向的）情商测验得分与工作绩效之间的相关性更高（$r = 0.06 \sim 0.21$ 对 $r = 0.18 \sim 0.47$）。此外，对涉及大量情绪劳动的工作而言，与大五人格当中的每个特质相比，（不管是能力取向还是特质取向的）情商测验得分与工作绩效之间的相关性都更高（$r = 0.09 \sim 0.20$ 对 $r = 0.24 \sim 0.59$）。

情商、智商、大五人格对工作绩效有何贡献？

Joseph 和 Newman（2010）在广泛的元分析中发现了支持图 5.5 所示模型的证据。这个模型假定，Mayer 及其同事（2008）提出的情商模型里有三个分支影响工作绩效，这三个分支是：情绪调节（控制积极、消极情绪的体验表达程度）、情绪理解（理解自己和他人的情绪）、情绪感知（感知自己和他人的情绪）。最直接影响工作绩效的是情绪调节。然而，这个模型还假定，情绪调节受情绪理解的影响，情绪理解受情绪感知的影响。情商这三个影响工作绩效的分支（调节、理解、感知），还受智商或认知能力以及大五人格中的两个特质责任心和情绪稳定性（或低神经质）的影响。责任心影响情绪感知，因为责任心强的人擅长觉察个人情绪和冲动并加以控制。认知能力影响情绪理解，因为聪明的人擅长理解复杂情绪。情绪稳定性影响情绪调节，因为情绪稳定的人情绪调节能力强。这个模型还假定，认知能力、责任心、情绪稳定性直接影响工作绩效，还通过影响情商的分支来影响工作绩效。Joseph 和 Newman（2010）的阶梯式渗透模型首次尝试整合了情商、认知能力和人格特质对工作绩效影响方面的理论框架和实证证据。

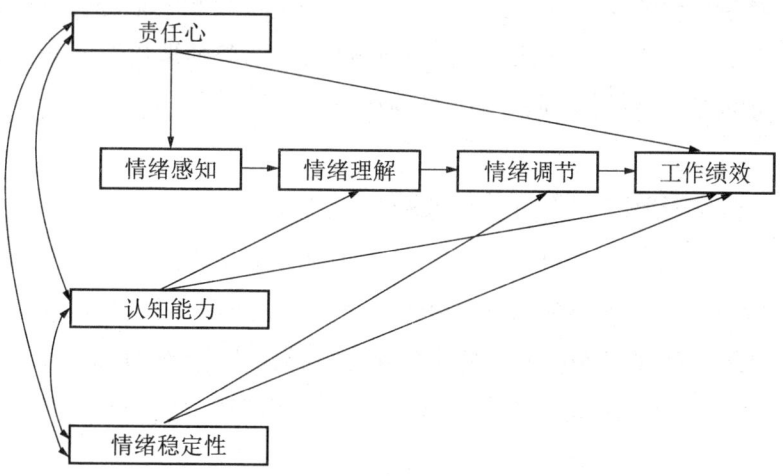

图 5.5　Joseph 和 Newman 的情商与工作绩效阶梯式渗透模型

有效的领导者情商高？

Harms 和 Credé（2010）在一个涉及 62 个独立样本的元分析中发现，情商与转换型领导以及其他高效领导行为显著相关。与能力取向情商测验相比，特质取向情商测验得分与领导力之间的相关性更强。

情商影响幸福感吗？

研究发现，能力取向情商测验（比如 MSCEIT）并非总是与主观幸福感问卷得分显著相关（e.g., Zeidner & Olnick-Shemesh, 2010）。相比之下，大多数研究发现，特质取向情商测验（比如 MSCEIT）与主观幸福感问卷得分相关，即使控制了大五人格特质的效应后也是如此（e.g., Petrides et al., 2007）。

情商影响健康吗？

Schutte 等人（2007）在一个涉及 7000 多个案例的元分析中发现，情商与健康之间存在正相关。情商既与心理健康相关（$r = 0.29$），也与身体健康相关（$r = 0.22$），还与心身健康相关（以长期疲劳等状况作为指标，$r = 0.31$）。与能力取向情商测验相比，特质取向情商测验得分与心理健康测验得分之间的相关性高很多。

情商影响儿童的适应吗？

Trentacosta 和 Fine（2010）开展了一个元分析，这个元分析综合了 63 个研究，涉及 5000 多个儿童，这些儿童都做过能力取向部分情商技能测验，比如 DANVA。他们发现，情商与社交能力之间的相关性较低（$r = 0.22$），情商与内化、外化行为问题之间的相关性较低（$r = 0.17$）。

能力取向测验所测情商影响同伴关系、家庭关系、婚姻关系的质量吗？

情绪蕴含了有关人际关系性质如何的信息，能够利用这个信息调节自己和他人的情绪状态，就能提高人际关系的质量。因此，我们可以预期情商与社会功能之间存在相关性。Mayer 等人（2008）综合了多个研究后得出结论：具体能力取向情商测验得分、MSCEIT 及其前身 MEIS 得分，与社会功能的一系列指标之间存在相关性。这些指标包括儿童、成人社交能力及家庭关系质量。Casey 等人（2010）回顾了大量实证研究和理论文献后得出结论：对于过了青春期的情侣，双方情商都高，则关系满意度更高。这也许是因为，情商高的人选择情商高的人做伴侣。这也许还因为，情商高的人更擅长感知、理解自己和伴侣的情绪，并利用这些信息改善关系，解决关系中的问题，调节情绪以获得最大程度的关系满意度。

提高情商

学校里、职场里出现了很多据称能够提高情商的项目（Bar-On et al.，2007）。对这些项目效果的实证调查正处于早期发展阶段。

在学校提高情商

儿童和青少年教育领域的一个发展迅速的运动——社会情绪学习（Social and Emotional Learning，SEL），对提高情商特别有用（Zins et al.，2007）。这是因为，SEL 的目的就是传授情商的核心技能。在 SEL 项目里，儿童和青少年学习识别并监控自己和他人的情绪。他们还学习理解情绪，弄清情绪对思考和行为有何影响。他们学习那些控制自己情绪和冲动的技巧，以更好地控制自己的感受。他们学习沟通技巧、果敢技巧、观点采择技巧和共情技巧，以更有效地与他人互动，即与他人互动时既考虑他人的观点又捍卫自己的权利。SEL 项目也传授问题解决技巧、决策制定技巧和冲突解决技巧。有证据表明，这样的项目是有效的。Payton 等人（2008）连续做了三个元分析——这些元分析一共包括 317 个研究，涉及 300000 多个儿童——最后得出结论：不论是在校内还是校外，不论是对有行为情绪问题的学生还是对无行为情绪问题的学生，不论学生来自哪个种族，也不论学生是来自城市、郊区还是乡村，SEL 项目都是有效的。这些 SEL 项目提高了学生的情绪技巧、社交技巧和学习成绩，还减轻了行为问题和情绪问题。

在职场提高情商

自从 Goleman 出版《情商：为什么比智商更重要》以来，就不断有人开发出用来提高员工情商进而提高组织盈利能力的培训项目。这些项目很少有严格控制的研究评价过，所以其有效性目前大都不太清楚

(Jordan et al., 2007, 2009)。

组织情商研究集团（Consortium for Research on Emotional Intelligence in Organization）提出的一些指导方针，目前代表着在职场提高情商的最佳实践（Cherniss et al., 1998）。这些方针是在综合了所有有关培训与发展的研究文献后提出来的。评估组织的需要，具体方法如下：确定对高绩效非常重要的情商胜任力，确保待发展的胜任力符合组织的文化。这些胜任力包括各种感知、理解、运用和管理情绪的技能。评估每个工作岗位所需的情商胜任力。开展员工测评，给予反馈时要选在安全的、支持性的环境里，以令阻抗和防御最小化。允许员工自行决定是否参加情商培训，邀请员工自行设置目标。鼓励员工参加培训和组织发展活动。把培训目标与员工的个人价值观结合起来，增强员工的改变动机。促进员工形成积极的、现实的期望，具体方法是：向他们指出，社会、情绪胜任力是可以提高的。评估员工是否为培训做好了准备，把让员工做好准备作为干预焦点。促进培训师与员工形成积极关系，鼓励自我指导式学习。设置清晰的目标，把目标分解成一个个更易实现的小目标。用录像或真人示范如何在工作情境中运用情商胜任力。用生动的体验方法帮助员工学习情商胜任力。提供练习新技能的机会，定期就技能获得和目标达成情况给予反馈。鼓励员工在整个培训过程中结成团体，互相帮助。提高员工的洞察力，帮助员工理解自己的想法、感受和行为对自己和他人有什么影响。引导员工不把错误视作失败，而是视作改进情商技能的机会。鼓励员工在工作中运用情商技能。营造一种文化，支持新技能的学习。评价情商开发项目的有效性，具体方法是：在培训之前、培训之后进行测评，还要在项目结束后进行几次追踪测评，不仅要测评情商技能，而且要测评工作绩效和职业适应，比如缺勤。

提高你自己的情商

认知行为治疗领域的实证研究表明，在情商提高项目中纳入自我监控、自我调节、沟通和问题解决技巧的培训是有益的（Carr, 2009a）。

自我监控提高情绪意识

自我监控能够促进对情绪、引发情绪的情境以及与情绪相伴的想法和信念的觉察。自我监控训练的方法是写心情日记。日记包括下列内容：

- 活动（**Activity**）：导致情绪变化的活动；
- 信念（**Beliefs**）：导致情绪变化的信念；
- 结果（**Consequent**）：在一个10点量表上描述情绪的变化情况。

回顾这些日记就可以看出，导致心情变差的，大部分是信念，或者说是对事件的诠释。

自我调节管理令人痛苦的情绪

认知行为流派已经有了很多调节抑郁、焦虑和愤怒的成熟做法。利用上面列出的自我监控训练，我们可以意识到自己在什么情境下可能出现抑郁、焦虑和愤怒，以及在这些情境下自己相应地有什么信念。

要避免抑郁，就应回避让你痛苦的情境；如果无法回避，就把注意力集中到情境不令你痛苦的方面；如果这样也不行，就果敢地要求那些让你痛苦的人改变行为方式。果敢的关键是清楚地说出自己的意见，具体方法是：不带情绪地准确描述有问题的情境，不加指责地说出这个情境给你造成的麻烦，明确说出你希望对方怎么做，例如："我想按时完成这些报告，但是你那部分晚了，我担心报告不能在截止日期之前完成。我希望以后你可以在我们说定的时间给我你的那部分。"如果你已经开始觉得抑郁，那么就要挑战那些悲观主义和完美主义想法，寻找证据来支持自己尽可能乐观地解释所处情境。定期锻炼身体，做那些让你觉得刺激和愉快的事情，让自己变得活跃一些。经常见见亲朋好友，从他们那里获得社会支持。

对于焦虑，自我调节的关键是挑战那些杞人忧天的想法，寻找证据说服自己情况其实没有那么糟。实地进入令你害怕的情境，在那里一直待到你的焦虑消失为止，这样可以锻炼你的勇气。接受这些挑战时，请亲朋好友给你支持和鼓励。接受这些挑战前，认真做好准备工作，学习一些应对技巧，比如做放松练习、听令人静心的音乐等。

对于愤怒，要运用自我监控练习弄清哪类情境容易让你愤怒，以回避这类情境；如果无法回避，就把注意力集中到情境中不令人讨厌的方面；如果还不行，严正请求那些惹你生气的人改变行为方式。如果你已经开始觉得生气，那么就离开让你生气的情境，降低你的生理唤醒水平。这样你才能有效地思考。当强烈的愤怒、恐惧或兴奋让我们处于高唤醒状态，我们就没法有效地思考。然后，要尽量倾听别人的观点，也许你会发现其中没有任何值得你动怒的地方。如果确实有，那么平静下来后你会更有可能找到更具建设性的交涉方式。这通常涉及使用下面列出的问题解决技能。

沟通

沟通技能对共情、理解他人的想法、为解决人际问题奠定基础非常重要。为了提高这些技能，我们需要安排专门的时间和地点，练习那些运用这些技能的谈话。所谓安排专门的时间和地点，就是要做到没有压力、没有干扰。一次只讨论一个问题。讲话要轮流着来，而且要简洁。要告诉对方，你希望知道对方对某个问题的看法。要认真倾听对方表达意见。如果对方的观点不是非常明确，那就让对方再详细地说一说。然后，把你听到的东西简要地总结一下，与对方核对一下，看你理解得对不对。如果有不对之处，那么倾听对方提出异议，继续总结、核对、矫正，直至把对方的观点完全弄清楚。在整个过程中，只倾听，别评判，集中注意力记住对方说的话。倾听的时候，要暂时保留自己的观点和情绪。要避免把消极意图归结到对方身上，组织语言，在捍卫自己观点的同时不打断或抨击对方。当你准确理解了对方对情境的看法，你就实现了共情。

弄清了对方的观点之后，就可以邀请对方听听你对问题的看法。在说之前，要想清楚自己想表达什么，并加以条理化，然后清楚地表达出来，检查对方是否理解了你的意思。说的时候，要像前面一样，不带情绪，不加指责，准确、清楚地阐明自己的意见，例如："今天早些时候你我之间发生的事情，让我觉得困惑。"当你确定对方已经完全明白你的意思，给对方时间做出回复。

一次明确的交流，能让双方了解并理解彼此的观点，找出意见相同之处和意见不同之处，这为解决人际问题铺好了道路。

问题解决

通常，当我们和别人合作解决一个问题、实现一个目标或者完成一个任务，我们需要运用沟通技能来实现相互的理解和移情。然而，我们也需要运用问题解决技能来制订并实施有效的联合行动计划。首先，安排专门的时间和地点，做到没有压力、没有干扰。然后，把模糊的大问题分解成很多明确的小问题。用有利于问题解决的方式定义这些小问题。提出各种可能的解决方案，越多越好，不加评判。然后，分析每个解决方案的利与弊、成本与收益，然后选择最好的一个。就这个最佳解决方案制订具体的行动计划，要排出时间进度表，以便实时评价计划实施的进展情况。完成计划后，评价你是否实现了事先设定的目标。如果问题仍然没有解决，要确定为什么这种解决方案没有效果，然后重复以上过程。当问题给你带来了挫折感，为了避免不必要的麻烦，你要向合作伙伴说明，你的坏心情是针对问题而不是针对某个人。要与合作者共同承担解决问题的责任。在设想出所有可能的解决方案之前，不要逐个权衡利弊。等你解决了问题，再庆祝成功吧。

相关概念

情商和心理学的其他很多概念有关，例如自我力量（Block & Block，1980）、建设性思维（Epstein，1998）、顽强性（Kobasa，1979）与心理一致感（Antonovsky，1993）。除此之外，另外一些与情商有关的概念也特别值得一提，包括：实践性智力（Wagner，2000）、自闭症谱系障碍（Volkmar et al.，2005）、Costa & McCrae 五因素人格模型中的经验开放性（McCrae，2008）、文献中用于描述是否适合心理动力学治疗的术语心理感受性（McCallum & Piper，1997，2000）、身心疾病研究中的述情障碍（Taylor & Bagby，2000）、情绪创造力（Averill，2000，2009；Averill & Nunley，1992）。

实践性智力

传统智力测验测量的是学术性智力,即用分析和记忆能力来解决言语、数字和视觉空间问题。与传统智力测验测量的学术性智力不同,实践性智力则是运用分析和记忆能力解决家庭、工作或休闲中出现的日常生活问题。人们利用实践性智力适应当前社会环境、改变或塑造当前社会环境,或者选择与自己更匹配的新的社会环境(Sternberg & Grigorenko, 2000; Wagner, 2000)。实践性智力包括认识问题的能力、定义问题的能力、形成对问题的心理表征的能力、形成问题解决方案的能力、调动资源执行问题解决方案的能力、监督方案执行以及评价方案有效性的能力。测量实践性智力,一个效度较好的测验是 Sternberg 三元能力测试(Triachric Ability Test; Sternberg, 1993)。学术性智力对解决界定明确、有唯一正确答案的问题很有用(比如做数学题),而实践性智力对解决界定模糊、有多种可能答案的问题很有用,比如帮助一个有药物滥用问题的朋友,或者用地图计划出一条好路线。通俗一点讲,实践性智力就是随机应变的市井智慧。

传统智力测验测评的学术性智力会随着年龄的增长而下降,但是实践性智力(像情商)却不会这样,中老年人通常比智商相近的年轻人有着更强的实践性智力。学术性智力下降,中老年人就会使用实践性智力去补偿。实践性智力的一个重要方面是内隐知识。内隐知识是解决日常生活问题所需的程序性知识(即有关如何做事情的知识),很难明确地传授,也很难用语言表达出来,它与具体环境有关,随着经验的增加而积累。有证据支持实践性智力和情商之间存在中等程度的相关,因为解决复杂的人际关系问题时两者都需要。根据 Sternberg(1993)的观点,成功智力涉及综合运用创造性智力、分析性智力和实践性智力应对人生挑战。

自闭症谱系障碍特质

患自闭症谱系障碍的人(其中不乏智商高的人),不能识别、加工有关他人情绪状态的信息并做出恰当反应,这些都意味着情商低在理论上与自闭症谱系障碍有一定的相似性。自闭症谱系障碍是一组病状的统称，这组病状最轻的是阿斯伯格综合症（某一方面智力超群而其他方面低能），最重的是自闭症。自闭症谱系障碍特质的特点是社会性发展异常、语言异常、行为异常（Volkmar et al.，2005）。婴儿时期首次出现的社会性发展异常包括：没有目光交流，不运用社会情绪姿势，社会关系中没有体现出互惠原则，有依恋问题（例如不能把父母当做安全基地），对同伴关系不感兴趣，没有共情，对与人分享积极情绪（比如自豪或快乐）不感兴趣。这类患者通常语言发展迟滞，可能还有很多其他异常。自闭症谱系障碍患者几乎无法围绕社会情绪话题进行长时间对话，并且在语言运用上缺乏创造力。自闭症谱系障碍患者在行为方面的特点是，有刻板行为，且只在有限的兴趣范围内有行为表现。他们有一套固定的行为方式，而且强烈需要维持这套行为方式，拒绝改变，从不考虑自己的行为对他人有何影响。他们几乎从不做想象游戏和假装游戏。自闭症谱系障碍患者的特征与智商测验测量的分析能力无关。大约75%的自闭症谱系障碍患者智商低于70，只有阿斯伯格综合症患者的智商是正常甚至超常的。遗传因素、孕期因素、围产期因素以及一些体质因素都与自闭症谱系障碍的病理有关，所以，需要大量开展针对情商和自闭症谱系障碍关系的研究。

经验开放性

经验开放性是大五人格模型的因素之一（第二章介绍过），与情商在理论上有一定的相似性（McCrae，2000）。开放性包括以下六个方面：幻想开放性、审美开放性、新感觉开放性、新行为开放性、新观点开放性、不同价值观开放性。与预期一样，研究表明，经验开放性与情商之间存在中等程度的相关。因此，真正重要的研究问题是，特质取向情商问卷测量的东西是否就是经验开放性的一些方面。

述情障碍

述情障碍（Alexithymia）是由精神分析学家 Sifneos 在 1973 年定义

的。这个名称来自希腊语：a = 缺乏，lexis = 字词，thymos = 情绪。在心理动力学治疗实践中发现，许多心身疾病患者很难识别、描述自己的情绪。另外，从他们的自我报告中可以看出，他们很少幻想，而且具有外部导向型认知风格。20 世纪 40 年代以来，其他临床医生在一些患有高血压、炎症性肠病、进食障碍、创伤后应激障碍或物质滥用等身心疾病的患者身上也观察到了类似的现象（Taylor & Bagby，2000）。目前，测评述情障碍最有效的的工具是 20 道题的多伦多述情障碍量表（Toronto Alexithymia Scale，TAS），它评估了三个方面：感觉鉴别障碍、感觉描述障碍和外部导向型思维（Bagby et al.，1994）。有充分证据表明，述情障碍与情商低强烈相关，与大五人格模型的经验开放性也强烈相关（Taylor & Bagby，2000；Taylor et al.，2000）。不出所料，已经有研究表明，TAS 的得分与 EQi 总分、维度分呈显著负相关，相关系数 $r = -0.7$。

心理感受性

心理感受性指对引起或源自某些体验的当前和过去的认知、情感和行为因素发生兴趣并去洞察和感悟的倾向。心理感受性强的人不会仅仅用当前的环境或生理因素解释自己的体验，而是愿意并容易接受复杂的心理学解释（McCallum & Piper，1997）。心理感受性和述情障碍在很多方面是相反的。测量心理感受性最有效的工具是心理感受性评估程序（Psychological Mindedness Assessment Procedure，PMAP）。测量过程如下：受测者看有关治疗师与来访者互动的两个情境模拟录像，每看完一个模拟情境就解释片中来访者的困扰原因；对受测者的解释进行评分，将其作为心理感受性的指标（例如，精神决定论、内心冲突和运用防御机制）。PMAP 有很好的评分者一致性信度，能够预测心理治疗的投入程度和治疗效果（McCallum & Piper，2000）。然而，心理感受性也有消极的一面。虽然有研究发现它与行为适应呈正相关，但是也有研究发现它与心理困扰呈正相关。心理感受性强的人比别人更明智，但也更悲观，因为他们的洞察力使他们看到了世界复杂的一面。例如，他们意识到了，爱在让人幸福的同时也让人有可能遭到抛弃，年轻时强壮意味着年老时衰弱，等等。

情绪创造力

James Averill 认为，具有情绪创造力的人能够拥有新颖的、有效的和本真的情绪体验（Averill，2000；Averill & Nunley，1992）。非传统、非典型的情绪反应是新颖的；表达了体验状态，让人了解了自己感受的情绪反应是有效的；源于自我而非社会期望的情绪反应是本真的。情绪创造力可以分为三个等级：第一，在新颖的情境中，本真而有效地表达普通情绪；第二，对普通情绪进行塑造以适应个人及团队的需求；第三，发展出全新的情绪反应方式。评估情绪创造力的个体差异，可以用情绪创造力量表（Emotional Creativity Inventory，ECI）。这个量表包括 30 道题，可以评估一定情境中情绪反应的新颖性、有效性和本真性。ECI 具有很好的信度和效度。它与自尊、大五人格理论中的经验开放性呈正相关，与外倾性、神经质则不相关。

情绪创造力模型是根据 Averill 分析情绪行为的框架发展而来的（见图 5.6）。Averill 认为，必须区分情绪反应（水平 4）和情绪状态（水平 5），比如：高兴地笑，高兴是情绪状态，笑是情绪反应；生气地打架，生气是情绪状态，打架是情绪反应。情境会限制情绪状态的情绪反应。与朋友喝啤酒时听到一个笑话，可以放声大笑。但是，如果是在工作场合听到这个笑话，就会笑得很斯文，此外，情绪反应包括行为成分（比如笑或打架）、认知成分（比如判断情境是好笑的或具有威胁性）、情感成分（比如在笑或打架那一刻的感受）和生理反应。情绪反应由情绪状态引起，同一情绪状态可能引起不同的情绪反应，具体引起什么情绪反应取决于情境的限制。情绪状态由情绪脚本（水平 3）决定，情绪脚本规定了情绪状态出现的初始条件（比如听到笑话或者生理唤醒水平提高）和情绪状态结束的终结条件（听到笑话后爆发了短暂的笑声，或者生理唤醒水平下降）。情绪脚本是事件状态，在日常语言中表示为抽象名词，比如高兴或愤怒。它们是用认知图式编码的社会角色，即各种情绪（比如高兴或愤怒）各自伴有什么行为和体验模式。社会角色规定了权利、

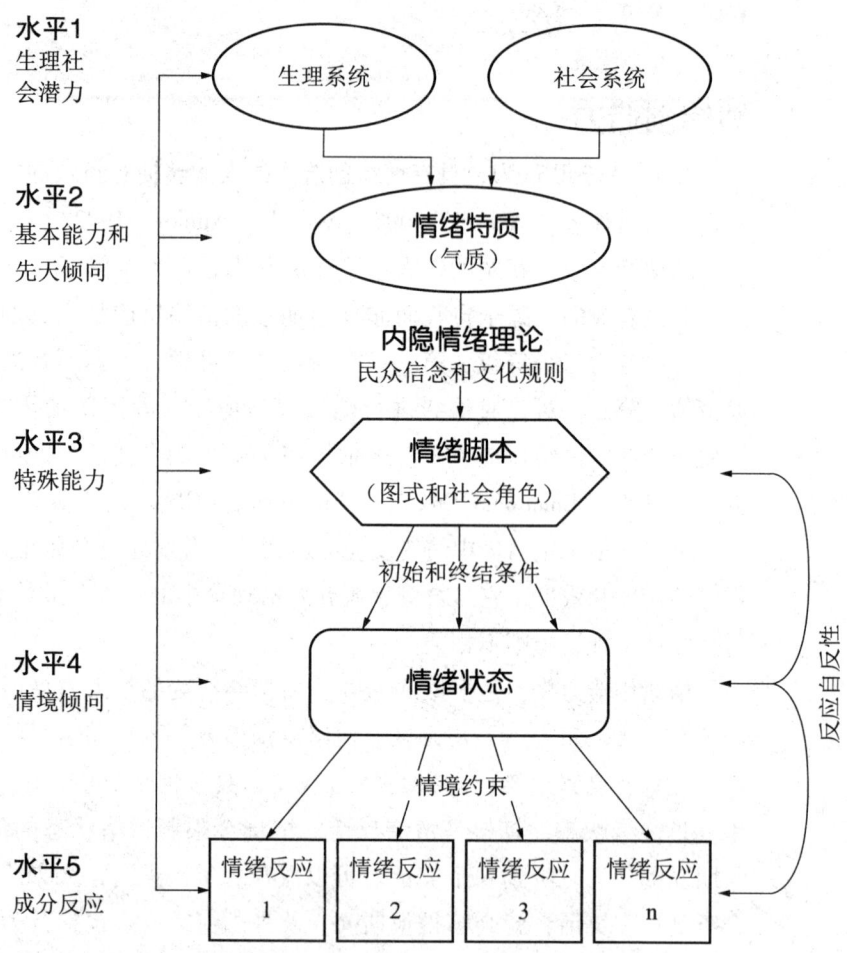

图5.6 情绪行为的分析框架

限制、义务和资格。例如，一个男人对一个未到上学年龄的孩子怀有父爱，就可以拥抱、亲吻孩子（权利），不能粗暴对待孩子（限制），应该满足孩子对爱的需要（义务），还必须首先是这个孩子的父亲（资格）。情绪脚本、社会角色和图式的细节来自内隐情绪理论。内隐情绪理论以民众信念和文化规则为基础。在这个意义上，所有情绪都是社会建构。对某个情绪脚本的体验程度，取决于情绪特质（水平2），比如外倾性和宜人性。情绪特质设定了情绪脚本在个人身上的体验极限。例如，外倾性水平高的人，更有可能体验到强烈的高兴。情绪特质由生理因素（比如基因）和社会因素（比如社会化）决定。这些生理和社会因素设定了情绪特质在个人身上的展现极限。

在某些情境中，这个模型里的某个或某些水平可能被绕过。例如，一个情境（比如在冰上滑倒）直接引发恐惧反应（尖叫），恐惧的情绪状态最开始就被绕过了。后来，当我们感知到了自己行为和生理上的恐惧反应，恐惧的情绪状态才出现。

这种类型的分析最初是由美国心理学家 William James（1842—1910）和丹麦医生 Carl Lange（1934—1900）在 James-Lange 情绪理论中提出的（1890）。在前面的分析中，我们假设，典型的影响方向是从水平 1 到水平 5，但在某些情境中，影响方向可能是相反的，这个过程在图 5.6 中叫做反应自反性。例如，情绪反应（比如控制不住地大笑）可以提升情绪状态（快乐），进而导致重评幸福情绪脚本的含义。

可以从情绪指向的三个客观的方面做出区分：鼓动、对象和目标（Averill, 1997）。鼓动就是被人们评价的情境。对象就是指情绪所指向的人或物。目标就是指情绪的目标。例如，如果格劳妮觉得很感恩迪米，因为他给了她一个称赞，鼓动就是指感知到的称赞，对象就是迪米，目标就是去深深地表达感恩。除了一些病态的情绪，比如广泛性焦虑、抑郁或狂躁，几乎所有情绪都有一个客观目标指向，并且不同的情绪是和不同的目标联系在一起的，例如：建立和维持关系同爱和感恩联系在一起，破坏关系则同不幸和伤心联系在一起，危险和威胁同气愤和焦虑联系在一起，等等。

同情绪有关的生理反应为与这些情绪有关的行为做好了机体上的准备，不管这种行为最终是否发生（Averill, 1997）。例如，心脏输出量的增加同生气有关，为打架状态做好了准备。与情绪类型相联系的生理反应模式各有不同，因为不同类型的情绪要求为不同类型的行为做好生理准备。例如，性唤起、恐惧和伤心有各自的生理反应模式，以分别为繁衍、逃避和悲恸做好准备。然而，在一些较宽泛的情绪类型中，几乎没有证据表明存在不同的生理反应模式。例如，愤怒和嫉妒的生理反应模式是很难区分开来的。

然而，并非所有情绪都与生理变化有关，生理变化并非情绪的本质。

例如，像爱和希望这些长期情绪可能不包含明显的生理反应，但是，像活力或兴奋这些短期情绪一般包含明显的生理变化。

独特、先天而普遍的面部表情已经确定出来了，但是这些并非始终如一地同高兴、吃惊、伤心、愤怒、厌恶或恐惧等基本情绪有关，Charles Darwin（1890）和 Eibl-Eibesfeldt（1975）先后提出了同一假设，他们两个人都记录了不同文化背景下的面部表情，而这些表情的意义是由文化决定的。

特定的神经生理构造是否和特定的情绪有联系，这个仍然有待验证（Gross，1999）。初步证据表明，一类情绪对应一个神经网络，所有类型的情绪好像都涉及杏仁核。

未来对情商及其相关概念的研究

从上述介绍可以看出，我们需要进一步研究情商与一些相关概念的关系，以确定情商概念的聚合效度和区分效度。

启示

表 5.3 总结了一些提高情商的自助策略，可以用于临床实践。

表 5.3　提高情商的策略

领域	策略
自我监控	• 写心情日记，记下导致情绪变化的活动和信念，在一个 10 点量表上描述情绪的变化情况。
自我调节	• 对于抑郁，要回避让你痛苦的情境，把注意力集中到情境中不令人痛苦的方面，严正请求那些让你痛苦的人改变行为方式，挑战那些悲观主义和完美主义想法，让自己变得活跃一些，寻求社会支持。
	• 对于焦虑，要挑战那些杞人忧天的想法，实地进入令你害怕的情境以锻炼勇气，运用应对技巧减轻焦虑。
	• 对于愤怒，要回避让你生气的情境，把注意力集中到情境不让你讨厌的方面，严正请求那些惹你生气的人改变行为方式，自己退一步，尝试换位思考。

续表

领域	策略
沟通	• **听的时候**，只倾听不判断。 • 保留自己的观点和情绪。 • 总结一下所听到的内容。 • 检查总结是否准确。 • **说之前**，想清楚自己想表达什么。 • 将观点条理化。 • 将观点清楚地表达出来。 • 确定对方已听明白自己的观点。 • 不带情绪，不加指责，准确、清楚地阐明自己的意见。 • 必要的时候重复一遍。
问题解决	• 把模糊的大问题分解成很多明确的小问题。 • 用有利于问题解决的方式定义问题。 • 对事不对人。 • 提出各种可能的解决方案，越多越好，不加评判。 • 分析每个解决方案的利与弊、成本与收益。 • 选择最好的一个解决方案。 • 执行解决方案。 • 评估进展情况。 • 必要的时候重复以上过程。 • 庆祝成功。
帮助孩子培养情商	• 善于挖掘并努力满足婴儿的照顾需要、控制需要和智力开发需要，因为这会促进安全依恋。 • 让孩子认识并讨论某些情境是如何导致某些想法进而导致某些情绪的，帮助孩子理解自己的情绪。 • 通过示范让孩子学会运用回避、转移、幽默和放松等应对策略；如果他们在具有威胁性或令人沮丧的情境里进行自我抚慰和自我调节，那么就应表扬他们。 • 让孩子讨论某些情境是如何让他人产生某些情绪的，让孩子练习换位思考，帮助孩子发展共情能力，即更好地理解他人的情绪。 • 通过示范和练习，帮助孩子学会合作解决问题的技巧。

争议

情商是个相对较新的领域，存在很多争议。有些人批评整个情商理念，比如 Locke (2005)。他认为，这个概念是无效的，一是因为它不是一种智力（记得吗？情商的直译是情绪智力），二是因为它的定义太广、太宽，没有确定含义。认为情商是个有效概念的人，分为至少两大派：一派把情商定义为一组能力，另外一派把情商定义为一组人格特质。第三个尚未解决的争议是：情商概念是否包含道德成分（Zeidner et al., 2008）。从理论角度来看，情商的定义是否应该包含道德行为，并抵制那些屈从于支持奴隶制度、种族隔离或纳粹主义的社会压力？另外一方面，这是否就是否认一些自恋的、马基雅维利主义的和精神错乱的人可能具有很高的情商技巧（即能够感知他人的情绪弱点），并运用这些技巧利用、操纵他人？尽管存有这些争议，但是情商的研究发现仍然对促进教育、组织和临床干预的发展有很大的潜力。正因为如此以及其他一些原因，情商概念非常重要。

总结

公众对情商的兴趣源于 1990 年 Daniel Goleman 的畅销书《情商：为什么比智商更重要》。在学术领域，有的研究者把情商定义为加工情绪信息所用到的一组能力，另外一些研究者把情商定义为一组人格特质。特质取向和能力取向各有一些优缺点，而两个取向的倡导者都同意：情商测验得分应该与其他心理概念（包括认知能力和人格特质）之间呈现有意义的相关，还应该与一系列领域（包括个人、社交、学习、工作）的良好适应之间存在相关性。Zeidner 等人的情商发展投资模型认为，情商的发展取决于三个因素的交互作用：

1. 由遗传决定、以生理为基础的气质性特征；
2. 通过规则学习获得的情绪能力；

3. 对情绪的自我意识和策略性调节。

情绪能力发展研究表明,从婴儿时期到成年时期,涉及情绪交流的情绪调节技能、情绪表达技能、情绪管理技能会渐渐发展。婴幼儿早期与养育人形成了安全依恋关系,后来情绪能力才能得到较好的发展。童年时期遭受压力,并不意味着情绪能力就不能发展良好。遭遇压力时从依恋对象那里获得了社会支持的儿童,更具韧性,在逆境面前更坚强。Antonio Damasio 研究脑损伤病人做复杂社会判断时所犯的错误,在很大程度上揭示了支撑情商的神经网络。这个神经网络包括:杏仁核、前额皮层、躯体感觉或脑岛皮质以及来自感觉器官的神经投射。

最近的研究表明:特质取向自陈式情商测验得分与能力取向任务式情商测验得分之间的相关性较低;与特质取向情商测验相比,能力取向情商测验得分与智商测验以及其他认知能力测验得分之间的相关性更高,与能力取向情商测验相比,特质取向情商测验得分与大五人格测验得分之间的相关性更高。总体而言,与能力取向情商测验相比,特质取向情商测验得分与工作绩效之间的相关性更高;总体而言,涉及大量情绪劳动的工作与涉及少量情绪劳动的工作相比,不管是能力取向情商测验还是特质取向情商测验,其得分与工作绩效之间的相关性都更高。总体而言,与大五人格当中任何一个特质相比,(不管是能力取向还是特质取向的)情商测验得分与工作绩效之间的相关性更高,但却比智商与工作绩效之间的相关性低。Joseph 和 Newman 的阶梯式渗透模型首次尝试整合了情商、认知能力和人格特质对工作绩效影响方面的理论框架和实证证据。该模型认为,情商的三个维度(调节、理解和感知)影响工作绩效,而这三个维度受智商、责任心和情绪稳定性的影响。

特质取向情商测验得分与幸福感问卷得分相关,但是并非所有研究都发现能力取向情商测验得分与幸福感问卷得分相关。情商与健康水平之间存在正相关,与人际关系质量之间也存在正相关。有关学校社会情绪学习项目的研究指出,这样的项目可以提高儿童和青少年的情商。尽管职场有很多提高情商的培训项目,但是没有什么证据说明这些项目是有效的,因为这方面的实证研究几乎没有。认知行为治疗领域的实证研究表明，向人们传授自我监控、自我调节、沟通和问题解决方面的技巧，可以帮助人们提高情商。

情商和心理学的其他很多概念有关，例如自我力量、建设性思维、顽强性、心理一致感、实践性智力、自闭症谱系障碍、经验开放性、心理感受性、述情障碍和情绪创造力。我们需要进一步研究情商与所有这些相关概念的关系，以确定情商概念的构想效度。情商概念的效度、情商最好是定义为能力还是特质、情商是否包含道德成分，都是存有争议的。

问题

个人发展问题

1. 试描述过去1个月中出现的某个情境，在这个情境中，你成功识别和管理了自己和他人的情绪。
2. 你可以识别出自己和他人的什么情绪？
3. 你用什么技巧去管理自己的情绪？
4. 你用什么技巧去管理他人的情绪？
5. 试描述过去1个月中出现的某个情境，在这个情境中，识别和管理自己和他人的情绪对你来说是很关键的，但是你没有做好。
6. 对你来说，自己或他人的什么情绪很难识别？
7. 为了更有效地管理自己的情绪，你会运用哪些技巧？
8. 你将采取什么措施来培养这些技巧？
9. 采取这些措施的成本和收益各是什么？
10. 尝试采取其中的某些措施，每采取一条措施之前、之后都用第一章提到的某个幸福感量表测测你自己，看看你的幸福感增强了没有。

研究问题

1. 设计并开展一个研究检验以下假设：情商与幸福之间存在显著相关。尝试解答情商的哪些方面解释的幸福变异最多？

2. 用"情商"做关键词，在 PsycINFO 上搜索过去几年的文章。找一个你感兴趣且容易复制和拓展的研究，重做一次。

拓展阅读

学术阅读

Bar-On, R., & Parker, J. (2000). *The handbook of emotional intelligence.* San Francisco, CA: Jossey-Bass.

Bar-On, R., Maree, J., & Elias, M. (2007). *Educating people to be emotionally intelligent.* Westport, CT: Praeger.

Hughes, M., Thompson, H., & Terrell, J. (2009). *Handbook for developing emotional and social intelligence: Best practices, case studies, and strategies.* San Francisco, CA: Pfeiffer/John Wiley.

Matthews, G., Zeidner, M., & Roberts, R. (2007). *The science of emotional intelligence. Knowns and unknowns.* Oxford: Oxford University Press.

Murphy, K. (2006). *A critique of emotional intelligence. What are the problems and how can they be fixed?* Mahwah, NJ: Lawrence Erlbaum.

Schulze, R., & Roberts, R. (2005). *Emotional intelligence: An international handbook.* Cambridge, MA: Hogrefe & Huber.

Stough, C., Saklofske, D., & Parker, J. (2009). *Assessing emotional intelligence. Theory, research and applications.* New York: Springer.

Zeidner, M., Matthews, G., & Roberts, R. (2009). *What we know about emotional intelligence. How it affects learning, work, relationships, and our mental health.* Cambridge, MA: MIT Press.

自助阅读

Caruso, D., & Slovery, P. (2004). *The emotionally intelligent manager: How to develop and use the four key emotional skills of leadership.* New York: Jossey Bass.

Goleman, D. (1995). *Emotional intelligence. Why it can matter more than IQ.* New York: Bantam.

Goleman, D. (1998). *Working with emotional intelligence.* New York: Bantam.

Gottman, J. (1998). *Raising an emotionally intelligent child.* New York: Simon & Schuster.

研究使用的测量工具

Bar-On, R. (1997). *BarOn Emotional Quotient Inventory (EQ-I): Technical manual.* Toronto: Multi-Health Systems. https://www.mhs.com/

Bar-On, R. (2002). *Bar-On Emotional Quotient Inventory: Short. Technical manual.* Toronto: Multi-Health Systems. https://www.mhs.com/

Bar-On, R., & Hadley, R. (2003). *Bar-On Emotional Quotient – 360. Technical manual.* Toronto: Multi-Health Systems. https://www.mhs.com/

Bar-On, R., & Parker, J. D. A. (2000). *Bar-On Emotional Quotient Inventory: Youth version. Technical manual.* Toronto: Multi-Health Systems. http://www.mhs.com/

Gignac, G. (2008). *Genos Emotional Intelligence Inventory. Technical manual.* Sydney: Genos Press. http://static.genosinternational.com/pdf/Genos_EI_tech_manual_online_sept26.pdf

Iowa Gambling Task – http://4.parinc.com/products/product.aspx?productID=IGT Used in Damasio's neurobiological studies of emotional intelligence.

Lane, R., Quinlan, D., Schwartz, G., Walker, P., & Zeitlin, S. (1990). The Levels of Emotional Awareness Scale: A cognitive-developmental measure of emotion. *Journal of Personality Assessment*, 55, 124–134.

Matsumoto, D., LeRoux, J., Wilson-Cohn, C., Raroque, J., & Kooken, K. (2000). A new test to measure emotion recognition ability: Matsumoto and Ekman's Japanese and Caucasian Brief Affect Recognition Test (JACBART). *Journal of Nonverbal Behaviour*, 24, 179–209.

Mayer, J. D., Salovey, P., & Caruso, D. R. (1997). *Emotional intelligence test.* Needham, MA: Virtual Knowledge [Producer and Distributor] [CD-ROM]. Contains the Multifactor Emotional Intelligence Scale (MEIS) that was the forerunner of the MSCEIT.

Mayer, J., Salovey, P., & Caruso, D. (2002). *Mayer–Salovey–Caruso Emotional Intelligence Test MSCEIT Manual.* Toronto: Multi-Health Systems. http://www.mhs.com/product.aspx?gr=IO&prod=msceit&id=overview

Mayer, J., Salovey, P., & Caruso, D. (2005). *Mayer–Salovey–Caruso Emotional Intelligence Test – Youth Version MSCEIT-YV Research Version.* Toronto: Multi-Health Systems. http://www.mhs.com/dc.aspx?gr=io&id=dc

Nowicki, D. (2003). *Manual for the receptive tests of the diagnostic analysis of nonverbal accuracy 2 (DANVA2).* Atlanta, GA: Department of Psychology Emory University. http://www.psychology.emory.edu/clinical/interpersonal/

Petrides, K. V. (2009). *Technical manual for the Trait Emotional Intelligence Questionnaires (TEIQue).* London: London Psychometric Laboratory, UCL. http://www.psychometriclab.com/Default.aspx?Content=Page&id=12

Schutte, N. S., Malouff, J. M., & Bhullar, N. (2009). The assessing emotions scale. In C. Stough, D. H. Saklofske, & J. D. A. Parker (Eds.), *Assessing emotional intelligence: Theory, research, and applications* (pp. 119–134). New York: Springer. Contains the Schutte Self-report emotional intelligence test.

Trentacosta, C., & Izard, C., (2007). Kindergarten children's emotion competence as a predictor of their academic competence in first grade. *Emotion*, 7, 77–88. Describes the emotional knowledge test.

Wolff, S., & Hay Group (2005). *Emotional Competence Inventory 2 (ECI-2). Technical manual.* Boston, MA: Hay Group. http://www.eiconsortium.org/pdf/ECI_2_0_Technical_Manual_v2.pdf

网站

学术、社会和情绪学习综合项目：http：// www. casel. org/

组织情商研究集团：http://www.eiconsortium.org/aboutus.htm
John Mayer 的情商网站：http://www.unh.edu/emotionalintelligence/
MSCEIT 网站：http://www.emotionaliq.org/index.htm
Reuven Bar-On 的网站：http://www.reuvenbaron.org/
TEIQue 网站：http://www.eiconsortium.org/measures/teique.html

第六章
天赋、创造力与智慧

> **学习目标**
> - 能够根据 Renzulli 的天赋三环模型、Gardner 的多元智力理论和 Sternberg 的智慧-智力-创造力综合模型定义天赋。
> - 能够阐述有关天才儿童的研究发现,即天赋的早期表现、天赋的遗传根源和环境根源、天才儿童的家庭环境、天才儿童的心理适应以及天赋的神经生理机制。
> - 理解 Csikszentmihalyi 的创造系统模型以及 Sternberg 和 Lubart 的创造投资理论。
> - 能够介绍有关创造产品、创造主体、创造过程和创造环境的重要研究发现。
> - 理解天赋、创造力和智慧心理学对临床实践的启示。
> - 能够指出需要进一步研究哪些问题,以更好地理解天赋、创造力和智慧。

围绕儿童时期的天赋、成年时期的创造力以及老年时期的智慧这些主题,心理学家研究了人们在人生不同阶段的多种多样的杰出成就。天赋、创造力和智慧涉及的都不仅仅是高水平的分析性智力,即传统智商测验所测量的那些东西。具有天赋的儿童不仅非常聪明,他们更拥有杰出的才能,也许在还没接受多少训练的学前时期就能显示出过人之处,比如说，把乐器演奏得格外好，或者解出复杂的数学题（Pfeiffer，2008；Sternberg & Davidson，2005）。同样，具有创造力的成人不仅非常聪明（Kaufman & Sternberg，2010），他们还通过科学发现或者艺术创作来破旧立新、挑战常规。具有智慧的老人，像《圣经》中的圣贤所罗门一样，以深入的理解、广博的阅历和丰富的情感，沉着冷静地对纷繁复杂的社会难题做出特别合理的判断（Sternberg & Jordan，2005）。天赋、创造力和智慧都是能给自己和他人带来积极结果的个体优势。

天赋

在天赋方面，最早的科学研究包括：Francis Galton 爵士（1822—1911）对卓越人士家族进行了逆向追踪性调查，并将调查结果写成了书《遗传的天才》（*Hereditary Genius*），于 1869 年出版；Lewis Terman（1877—1956）对天才儿童进行了长达 35 年的纵向研究（Terman & Ogden，1959）。Galton 发现卓越可以世代相传，因此得出的结论是天赋主要靠遗传。天赋是先天遗传的还是环境造就的，一直是个有争议的问题。有些人认为，天才儿童的才能是高强度刻意练习的产物（Ericsson et al.，2006），另外一些人则认为，天才儿童的才能是与生俱来的（Vinkhuyzen et al.，2009）。现有证据表明，天才儿童在接受训练之前就表现出了杰出的才能，之后他们通过努力地练习来发展这些才能。因此，环境因素对天赋的发展也有贡献。

在天赋方面的第二个早期研究中，Terman 使用斯坦福-比纳智力测验（Stanford-Binet intelligence test）筛选出了 1000 多名智商超过 140 的儿童，对他们进行了长达 35 年的追踪研究（Terman & Ogden，1959）。Terman 发现，这群高智商儿童在身体健康、行为适应和道德发展方面也表现杰出。不过，关于天赋是否与良好的总体适应有关联，最近那些对天赋定义更加严格的研究并不支持这一结论。例如，Morelock 和 Feldman（1997）发现，智商超过 150 的儿童，较难形成良好的学习习惯，较难维持良好的同伴关系。他们还表现出了情绪困扰，因为他们较早意识到了那些重大的道德性问题和存在性问题，却在情绪上并没成熟到足以应对这些问题。

天赋的定义

早期的天赋研究者大都追随 Terman，把天赋定义为智商超过某个水平（通常是 140）。然而，随后的研究表明，通过这种方式确定的天才儿童，长大后尽管优秀，但绝不杰出。这也许是因为，他们尽管智商高，但是并没有创造力，或者并没有成就卓越的动机。另外，越来越多的研究表明，很多画家、音乐家以及其他艺术家，尽管在各自的专业领域很有天赋，但是他们的智商低于 140。于是，有人根据多维框架给天赋下了更广的定义。他们所参考的多维框架有，Renzulli（1986，2005）的天赋三环模型、Gardner（2006）的多元智力模型和 Sternberg 的智慧-智力-创造力综合模型（Wisdom，Intelligence，Creativity，Synthesisted，简称 WICS）。这些框架代表了一个迅速扩张的研究领域里一些比较有影响力的理论（Horowitz et al.，2009；Sternberg & Davidson，2005）。

Renzulli 的天赋三环模型

美国康涅狄格大学的 Joseph Renzulli 教授（1986）在其三环模型中提出，天赋涉及三个方面：

1. 一般能力（即用智商测验测量的那种能力）杰出，或者在诸如数学、音乐或雕刻等领域的特殊能力倾向测验中表现杰出；
2. 在能力杰出领域具有创造力；
3. 积极、热衷于在能力杰出领域培养技能。

Renzulli（1986）的天赋定义，部分是基于智力的层级模型。该模型起源于英国的 Charles Spearman（1863—1945）和美国的 Louis Thurstone（1887—1955）的工作。Spearman（1927）考察了一个大样本人群的大量不同类型能力测验得分的相关模式，发现了一般智力之后潜在的单一因素——他把这个单一因素叫做"g"因素。没过多久，Thurstone（1938）使用类型更多的测验和不同的因素分析方法做了类似的研究，但他没有发现"g"因素，而是发现了七个相互独立的因素，他把这些因素叫做基本心理能力，分别是语词理解、数字、空间、知觉速度、语词流畅性、联想记忆、归纳推理。在 Spearman 和 Thurstone 的早期工作之后，不断有人尝试整合这两种智力结构模型，得到了多种多样的智力层级模型。这些智力层级模型，顶层是"g"因素或者"g"因素的一些方面，下面一层是代表各种特殊能力的大量因素（Carroll，1993）。

Renzulli（1986）对于天赋的定义表达了这么一个观点：天才儿童要么在顶层的"g"因素上得高分，要么在下面一层的某个特殊能力因素上得高分，或者两者兼具；除此之外，天才儿童还要有创造力执着精神，或者卓越动机。

Renzulli 后来进一步发展了他的天赋理论，他提出：与天赋发展有关的除了认知特质外，还有一些促进这些认知特质发展的协认知（co-cognitive）因素，包括乐观、勇气、迷恋某个主题或学科、关心人类面临的问题、身心精力充沛、富有远见或天命意识（Renzulli & Reed，2008）。

天赋与多元智力

在 Thurstone（1938）研究的基础上，美国哈佛大学的 Howard Gardner 教授（1983，1999，2004，2006）提出，智力不是一个单维概念，而是多元的。天赋未必意味着总体能力高，但是起码在一种能力上是杰出的。

Gardner 在最初的理论中确认了七类智力：语言、数学逻辑、空间、音乐、身体动觉、人际和自省智力。语言智力是指有效地运用口头语言或者文字表达自己的思想并理解他人，灵活地掌握语音、语义、语法，自如地运用言语思维、言语表达和欣赏语言深层内涵的能力。数学逻辑智力是指有效地计算、测量、推理、归纳、分类并进行复杂数学运算的能力，这种能力对学习数学、逻辑和科学非常重要。空间智力是指准确感知视觉空间及周周一切事物，并能把所感觉到的形象以图画的形式表现出来的能力，这种能力对建筑和视觉艺术非常重要。音乐智力是指敏锐地感知音调、旋律、节奏、音色的能力。身体动觉智力是指运用整个身体来表达思想和情感、灵巧地运用双手制作或操作物体的能力，这种能力对田径和舞蹈非常重要。人际智力是指善于察觉他人的情绪、情感，体会他人的感觉、感受，辨别不同人际关系的暗示以及对这些暗示做出适当反应的能力。自省智力是指认识到自己的长处和短处，意识到自己的内在爱好、情绪、意向、脾气和自尊，喜欢独立思考。Gardner 后来提出，也许还存在自然智力和存在智力。自然智力是指观察自然界中的各种事物并对物体进行辨别和分类的能力，存在智力是指理解和追求生命的终极问题、意义和奥秘的能力。

根据 Gardner 的观点，每种智力都有其独有的个体发育历程和种族进化历程。每种智力都有其独有的符号系统来编码相关的信息，例如语言智力是字母系统，数学逻辑智力是数字系统，音乐智力是音符系统，等等。此外，每种智力都有其独有的核心操作，这些核心操作可以用实验任务加以分析，而且这些核心操作的个体差异可以用心理测验加以评价。每种智力都可通过对应的脑损伤分离出来，例如，菲尼亚斯·盖奇（1826—1860）在一次事故中被铁棒穿透前额叶，结果人际智力受损，但其他智力完好（Macmillan，1986）。每种智力都可通过确认杰出例子加以验证，例如，弗洛伊德是自省智力方面的奇才，甘地是人际智力方面的奇才，达尔文是自然智力方面的奇才。根据 Gardner 的观点，天赋意味着在一种智力上是杰出的。

Sternberg 的 WICS 模型

美国塔夫茨大学的 Robert Sternberg 教授提出，智慧、智力和创造力对成功智力的发展而言必不可少，这一点体现在天赋中（Sternberg，2003）。他在 WICS 模型里表达了这个观点。根据这个模型，有天赋的人能够创造性地运用智力成就一番事业，而且在这样做的时候还能够运用智慧给社会带来重大积极影响。本章后面会详细讨论在 Sternberg 的智力、创造力、智慧理论基础上提出的模型。Sternberg（2009a）的智力三元论把成功智力定义为，在所在的社会文化背景下，运用分析性智力、创造性智力和实践性智力，发挥自己的长处，弥补自己的短处，去适应、塑造和选择环境，从而实现人生目标的能力。Sternberg 和 Lubart（1999）的创造投资理论认为，具有创造力的人能够"低价买进，高价卖出"。也就是说,"买进"并改造很少有人感兴趣的新思想,然后把经过改造的新思想兜售给所在圈子的其他人。分析性智力、创造性智力和实践性智力支撑着创造。创造性智力用于产生新思想,分析性智力用于检验新思想,实践性智力则用于把新思想转化成实际成就。Sternberg(2009b)的智慧平衡论把智慧定义为,在价值观的指引下应用智力和创造力实现多方共赢。智力涉及平衡多方(自身、对方、第三方)的利益,还涉及平衡三种对待环境的方式(适应、塑造和选择)。Sternberg(2003)WICS模型的核心假设是,天赋综合了智慧、智力和创造力。

有关天才儿童的研究发现

回顾现有的天赋研究,可以围绕以下方面得出大量结论:天赋的早期表现、天赋的遗传根源和环境根源、天才儿童的家庭环境、天才儿童的心理适应、天赋的神经生理机制,以及童年期天赋与成年期创造力的关系。

天赋的早期表现

怪才、奇才(在某个领域才华杰出,但智商低于正常水平的人)在很小的时候就有所表现。例如,一个孩子在4岁之前就能在无人指导的情况下流畅地阅读,或者完美地演奏乐器,或者解出复杂的数学趣味题。研究发现,怪才、奇才与自闭症谱系障碍高度相关(Wallace,2008)。怪才、奇才型儿童不同于高智商(约为130~140)儿童,后者在学习及非学习方面表现优秀,但并不杰出。

天赋的遗传根源和环境根源

天赋研究关注的一个重要问题是,遗传(或体质)因素与环境(或训练)因素对天赋的发展各有什么作用。人们一再观察到卓越可以世代相传,这说明天赋具有一定的遗传性。最近的遗传学研究支持这个观点。Vinkhuyzen等人(2009)调查了1685对在音乐、绘画、写作、语言、象棋、数学、运动、记忆或知识方面有天赋的双胞胎青少年,发现各种才能的遗传度为0.5~0.9。Haworth等人(2009)研究了澳大利亚、荷兰、英国和美国的共计1100对年龄为6~71岁的双胞胎，发现高认知能力的遗传度为0.5。

所有天才儿童都对自身的才能进行了大量训练。在某个领域（比如音乐或象棋）达到专家水平，需要至少10000个小时的训练（每天大约2小时的话，要从3岁练到17岁）（Ericsson & Charness, 1994）。这一观察带来了"专家表现"假设：天赋在很大程度上是环境决定的，是高强度训练的结果（Ericsson et al., 2007）。然而，天才儿童勤于训练，可能是他们拥有天赋的结果，而不是他们拥有天赋的原因。也就是说，天才儿童可能非常渴望发挥与生俱来的才能，于是勤于训练。

根据现有证据，可以合理地得出以下结论：天才是先天遗传和后天培养共同造就的（Thompson & Oehlert, 2010）。

天才儿童的家庭环境

天才儿童大多拥有良好的家庭环境（Winner, 2000）。有人认为，天才儿童是在父母过高期望的逼迫下才变得杰出，因此与父母关系疏远、怨恨父母、沮丧压抑。这个观点并没得到实证研究的支持。天才儿童大多报告与父母关系较好。天才儿童一般成长在一个以孩子为中心的家庭，父母工作努力、成就斐然，并给孩子树立榜样，为孩子创建有利于才艺发展的环境，给孩子高度的自主权，但期望孩子有杰出的表现。我们并不知道，是孩子的天赋引发了父母的这些行为，还是父母的这些行为培养了孩子的天赋。总的来说，与没有这种家庭环境的天才儿童相比，有这种家庭环境的天才儿童总体适应情况更好，天赋发展得也更好。

天才儿童的心理适应

Martin等人（2010）对多个有关天才、非天才青少年心理健康状况的研究进行元分析后发现，天才青少年的焦虑水平显著低于非天才同龄人（$d = 0.72$），而两者在抑郁或自杀意念上并无差异。此外Martin没能找到那种比较天才与非天才青少年在双相情感障碍或注意缺陷障碍发生率上有何差异的研究。这些结果并不支持天才儿童有过量行为问题的观点——这个观点源自对天才的案例研究或非正式调查。

天赋的神经生理机制

有关天赋的神经生理机制的研究主要围绕两大假设（Hoppe & Stojnovic, 2009）。神经资源假设认为，天才的大脑在结构或功能上不同于非天才。而神经效率假设认为，天才的大脑使用效率高于非天才。

支持神经资源假设的是，有大量研究发现，智商与头围呈正相关（$r = 0.2$），与大脑容积也呈正相关（$r = 0.4$），这表明高智商需要大脑袋做基础（Vernon et al., 2000）。此外，在艺术、音乐或数学方面有杰出才能的儿童和成人，他们负责杰出才能的脑区发展较好（Hoppe & Stojnovic, 2009）。例如，Magurie等人（2000）发现，出租车司机的海马回背部——与空间导航能力有关的脑区——比其他人的大很多，而且驾龄越长，海马回背部越大。

支持神经效率假设的是，EEG研究一再证明，智商高的人解决智力问题时的大脑活动水平低于智商低的人，具有某种特殊能力的人解决相应领域问题时的大脑活动水平低于没有这种特殊能力的人（Neubauer & Fink, 2009a, 2009b）。大脑活动水平较低但表现杰出，说明神经效率较高。

综上所述，合理的结论是：天赋既与遗传因素有关，又与环境因素有关；天才可能天生就有一个不同寻常的大脑，之后在高强度的训练下，大脑变得更加不同寻常。

童年期天赋与成年期创造力

有人认为，具有天赋的儿童长大后就是具有创造力的成人；这个观点并没有得到研究支持（Winner, 2000）。在某一领域具有天赋的儿童长大后，大部分成了这个领域适应良好、功成名就的专家，而只有一小部分能够继续成长为具有有创造力的成人，并在这个领域做出重大的创造性贡献。这一点并不奇怪，因为一个人要想在成年时富有创造力，必须做出艰难的转变。人们在儿童时期不需努力，仅需遵守既有的规则和惯例就可以获得很高成就，而成年时期则需要付出很大努力打破既有的规则和惯例才能有所创造。从童年到成年的这种转变包含了从主要使用聚合性思维变为主要使用发散性思维（Feist, 1999）。具有天赋的儿童长大后一般没有变成具有创造力的成人的另一个可能原因是：在人格和成长环境方面，具有创造力的成人完全不同于具有天赋的儿童。具有天赋的儿童一般是顺从的，而且来自支持性的、稳定的家庭。相比之下，富有创造力的成人一般是叛逆的，而且小时候遭遇过创伤和逆境，他们在这些经历的影响下变得喜欢挑战既有的规则和惯例（Simonton，2009）。此外，具有创造力的成人，其双相情感障碍发病率高于一般人群（Barrantes-Vidal，2004）。

创造

创造是一个人（或一个群体）制造出在某个环境中新颖而实用的产品的过程。创造的这个定义对创造主体、创造产品、创造过程和创造环境进行了有用的区分。早期对创造研究做出贡献的有精神分析、格式塔心理学和心理测量学。Freud（1908）强调了非理性原发过程思维对创造的重要性，还把艺术、科学以及其他领域的创造产品视做创造者以社会接受的方式表达社会不接受的无意识攻击冲动（为了权力）和性冲动（为了爱）的结果。著名的格式塔心理学家 Max Wertheimer（1945）则强调了转换、图形—背景互换和延迟闭合在创造性思维中的重要性。在心理测量领域中，J. P. Guilford（1950，1967）在其智力结构模型中区分了聚合性思维和发散性思维。他开发了智商式测验来测量聚合性思维，开发了需要创造力的测验来测量发散性思维。他把发散性思维视做一种在人群中正态分布的特质，认为富有创造力的人在测量这种特质的测验中会得高分。大家公认的一点是：1950 年，Guilford 当选美国心理学会（American Psychological Association）主席时发表的开创性讲话，启动了现代科学对创造心理学的研究。

主要的创造理论

创造理论有很多（Kaufman & Sternberg，2010）。在积极心理学领域，Csikszentmihalyi（1996，1999）的创造系统模型特别重要，因为他是这个领域的创始人。本章也会对 Sternberg 和 Lubart（1999）的创造投资理论加以介绍，因为 Sternberg 大大推动了现代心理学对智力、天赋、创造力和智慧的研究。

Csikszentmihalyi 的创造系统模型

Csikszentmihalyi（1996，1999）认为，从实用性来讲，与其把创造定义为一个个体过程，不如把创造定义为一个系统过程。创造作为系统过程，涉及三个系统的动态交互作用，这三个系统分别是：（1）个人，及其才能、人格和动机；（2）领域，它包括符号系统、规则、技术、管理和引导性范式；（3）圈子，它由在同一领域工作的人（艺术家、科学家、批评家、杂志编辑）构成，这些人的创造受同一领域的规则和惯例的制约。因此，创造过程是某个圈子里提出某个创意的人与对这个创意持矛盾心态的受众之间的交互作用。从图 6.1（Csikszentmihalyi, M., 1999）中可以看出，创造的发生需要一套规则和惯例从领域传递给个人。然后，个人必须在领域里提出一个创意。这个创意的提出动机来自一个有才能的人对所在圈子中持不同意见的同人或评论家之间的紧张关系做出回应，

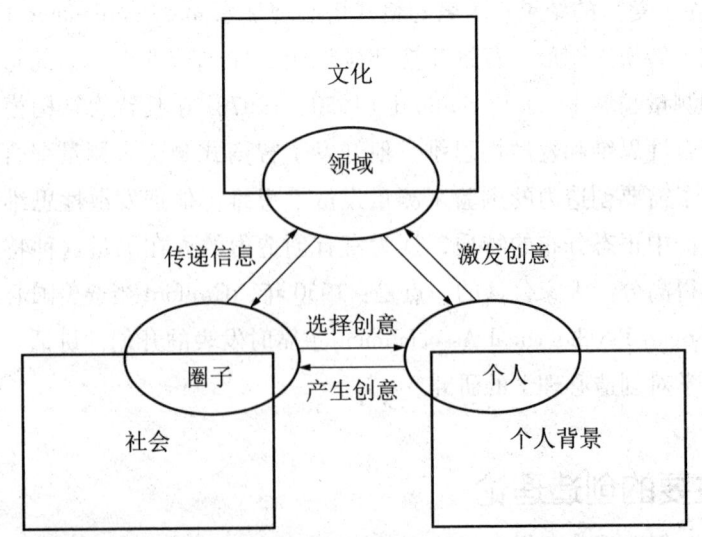

图 6.1　Csikszentmihalyi 的创造系统观

注：创造的发生，首先必须有一套规则从领域传递给个人，然后个人必须在领域里产生创意，最后创意必须被圈子选进领域。

或者圈子里常规工作的低要求与进入圈子之人的高能力之间的巨大差异。然后，创意被圈子选进了领域，或者经过了时间的检验，成为圈子里公认的思想。这个过程类似于进化。一个思想要称得上创意，必须适应其所在的社会环境，并经得起时间的检验。

个人的创造活动、领域、圈子分属三个更大的系统。第一，个人的创造活动镶嵌在个人背景里；第二，创造活动所在的领域（例如，一门科学或艺术）镶嵌在文化中；第三，创造活动所在圈子的成员镶嵌在社会中。根据 Csikszentmihalyi 的理论，个人、领域、圈子、文化和社会的某些特征比较有利于创造。

有利于创造的文化

有利于创造的文化首先具有以下特征：信息能够被准确储存，而不是通过口头传递；信息是所有成员都可得到的，而不是只让少数成员知道、对大多数成员保密。同一文化内，领域划分得越细，不同领域之间的联系越松散（比如，宗教、科学和艺术），新思想被接受的可能性就越大，因为创造只需文化的很小一部分发生变化。一个文化接受的来自其他文化的信息越多，创造出现的可能性就越大。

有利于创造的领域

有清晰准确的符号系统来记录信息的领域比较有利于创造，因为这样容易把新思想整合到现有知识体系里。信息的组织和整合非常紧密的领域不易接纳新思想，因此不利于创造；信息的组织和整合过于松散的领域也不利于创造，因为创造很难得到认可。信息的组织和整合松紧适当的领域最有利于创造。如果一个领域（比如宗教、政治或科学）是文化的核心，与文化的其他方面紧密相连，只有少数精英能够进入，那么这个领域的创造很有可能比较难，例如中世纪的宗教或者 20 世纪下半叶的物理学。如果一个领域不是文化的核心，与文化的其他方面只有松散的联系，很多人都可进入，那么这个领域的创造很有可能比较多，例如 20 世纪下半叶的流行音乐。

有利于创造的社会

与人们把所有精力都投入到维持生存的社会相比，人们有多余精力的社会更有可能促进创造。与重视传统、维持现状的社会相比，重视变革和创新、商品经济发达的社会更有利于创造。有内忧或外患的社会，会努力促进创造。

有利于创造的圈子

如果一个圈子的成员能够从社会获得经济资源或地位，那么这个圈子就有利于创造。如果一个圈子过于依赖受众对新思想的宗教、政治或经济价值的判断，那么这个领域就不太可能促进创造。如果一个圈子完全独立于社会其他圈子、与社会其他圈子之间的联系非常少，那么这个圈子的创造也多不了。过于官僚的圈子，组织体系僵化，会限制创造。一个圈子接受新思想的标准太过宽松或者太过严格，都不利于创造。

有利于创造的家庭生活

有多余精力和财力来培养好奇心和创造力的家庭，与把所有精力都用来维持生存、不鼓励其他任何兴趣的家庭相比，前者培养出的孩子长大后更有可能富有创造力。尊重学习的家庭有利于培养创造力。如果家庭能够通过安排学校、聘请导师、提供系统性补习引导孩子进入某个领域、某个圈子，那么孩子更有可能富有创造力。在边缘家庭长大并想打破这种状况的人，更有可能富有创造力；小时候遭遇逆境和创伤并在家庭的支持下挺过来的人，更有可能富有创造力。成长经历丰富多彩，可以减轻传统习俗的限制，增强创造力。

有利于创造的个性特征

有利于创造的个性特征包括：有特殊的天赋或者才能；在所擅长的领域努力工作的内在动机；有很强的发散性思维；具有经验开放性；有灵活性；不守旧。为了完成创造，个人必须内化领域的规则和圈子的思想，对其中某些方面感到不满意，然后提出多种多样的新思想。就这一点而言，创造的核心是识别好的新思想并坚持下去，放弃没有多大用处的新思想。

Csikszentmihalyi（1996）自己的案例研究和调查研究为这个精细复杂的创造系统观中的很多假设提供了证据支持（下面会介绍到）。

Sternberg 和 Lubart 的创造投资理论

根据 Sternberg 和 Lubart（1999）的创造投资理论，一个人在某个圈子内将思想"低价买进，高价卖出"，就对这个圈子做出了创造性贡献。也就是说，一个人"买进"或采纳没有发展好的、不流行的或不被人们所熟悉的、但有发展潜力的思想，予以创造性投资，把它们变成"创造产品"，"卖"给所在圈子的同人；之后，继续寻找其他不流行但有发展潜力的思想，进行新一轮的投资。创造主体独有的一个特点是，认定一个思想有发展潜力，就坚持发展这个思想，哪怕这个思想不被圈子接受、遭到圈子抵制。

根据投资理论，创造有六个必备要素。第一，用非传统方式看问题、识别值得研究的问题以及把自己的思想"卖"给他人的能力。第二，足以推动领域发展又不多到受常规束缚的领域知识。第三，既考虑整体又考虑局部、既注重新颖又注重效率地解决问题的思考能力。第四，明智地冒险（特别是在看好的领域）、坚持不懈地克服障碍（忍受圈子对新思想的抵制）、较强的自我效能感以及容忍不确定性、模糊性等个性特征（Furnham & Ribchester，1995）。第五，在领域中努力工作的内在动机。第六，奖励创造性贡献的支持性环境。

Sternberg 和 Lubart（1999）的创造投资理论详细阐述了个人是如何选择在什么领域进行创造的，所以在一些细节上弥补了 Csikszentmihalyi（1999）所提出的更大的框架中的空白。但两个理论都没提到创造（力）随时间的变化情况这一细节。

创造产品、创造主体、创造过程和创造环境

现代创造研究分别围绕创造产品、创造主体、创造过程和创造环境而展开（Hennessey & Amabile，2010；Kaufman & Sternberg，2010）。创造产品研究关注创造产出的测量以及与创造产出有关的因素。创造主体研究关注包括创造特质在内的一系列个性特征，还关注智力、人格、创造风格与创造的关系。创造过程研究关注认知、情感和神经生理因素在创

造中的作用。创造环境研究关注家庭、工作群体、文化对创造的促进作用。下面依次介绍有关创造产品、创造主体、创造过程和创造环境的研究发现。

创造产品

什么是创造产品？只有著名的艺术品和科学理论才能被称做真正具有创造性的产品吗？为了回答这些问题，有人把创造区分为大 C*、小 c、微 c 和临 c 几等（Kaufman & Beghetto，2009）。大 C 创造，或称杰出创造，得到的是杰出产品，比如爱因斯坦（1879—1955）的相对论和达芬奇（1452—1519）的蒙娜丽莎。大 C 创造的产品一般是由领域内的专家（比如其他科学家和艺术家）加以评判。这些产品一般是由富有创造力的天才制造的。大 C 创造研究一般使用历史案例研究法。相比之下，小 c 创造，或称日常创造，得到的是日常工作中的创造性解决方案或休闲活动中的创造性产出，比如在工作中开发一个新系统，或者为朋友画一幅画。小 c 创造力可以通过 Amabile（1982）的创造力测评技术来测量。这个技术让参与者运用创造力制作一系列产品，然后让裁判在利克特量表上给这些产品评分排序。利克特量表测评的是创造力以及其他维度，比如选材新颖、细节和复杂性。微 c 创造的产品，是个人对学习过程中的体验或事件做出的对个人有意义的诠释，比如想办法把一段吉他过门曲弹得更好听。微 c 创造产品是进入某个领域学习的新手在成为专家之前创作的。微 c 创造研究是用微观发生法把被试进行微 c 创造的过程录下来，然后一边看录像一边让被试解释微 c 创造过程中的体验和决策（Siegler，2006）。微 c 创造研究有助于我们理解创造力发展的早期阶段。临 c 创造的产品是那些创造力超越了小 c 的专业人员制造的产品。一系列领域（包括象棋、运动、艺术、科学）的专家表现研究表明，从新手成长为具有创造力的专家大约需要 10 年（Ericsson et al.，2006）。然而，并非所有专业人员都能成长至创造大 C 产品，而且对大 C 产品的评判一般是在创造主体去世之后。临 c 创造产品是由某些（并非所有）技能娴熟、具有

---

* C 为创造力（Creative）一词的首字母。——译者注

创造力的专业人员制造的。Csikszentmihalyi（1996，1999）的创造系统模型以及 Sternberg 和 Lubart（1999）的创造投资理论，适用于临 c 和大 C 创造，不适用于小 c 和微 c 创造。

创造主体

创造主体研究关注了产品创造者的一系列典型特征，包括发散性思维、智力、多种人格特质、心理病理学、遗传因素和内在动机。

发散性思维与创造力 发散性思维是创造主体的一个重要特征。Guillford（1967）把创造能力视作智力结构模型中的一组技能，并开发了发散性思维测验来测评这些技能。聚合性思维测验的题目只有一个正确答案（例如，2+2=?），而发散性思维测验的题目答案越多越好，并且在流畅性、原创性、类别运用灵活性、答案详尽程度等维度上对答案进行评分。Ellis Torrance（1915—2003）沿着这条路线继续研究下去，开发了在风格上类似于智力测验的创造性思维测验。这类研究表明，发散性思维存在个体差异，在人群中呈正态分布。Torrance（1974）的创造性思维测验（Test of Creative Thinking）是该领域使用最广的心理测量研究工具。它包括四个用图形测量发散性思维的分测验和七个用单词测量发散性思维的分测验。例如，图形分测验要求受测者用基本图形创造新图形，新奇用途测验要求受测者想出多个物品尽可能多的不寻常用途。Torrance 的测验以及其他类似测验具有较好的信度和中等的预测效标效度。例如，在一个包括 17 个研究、涉及 5000 个被试的元分析中，Kim（2008a）发现：发散性思维测验得分与创造性成就之间的相关强于智商测验得分与创造性成就之间的相关（$r = 0.21$ 对于 $r = 0.16$），Torrance 的创造性思维测验比元分析里其他任何发散性思维测验都更能预测创造性成就。童年或青少年发散性思维测验得分与成年创造性成就之间的相关较弱，这很有可能是因为成年人的大 C 或临 c 创造通常发生在某个具体领域，例如科学或艺术的一个分支，而要做出这样的创造性贡献，除了需要发散性思维之外，还需要创造者在那个具体领域接受广泛的训练。发散性思维测验测量的创造力具有相当强的稳定性，但是在儿童时期——小学四年级——会出现一次下降。发散性思维测验是最佳表现测验，即测量能力的上限。相比之下，父母、老师、同伴对一个人创造力的评分则是测量典型表现。这样的评分量表有很多，Kaufman 等人（2008）介绍了其中的一些量表。评分量表的结果是对最佳表现型创造力测验结果的补充。

智力与创造力 有人认为，创造只需要基本水平的智力，超过这个基本水平，智力与创造力就没有多大关系。这个观点，即阈值假设，从直觉上看很有吸引力。Hsen-Hsing（2009）做了一个大型的元分析，搜集了 111 个涉及几百个被试的考察创造力与认知能力（包括智商）之间关系的研究，发现了一个小小的效应值（$d = 0.3$），支持了阈值假设。

人格与创造力 Hsen-Hsing（2009）的元分析支持以下假设：存在一个有利于创造的创造型人格或者创造型人格轮廓。这类人格的特点是，在经验开放性、外倾性、神秘主义、情绪敏感性、心理病态特质和创伤后问题上都得到高分。Hsen-Hsing 发现了大五人格特质对创造力的效应值（从大到小排序）：经验开放性，$d = 0.71$；外倾性，$d = 0.3$；神经质（情绪稳定性），$d = 0.26$；责任心，$d = 0.23$；宜人性，$d = 0.15$。因此，经验开放性和外倾性是大五人格特质当中与创造力最有关联的两个特质。与创造力关联较大的其他特质是神秘主义（$d = 0.67$）和情绪敏感性（$d = 0.65$）。这里的神秘主义是指，倾向于把不寻常的体验诠释为神秘的，或者诠释为具有宗教或超自然意义的。这里的情绪敏感性是指，能够描述自己的情绪感受，能够共情他人的情绪感受，这反映了情商当中的情绪感知（参见第五章）。与创造力关联较大的还有心理病态特质测验得分（$d = 0.5$）、创伤后体验史（$d = 0.45$），这在一定程度上支持了"天才与疯子只有一线之隔"的流行看法。

遗传因素与创造力 对某些人而言，创造力还在一定程度上受某些遗传因素的影响，这些遗传因素负责与精神分裂症和双相情感障碍有关的心理特征（Barrantes-Vidal，2004）。精神分裂症和双相情感障碍的病源都有一部分在于遗传。对于创造力强的人（及其家人），这两种病的发病率高于一般人群。精神分裂性人格特质和认知去抑制等心理特征属于精神分裂症和双相情感障碍的软表现，有利于创造。精神分裂性人格特质指，有不寻常的感知体验和神奇信念，思维混乱，具有内倾性，冲动式不服从（Claridge et al.，1996）。最近的遗传学研究开始确认与创造力有关的某些基因。例如，Kéri（2009）发现：在智商高、学习好的人身上，神经调节蛋白 1 基因与创造力有关；创造性成就最高、创造性思维得分最高的人，携带 T/T 基因型——已经有研究证明，这个基因型是精神病易感基因型。

动机与创造力　Hsen-Hsing（2009）的元分析发现，内在动机与创造力之间存在相关（$d = 0.3$），这支持了 Csikszentmihalyi（1996，1999）的理论以及 Sternberg 和 Lubart（1999）的理论所提出的假设：在所擅长的领域努力工作的内在动机对创造非常重要。内在动机作为自我决定论的一个方面（第四章介绍过），指参加某个活动是因为这个活动本身，比如活动具有挑战性、让人快乐、有趣，而不是因为这个活动能使人达到其他什么目的。相比之下，外在动机指参加某个活动是为了达到某个外在目标，比如获得社会奖励或经济奖励、避免惩罚或收到反馈。有些外在激励，比如提供反馈、奖励或惩罚，会把注意力从活动本身转移开或者降低自主感，进而妨碍创造。然而，另外一些外部激励，比如提供与活动有关的反馈，则能够增强胜任感、投入度，进而促进创造。对于做出创造性突破之前的"冲刺"阶段或者取得创造性突破之后的细节完善阶段来说，与活动有关的反馈可能是非常有用的外部激励。让创造得到认可等外部动机，对把创造产品兜售给圈子里其他人而言非常重要。因此，创造的不同阶段需要不同类型的动机，在创造性顿悟产生之前不久以及产生期间，内在动机非常关键，但是，在这个特殊时期之前和之后，提供外部激励，比如与活动有关的反馈或者创造得到认可的前景，则非常重要。

创造过程

创造过程研究探索了认知、情感和神经生理因素在创造中的作用。

认知与创造　对极富创造力之人的生平的案例研究，让人看到了创造过程的不同阶段所涉及的认知任务（Poicastro & Gardner，1999）。这些研究关注了自然学家查尔斯·达尔文（1809—1882）、博学家让·皮亚杰（1896—1980）（Gruber & Wallace，1999）、物理学家阿尔伯特·爱因斯坦（1879—1965）、精神分析学家西格蒙德·弗洛伊德（1856—1939）、政治活动家莫汉达斯·甘地（1869—1948）、画家巴勃罗·毕加索（1881—1973）、作曲家伊戈尔·斯特拉文斯基（1882—1971）、诗人T. S. 艾略特（1888—1965）、舞蹈家玛莎·葛兰姆（1894—1991）（Gardner，1983，2004）、哲学家约翰·斯图尔特·密尔（1806—1873）、控制论创始人诺伯特·维纳（1894—1964）、作家乔治·萧伯纳（1856—1950）和科学家麦克尔·法拉第（1791—1867）（Howe，1999）等人的生平。在格式塔心理学的早期理论之后，很多理论提出：创造过程遵循一系列阶段，包括准备、酝酿、顿悟和验证。例如，在案例研究的基础上，Csikszentmihalyi（1999）指出，为了做出创造性贡献，个人必须内化领域的规则和圈子的思想，对其中某些方面感到不满意，然后提出多种多样的新思想。创造的主要部分看起来是突然悟出了要怎样解决某个问题，其实之前经过了长期而辛苦的准备和酝酿，即围绕问题及其解决方法的细节进行调研、对问题的方方面面形成多个小顿悟、在潜意识层面思考如何解决问题。大多数创造者在开始创造之前就对成品有了感觉。Hsen-Hsing（2009）的元分析指出，与创造力联系最强的是（在顿悟阶段）以新方式定义问题，而不是（在验证阶段）评价并选择重新定义问题后产生的各种可能的解决方案（$d = 0.9$ 对 $d = 0.4$）。Simonton（2000，2009）揭示了成年大 C 创造力的发展模式。首先，创造者经过多年训练获得某个领域的专业知识，这个学徒期或沉浸期通常持续大约 10 年；之后，开始做出创造性贡献，这个贡献一般不是一个产品，而是一组相互关联的产品。创造力随时间变化的函数是个 J 形曲线，先平稳，再陡增，达到顶峰。大多数富有创造力的人，通常在创造力达到顶峰之时产生了最好的作品。

情绪与创造 有关情绪在创造中起何作用的研究，得到了一个结论：积极情绪通常与创造有关。在一项包括 66 个研究、涉及 7000 多个被试的元分析中，Bass 等人（2008）发现，与中性情绪相比，积极情绪带来了更多的小 c 创造（$r = 0.15$）。最有利于创造的是高唤醒的积极情绪，比如高兴，而不是低唤醒的积极情绪，比如放松。低唤醒的消极情绪，比如悲伤，与创造没有关联；但是，高唤醒的消极情绪，比如恐惧，会降低认知灵活性（创造力的一个子维度）。然而，Hennessey 和 Amabile

(2010)回顾了一系列研究，这些研究表明：创造不仅与积极情绪有关，而且与消极情绪有关。他们提出，积极情绪意味着安全，因此有利于游戏性、扩张性的发散性思维；相比之下，消极情绪意味着危险，或者意味着出了问题，所以激励我们努力寻找创造性解决方案。

神经生理过程与创造 研究创造的神经生理机制所使用的技术有脑电图（electroencephalography，EEG）、功能性磁共振成像（functional magnetic resonance imaging，fMRI）和正电子发射计算机断层显像（positron emission tomography，PET）。这些技术通常在被试执行发散性思考任务或者小 c 创造性任务时对其进行脑扫描，整个过程不超过几分钟。Mihov 等人（2010）发现，右利手的人在创造性思考中大脑右半球占优势（$r = 0.43$）。这些结果表明，大脑右半球负责为明确的发散性思考任务提供创造性解决方案。他们没有关注大 C 创造中准备、酝酿、顿悟和验证这几个复杂认知过程的神经生理机制。

有关创造的 EEG 研究表明：创造力强的人，其大脑皮层在创造的顿悟阶段激活水平低，而在静息状态下激活水平高于创造力低的人（Martindale，1999）。这些研究把 α 波状态时间比作为大脑皮层激活水平的指标，α 波状态时间比越高，大脑皮层激活水平越低。在顿悟阶段，大脑皮层激活水平低，注意力是发散的，思维是联想型的，大量心理表征得到激活（Runco & Sakamoto，1999）。

最近的神经生理研究正在努力描绘与创造有关的具体脑区。日本的 Takeuchi 等人（2010a，2010b）的两个研究值得一提。Takeuchi 等人（2010a）采用扩散张量成像（diffusion tensor imaging，DTI）技术做了一个研究，观察与发散性思维有关的白质束。他们发现，发散性思维与双侧前额皮层、胼胝体、双侧基底神经节、双侧颞顶联合区和右侧下顶下小叶里面或附近的白质束有关。他们得出结论：把相距甚远的负责不同认知功能的脑区整合起来的白质束，与创造有关。这些结果表明：创造涉及整合不同脑区储存的观念；创造由多种认知功能（特别是额叶负责的认知功能）作为支撑。为了弄清发散性思维与皮层下灰质形态之间的关系，Takeuchi 等人（2010b）采用基于像素的形态测量学（voxel-based morphometry，VBM）开展了一个 fMRI 研究——VBM 适合于描绘皮层下灰质形态。他们发现，发散性思维得分与多巴胺系统相关脑区的灰质容量存在相关，这些脑区包括右侧背外侧前额皮层、双侧纹状体和一个解剖团，这个解剖团包括黑质、腹侧被盖区和导水管周围灰质等区域。他们得出结论：创造在一定程度上依赖多巴胺系统。从这些研究可以看出，我们对创造的神经生理机制的理解还处在早期发展阶段，创造只涉及"右脑"的说法是不对的，创造的神经生理机制远远更为复杂。

创造的环境

创造的环境研究关注了家庭、工作群体和文化在促进创造中的作用。下面分别介绍这四个小领域的研究发现。

家庭 创造力强的人，其所在家庭一般支持其创造活动（Feldman, 1999）。然而，在童年时期失去父亲或母亲，或者经历了严重疾病、自然灾害、经济困窘或父母长期矛盾等创伤，在创造力极强之人的成长史中比较常见（Simonton, 2009）。也许丧亲、创伤和逆境激发这些人终生致力于创造，而支持性家庭环境制造了一个良性背景让创造力强的人发展自己的事业。这些观察和结论来自对表现出大 C 创造力之人的案例研究。对于什么样的家庭环境有利于培养小 c 创造力，我们知之甚少。然而，对于什么样的工作环境有利于培养小 c 创造力，我们了解颇多。

工作群体 有确凿证据表明，工作环境的几个特点有利于职场背景下的小 c 创造和创新。在一个包括 104 个研究、涉及 50000 多个被试的元分析中，Hulsheger 等人（2009）发现，工作团队的数个特征与创造和创新强烈相关。这些特征包括：对团队目标形成清晰的共识和坚定的承诺（$r = 0.49$）、团队内成员部支持创新（$r = 0.47$）、与团队外、组织内其他个人和团队保持良好沟通（$r = 0.47$）、团队内都希望取得优异绩效（$r = 0.41$）、团队内部沟通良好（$r = 0.35$）、团结一致忠于团队（$r = 0.30$）、团队成员的工作目标相互依赖（$r = 0.27$）、团队人数较多（$r = 0.17$）、团队成员的技能和专业多样化（$r = 0.15$）、团队成员互相信任并共同决策（$r = 0.14$）。这些结果表明，具有创造力的工作团队，其成员拥护团队目标，并依赖彼此达成各自的目标。在具有创造力的团队中，大家都赞成创新、用实际行动支持创新，而且大家都关注如何取得优异绩效。创造力强的团队，其成员数量多于创造力弱的团队，成员技能和专业多样化，尽管多样化，但是凝聚力强，信任氛围浓厚，实行共治。创造力强的团队，其内部沟通以及与外部的沟通，质量都很好。

文化 创造领域考察的文化维度主要是个人主义—集体主义。个人主义文化把个人需要置于群体需要之上，而集体主义文化把群体目标置于个人目标之上。相关研究一致发现，个人主义文化，比如美国的、英国的文化，促进小 c 创造，而集体主义文化，比如中国和韩国的文化，促进服从（e.g., Ng, 2003）。

训练 训练可以增强小 c 创造力。为了弄清学校和职场的创造力训练是否有效，Scott 等人（2004）对 70 个研究做了元分析。他们发现，总体效应值 $d = 0.68$，这表明创造力训练大大增强了发散性思维、创造性问题解决能力和创造性工作绩效。有效的项目把注意力放在培养对创造极为重要的认知技能上，而不是放在培养与创造有关的动机、人格特质或人际技能上。这些项目在有关创造的理论模型和案例研究的基础上，精心设计出了一些重在培养认知技能的练习。创造性问题解决项目，是有效的创造力培训的一个好例子（Treffinger et al., 2006）。这个项目包含六个步骤：

1. 发现困惑，确认具有挑战性的情境；
2. 发现资料，找出情境的基本事实；
3. 发现问题，确认并理顺情境之中大大小小的问题；
4. 发现点子，针对主要问题开展头脑风暴，找出很多解决方案；
5. 发现答案，确认主要问题的最佳解决方案；
6. 寻求接纳，努力征求所涉人员对解决方案及其执行计划的认可。

智慧

在西方文化下，一般而言，天赋与童年有关，创造力与成年有关，而智慧主要与中老年有关。本节主要讨论智慧。智慧理论有内隐与外显之分（Bluck & Glück, 2005）。内隐智慧理论旨在阐述民众对智慧本质的理解。也就是说，心理学家开展研究，旨在弄清街上的行人是怎样看待智慧的。心理学家提出的智慧理论则被归为外显智慧理论。内隐智慧理论研究让被试对一些描述智者特点的词语进行评分，然后用多维尺度分析技术把这些词语聚合成几个维度（e. g. Clayton & Birren, 1980）。这些研究的结果表明，人们清楚地知道，智慧与卓越有关，并且不同于其他概念，比如社会智力、成熟和创造力。内隐智慧理论认为，智慧涉及杰出的认知能力、洞察力、直觉以及认真思考问题的意愿。智慧还涉及真正同情他人、能够倾听前来寻求建议的人的诉说。智者把这些品质以复杂的方式适度地结合在一起，来解决现实世界中的问题（Bluck & Glück, 2005）。

内隐智慧理论汇聚成了普适的一个，而外显智慧理论有很多个（Sternberg & Jordan, 2005）。这些理论中，有的把智慧定义为人格发展的一个阶段（Ardelt, 2004; Erikson et al., 1986），有的把智慧定义为认知发展的一个阶段（Basseches, 1984; Riegel, 1973），有的则把智慧定义为人格和认知的平衡发展（Baltes & Smith, 2008; Sternberg, 2009b）。

智慧是人格发展的最后阶段

Erik Erikson（1902—1994）是一位犹太籍精神分析师，在第二次世界大战之前逃出了纳粹德国。他在其人格终生发展模型中讨论过智慧（Erikson et al., 1986; McAdams & de St Aubin, 1998）。这个模型把人的一生划分为八个阶段，每个阶段都面临一个挑战或经历一个危机。如果一个人顺利迎接挑战或顺利度过危机，就会形成对应的优势或美德，反之，就会形成人格障碍或弱点。每个阶段的发展任务能否成功地完成，部分取决于前面发展阶段的发展任务是否已成功完成。Erikson 的模型见表6.1（Erikson, E., 1959），后文是对这个理论主要假设的概述。

信任对不信任

婴儿在生命的头 18 个月里面临的主要心理社会危机是：信任对不信任。如果父母可靠地积极回应婴儿的需要，那么婴儿会发展出信任感。有了这个基本的信任感，个体（长大后）在逆境面前就能够心怀希望，

表 6.1 Erikson 的心理社会阶段模型

阶段	危机和主要过程	美德和积极自我描述	病态和消极自我描述
婴儿期 0~18个月	信任对不信任 / 与养育者互动	希望 / 我能够达成愿望	淡漠 / 我不信任他人
幼儿期 18个月~3岁	自主对羞耻和怀疑 / 模仿	意志 / 我能够控制事件	强迫抑制 / 我必须重复这个动作,以解决自己制造的麻烦;我怀疑自己能否控制事件,并为此感到羞耻
学前期 3~6岁	主动对内疚 / 认同	目的 / 我能够做出计划、达到目标	抑制 / 我不能做出计划、达到目标,所以我就不去尝试
童年中期 7~11岁	勤奋对自卑 / 教育	胜任 / 我能够运用技能来达到目标	惰性 / 我缺乏技能,所以我就不去尝试
青少年期 12~20岁	同一性对角色混乱 / 角色尝试	忠诚 / 我能够忠于我的价值观	混乱 / 我不知道自己是什么角色,有什么样的价值观
成年早期 21~34岁	亲密对孤独 / 与同龄人互动	爱 / 我能够与他人建立亲密关系	排他 / 我没有时间用在别人身上,所以我把他们关在外面
中年期 34~60岁	繁衍对停滞 / 适应环境、创造	关怀 / 我致力于让世界变得更美好	拒绝 / 我不关心他人的将来,只关心自己的将来
老年期 60岁之后	整合对绝望 / 回顾	智慧 / 我热爱生活,我接纳自己、父母和人生,但我知道我快要死了	绝望 / 我厌恶自己的脆弱和失败

还能够相信问题再难也会得到解决。如果孩子并没体验到父母是自己探索周围世界的安全基地，那么他们就学会不信任他人。因为有这种基本的不信任感，个体就会渐渐形成世界险恶无比的世界观。这也许会导致孩子以后采取淡漠的姿态，难以与同龄人建立并维持关系。

自主对羞耻和怀疑

孩子在幼儿期（18个月~3岁）面临的主要心理社会危机是：自主对羞耻和怀疑。这个时期，孩子有了独立意识，想要自主地决定做什么或不做什么。当然，有时这是可能的，但是另外一些时候，父母会干涉他们。孩子要从2岁时的随心所欲渐渐过渡到近学前期的遵守规矩。如果父母耐心地引导孩子形成良好的行为习惯，那么孩子就会发展出自主感。这样的孩子长大后对自己有耐心，对自己应对生活挑战的能力有信心。如果父母不能耐心地对待孩子渐渐增强的自主意识，在孩子坚持按自己的方式做事情又没做好的时候批评、羞辱孩子，那么孩子就会发展出怀疑感和羞耻感。孩子会内化父母的缺乏耐心、挑剔苛刻，长大后过分挑剔自己、对自己的能力没有信心。在有些情况下，这会导致强迫：孩子需要一次又一次努力解决自己制造的麻烦，以应对解决失败带来的羞耻感。

主动对内疚

学前期（3~6岁）的孩子面临的主要心理社会危机是：主动对内疚。孩子在学前期发展出自主感后，就会把注意力转向外部世界，主动探究其中的规律，希望建立一幅认知地图。孩子会发现，在家里和学校，什么是允许的，什么是不允许的。他们就世界如何运转提出很多问题。他们进行多种多样的探究，比如点燃火柴、拆卸玩具或者扮演医生、护士。孩子如果学会了把探究需要转化成符合社会规范的行为，就顺利度过了主动对内疚危机。要想如此，父母必须理解孩子的好奇心，同时为孩子的探究活动设置清晰的边界、提供热情的指导。顺利度过主动对内疚危机的孩子，长大后有目的感、有远见。如果父母很难理解孩子的探究需要，生硬地限制孩子的探究活动，那么孩子长大后就不愿探索未经检验的做法，因为这种好奇心会引发他们的内疚感。

勤奋对自卑

孩子在童年中期（6~12岁）面临的主要心理社会危机是：勤奋对自卑。建立了自主感、自主性和主动性后，孩子萌发出培养技能以从事有意义活动的需要。勤奋的动机可能缘于学习新技能本身就是一种奖励，以及把习得的新技能应用到生活中会获得回报。孩子如果掌握了新技能，得到了父母和老师的表扬、同伴的羡慕，就会形成胜任感和自我效能感。孩子如果没能掌握新技能，受到嘲笑或羞辱，就会形成自卑感，长大后就会缺乏成就动机。

同一性对角色混乱

青少年期的主要发展任务是：形成清晰的同一感——即对自己有清晰的认识和定位。个体在青少年期会探索自己所承担的各种角色，如果把各种角色理顺了，就会形成清晰的同一感，否则就会出现角色混乱，变得迷茫不已。顺利度过同一性对角色混乱危机，个体就会对职业、社会、政治和宗教方面的价值观形成强烈的承诺（Erikson把这种美德叫做忠诚），成年后通常会在心理社会方面适应良好。

亲密对孤独

人们在成年早期所面临的主要心理社会危机是：与另外一个人建立亲密关系还是保持单身。没有建立亲密关系的人会感到孤独。前面几个阶段没有发展好，形成了不信任感、羞耻感、怀疑感、内疚感、自卑感或角色混乱感，就很难建立亲密关系。

繁衍对停滞

人们在成年中期面临的主要心理社会危机是：繁衍对停滞。那些已成家立业且需要已得到满足、才能已得到发挥的人，会变得多产，进而顺利度过繁衍对停滞危机。此处，多产或者说繁衍的含义包括生育孩子、事业有成。这种人会集中精力为下一代创造更好的环境。那些未能成家立业、需要没有得到满足、才能没有得到发挥的人，则会体验到很大的压力，并在巨大的压力之下变得倦怠、抑郁或愤世嫉俗，与此同时变得贪婪又自恋。

整合对绝望

人们在成年后期所面临的主要心理社会危机是：整合对绝望。如果个体能够接受自己一生的经历（无论好坏），并把这些经历整合成有意义的生命叙事，从容地面对死亡，就会形成整合感。如果个体不去回顾人生，或者回顾了但不能接受其中某些经历，或者接受了所有经历但不能把它们整合起来，仍然惧怕死亡，就会形成绝望感。这种绝望感必然导致个体为自己过去的失败和现在的脆弱而自暴自弃。

把失败、失望、冲突、无奈和脆弱整合到生命叙事中是颇具挑战性的任务。个体若顺利度过这个危机，形成整合感而非绝望感，就会变成智者。因此，一个人如果在早期阶段顺利度过成长危机，发展出希望、意志、目的、胜任、忠诚、爱和关怀等美德，就更有可能发展出智慧。Erikson 认为，智慧就是接受自己的、父母的、人生的不完美。智慧就是接受自己，接受自己的一切成就和失败，没有重大遗憾；智慧就是接受父母，接受父母已尽全力，虽不完美，但值得去爱；智慧是接受自己的人生，因为自己努力活过；智慧就是接受不可避免的死亡。

毕生发展研究表明，就像 Erikson 的理论描述的那样，人在不同阶段确实会面临不同的心理社会危机，若能顺利度过就会形成相应的优点，解决不好就会形成相应的缺点，影响随后的发展（Valliant，1977；Whitbourne, et al., 2009）。然而，现实情况的复杂性超过了 Erikson 的理论描述，各个阶段之间的划分是模糊的，而且有时会从后面的发展阶段退回到前面的发展阶段。

沿袭 Erikson 的传统，美国佛罗里达大学的 Monika Ardelt 教授（2004）把智慧定义为人格发展的高级阶段，认为它整合了认知性、反思性和情感性人格特征。在认知水平上，智慧涉及坚持真理、理解人生、知道人性的光明面和阴暗面、对生活的不确定性和模糊性保持清醒的认识。在反思水平上，智慧涉及采取多种视角，避免把自己的境况或感受归咎于他人或环境。在情感水平上，智慧涉及同情他人。Ardelt（2003）开发了一个三维自陈量表来测量这样定义的智慧。她还利用 120 个成年人的档案资料来研究她所定义的智慧与哪些因素相关（Ardelt，2003）。这

120 个成人,年龄为 58~82 岁,在伯克利被追踪调查了 40 年。她发现,成年早期的社会支持能够用来预测 40 年后的智慧发展。而且,那些智慧的老年人在 20 世纪 30 年代的经济困难条件下有过心理成长,这说明智慧要能在逆境面前自强不息。在老年期,智慧比健康、财富、物理或社会环境更能预测生活满意度。而且,除了健康以外,生活质量指标与智慧都不相关,这说明无论环境优劣与否,智者却能够对生活保持满意。

在 Ardelt 和 Erikson 看来,智慧是人格发展的最后阶段。智慧与智商没有多少关系,尽管人格的毕生发展要求智力达到一定水平。另一个观点则认为,智慧是认知发展的最后阶段。下面将详细讨论这个观点。

智慧是认知发展的最后阶段

瑞士发展心理学家 Jean Piaget(1896—1980)提出,从出生到青春期,个体的认知发展一共经历四个阶段(Piaget,1976)。Piaget 的理论激发了发展心理学的很多研究,现有研究证明,广义而言,认知能力的获得遵循 Piaget 提出的顺序,不过阶段之间的界限比其理论所描述的更模糊一些,而且从这个阶段到下个阶段的时间受很多情境因素和任务因素的影响(Chen & Siegler,2000)。Riegel(1973)提出,在青春后期,经历了 Piaget 认知发展四个阶段之后,个体进入辩证运算阶段。关于辩证思维对成年期问题解决的意义,Basseches(1984)的研究表明,人们在成年时期广泛运用辩证思维解决复杂问题,这可以作为智慧的一种定义。下面首先简述 Piaget 发展阶段理论,然后详细介绍辩证思维。

感知运动阶段

Piaget 认为,儿童发展出成人的思考技能,要经历四大阶段。第一个阶段是感知运动阶段,从出生持续到 2 岁左右,儿童解决问题、获得知识的方式是基于操纵物体和试误学习。这个阶段的主要成就是,发展出因果关系感知运动图式和客体恒常性概念。客体恒常性是指,物体可以独立于人们的行为和知觉之外而存在或运动。

前运算阶段

皮亚杰理论的第二个发展阶段是前运算阶段。在这个阶段,儿童从把感知运动图式作为主要的问题解决工具，发展成对外部世界形成内部表征。能够用外部世界的内部表征来解决问题，儿童就会取得在学前儿童身上容易观察到的很多重要成就。这些成就包括：复杂语言使用得越来越多，参与假装游戏或象征游戏，能够区分表象和现实，以及能够推断他人的想法。前运算阶段的推理主要依靠直觉，即在一个特例与另一个特例之间形成联系，而不是从一般推理到特殊。例如，一个处在前运算阶段的儿童会说"我困了，所以肯定是晚上了"，而不会说"天黑了，所以肯定是晚上了"。前运算阶段的问题解决在很大程度上受感知而非记忆的影响。前运算阶段的主要局限是：不能换位思考，难以连贯地复述故事（只能从自己的角度简短地描述一件事情），相信没有生命的物体也能像人一样思考（泛灵论），以及思考问题时不能考虑一个以上的维度。例如，把水从矮而宽的玻璃杯倒入高而窄的玻璃杯时，处于前运算阶段的儿童会说现在有更多水，因为他们看到水位线变高了，但没有考虑到第二个玻璃杯的宽度减小了。皮亚杰把同时考虑两个维度的能力看做拥有守恒概念的标志。

具体运算阶段

拥有守恒概念是具体运算阶段的主要成就。具体运算阶段是皮亚杰认知发展理论所说的第三个阶段，从5~7岁开始，一直持续到12岁左右。在这个阶段，儿童发展出给物体分类的能力、把物体排成序列的能力、参与规则制约型游戏的能力、换位思考的能力，以及用数字进行加减乘除运算的能力。这些能力涉及运用逻辑（而非直觉）解决具体问题。

形式运算阶段

从12岁左右，儿童开始运用逻辑解决抽象问题。也就是说，儿童能够提出假设，然后制订计划来检验这些假设。这是形式运算阶段的主要特征。形式运算阶段是皮亚杰认知发展理论的第四个也是最后一个阶段。这个阶段有很多成就。青少年可以操纵两个及以上的逻辑类别，比如同时在旅行计划中考虑速度和距离两个因素。青少年还能设想与时间有关的变化，比如预期10年之后自己与父母的关系将是另外一幅样子。青少年还能预测行为的逻辑结果，比如预测学了某些课程后有哪些职业可供将来选择。青少年还能察觉逻辑矛盾，比如发现父母言行不一致的地方。形式运算阶段的最终成就是拥有相对思维。青少年能够认识到自己的行为和父母的行为都受情境因素的影响。

皮亚杰的发展理论有一部分已经得到实证研究的支持。但显而易见的是，儿童的思考技能发展模式存在很大的差异性，有的儿童还没到皮亚杰所说的某个年龄阶段就发展出了这个年龄阶段所对应的思考技能（Chen & Siegler，2000）。此外，有很多证据显示，人们的认知能力在成年时期还会进一步得到发展，进入辩证运算阶段。

辩证运算阶段

形式运算阶段除了有突出成就外，还有思维局限。自我中心的学前儿童不能换位思考，因为他们意识不到别人的角度和自己的不一样；同样地，青少年也意识不到别人的哲学立场与自己的不一样（逻辑性不如自己的）。这种认知自我中心限制了少年解决涉及逻辑冲突和矛盾的人际问题的能力。Riegel（1973）认为，形式运算阶段的这个局限在认知发展的最后阶段会被克服，因为认知发展的最后阶段会发展出辩证思维。

辩证思维也许涉及有关时间和空间的推理。对涉及不同空间视角的问题进行辩证推理，就要认识到不同的人可能因为各自不同的视角、立场和社会背景而有不同的是非观、真理观。对涉及不同时间视角的问题进行辩证推理，就要认识到同一人的观点会随时间而演化，不断地"正反合"。所以，一个人也许在一开始认为某个观点是绝对正确的，后来因为出现了新的证据和观点而觉得这个观点是错误的，再后来把老观点、新观点整合到一个好像绝对正确的全新观点里。从这个理论角度来看，智慧涉及运用辩证思维解决复杂问题。

智慧是专家知识

德国马克思普朗克人类发展研究所的 Paul Baltes（1939—2006）及其同事是智慧研究领域的世界级领军人物（Baltes & Smith，2008；Baltes & Staudinger，2000；Kuuzmann & Baltes，2005；Mickler & Staudinger，2008）。Baltes 认为智慧既有人格成分又有认知成分，并把智慧定义为一

种联系了智力和品德的、关于生活实际的专家知识系统。这个系统包括关于生命意义的知识和判断，还包括关于如何在同时考虑个人幸福和公共利益的前提下追求卓越人生的知识和判断。这个理论的核心是，把智慧视做一种关于基本生活实际的专家知识系统。也就是说，智慧用于理解、计划和管理美好人生。智慧涵盖的知识涉及：人类发展及其复杂多变性；与人类境况有关的生理、心理、社会、文化、物质和精神背景；在判断复杂人生事件时自己的知识和专长有何局限。

Baltes的团队提出了五个标准来评价一个判断或行为明智与否（Baltes & Smith，2008）。第一，智慧要求就人类发展、人类境况的背景因素储存丰富的陈述性知识。第二，智慧要求就如何运用技能或规则（比如如何围绕人际问题或冲突解决进行复杂决策）储存丰富的程序性知识。第三，智慧涉及毕生情境主义，即考虑到人生的很多主题和背景，比如自我、家庭、同伴、学校、职场、社区、社会和文化，以及这些东西在人生全程中的变化和相互关系。第四，智慧要求认识到价值观的相对性，并且能够容纳不同于己的价值观。智者尊重他人各自持有的价值观，只要那些价值观不危害公共利益。第五，智慧要求认可并管理不确定性，容忍模糊性（Furnham & Ribchester，1995）。也就是说，智慧要求认识到，每个人获得的有关过去和现在的信息都是不完整的，未来是很难预测的，人的信息加工能力是有限的。因此，解决任何问题时，我们都必须考虑这些不确定性。

Baltes研究智慧的方式是，让被试解决复杂的问题，并让被试一边解决一边说出决策过程。例如，"如果一位朋友打电话告诉你，他要自杀，那么你该怎么想、怎么做"，或者"如果意识到自己没有过上想要的生活，那么你该怎么想、怎么做"。被试的出声思考过程会被记录下来，并对照评分手册在上面所说的五条标准上进行7点评分（Mickler & Staudinger，2008）。五个分数可以作为智慧的指标。然后，他要求被试做一组能力和人格测验，填写一些生命史调查问卷。Baltes的研究获得了一些独到的发现（Baltes & Staudinger，2000；Baltes & Smith，2008）。图6.2（Baltes, P, & Standinger, U., 2000）表明：结合分析性智力某些方面和人格某些方面的变量，比如社会智力和认知风格，能够解释智慧

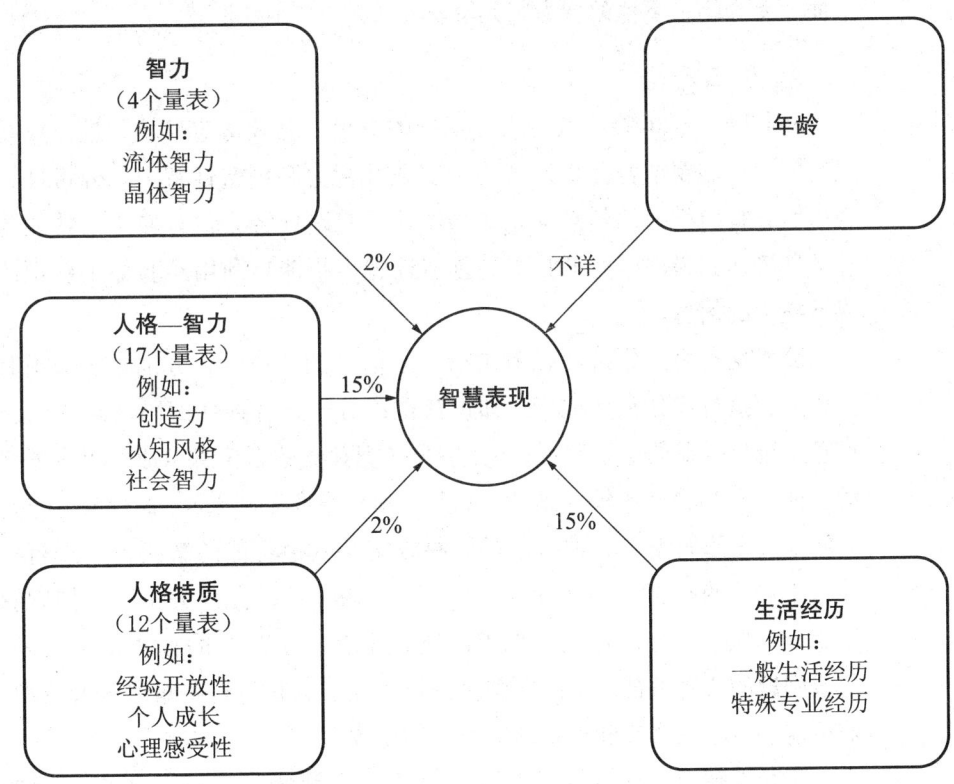

图 6.2　Baltes 对成人智慧表现的预测

变异的 15%；正式智力测验测量的分析性智力、传统人格测验测量的人格特征，各自只解释了智慧变异的 2%。有研究比较了解决上述问题的个人表现和群体表现，发现群体表现好于个人表现，因为在群体中人们决策之前可以请教他人。这支持了"集体协商促进智慧"的观点。判断的明智性可以通过训练来提高，训练方式是在决策过程中给予恰当的提示。智慧最早出现于成年早期，很少有人在这之前就出现了智慧，除非经历了促进智慧的人生事件，或者经过了促进智慧的专业培训。

智慧是平衡

Sternberg（2009b）的智慧平衡论是从他的智力三元论推导出来的。

下面简要介绍一下他的智力三元论。

智力三元论

Sternberg（2009a）在智力三元论中提出，有效适应环境，进而成功运用智力，需要结合分析性智力、实践性智力和创造性智力。分析性智力由引导智力行为的信息加工技能组成；实践性智力包含使个人技能与外部环境达到最佳匹配的技能；创造性智力指能够利用经验加工新颖的或不熟悉的信息。

分析性智力 分析性智力包括三个信息加工成分，分别是：知识获得成分、执行成分和元成分。知识获得成分包含选择性编码（从一组新信息中选择重要的信息）、选择性整合（把独立的新信息组成一个有意义的整体）和选择性比较（把新信息与已有信息联系起来）。执行成分包含对问题要素进行编码、把自己的解决方案与其他可能的解决方案进行比较、为自己的解决方案进行辩护、实施解决方案。元成分指运用知识获得成分和执行成分，包括：识别问题、用有利于解决的方式定义问题、形成问题的心理表征、为问题解决制订策略、为执行这些策略分配资源、监控这些策略的实施和评价解决方案的有效性。

实践性智力 分析性智力用于解决定义清晰、有唯一正确答案的问题（如数学问题），实践性智力则用于解决定义模糊、有多个可能解决方案的问题，比如决定如何对待一个吸毒的朋友，或者高效地运用地图计划路线。实践性智力就是运用分析性智力解决日常生活问题。人们运用实践性智力来适应当前的社会环境；来改变或塑造当前的社会环境，进而适应这一环境；或者来选择更适合自己的社会环境，进而适应这一环境。实践性智力的一个重要方面是内隐知识。内隐知识是解决日常生活问题所需的程序性知识（即知道如何做事情），很难明确地传授，也很难用语言表达出来，它与具体环境有关，随着经验的增加而积累。

创造性智力 创造性智力用于：根据经验开发程序解决新颖的或不熟悉的问题，并迅速把这些程序自动化，以把认知能力释放出来加工更多新信息。

Sternberg 的智慧平衡论

Sternberg（2009b）的智慧平衡论是从他的智力三元论推导出来的。根据智慧平衡论的观点，智慧就是运用实践性智力及其蕴含的内隐知识以促进公共利益的方式解决问题。这个促进公共利益的目标顾及伦理价值观。伦理价值观，通俗地讲即是非观。智慧平衡论的模型见图 6.3（Sternberg，R.，2000）。

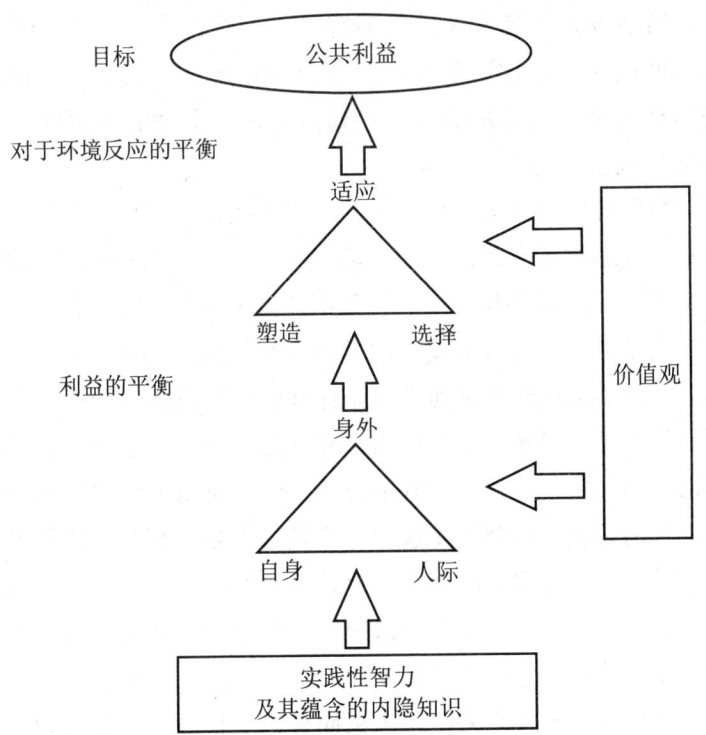

图 6.3　Sternberg 的智慧平衡论

平衡利益和平衡反应　智慧指应用内隐知识解决问题，而问题的解决要平衡多方的利益：

1. 自身利益（即个人愿望）；
2. 人际利益（即对自己与问题所涉其他人的关系有好处）；
3. 身外利益（即对社会中所有牵涉到问题当中的人都有好处）。

问题的解决还要平衡多类反应：

1. 适应当前的社会环境
2. 塑造当前的社会环境，进而适应之；
3. 选择更适合自己的社会环境，进而适应之。

因此，根据 Sternberg 的平衡论，智慧就是运用实践性智力来平衡自己的利益、问题所涉其他人的利益以及社区的利益以实现多方共赢。智慧的产出通常是就如何解决一个牵涉多方利益的复杂问题形成的判断或建议。这通常包括几方面的陈述：如何适应当前的环境；如何塑造环境以更好地适应之；如何选择一个适合相关人员技能和利益的新环境。

智慧与内隐知识　　智慧涉及运用不能传授的内隐知识。内隐知识的获得需要通过亲身经历，也有可能通过榜样示范而非正式指导。因此，根据 Sternberg 的理论，虽然智慧不能以说教方式来传授，但是人们可以通过观摩老练之人解决复杂问题来获得智慧。确实，临床心理学家、物理学家和其他从业人员通常就是这样获得智慧的。他们在实习期间观摩督导解决复杂问题，试着模仿，并在这个过程中得到相应的反馈。因为内隐知识和实践性智力具有情境针对性，所以人们只能发展出具有情境针对性的智慧。一个人在这种文化背景下是明智的，在另外一种文化背景下就不一定是明智的。因为智慧涉及解决没有唯一正确答案的复杂问题，所以只有经过了皮亚杰认知发展理论的几个阶段以及新皮亚杰主义的辩证运算阶段才有可能发展出智慧（Riegel，1973）。

为什么一些人比另一些人更明智？　　根据智慧平衡论，智慧的个体差异是由很多因素造成的。人们也许在对解决问题以实现公共利益这个目标的承诺上存在差异，或者在有关是非的价值观上存在差异，或者在平衡多方利益（自身的、人际的和身外的）和平衡多重反应（适应、塑造和选择环境）的能力上存在差异，或者在内隐知识的级别和内隐知识所涉领域的广度上存在差异。所有这些差异又可追溯到在另外一组因素上的差异，这些因素包括年龄、经验、动机、人格、实践性智力和分析性智力，等等。

在学校传授智慧

Sternberg（2001）在智慧平衡论的基础上开发了一个项目，用于在学校传授智慧。他的项目包括以下一般原则：

- 充当明智判断的角色榜样；
- 邀请学生阅读明智决策方面的真实生活案例；
- 鼓励并奖励学生做明智的判断；
- 探索"会读书、会考试、事业成功并不足以造就满意的人生"这个观念；
- 指出明智的、平衡的决策是如何造就美满人生的；
- 解释"相互依赖"、"水涨船高"等观念的有用性；
- 指出任何行动的"手段"和"目的"都同等重要；
- 帮助学生明确自己的利益、他人的利益、机构的利益，并帮助学生在决策之时平衡这些利益；
- 帮助学生理解"适应环境"、"塑造环境"和"选择环境"的含义，教会学生平衡这三种反应；
- 帮助学生用言语表达自己的价值观以及自己对公共利益的理解，教会他们在决策之时运用这些东西；
- 帮助学生明白，重要问题及其答案会随生活境况的改变而改变；
- 指出从多个角度看问题的重要性，教会学生顶住从单一角度看问题的压力。

启示

本章内容对临床实践有一系列启示，其中有些总结在了表6.2中，有些将在下面进行详细说明。

天赋

儿童和青少年临床心理学利用天赋研究的发现帮助父母对天才儿童进行心理教育。为了帮助天才儿童适应环境，我们需要让天才儿童在主

表 6.2 天赋、创造力和智慧研究的启示

帮助天才儿童	• 让天才儿童在主流学校接受教育的同时，还要根据天才儿童的特殊才能因材施教。 • 安排天才儿童参加人同样由天才儿童构成的同伴群体。 • 在家里支持天才儿童发展特殊才能。
关注优势	• 对所有来访者来说，治疗师都要布置那种要求来访者运用自己优势和能力的家庭作业，因为来访者更有可能完成这样的家庭作业。
培养自己的创造力	• 制造机会让自己选择一个领域发展创造力。 • 每天让自己解决一个感兴趣的问题。 • 每天制造一个清静的环境，探索问题的多个框架。 • 专门抽出一段时间思考所得，写下思考所得。 • 就你想攻克的问题或者想创作的作品描绘一个愿景。 • 如果不能用精确的语言描绘这个愿景，那就使用比喻、模糊语言或诗歌语言。 • 培养进入某个领域的所有知识（语言、数学、音乐、艺术或运动）的基本技能。 • 掌握与这个领域有关的关注范围，能在心里把常规视做理所当然。 • 扩大对内外部世界的关注范围，不再把常规视做理所当然。 • 挑战正统，好奇地探究正统是怎么来的。 • 集中注意力完成任务，为了内心满足而非外在奖励完成任务。 • 尽力超越自己，而非超越他人。 • 想出新点子就要冒险去尝试，不管这个新点子看起来有多奇怪。 • 保持乐观，相信自己可以创作出更具创造性的作品。 • 陷入僵局时，从终极目标、列出问题的所有属性或者解决方案，设置一个个子目标，通过实现一个个子目标来实现终极目标。 • 陷入僵局时，思考一类似问题，运用问题的隐喻表征；根据视觉、听觉和口语的表征来思考问题，换着方式进行重组，修正或者重组元素重新思考解决方案。 • 陷入僵局时，思考一类似的问题，把问题放在一边，做些其他事情，促进酝酿效应的产生，然后再返回到问题上。 • 坚持不懈地努力，最高产的时候往往也是最具创造力的时候。

续表

做出明智判断	• 面对复杂问题，要认识到：每个人获得的有关过去和现在的信息都是不完整的，未来是很难预测的，人的信息加工能力是有限的，因此我们的判断总是不完美的，应该保持开放的态度以随时进行修正。 • 面对复杂问题，要认识到，对于什么是对、什么是错，不同的人有不同的想法，具体是什么想法取决于各自的视角、地理和社会背景；要记住，同一个人的想法也是会变的。 • 面对复杂问题，要考虑到人生的很多主题和背景，比如自我、家庭、同伴、学校、职场、社区、社会和文化，以及这些东西在人生全程中的变化和相互关系。 • 就复杂问题做决定的时候，要平衡自己的利益、问题所涉其他人的利益以及社区的利益，一些人选择环境、一些人塑造环境，以实现多方共赢，还要预料到这样的决定总是要求一些人适应环境（包括失败、失望、冲突、失能和脆弱）。 • 晚年回顾人生时，能够接受自己一生的经历和体验，并把这些经历和体验整合成有意义的生命叙事，从容地面对死亡。

流学校接受教育，同时还需要根据天才儿童的特殊才能进行因材施教。此外，我们需要安排天才儿童加入同样由天才儿童构成的同伴群体。家庭需要给天才儿童提供足够的空间、时间和支持性环境，让天才儿童发展特殊才能。天赋研究的第二个启示有关整个临床心理学。对所有的来访者来说，治疗师都要布置那种要求来访者运用自己的优势和能力的家庭作业，因为来访者更有可能完成这样的家庭作业。

创造力

我们可以通过以下步骤培养自己的创造力（Nickerson，1999）。第一，为自己提供一个有很多机会可选择的环境。也就是说，在这个环境里，你有很多机会选择进入一个领域施展创造力。如果你想创造性地解决某个问题，那么就要创造一个清静的环境，探索这个问题的多个框架。你可以每天选一个感兴趣的问题，做下这个练习。要专门抽出一段时间思考问题，写下思考所得；认真管理时间；为施展创造力制造空间；多做喜欢做的事情，少做不喜欢做的事情。

第二，就你想去往哪里、你想攻克的问题或者你想创作的作品描绘一个愿景。如果不能用精确的语言描绘这个愿景，那就使用比喻、模糊语言或诗歌语言。请按照自己的内心想法描绘这个愿景。

第三，培养进入某个领域（语言、数学、音乐、艺术或运动）的基本技能。

第四，沉浸在这个领域中，掌握与这个领域有关的所有知识，能在心里表征这个领域。先形成简单的心理表征，慢慢提高心理表征的复杂度，直到掌握整个领域。

第五，制造一种鼓励好奇和探索的环境。这涉及练习观察力，扩大对内外部世界的关注范围，就看到的事情提出问题。这个提问题涉及不再把常规的假定、规则和做法视做理所当然，还涉及挑战正统。它要求你像个孩子一样，以游戏和好奇的心态问为什么会是这样而不是那样。每天试着观察三件让你惊讶的事物，把观察结果写下来。每天试着用不寻常的方式诠释周围的世界，把诠释过程写下来。

第六，激励自己对这个领域怀有激情。这涉及对任务真正感兴趣、集中注意力完成任务，且完成任务是为了内心满足而非外在奖励。可以接受因把注意力始终集中在任务上而获得的表扬和奖励，但是如果你不断分心关注奖励，那么你对任务的激情就会减弱，创造力就会下降。为别人设置的目标而努力，并不利于创造。然而，把别人设置的目标整合到你自己的愿景中，则有利于创造。

第七，尽力超越自己，而非超越他人。以超越自己为目标与以超越他人为目标相比，在前一种情况下更有可能提出创意。

第八，形成敢于冒险的习惯。想出新点子，不要过早地进行评判和将其否决，不管新点子看起来有多么奇怪。新点子必须受到高度重视，特别是那些涉及风险的新点子。如果你不冒险，你就会因循守旧，也就没有创造力。

第九，培养乐观心态，相信自己可以创作出更具创造性的作品。创造力完全由基因决定的观念会扼杀你的创造力。有充分证据表明，动机、承诺和毅力与基因一样重要。

第十，制订策略，打破僵局。陷入僵局时，从终极目标往回分析，设置一个个子目标，通过实现一个个子目标来实现终极目标；列出问题的所有属性或潜在解决方案，换着方式进行重组；考虑极端案例；使用排除、代替、整合、修正或者重组元素的方式重新思考解决方案；思考一个类似的问题；运用问题的隐喻表征；根据视觉、听觉和口语的表征来思考问题；把问题先放在一边，做些其他事情，促进酝酿效应的产生，然后再返回到问题上。

十一，要有耐心。创造是需要时间的。要坚持不懈地努力，最高产的时候往往也是最具创造力的时候。

智慧

智慧研究带来很多实践启示。回顾人生时，我们要能够直面自己的失败、失望和冲突，并把成长中的不完美和缺陷整合为一个完整的人生故事，而不是选择逃避。智者能够对成功和失败保持豁达的态度；认为自己的父母已经做到了最好，是值得去爱的，虽然他们并不完美；认为目前的人生是他们自己能达到的最好程度；能够接受死亡是不可避免的，特别是进入中年以后。

认识到不同的人可能持有不同的价值观，这主要取决于各自的立场、所处的地理环境和社会背景。认识到人的观点会随着时间的推移，以"主题-反主题-综合"的循环程序发生变化，这也是有价值的。因此，对个人来说，在某个时间绝对真实和正确的观点，也许在之后就会变成错误的，可能再后来又变正确了。新旧观点可能会融合成一个更正确、更真实的全新观点。

对诸如自我、家庭、同伴群体、学校、工作场所、社区、社会和文化等多种生命主题和内容做出正确评价，并认识到生命全程中这些因素的内部变化和相互关系，这是有价值的。认识到不同的人在价值观和生活优先权上可能会有不同，也是有价值的。认识到在解决任何问题时，每个人获得的都是关于过去和现在的不完整信息，会做出关于将来的不确定推测并受到信息加工过程的限制，因此我们的判断总是不完美的，应该保持开放的态度以随时进行修正，这也是有价值的。

在对复杂问题做出判断时，平衡自己、他人以及社区的利益，是有价值的。我们做出的决定通常包含下面的陈述：哪些人需要服从或者适应环境，哪些人需要采取行动来改变环境，哪些人应该选择更适合自己能力和利益的新环境。

争议

天赋领域的一个重要争议是先天遗传和后天培养哪个更重要（Sternberg & Davidson, 2005）。一些研究者认为，天才儿童的才能是刻意训练的结果，另外一些研究者认为，天才儿童的才能是先天遗传的。有证据表明，大部分天才儿童在接受训练之前就显示了杰出的才能，但是之后他们会受到激励去通过大量训练来发展自己的才能。

创造力领域的一个争议是创造力是否有领域针对性（Kaufman & Sternberg, 2010）。一些研究者认为，创造力具有领域针对性，一个人独一无二的才能、能力、能力倾向、人格特征、动机、发展历史、所受专业训练和所在社会背景支撑着这个人在某个领域的创造力，一个领域的创造力不能迁移到其他领域。对达尔文和弗洛伊德等富有创造力的著名人物的案例研究所得的证据支持这个观点。另外一方面，一些研究者认为，创造力是一种适用于多个领域的普遍特质。支持这个观点的证据来自那些发现富有创造力的人具有类似人格剖面的研究。这些研究发现，富有创造力的人在发散性思维测验上得高分，在人格测验的经验开放性维度上也得高分。这有可能是因为，创造力既包含普遍成分（发散性思维、经验开放性），又包含特殊成分（与具体领域有关的才能和训练）。还有可能是因为，大 C 创造和临 c 创造与具体领域有关，而小 c 创造和微 c 创造与具体领域无关。

智慧领域的主要争议是：智慧是人格发展的最后阶段，还是一个专家知识系统（Ardelt，2004）？

总结

围绕儿童时期的天赋、成年时期的创造力以及老年时期的智慧这些主题，心理学家研究了人生不同阶段多种多样的杰出成就。

Renzulli 提出，天赋涉及三个方面：一般能力（即用智商测验测量的那种能力）杰出，或者在诸如数学、音乐或雕刻等领域的特殊能力倾向是杰出的；在能力杰出领域具有创造力；积极热衷地在能力杰出领域培养技能。Gardner 提出，智力不是一个单维概念，而是多元的，包括语言、数学逻辑、空间、音乐、身体动觉、人际和自身智力。天赋未必意味着总体智力高，但是起码在一种智力上是杰出的。Sternberg 认为，天赋的发展必须综合智慧、智力和创造力。天赋研究发现，遗传因素对天赋发展起着重要作用，大量练习也对天赋发展起着重要作用，因为大量练习可以改进天才儿童在特长领域的表现。天才儿童一般成长在一个以孩子为中心的家庭，父母工作努力、成就斐然并给孩子树立榜样，为孩子创建有利于才艺发展的环境，给孩子高度的自主权但期望孩子有杰出的表现。天才儿童的焦虑水平显著低于非天才同龄人，而两者在抑郁或自杀意念上并无差异。天才儿童可能天生就有一个不同寻常的大脑，然后在高强度训练下，大脑变得更加不同寻常。在某一领域具有天赋的儿童长大后，大部分成了这个领域适应良好、功成名就的专家，小部分则成为具有创造力的成人并为这个领域做出重大的创造性贡献。

　　创造是一个人（或一群人）在某个环境中制造新颖而实用的产品的过程。Csikszentmihalyi 认为，创造是个系统过程，即一个富有创造力的人，沉浸在一个领域里，提出一个原创思想，将其兜售给所在圈子里的实践者。个人、领域、圈子、文化和社会的某些特征比较有利于创造。根据 Sternberg 和 Lubart（1999）的创造投资理论，一个人在某个圈子里"低价买进高价卖出"思想，就对这个圈子做出了创造性贡献。也就是说，一个人"买进"或采纳没有发展好的、不流行或不为人所熟悉的、但有发展潜力的思想，予以创造性投资，把它们变成"创造性产品"，"卖"给所在圈子的同人；之后，继续寻找其他不流行但有发展潜力的思想，进行新一轮的投资。现代创造研究分别围绕创造产品、创造主体、创造过程和创造环境而展开。在创造产品研究中，有人把创造分为大 C、小 c、微 c 和临 c 几等。创造主体研究关注了产品创造者的一系列典型特征，包括发散性思维、智力、多种人格特质（经验开放性、外倾性、神秘主义、情绪敏感性、心理病态特质和创伤后问题）、遗传因素和内在动机。对某些人而言，创造力还在一定程度上受某些遗传因素的影响，这些遗传因素负责与精神分裂症和双相情感障碍有关的心理特征。积极情绪有利于创造。创造过程遵循一系列阶段，包括准备、酝酿、顿悟和验证。创造的主要部分看起来是创造者突然悟出了要怎样解决某个问题，但其实在此之前经过了长期而辛苦的准备和酝酿。一般，一个人只有沉浸在一个领域大约 10 年之后才可能做出创造性贡献。虽然在创造过程的顿悟阶段大脑右半球更活跃，但是整个创造过程涉及很多脑区，创造只涉及"右脑"的说法是不对的。有几类家庭、工作群体和文化有利于创造。创造力强的人，所在家庭一般支持其创造活动。然而，在童年时期失去父亲或母亲，或者经历了严重疾病、自然灾害、经济困窘或父母长期矛盾等创伤，在创造力极强之人的成长史中比较常见。工作团队的数个特征与创造和创新强烈相关。这些特征包括，对团队目标形成清晰的共识和坚定的承诺、团队内部支持创新、与团队外和组织内其他个人和团队保持良好沟通、团队内都希望取得优异绩效、团队内部沟通良好、团结一致忠于团队、团队成员的工作目标相互依赖、团队人数较多、团队成员技能和专业多样化、团队成员互相信任并共同决策。有效的创造力提高项目，把注意力放在培养对创造极为重要的认知技能上，而不是放在培养与创造有关的动机、人格特质或人际技能上。相关研究一致发现，个人主义文化促进创造，而集体主义文化促进服从。

内隐智慧理论认为，智慧涉及杰出的认知能力、洞察力、直觉以及认真思考问题的意愿，还涉及真正同情他人、能够倾听前来寻求建议的人的诉说。外显智慧理论有很多种，有的把智慧定义为人格发展的一个阶段，有的把智慧定义为认知发展的一个阶段，有的则把智慧定义为人格和认知的平衡发展。Baltes 认为智慧既有人格成分又有认知成分，并把智慧定义为一种联系了智力和品德的、关于生活实际的专家知识系统。这个系统包括关于生命意义的知识和判断，还包括关于如何在同时考虑个人幸福和公共利益的前提下追求卓越人生的知识和判断。Sternberg 认为，智慧就是在价值观的指引下运用智力和创造力实现多方共赢，它涉及平衡多方（自身、对方、第三方）的利益，还涉及平衡三种对待环境的方式（适应、塑造和选择）。

问题

个人发展问题

1. 试描述过去 1 个月中出现的某个情境，在这个情境中，你为一个难题找到了一个创造性解决方案，或者做了一个明智的判断。
2. 你使用什么技巧做到了这一点？
3. 试描述过去 1 个月中出现的某个情境，在这个情境中，找到创造性解决方案或者做出明智的判断对你来说是很关键的，但是你没有做好。
4. 你想拥有什么技巧，以便下次遇到这种情况时可以找到创造性解决方案或者做出明智的判断？
5. 你将采取什么措施来培养这些技巧？
6. 采取这些措施的成本和收益各是什么？
7. 尝试采取其中的某些措施，每采取一条措施之前、之后都用第一章提到的某个幸福感量表对你自己进行测试，看看你的幸福感增强了没有。

研究问题

1. 设计并开展一个研究，检验以下假设：创造力与智力之间存在显著相关，但是幸福感与创造力、智力之间都不存在显著相关。
2. 用"天赋"、"创造力"和"智慧"做关键词，在 PsycINFO 上搜索过去几年的文章。找一个你感兴趣且容易重复和拓展的研究，重做一次。

拓展阅读

学术阅读：天赋

Horowitz, F., Subotnik, R., & Matthews, D. (2009). *The development of giftedness and talent across the life span.* Washington, DC: American Psychological Association.
Kerr, B. (2009). *Encyclopedia of giftedness, creativity, and talent* (Volumes 1 and 2). Thousand Oaks, CA: Sage.
Robinson, A., Shore, B., & Enersen, D. (2007). *Best practices in gifted education: An evidence-based guide.* Waco, TX: Prufrock Press.
Sternberg, R., & Davidson, J. (2005). *Conceptions of giftedness* (Second Edition). New York: Cambridge University Press.

学术阅读：创造力

Kaufman, J., & Sternberg, R. (2006). *The international handbook of creativity.* New York: Cambridge University Press.
Kaufman, J., & Sternberg, R. (2010). *Cambridge handbook of creativity.* Cambridge: Cambridge University Press.
Runco, M. (2007). *Creativity: Theories and themes: Research, development, and practice.* Burlington, MA: Academic Press.

学术阅读：智慧

Sternberg, R. (1990). *Wisdom: Its nature, origins, and development.* New York: Cambridge University Press.

Sternberg, R., & Jordan, J. (2005). *Handbook of wisdom: Psychological perspectives.* New York: Cambridge University Press.

学术阅读：智力

Sternberg, R. (2000). *Handbook of intelligence.* Cambridge: Cambridge University Press.

Sternberg, R. J. (2004). *International handbook of intelligence.* New York: Cambridge University Press.

自助阅读：天才儿童

Distin, K. (2006). *Gifted children: A guide for parents and professionals.* London: Jessica Kingsley.

Winner, E. (1996). *Gifted children: Myths and realities.* New York: Basic Books. For parents of gifted children.

自助阅读：创造力

De Bono, E. (1996). *Serious creativity: Using the power of lateral thinking to create new ideas.* New York: Harper Collins.

Treffinger, D., Isaksen, S., & Stead-Dorval, B. (2006). *Creative problem solving: An introduction* (Fourth Edition). Waco, TX: Prufrock.

自助阅读：智慧和理性思维

Stanovich, K. (2009). *What intelligence tests miss: The psychology of rational thought.* New Haven, CT: University Press. Points out the many irrational errors the mind makes and how these interfere in making wise decisions.

自助阅读：集中注意力和学习

Baddley, A. (1983). *Your memory: A user's guide.* Harmondsworth: Penguin. Contains much practical advice on how to remember things along with scientific background about memory.

Moran, A. (2000). *Managing your own learning at university: A practical guide.* Dublin: UCD Press.

研究使用的测量工具

Amabile, T. M. (1982). Social psychology of creativity: A consensual assessment technique. *Journal of Personality and Social Psychology*, 43, 997–1013.

Ardelt, M. (2003). Empirical assessment of a three-dimensional wisdom scale. *Research on Aging*, 25(3), 275–324.

Hawley, G. (1999). *Measures of psychosocial development*. Odessa, FL: Psychological Assessment Resources. Measures resolution of dilemmas entailed by Erikson's stages of development including the final stage which involves wisdom.

Kaufman, J., Plucker, J., & Baer, J. (2008). *Essentials of creativity assessment*. Hoboken, NJ: Wiley. Describes major approaches to creativity assessment.

Mickler, C., & Staudinger, U. M. (2008). Personal wisdom: Validation and age-related differences of a performance measure. *Psychology and Aging*, 23(4), 787–799.

Torrance, E. (1974). *Torrence Tests of Creative Thinking: Norms-technical manual*. Lexington, MA: Ginn.

第七章
积极的自我

学习目标

- 能够区分作为主体的自我与作为客体的自我。
- 能够阐述自尊的测量、发展和相关因素方面的主要研究发现,还能够阐述防御性自尊的概念。
- 理解自我效能感的来源和结果,知道如何评估自我效能感。
- 能够把自我效能感与控制感、一般自我效能感、合意控制度、心理一致感和顽强性区分开来。
- 能够阐述适应性防御的发展和相关因素。
- 知道各种测评防御机制的工具。
- 能够阐述各种应对策略,包括问题解决、社会支持、宣泄、哭泣、信仰、冥想、放松、重构、幽默和转移注意力。
- 知道各种测评应对风格的工具。
- 理解研究自尊、自我效能感、应对风格和防御机制与幸福感的关系对临床实践有何意义。
- 能够指出需要进一步研究哪些问题,以更好地理解自尊、自我效能感、应对风格和防御机制以及它们与幸福感的关系。

我们现在把"自我"这个概念视做理所当然,但是原先并非如此(Baumeister, 1997, 2010)。在中世纪时,人们的身份与社会地位、职业和家族联系在一起，这些东西都不是自己可以选择的。他们知道自己的身份，因为身份很大程度上由自己在社会中的位置决定。而且，今天被很多人所重视的个人发展问题，那时候并不被人们所关心。那时，很多人的职业和婚姻都是由家庭安排的。在西方犹太—基督社会，大部分人受基督教价值观和信念的引导。他们信仰上帝，相信只要今生过得高尚清白，来世就会获得救赎。他们信任君主，相信只要履行了社会责任就会受到君主的保护，不履行社会责任就会受到惩罚。这些约束没给个人发展留下多少空间，因而也就无所谓什么个人发展的个体差异了。到了近代早期（1500—1800），人们开始对人与人的差异以及个体的独特性产生兴趣，开始关注不同的人在生活经历上的详细差异；与此同时，自传性文章开始出现。后来，人们转而关注内心世界，相信通过艺术、文化、沉思和诗歌来深入了解自我的内心世界可以促进充实。与此同时，人们不再把宗教、君主及其推行的价值观视做理所当然，而是开始质疑自己对上帝、对国王、对价值观的信仰。民主制也开始代替君主制，人们开始自行选择领导人，而不是听从上帝的安排。19世纪末，Sigmund Freud（1856—1939）的著作让无意识概念流行了起来，推广了内在自我概念，也推广了"自我认识和个人发展是具有挑战性的任务"这一理念。生命周期理论家如Erik Erikson（1902—1994）后来提出一个观点：从上个人生阶段向下个人生阶段过渡时，当人们质疑自己的生活方式并考虑对生活方式进行重大调整，就会产生同一性危机（Erikson，1959）。（Erikson的生命周期理论在第六章介绍过。）同一性危机的概念使得如下观点成为必然，即自我独立于所在的社会和宗教背景。地理、社会和职业流动性的增加促进了这种认识。同样支持这个观点的还有财富的增加。财富增加了，人们就有更多自由去选择不同的生活方式。财富和流动性的增加，则是来自科学革命之后科学技术的巨大进步。当代自我概念的出现，一方面解放了人们的思想，另一方面也让人们付出了代价。因为越来越难信仰超自然秩序和社会秩序，人们被迫到别处寻找价值。很多人把自我或亲密关系看成价值的源泉。自我是这章的重点，下章会讨论关系。过去把关注自我视做自私的、贬义的，而现代心理学在关注自我方面有很多积极术语，比如自我认识、自尊、自我效能感、自我评价和自我调节。其中许多都是积极心理学所关注的东西。

作为客体的自我和作为主体的自我

自从 Williams James（1842—910）在其开创性著作《心理学原理》（*Principles of Psychology*；James，1890）中介绍了自我心理学以来，自我心理学就一直把自我区分成作为客体的自我和作为主体的自我来讨论。自我这两个方面的一些特征见表 7.1（Robins et al.，2008）。在客体自我这个主题下面，有来自社会心理学、认知心理学、行为心理学和叙事心理学的概念，比如自我概念、自我图式、作为一组习得技能的自我、作为叙事的自我、作为语言里建构的自我，以及作为社会建构、文化决定现象的自我。在主体自我这个主题下面，则主要包含来自精神分析学的那些把自我视做目标追求施动者的概念，比如攻击性自我保护、有性自我繁殖和社会合作。而作为目标追求被动者的理想自我或可能自我，则是客体自我下面的概念。

表 7.1 自我的两个方面

作为主体的自我	作为客体的自我
自我意识	自我表征
自我作为主格"I"	自我作为宾格"me"
作为意识的自我	自我概念
作为意识状态的集合的自我	自我图式
作为感知者的自我	作为感知对象的自我
作为正在适应环境的生物有机体的自我	作为在某个社区和文化中社会建构出来的概念的自我
作为具有学习能力的有机体的自我	作为习得技能的集合的自我
作为说话者的自我	作为语言里的建构的自我
主观体验	叙事性自我和自传式记忆
作为积极追求各种（相互冲突的）目标的有机体的自我	作为目标追求之对象的理想自我和可能自我
自我调节	自我评价信念
作为应对策略和防御机制的使用者的自我	自尊和自我效能感

关于自我在这两个方面的研究，特别是关于自我评价和自我调节的研究，详细考察了积极心理学所看重的一些优势。客体自我下的自尊和自我效能感能够促成特征优势和韧性（Bandura，1997；Maddux，2009；Mruk，2006）。当我们积极评价自己（高自尊）并相信自己有能力把事情做好（高自我效能感）的时候，我们就会更健康、更幸福。有效应对人生挑战，运用适应性防御机制处理内心冲突，这是主体自我。某些类型的应对策略和防御机制会促进健康和幸福（Parker & Wood，2008）。本章会详细讨论这些话题。

自尊

William James（1890）把自尊定义为对自我价值的感受，其高低取决于实际成就与潜在成就之比。潜在成就是一个估计值，估计潜在成就要依据价值观、目标和抱负。自尊的这个定义暗含的意思是，我们的自尊建立在比较之上，具体是拿我们现在是什么状况与我们渴望未来是什么状况做比较。现代心理学达成了一个共识：自尊不是单维概念。自尊具有一个层级结构，最上层是总体自尊，下面一层是对不同背景下自我价值的评价，这些背景包括家庭、学校、工作、休闲和同伴群体，等等（Mruk，2006）。

自尊的测量

测量自尊有很多种方式（Heatherton & Wyland，2003）。多维自陈式自尊问卷用于测评数个领域的自尊分布情况。设计得特别好、信效度特别高的量表包括 O'Brien 和 Epstein 的成人多维自尊问卷（Multidimensional Self-Esteem Inventory，1988）和 Battle 的儿童青少年文化公平自尊问卷（Culture Free Self-Esteem Inventory，2002）。O'Brien 和 Epstein 的成人多维自尊问卷非常具有综合性，除了可以提供总体自尊得分外，还可以提供在胜任、恋爱、喜欢、个人力量、自我控制、道德自我认可、身体形象、身体功能和防御性自尊提高这些维度上的得分。Battle 的儿童青少年文化公平自尊问卷除了可以提供总体自尊得分外，还可以提供在家庭、学校和社会这几个不同背景下的自尊得分。这个问卷还包含一个检测防御性作答的测谎量表。

用于筛选目的的单维自尊问卷包括 Rosenberg 的自尊问卷（Self-Esteem Inventory，1979）、Nugent 与 Thomas 的自尊评定量表（Self-Esteem Rating Scale，1993），以及 Coopersmith 的自尊问卷（Self-Esteem Inventory，1981）成人版和儿童版。

自我概念量表测量自我知觉，有些研究者也使用这方面的量表测量自尊。P-H 儿童自我概念量表（Piers-Harris Children's Self-Concept Scale；Piers & Herzberg，2002）和田纳西自我概念量表（Tennessee Self-Concept Scale；Fitts & Warren，1996）成人版和儿童版属于心理测量属性比较好的自我概念测量工具。

对于旨在考察情境因素对自尊之影响的实验室研究来说，状态自尊量表（State Self-Esteem Scale；Heatherton & Polivy，1991）特别有用。这个量表有 20 道题，提供一个状态自尊总分以及在绩效、社交和外表这三个方面的状态自尊得分。

自尊的发展

回顾现有的自尊研究，可以得到一些有关自尊发展的结论（Baumeister，1997；Harter，2008；Kernis，2006；Mruk，2006）。如果父母既能接受孩子的长处又能接受孩子的短处，为孩子设置很高但可以达到的清晰标准，支持孩子努力达到这些标准，那么孩子就可以发展出高自尊。与高自尊相关的还有前后一致的权威型教养方式。这种教养方式的特点是，父母给予孩子温暖和尊重，让孩子参与制订行为规则。相比之下，如果父母对孩子比较随意、比较放纵或过分权威，或者经常拒绝或辱骂孩子，那么孩子就会发展成低自尊。父母的身教也会影响孩子的自尊发展，身教的影响甚至大于言传。如果父母通过积极解决问题来应对人生挑战，那么孩子更有可能在耳濡目染下形成高自尊。相比之下，如果父母遇到问题就逃避，那么孩子更有可能在耳濡目染下形成低自尊。影响自尊发展的还有更广的社会因素，尤其是社会经济地位。高社会经济地位与高自尊相联系，贫穷与低自尊相联系。

自尊在很长一段时间内是稳定的。Huang（2009）对59个研究做了元分析后发现：个体从童年到成年的头十年，自尊只是稍微提高了一点；但是30岁以后，自尊就不再有什么变化；自尊的变化，大都发生在成年的头十年。自尊的稳定性部分可以归因于人们加工自我信息的方式。在加工对自我评价特别有用的信息时，人们的动机有很多种可能，包括提升自我、维持一致的自我认识以及获得他人的认可（Robins et al.，2008）。因此，面对新的自我信息，高自尊的人可能采用有利于提升自我、巩固积极自我认识或者获得他人认可的方式去加工，而低自尊的人会选择性地关注与已有的消极自我评价一致的信息。

自尊的相关因素

研究者确认了（但没穷尽）高自尊者和低自尊者分别具有的一些特点（Baumeister, 1997; Bednar & Peterson, 1995; Brown, 1998; Mruk, 2006; Robins et al., 2008; Swann et al., 2007）。高自尊者具有以下特点：终生在个人、社会、教育和职业方面适应良好，积极情感多，个人自主性强，具有双性化人格，属于内控型，自我认识清晰，目标设置恰当，履行个人承诺，成就高，善于应对批评或负面反馈，有效地管理压力，较少批评自己和批评他人，有能力、有技巧影响他人，行事符合公认的道德标准，被人接纳和认可。低自尊者具有以下特点：在个人、社会、教育和职业方面适应不良，有这样那样的心理健康问题，比如压抑、焦虑、吸毒、进食障碍、很难建立和维持稳定的感情、压力管理表现差、压力之下免疫系统功能失调，以及自杀。高自尊者主要关注自我提升，寻找各种机会做到卓越。在实验室任务中得到负面反馈时，他们会坚持一会儿，仍然失败就会放弃。相比之下，低自尊者主要关注自我保护和避免失败、羞辱或拒绝。在实验室的任务中失败时，他们倾向于一直坚持到成功为止。因此，高自尊者关注自己的优势，寻找机会发挥优势做到杰出，最终提升自我；而低自尊者则倾向于找出自己的缺点加以纠正，以做到胜任、避免失败。

自尊有什么好处？大家对这个问题的看法存有争议。有些人认为，高自尊与个人、社会和职业方面的良好适应相关，前者是因，后者是果（Swann et al.，2007）。另外一些人认为，后者是因，前者是果（Baumeister et al.，2003）。Baumeister 等人（2003）对现有证据进行批判性回顾后得出结论说，自尊主要有两个好处：高自尊使人们更幸福，也更愿意采取主动。许多看似是自尊所带来的好处，实际上是自尊产生的原因。例如，实验室研究和现场研究并没能证明高自尊会导致较好的任务表现或学习成绩，所以更有可能是学习成绩好、事业发展好导致高自尊。

自尊的性别差异

为了考察具体领域中自尊的性别差异，Gentile 等人（2010）对 115 个研究、总共 32000 多个被试的数据进行了元分析。他们发现：在外表自尊、运动自尊和个人自尊上，男性显著高于女性；相比之下，在行为自尊和道德自尊上，女性高于男性；在学业自尊、社会接纳自尊和家庭自尊上，男女没有差异。

防御性自尊提高

一些人的高自尊是对消极社会评价的防御反应。O'Brien 和 Epstein 的成人多维自尊问卷（Multidimensional Self-Esteem lnventory for adult，1998）包含一个测量防御性自尊提高的量表。防御性高自尊者的特征可能是：一方面，自吹自擂，批评别人，而自己对批评极其敏感；另一方面，工作过分投入，对批评给予敌对反应。这些特征十分不同于低自尊者的压抑、焦虑和退缩，但是也许反映了潜在的低自我价值感。

图 7.1 呈现了 Mruk 教授（1999，2006）的两因素自尊模型，这个框架可以用来定义防御性自尊提高。图中的横轴是能力感，指对自身能力高低的情绪体验和认知判断；图中的纵轴是价值感，指对自身价值高低的情绪体验和认知判断。根据这个模型，能力感高、价值感高的人具有真正的高自尊，而能力感低、价值感低与低自尊、消极和抑郁有关。

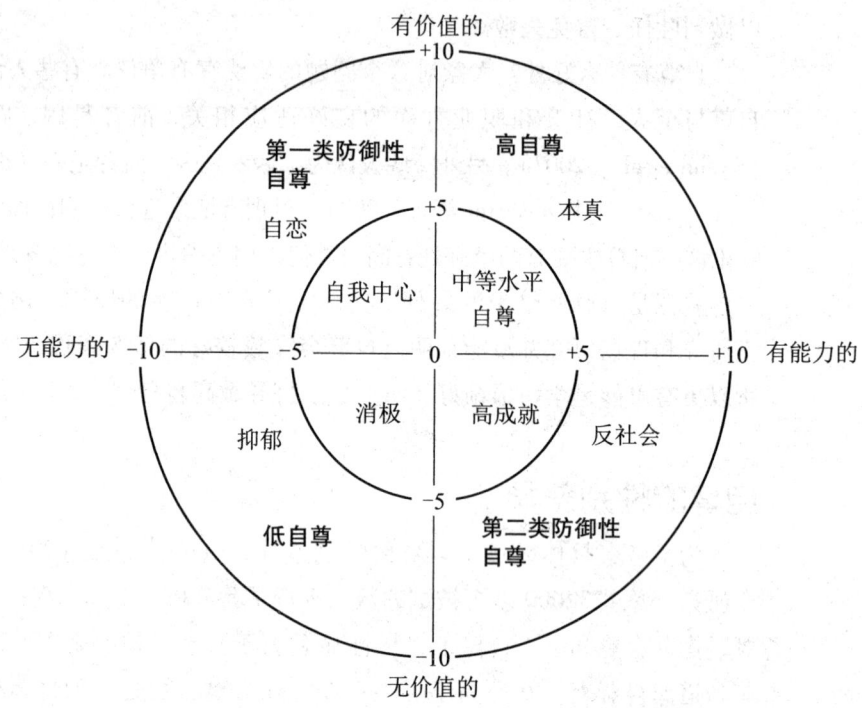

图 7.1　自尊与能力

防御性自尊有两类。这两类防御性自尊者在很多情境下与高自尊者表现一样，但是在弱点受到挑战时就会出现与高自尊者不一样的表现。第一类防御性自尊与能力感低、价值感高有关。这类防御性自尊者对批评极其敏感，因为他们觉得自己没有能力或能力不足。感觉自身能力受到质疑，他们就焦虑；为了处理这个焦虑，他们就自吹自擂（运用过度补偿防御机制），或者批评指责他人（运用置换防御机制）。这类防御性自尊居于中等水平时，就是自我中心；而发展到极端时，就变成自恋型人格障碍。

第二类防御性自尊与能力感高、价值感低有关。这类防御性自尊者对质疑自己价值的批评极其敏感，因为他们在内心深处觉得自己没有多大价值。感觉自身价值受到质疑时，他们就会焦虑；为了处理这种焦虑，他们就会全身心地投入到工作中，取得一系列杰出成就（运用升华防御机制）。他们的工作狂行为反映出，他们企图用高成就来弥补低价值感。或者，当感觉自身价值受到威胁时，他们就会出现恃强凌弱行为和不当攻击行为（运用反社会行为化防御机制）。

提高自尊

从 William James（1890）的自尊定义（自尊高低取决于成就抱负比）和 Chris Mruk（2006）的自尊模型（能力感高低与价值感高低共同决定自尊类型）派生出了很多提高自尊的策略。这些策略包括技能训练、环境改变、认知治疗以及利用有可能提高自尊的转折点。技能训练可以提高能力。提高自尊的项目也许会传授问题解决技能、社交技能、果敢技能、学习技能或工作技能，具体传授什么技能取决于受训者在哪个方面能力低。如果价值感低是由贫穷或社会弱势引起的，那就可以使用改变环境的策略来提高自尊。改变环境的策略具体包括再就业培训、换工作或者搬家。如果价值感低是由不切实际的抱负造成的，那么就可以用认知治疗来挑战这些不切实际的抱负。低自尊者有认知偏差，倾向于过滤掉与消极自我评价不一致的正面反馈，而认知治疗可以帮助他们矫正这种认知偏差（Swann，1997）。低自尊者只有掌握了挑战过高抱负和矫正消极偏差的技能，才能接受积极的自我反馈，认识到新习得的问题解决技能或社交技能带来的成就的价值，或者利用有可能提高自尊的人生转折点，比如换工作，换住所，或者从大学毕业。

越来越多的证据表明，自尊提高项目是有效的，特别是对年轻人而言。Haney 和 Durlak（1998）对 116 个研究做了元分析后发现：针对儿童和青少年的自尊提高项目是中等有效的（$d = 0.57$）。他们还发现：治疗项目比预防项目更有效，特别是当治疗项目有清晰的逻辑时。Durlak 等人（2010）的另一个元分析发现，与控制组相比，参加了课余个人和社会性发展项目的儿童和青少年，其自尊有了显著的提高。他们的学习成绩、社会行为以及与学校工作人员的关系也有了改善。有效的项目针对具体的目标，运用主动学习技术，按连贯顺序向儿童和青少年传授定义清晰的个人和社会技能。有证据表明，一些用于提高成人自尊的具体干预是有效的。Spence 等人（2005）对 113 个研究做了元分析后发现：参加体育锻炼会使人们的自尊水平稍有提高（$d = 0.23$）。那些参加了锻炼和生活方式改变项目后感到身体健康有了显著变化的人，自尊提高幅度较大。

自尊反映了人们对自我价值的总体评价，而自我效能感反映的是人们对具体领域能力高低的评价。下面将讨论自我效能感。

自我效能感

斯坦福大学的 Albert Bandura 教授创立了社会学习理论，其中包括自我效能感理论（Bandura，1997，2008；Maddux，2009）。自我效能感指个体对自己是否有能力在某个领域有效完成任务、实现某个目标的信念。自我效能感对生活有很强的引导作用，因为我们一般会去做那些我们相信自己会做好的事情，不愿去做那些我们认为自己做不好的事情。根据 Bandura 的理论，在任何一个领域，自我效能感（或对自己能力的判断）都决定着行动结果预期。如果我们预期行动会成功，那么我们就有动力去行动。如果我们预期行动不会成功，那么我们就没有动力去行动。自我效能感和行动结果预期决定行为表现，行为表现进而导致某些结果。例如，我判断，我能在每小时40千米的风速下驾驶我那条4米长的小船绕赛道一圈赢得比赛，这是自我效能感；我预期，做到这点后，我会有身体快感，让对手佩服，让自己满意，身体快感、对手佩服和自己满意分别是对行动的身体结果、社会结果和自我评价结果的预期；驾船绕赛道一圈是行为表现，不同于行为表现带来的结果。图7.2（Bandura，1997）描绘了这个理论。任何一个领域的自我效能感，都在水平、强度和概化度这三个维度上有所不同。自我效能感决定了人们对行为表现之结果的预期。行为表现的结果可能包括三个方面：身体的、社会的和自我评价的。身体结果、社会结果好理解；自我评价结果是指，如果做得好，个体将会怎么评价自己，如果做得不好又会怎么评价自己。结果有消极、积极之分，且不是二分的，而是渐变的。行为表现不一定总会影响行为结果。例如，很多工作（例如爱尔兰的公共服务工作），干好干坏与工资高低没有关系。然而，如果表现与结果有联系，那么自我效能感就能用来预测预期结果和实际结果。这一点对工作、学习和习惯控制（比如减肥、戒毒、遵守医嘱、管理焦虑）等很多事情来说都是成立的。

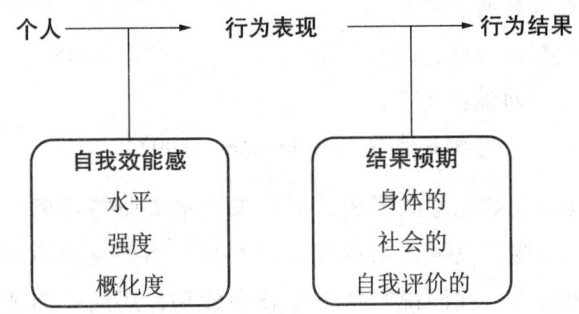

图 7.2　自我效能感与结果预期的关系

自我效能感与自尊的区别在于：自尊反映了对个人价值的判断，而自我效能感反映了对个人能力的判断。它们是相互独立的概念。自尊影响总体情绪，而自我效能感影响具体任务的执行。

根据 Bandura 的自我效能感理论，自我效能感、行为和外部环境这三者之间存在相互作用。要预测个体在给定领域的行为表现，最好使用领域针对性自我效能感量表。这种量表通常只有一道题，比如"你认为你能把（这个领域的）任务完成得多么好"（请用百分制评分，0 表示很差，100 表示很好）。用这种方式测量的自我效能感，比用通用量表测量的自我概念或自尊更能预测行为表现（Bandura，1997）。

自我效能感的测量

自我效能感反映了我们对自己在某个条件下能够多么有效地运用某个技能持有什么信念。从定义上看，自我效能感的测量要针对具体领域（Bardura，1997）。因此，我们可以测量我们对自己抵抗性传播疾病的能力持有什么样的信念，或者测量我们对自己在暴风雨下驾驶小船的能力持有什么样的信念。这些不同领域的自我效能感可以用具有领域针对性的单题百分制量表来测量。

自我效能感的来源

自我效能感受以下四种信息的影响：

1. 成败经验；
2. 代替性经验；
3. 言语劝说；
4. 情绪状态和身体状态（Bandura，1997）。

韧性自我效能感的形成，可以来自本人坚持不懈克服障碍、实现目标的成功经验，也可以来自观看别人坚持不懈克服障碍、实现目标的过程。如果有人对我们说坚持下去就会成功，还给我们适度的挑战，让我们体验坚持就是胜利，那么我们的韧性自我效能感就会提高。最后，在身体好、心情好的时候坚持不懈地努力，我们更有可能相信自己会成功。

自我效能感的结果

自我效能感通过认知、动机、情绪和选择来调节机能状态（Bandura，1997，2008）。在认知水平上，自我效能感高的人在应对环境挑战时，认知资源更丰富、策略更灵活、执行更有效。他们眼光长远，对人生有规划。他们更关注环境中的潜在机遇，而非潜在风险。他们能够描绘成功愿景，并以此指导自己解决问题。

在动机水平上，自我效能感高的人设立具有挑战性的目标，并预期自己的努力会有收获。他们把失败归因于可控因素（比如努力不够、策略不当或者环境不利），而非不可控因素（比如能力不足）。他们还认为障碍是可以克服的，所以有动力坚持不懈地为实现目标而奋斗。

在情绪水平上，自我效能感高的人，把困难视做挑战，很少往坏处想，因此总能保持积极的情绪状态。自我效能感调节情绪状态的途径还有：促进人们解决问题，改变具有潜在威胁性的情境；让人们能够争取社会支持，缓冲压力的不良影响；促进人们使用自我安抚技术，比如幽默、放松和运动，来降低情境潜在威胁引起的生理唤醒。

自我效能感可以增强免疫系统的机能，提高身体健康水平和心理承受能力，促进心理社会适应。在一些领域，比如工作、运动、减肥、戒烟、禁酒和解决心理健康问题，提高自我效能感可以带来积极结果（Bandura，1997，2008；Maddux，2009）。

控制点、一般自我效能感、合意控制度、心理一致感和顽强性

很多与自我效能感有关的概念值得一提。第一个概念是控制点，它是由 Julian Rotter（1966）在 20 世纪 60 年代提出的，它在某些方面算得上是自我效能感和第三章所介绍过的乐观解释风格的先驱。在 Rotter 看来，不同的人对自己生活中发生的事情及其结果有不同的解释。对某些人来说，生活中多数事情的结果取决于个体在做这些事情时的努力程度，所以他们相信自己能够对事情的发展与结果进行控制，此类人的控制点在内部，称为内控者。另外一些人认为生活中多数事情的结果是个人不能控制的各种外部力量造成的，他们相信社会的安排，相信命运和机遇等因素决定了自己的状况，而个人努力无济于事，这类人倾向于放弃对自己生活的责任，认为控制点在个人的外部，称为外控者。大量研究结果表明，在心理适应和身体健康方面，内控者优于外控者（e.g., Fournier & Jeanrie, 2003; Lefcourt, 1982）。测量内控点的工具已经开发了很多，包括 Rotter 最早的内外控量表（I-E Scale, 1996）和儿童控制点量表（Locus of Control for Children; Nowicki & Strickland, 1973）。因素分析表明，控制点是多维的，不同的因素分别代表个人认为事件由不同的力量控制，这些力量包括自我、随机、命运或者强大的他人。于是，就有人编制了多维量表，比如多维控制点量表（Multidimensional Locus of Control Scale; Levenson, 1973）和多维健康控制点量表（Multidimensional Health Locus of Control Scale; Wallston et al., 1978）。这反映出了一种趋势：研究者逐渐认识到，控制点具有领域针对性，即与具体事件有关。这个观点在 Bandura（1997）的自我效能感理论里得到了终极表达。尽管 Bandura 坚持认为自我效能感具有很强的领域针对性，但还是有人开发出了一般自我效能感量表，来测量人们对自己能够多么有效地控制环境所持的总体信念（Sherer et al., 1982）。还有人开发出了一些量表来测量其他有关控制的信念体系，比如合意控制度（Desirability of control），即认为多大程度的控制是合适的。控制感能够带来多大好处，部分取决于合意控制度。Antonovsky（1993）开发了量表用于测量心理一致感

(Sense of Coherence)，这个概念与巨大创伤（比如战争逃难）之后的复原情况有关。他的心理一致感量表测量人们在多大程度上觉得生活是有意义的、可理解的和可控制的，其中的可控度与其他有关控制的概念有很多共同之处。Kobasa（1979）开发了量表以测量顽强性，这个概念指个体在重压下仍然保持健康和幸福的倾向。他的顽强性量表测量人们在多大程度上认为生活的重要方面是可控的，在多大程度上预期生活必然存在挑战，在多大程度上努力寻找生活的意义。总的来说，研究表明，那些旨在提高个人对身心障碍控制感的干预项目是有效的（Thompson, 2009）。

认识到迎接人生挑战（不管是自身方面的还是环境方面的）的方式有很多种，对防御机制和应对策略心理学非常重要。下面就讨论防御机制和应对策略。

防御机制

防御机制和应对策略这两个概念都可以解释我们如何保护自己不被强烈的消极情绪（比如焦虑和沮丧）击垮。然而，这两个概念及其指代的心理过程存在较大的区别。应对策略是认知行为学派提出的概念，指个体如何有意识地应对那种外部要求（比如考试）超过个人资源（比如对考试内容的记忆）的情境。防御机制是精神分析学派提出的概念，指个体如何无意识地调节自身因素（比如创伤记忆，或者不可接受的性冲动或攻击冲动）引起的消极情绪。

防御机制的概念是精神分析的创始人 Sigmund Freud（1856—1939）引入现代心理学的。Freud 提出了多种多样的理论，可是自始至终都在用不同方式表达这么一个核心观点：人们无意识地运用多种多样的心理手段来驱赶、歪曲或掩盖不可接受的本能和想法，阻止它们进入意识。他的女儿 Anna（1895—1982）把他提出的各种防御机制加以总结和延伸，写进了一本颇具影响力的书中。这本书就是《自我和防御机制》（*The Ego and the Mechanisms of Defence*），出版于 1936 年。有关她列出的大部分防御机制以及 20 世纪下半叶其他精神分析师提出的一些防御机制，定义见表 7.2（American Psychiatric Association, 2005）。

表 7.2 按成熟度排列的各种防御机制

级别	防御的特征	防御	调节内心冲突或外部威胁引起的消极情感的方式
非常有利于适应	在不可接受的冲动与亲社会愿望之间，或者在情境要求与应对资源之间实现平衡	预见	在冲突或压力出现之前，考虑将要产生的情绪反应及其结果，分析处理这些不良情绪的各种方案的利与弊。
		亲和	向他人寻求社会支持，将问题与他们分享，但不让他们为问题负责。
		利他	做出奉献（但不过多地牺牲），满足他人的需要，得到他人的感恩。
		幽默	用反讽或逗乐的方式重构引起冲突或压力的情境。
		果敢	用直接但不咄咄逼人的方式表达与冲突有关的想法或感受。
		自我观察	监控情境是如何导致冲突或压力的，利用监控所得矫正消极情感。
		升华	把冲突或压力引起的消极情绪能量导入社会接受的活动，比如工作、运动或艺术。
		压制	刻意地不去想冲突或压力。
心理抑制或妥协形成	阻止不可接受的愿望进入意识	代替	把对一个人的消极感受转移到另一个威胁性较小的人身上。
		分离	把对同一事物的情感体验与认知判断分离开来。
		理智化	过多使用抽象思维或概化来最小化冲突引起的不安感。
		情感隔离	只谈论冲突、创伤或压力的事实性细节，不触及与之相关的感受。
		反向形成	潜意识层面的想法、感受或愿望是不可接受的或不想要的，于是在意识层面采取与之相反的行为。
		压抑	把不想要的想法、感受或愿望排除在意识之外。
		解脱	用仪式或咒语在象征意义上否认或补偿不可接受的冲动。

续表

级别	防御的特征	防御	调节内心冲突或外部威胁引起的消极情感的方式
轻微歪曲形象	歪曲自我或他人的形象，以提高自尊	贬低	夸大自己或他人的消极特征。
		理想化	夸大自己或他人的积极特征。
		全能化	夸大自己的力量，以获得优越感。
拒不承认	阻止不可接受的冲动或观念进入意识，可能将其错误地归到外部因素，也可能不	否认	拒绝承认那些不愉快的现实。
		投射	把自己那些不可接受的想法、感受或愿望归到他人身上。
		合理化	为自己那些不可接受的想法、行为或冲动找一个似合理且能够让自己接受的理由。
严重歪曲形象		自闭性幻想	不去解决问题、寻求社会支持，而是沉迷于白日做梦或一厢情愿地幻想，以此处理情绪痛苦。
		投射性认同	把自己的攻击冲动归到他人身上，诱导出他人的攻击行为，然后自己予以反击，这样就为发泄自己的攻击冲动找到借口。
		分裂	不能把自己他人的积极特点与消极特点整合起来，要么把自己或他人看成"一无是处的坏人"，要么把自己或他人看成"十全十美的好人"。
行动	行动或退出行动	行为化	用不合适的行为表达潜意识层面的情绪体验。
		退缩	不与他人交往。
		求助—回绝	不断求助又拒绝他人的帮助，以表达不可接受的攻击冲动。
		被动攻击	用阴奉阴违来温和地表达对权威人物的敌意。

续表

级别	防御的特征	防御	调节内心冲突或外部威胁引起的消极情感的方式
防御性调节异常	没能成功调节冲突引起的消极情感，干是脱离现实	妄想性投射	把自己那些不可接受的想法、感受或愿望归到他人身上，到了非常极端的地步。
		精神病性否认	拒绝承认那些不愉快的现实，到了非常极端的地步。
		精神病性歪曲	歪曲现实，到了非常极端的地步。

防御至少有三种定义（Conte & Plutchik，1995；Cramer，2006；Valliant，2000）。Freud 在最初的著作中把防御定义为阻止创伤事件记忆（如性侵犯）进入意识从而避免再次体验与之有关的痛苦的方法。Freud 在后来的结构模型中把防御定义为自我用来处理本我（不可接受的性冲动或攻击冲动）与超我（良心、社会准则和自我理想）冲突所引起的焦虑的心理策略。因此，如果个体体验到一种不可接受的性冲动或攻击冲动，那么想到按这种冲动行事的后果就会体验到焦虑，因为这样行事违背了超我的约束。违背超我的约束，就要承受与内在过程（比如内疚）和外在过程（比如性行为或攻击行为的对象的愤怒和报复）有关的痛苦。防御机制正是用来调节或减轻焦虑以及其他与冲突相伴的消极情绪状态。

客体关系理论、自我心理学和人际精神分析理论对防御的看法稍有不同。这些理论把防御看做一种应对两个愿望相互冲突所引起的焦虑的方法。这两个愿望，一个指渴望表达不被养育者或者家庭或社会关系网络中的某个重要成员接受的某些方面的自我，另外一个指渴望通过遵从这些重要他人的禁令来维持他们的支持或者内射表征。例如，一个小孩生妈妈的气，一方面想直接表达愤怒，另一方面又害怕受到妈妈的惩罚或者自己感到内疚。为了调节这个冲突引起的消极情绪，他也许会使用原始防御机制被动攻击，同意做家务但故意做得很慢或很差；或者使用神经质防御机制进行代替，把愤怒转移到兄弟姐妹身上，跟他们打架；或者使用成熟防御机制，比如升华，做完家务后踢足球，通过体力活动释放与消极情绪有关的紧张能量。

这个例子表明，某些防御机制比其他防御机制更有利于适应。美国精神病学会《精神疾病诊断与统计手册》（DSM-IV-TR，American Psychiatric Association，2000）附录 B 列出了各种各样的防御机制，还把这些防御机制按成熟度分成了七个级别（见表 7.2）。这个列表的编制者是 George Vaillant 教授、Mardi Horowitz 教授、Bram Fridhandler 教授、S. Cooper 教授和 Michael Bond 教授，他们都是这个领域的一流研究者（Perry et al.，1998）。这个列表是在临床实践和实验研究的基础上编制的，包括了到目前为止对防御机制及其作用方式的所有认识。这个列表对防御的定义非常宽，既包括有意识的应对机制（如，果敢），又包括传统定义上的无意识的防御机制（如，压抑）。从这个列表中还可以看出，防御所调节的消极情感（比如焦虑或抑郁）既可能是内心冲突（不可接受的性冲动或攻击冲动与亲社会愿望之间的冲突）引起的，也可能是外在威胁（比如人际压力、物理危险、创伤事件）引起的。不同级别的防御机制通过不同的方式实现这个调节功能。

第一级是有利于适应的防御，这些防御机制调节消极情感的方式是，在不可接受的冲动与亲社会愿望之间或者在情境要求与应对资源之间实现平衡。这种平衡可以最大化满足的可能性。而且，实现平衡之时，相互冲突的冲动与愿望或者情境要求与应对资源以及相关的情绪都进入了意识层面。预见、亲和、利他、幽默、果敢、自我观察、升华和压制是适应性防御，在简要介绍列表中的其他几级防御后会详细讨论到。

第二级是含有心理抑制或妥协形成元素的防御，这些防御机制调节消极情感的方式是，阻止不可接受的愿望进入意识。这级防御的原型是压抑。这级的其他防御包括代替、分离、理智化、情感隔离、反向形成和解脱。

第三级是轻微歪曲自我或他人形象的防御，包括贬低、理想化和全能化。这些防御机制调节消极情感的方式是，夸大自我或盟友形象的积极方面，夸大他人形象的消极方面。这些防御在传统上被称作自恋，因为它们是自恋型人格的典型特征。这级的防御与第三章讨论过的乐观自我评价和积极幻想有关。

第四级包括否认、投射和合理化，这些防御机制调节消极情感的方式是拒不承认。

第五级是严重歪曲形象的防御。这级防御的原型是分裂，它调节消极情感的方式是，把某些人看成"一无是处的坏人"，并把不可接受的攻击冲动指向他们，同时把另外一些人看成"十全十美的好人"，并予以十分的敬意。这级防御在传统上被称做边缘行为，因为它们是边缘型人格的典型特征。

第六级是行动型防御，它们调节消极情感的方式是，通过行为把消极情感表达出来。这里的行为要么是攻击行为，要么是乱交行为，要么是社会退缩。

如果以上防御机制都没能成功调节冲突引起的消极情感，那么个体就会调用那些脱离现实的防御，比如妄想性投射、精神病性否认或精神病性歪曲。这就是第七级防御。

图7.3给出了一个模型，描述了防御是如何减轻冲突引起的焦虑和痛苦的。该模型实际上是对本节内容的总结。

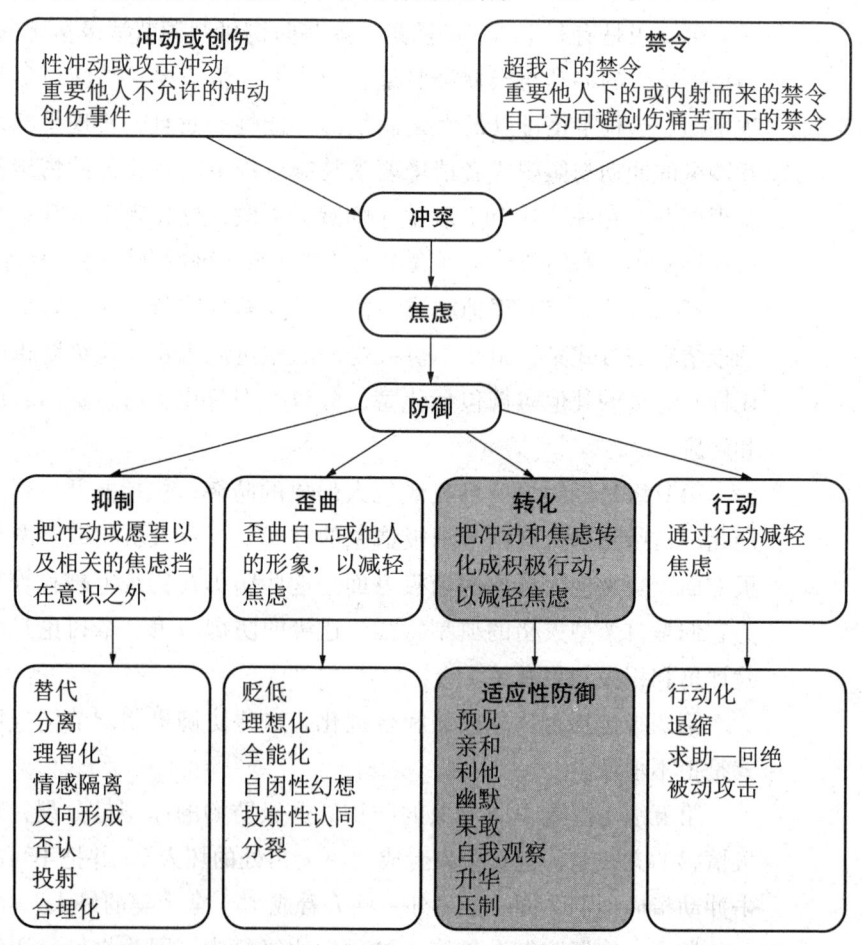

图7.3 冲突、焦虑和防御机制

适应性防御

预见、亲和、利他、幽默、果敢、自我观察、升华和压制属于适应性防御。为了阐明这些积极防御，我们会给出每种积极防御的定义，并各举一个例子。所有这些防御机制调节内心冲突或外在威胁引发的焦虑或抑郁的方式都是：把消极情感转化成积极行动。积极的适应性防御让我们"化悲愤为力量"，进而给我们的生活带来好处。Valliant（2000）认为，适应性防御把不可接受的冲动转化成积极行动，就好比把贱金属转化成黄金。

预见是指在冲突或压力出现之前考虑将要产生的情绪反应及其后果，分析处理这些不良情绪的各种方案的利与弊。预见既要在认知上设想冲突或压力引发的情绪，又要体验并调节这些情绪。例如，做帆船教练期间，我在风速中等的天气、相对安全的小湾中指导孩子们练习翻船时的应急反应，这样他们如果在强风天气、危险水域发生翻船，就能更好地调节焦虑。我这样做，不仅是训练他们如何处理翻船，而且是帮助他们把预见用做防御机制。

亲和是指向他人寻求社会支持，将问题与他们分享，但不让他们为问题负责，也不让他们为减轻问题所引起的痛苦负责。例如，一个女子上班受了气，下班后就给闺蜜打电话，诉说自己的内心冲突：一方面对上司怀有敌意，一方面又想在工作上表现得专业一些。这种亲和或寻求支持的防御机制可以增进友谊。就这点而言，这种防御机制具有转化性。后文会把寻求支持作为一种应对策略再次提出，第八章讨论积极关系时也会再次提及社会支持。

利他是指做出奉献（但不过多地牺牲），满足他人的需要，得到他人的感恩。例如，一个女子小时候受过身体虐待，成年后一方面对自己以及自己的孩子怀有敌意，另一方面又希望自己的行为符合道德标准，于是抽出一部分时间帮助遭受家庭暴力的儿童。

幽默作为一种防御机制是指用反讽或逗乐的方式重构引起冲突或压力的情境。例如，在歌曲《爱丽丝的饭店》中，阿尔洛·格思里遭到警方指控，因为警方在一堆非法垃圾里发现了一封写给阿尔洛的信。阿尔洛很想对逮捕自己的警官发脾气，可是又不能，于是感到焦虑。为了调节这个焦虑，阿尔洛说："警官，我不可能撒谎。我把信放在了垃圾山的最下面。"将焦虑和攻击转化成幽默，这对大家都有好处。

果敢是指用直接但不咄咄逼人的方式表达与冲突有关的想法或感受。例如，自己第二天要考试，可是令人生气的是，邻居在举行派对，音响开得很大，吵吵闹闹直至凌晨4点。为了调节自己的愤怒，我们可以坚持要求邻居调低音量。

自我观察是指监控情境是如何导致冲突或压力的，利用监控所得矫正消极情感。例如，一个人为圣诞节做准备，希望做到尽善尽美，结果脾气变得非常暴躁。注意到了这一点，这个人下次就不会苛刻地要求自己。

升华是指，把冲突或压力引起的消极情绪能量导入社会接受的活动，比如工作、运动或艺术。例如，儿童保护案件中的专家证人受到辩方律师恶意诘问时，可以把这种恶意诘问所引起的敌对情绪能量导入有氧运动，或者对此案件进行更专业的阐述。升华也是把没有得到满足的性欲转化成音乐和诗歌创作的防御机制。

压制是指刻意地不去想冲突或压力，例如，下班后与朋友出去喝酒，刻意地把上班期间与人争执引发的想法和感受抛诸脑后。压制是恬淡寡欲者和坚定沉着的英国人所提倡的一种防御机制。

适应性防御的相关因素

哈佛大学的George Vaillant教授（2000）对三类人群进行了一项长达50年的纵向研究，对被试进行了访谈和人生事件问卷调查，然后根据访谈记录和调查结果运用评定量表测评被试的几种积极防御，即利他、升华、压制、预见和幽默。他发现：积极防御的使用与性别、智商、受教育年限和父母社会经济地位没有关系；然而，成年早期的积极防御使用情况，可以用于预测中年时期的心理社会机能、社会支持、主观幸福感、婚姻满意度和收入。适应性防御的使用还与中年失能存在负相关，与重重生活压力下并不抑郁的韧性存在正相关。

适应性防御的发展

从进化角度看，防御具有重要的自我保护功能，因为防御可以防止冲动行事，进而避免他人的惩罚或报复造成的伤害。高适应性防御，不仅能够很好地履行这个功能，而且可以让个体在接受社会制约的前提下最大限度地满足个人需要。随着年龄的增长，人们使用的防御机制越来越高级、复杂（Cramer，2006）。很小的孩子就会使用简单的防御，比如否认。如果不能避开引起焦虑的情境，那么儿童就会用睡觉把消极感受挡在意识之外。青春期前，随着逻辑思维的发展，儿童就有足够的技能来使用更复杂的防御机制，比如投射（指责他人）、合理化（为发泄不可接受的冲动寻找借口）。青春期，随着抽象推理能力的发展，个体出现了更复杂的防御机制，如理智化。若童年时期遭遇逆境、虐待或创伤，个体就较难发展出成熟的防御机制。然而，我们现在并不确定适应性防御是如何发展以及何时发展的，也不确定促进其发展的条件是什么（Vaillant，2000）。

防御的测评

测评适应性防御机制的，既有评定量表，又有自陈量表。防御机制评定量表（Defence Mechanism Rating Scales；Perry & Kardos，1995）是现有的根据访谈记录客观评定防御的最佳工具。前面提到的Valliant（2000）在一个纵向研究中用到过这个量表的一个早期版本。表7.2所示的DSM-IV防御列表就是在这个量表的基础上编制的。严格意义上讲，防御无法用自陈量表测量，因为防御是在意识之外进行的。但是，有人尝试过用自陈问卷测量无意识防御机制的有意识衍生物。比较著名的有防御风格问卷（Defence Style Questionnaire；Bond & Wesley，1996）、反应评价工具（Response Evaluation Measure；Steiner et al.，2001）和防御机制轮廓分析（Defence Mechanism Profile；Johnson & Gold，1995），它们包含了测量适应性防御意识层面的分量表，有较好的心理测量属性。

防御机制评定量表

这个工具包括了对7个级别、共27种防御机制进行评定的量表。

1. 成熟的防御机制：亲和、利他、预见、幽默、果敢、自我观察、升华和压制；
2. 强迫型防御机制：隔离、理智化和解脱；
3. 其他神经质防御机制：压抑、分裂、反向形成和代替；
4. 轻微歪曲形象的自恋型防御机制：全能化、理想化和贬低；
5. 拒绝型防御机制：否认、投射、合理化和幻想；
6. 轻微歪曲形象的边缘型防御机制：分裂和投射性认同；
7. 行动型防御机制：行为化、被动攻击和疑病症（Perry & Kardos, 1995）。

评定量表包括明确的标准，参照这些标准就能根据访谈记录很好地判断是否存在防御，还能很好地把这种防御机制与那种防御机制区分开来。最后可得到在27种防御机制上的分数以及一个总体防御分数。量表信度居中，效标效度良好。量表得分与适应机能量表得分和心理健康量表得分存在相关。

防御风格问卷

这个自陈问卷（简称DSQ）总共包含88道题，测量四种防御风格，分别为：适应不良、形象歪曲、自我牺牲和适应良好（Bond & Wesley, 1996）。每种防御风格都由一些防御机制组成。适应不良型防御包括：被动攻击、投射、退化、抑制、投射性认同、行为化、躯体化、退缩、幻想、求助—回绝和解脱。形象歪曲型防御包括：全能化、贬低、否认、分裂、原始理想化、投射和隔离。自我牺牲型防御包括：假性利他、反向形成和否认。适应良好型防御包括：亲和、升华、幽默、预见和压制。这个问卷还包括一个社会称许反应量表。每道题的回答都是在9点利克特标尺上选一个数字（从"1=非常反对"到"9=非常同意"）。这四种防御风格按以下顺序落在一个从不健康到健康的连续体上：适应不良型、形象歪曲型、自我牺牲型、适应良好型。目前有多个样本的常模数据，这些样本包括非患者、边缘型人格障碍患者以及其他精神病患者。各分量表都具有合格的内部一致性信度和重测信度。各分量表得分与临床心理学家用防御机制评定量表进行评定的结果存在相关。患者在适应不良型防御上的得分显著高于正常人。对题目的因素分析得到了与四个分量表所测内容一致的四因素结构。这个问卷已经有了一个40道题的简版和一个60道题的简版（Ruuttu et al., 2006; Trijsburg et al., 2008）。

反应评价工具

使用71道题的反应评价工具（简称REM-71）可得到两个维度的分数，这两个维度分别是适应良好型或成熟防御、适应不良型或不成熟防御（Steiner et al., 2001）。适应良好型防御包括：情感隔离、压制、理智化、幽默、反向形成、利他和理想化。适应不良型防御包括：代替、分离、行为化、投射、分裂、幻想、被动攻击、解脱、压抑、躯体化、退缩、升华、转化和全能化。开发REM-71的目的是克服DSQ的某些缺点，因此REM-71在很多方面优于DSQ。REM-71的题目比DSQ的题目简单；DSQ有些题目的措辞过于病态学，而REM-71避免了这一点；DSQ有些题目涉及结果（我做X是为了实现Y），REM-71就没有使用这些题目，避免了因变量与自变量的混淆；REM-71各个量表的题目数大致相同（3道题或4道题），而且各量表的题目都混在一起被随机排序。各种因素分析研究一致发现，REM-71具有一个两因素结构；测量各因素的量表信度较好；各因素的得分像预期一样与适应得分之间存在相关。REM-71已经有了青少年版（Araujo et al., 2006）。

防御机制轮廓分析

这个问卷包括40个完成句子题，有14个分量表（每个分量表有一个得分），这14个分量表聚成了四类：

1. 缓解紧张：身体失调、间接失调、身体驱逐和言语驱逐；
2. 早期防御：否认和退缩；
3. 中间防御：解脱、代替、对抗自我、反向形成和补偿；
4. 高级防御：代替、合理化和理智化（Johnson & Gold, 1995）。

这套测验的每道题目都描述了一种引起冲突或紧张的情境，并留了一个空用于作答。评分者可以根据一个明确的标准判断答案属于14种防御中的哪一种或哪几种。测验具有良好的评分者信度和重测信度，其同时效度也得到了一些证据的支持。

应对策略

防御机制的使用一般是无意识的,而应对策略的使用一般是有意识的。应对策略是个人有意识地用来管理那种外在要求超过个人资源的压力情境的方法(Aldwin et al.,2010)。应对模型有很多个,不同模型的复杂性和针对性是不同的。图 7.4 给出了 Rudolph Moos 的应对过程模型修订版(Holahan,Moos & Schaefer,1996)。这个模型的复杂性居中,针对性偏低(通用)。根据这个模型,环境系统(特别是社会支持和压力)和个人系统(比如心理、气质和神经生理方面的特质以及人口统计学属性)是相对稳定的,它们影响着生活境况的变化(比如人生危机和转折点)。所有这些因素通过认知评价和应对,以及相关的神经生理应激和应对过程,既直接又间接地影响着健康和幸福。支撑应激和应对过程的是杏仁核、前额皮层、交感神经系统和下丘脑—垂体—肾上腺轴的活动(Taylor & Stanton,2007)。在这个模型里,应对居于核心位置,说明应对起着核心作用。认知评价和应对过程与神经生理应激和应

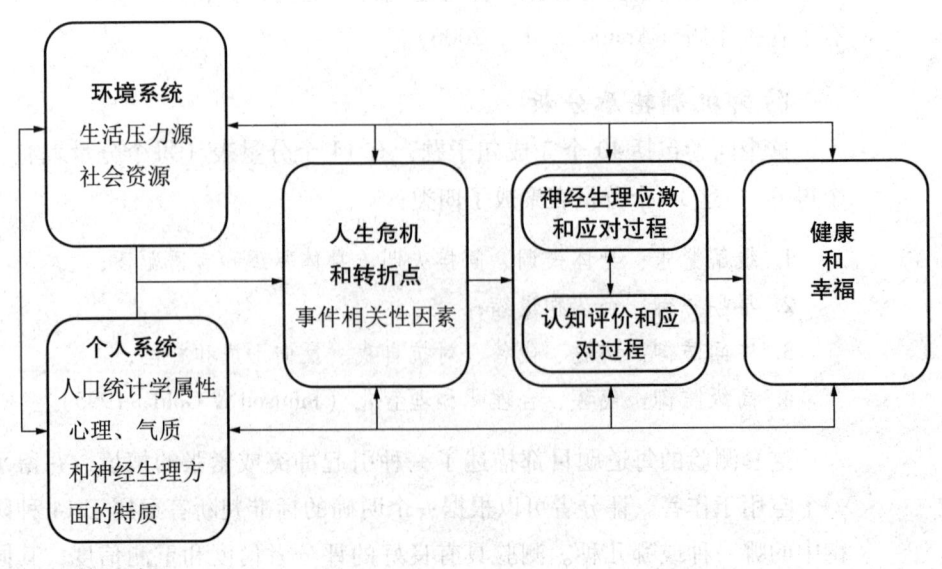

图 7.4 应对过程

对过程之间的双向箭头表明，应激和应对过程的任何一个阶段都有可能出现相互反馈。这个 Moos 模型的修订版整合了早期的个性模型和情境模型（Holahan et al.，1996）。个性模型强调相对稳定的个人因素决定应对策略的选择和有效性，而情境模型认为应对策略的选择和有效性在很大程度上由压力的性质以及对压力的评价来决定。

应激和应对方面的文献中对应对策略的分类方式多种多样（Skinner et al.，2003）。一个有用的分类方式是，把应对策略划分成问题聚焦型、情绪聚焦型和回避型（Zeidner & Endler，1996）。情绪聚焦型应对策略适用于调节不可控压力源（例如丧亲）引起的消极情绪。可控压力源（比如大学考试或工作面试）引起的消极情绪，最好使用问题聚焦型应对策略来调节，因为这类应对策略直接针对压力源施加影响。如果来不及调动个人资源进行积极应对，那就更适合使用回避型策略。所有这三类应对策略都可分为有效的和无效的。表 7.3（Zeidner & Endler，1996）列出了一些常见的有效的或无效的应对策略。

表 7.3　有效和无效的问题聚焦型、情绪聚焦型和回避型应对策略

类型	目标	有效的	无效的
问题聚焦型	解决问题	• 为解决问题承担责任 • 查找准确信息 • 寻求可靠的建议和帮助 • 制订切合实际的行动计划 • 贯彻落实行动计划 • 推迟干扰性活动 • 对自己解决问题的能力保持乐观	• 不为问题解决承担责任 • 查找不准确的信息 • 寻求不可靠的建议和支持 • 制订不切实际的行动计划 • 不贯彻落实行动计划 • 拖延 • 对自己解决问题的能力保持悲观
情绪聚焦型	调节情绪	• 建立并维持能够提供支持、表示共情的友谊 • 寻求有意义的精神支持 • 宣泄和情绪加工 • 重构和认知重组 • 幽默地看待压力 • 放松练习 • 身体锻炼	• 建立并维持不利于个人成长的关系 • 寻求无意义的精神支持 • 一厢情愿地幻想 • 一直否认 • 过分认真地看待压力 • 酗酒、吸毒 • 攻击行为

续表

类型	目标	有效的	无效的
回避型	避开压力源	● 暂时在心理上脱离压力情境 ● 暂时做其他事情转移注意力 ● 暂时与朋友玩耍以抛却烦恼	● 一直在心理上脱离压力情境 ● 一直做其他事情转移注意力 ● 一直与朋友玩耍以抛却烦恼

  有效的问题聚焦型应对策略包括：为解决问题承担责任，查找准确信息，寻求可靠的建议和帮助，制订切合实际的行动计划，独自或在他人帮助下执行计划，为把注意力始终集中在问题解决上而推迟干扰性活动，以及对自己解决问题的能力保持乐观。乐观在第三章讨论过，对问题解决型应对策略非常重要的个性特征，作为个性优势的创造性和智慧在第二章讨论过，作为能力的创造力在第六章讨论过。第二章还指出过，在外倾性和责任心上得高分的人，倾向于使用问题聚焦型应对策略。

  无效的问题聚焦型应对策略包括：不为问题解决承担责任，查找不准确或没有用的信息，寻求不可靠的支持和建议（比如找人算命），制订不切实际的行动计划（比如买彩票中大奖），不落实计划，拖延，以及对自己解决问题的能力保持悲观。

  当压力源是不可控的时候，则适合使用情绪聚焦型应对策略，比如建立并维持能够提供支持、表示共情的友谊，特别是找到能说心里话的知己。这种应对策略的形成，关键是具有安全型依恋风格和共情能力（Cassidy & Shaver, 2008）。在第五章讨论情商时讨论过依恋，第八章讨论积极关系时还会继续讨论。与寻求社会支持有关的情绪聚焦型应对策略是宣泄，宣泄是指在亲密之人面前，用言语详细地表达强烈的情绪体验，体味那些饱含情绪的想法和记忆。另外一种情绪聚焦型应对策略是寻求有意义的精神支持。重构、认知重组和幽默这几种情绪聚焦型应对策略，则是通过换种方式看待情境来减轻焦虑。重构和认知重组既可以是宣泄的一部分，也可以完全独立于宣泄。放松练习和身体锻炼这两种情绪聚焦型应对策略，则是非常刻意地调节情绪。支持、宣泄、重构、幽默、放松和运动这些应对策略对压力源没有任何影响，但是可以调节因暴露在压力源之下而产生的消极情绪。

  无效的情绪聚焦型应对策略包括：建立并维持不利于个人成长的关

系，寻求对个人没有意义的精神支持，一厢情愿地幻想，一直否认，过分认真地看待压力，酗酒、吸毒，攻击行为。无效的应对策略从短期来看可以缓解不良情绪，但从长期来看，并不能缓解甚至会加重不良情绪。

有效的回避型应对策略包括在心理上脱离压力情境、暂时做其他事情转移注意力，以及暂时与朋友玩耍以抛却烦恼。例如，下班后就不再想工作中的烦恼，在手术之前的等候过程中听音乐，在拜访重要人物之前为了缓解紧张而与路上碰到的陌生人攀谈。这些回避型应对策略如果长期使用下去，就会失去效果。

应对的测评

不管是对成人还是对青少年而言，测量应对的工具都有很多（Skinner et al., 2003; Sveinbjornsdottir & Thorsteinsson, 2008）。下面介绍一些心理测量属性为中上水平的工具：应对方式问卷（Ways of Coping Questionnaire, 简称 WCQ; Folkman & Lazarus, 1988）、应对机制量表（Functional Dimension of Coping Scale, 简称 FDCS; Ferguson & Cox, 1997）、压力情境应对问卷（Coping Inventory for Stressful Situations, 简称 CISS; Endler & Parker, 1999）、问题经历应对取向量表（Coping Orientation to Problem Experienced Scale, 简称 COPE; Carver et al., 1989）、应对反应问卷（Coping Response Inventory, 简称 CRI; Moos, 1993a, 1993b）、青少年问题经历应对取向量表（Adolescent Coping Orientation for Problem Experience, 简称 A-COPE; Patterson & McCubbin, 1987）和青少年应对量表（Adolescent Coping Scale, 简称 ACS, Frydenberg, & Lewis, 1993）。有的工具是测量一般应对风格（即总体上倾向使用什么应对策略），有的工具是测量特殊应对风格（即在一些具体情境中倾向于使用什么应对策略）（Parker & Wood, 2008）。下面在介绍每个工具时会指出它们各自属于什么类型。所有这些工具都包含测量问题聚焦型应对、情绪聚焦型应对和回避型应对的分量表。

应对方式问卷

应对方式问卷（WCQ）是压力与应对领域使用最广的研究工具，测量的是特殊应对风格。它有八个应对维度并相应产生八个维度分，这些维度分别是：筹划解决、迎难而上、隔离问题、自我控制、寻求支持、承担责任、逃避—回避和积极评价（Folkman & Lazarus, 1988）。每道题都要求受测者根据前一周的实际压力经历在四点利克特标尺上选一个数字作为答案。

应对机制量表

应对机制量表（FDCS）测量特殊应对风格。填写 FDCS 时，受测者首先需要给一个压力情境或事件命名，然后具体写出自己是如何应对这个压力情境或事件的（Ferguson & Cox, 1997）；之后，受测者阅读 16 个代表应对机制的陈述，并根据自己的情况给每个陈述评分。这 16 个陈述一共涉及四个因素，并相应产生四个维度分，这些维度分别是：趋近、回避、重新评价、情绪调节。很多研究都重复得到了这个四因素结构。

压力情境应对问卷

压力情境应对问卷（CISS）测量一般应对风格，几个分量表分别测量任务导向型应对、情绪导向型应对和回避型应对。其中的回避型应对又分为靠任务转移注意力和靠社交转移注意力两种（Endler & Parker, 1009）。每道题都指向一个应对方式，受测者在五点利克特标尺上选一个数字，表示使用这个方式应对压力情境的频率。这个问卷具有稳定的因素结构。

问题经历应对取向量表

问题经历应对取向量表（COPE）测量倾向性应对风格。它包括 15 个分量表，分别测量：主动、计划、抑制干扰活动、约束、寻求工具性支持、寻求情绪性支持、积极重释与成长、接受、虔诚、情绪聚焦与发泄、否认、行为脱离、心理脱离、幽默看待压力源和物质使用（Carver et al., 1989）。这个量表有一个更简洁的修订版（简称 R-COPE; Zuckerman & Gagne, 2003）。R-COPE 具有一个稳定的五因素结构，这五个因素分别是：自助、趋近、调适、回避和自罚。

应对反应问卷

应对反应问卷（CRI）测量一般应对风格。它测量八个维度（每个维度有一个得分）：逻辑分析、问题解决、积极重评、寻求建议和支持、认知回避、接受或放弃、寻求代替奖励和情绪宣泄（Moos，1993）。这套问卷有成人版和青少年版，还有实际版和理想版。实际版测量实际使用的应对策略，理想版测量偏爱的应对策略。

青少年问题经历应对取向量表

青少年问题经历应对取向量表（A-COPE）测量青少年的一般应对风格，一共包含12个维度：疏通感受、寻求转移、培养自立和乐观、发展社会支持、解决家庭问题、逃避问题、寻求精神支持、结交好友、寻找专业支持、参加专注性活动、幽默以及放松（Patterson & McCubbin, 1987）。

青少年应对量表

青少年应对量表（ACS）既有测量一般应对风格的版本，又有测量特殊应对风格的版本（Frydenberg & Lewis，1993）。ACS 包括18个分量表，这18个分量表可以分成三组，分别测量问题聚焦型应对、求助他人型应对和无效型应对。问题聚焦型应对策略包括专心解决问题、娱乐消遣、放松练习、结交好友、寻求归属、努力工作取得成就和关注积极一面。求助他人型应对包括寻求社会支持、寻求精神支持、寻求专业帮助和参加社交活动。无效型应对策略包括担忧、妄想、不应对、忽略问题、缓解紧张、把问题埋在心底和自我责备。

具体的应对策略

本章余下部分将介绍有关具体应对策略的研究。问题聚焦型应对策略部分将主要讨论问题解决；情绪聚焦型应对策略部分将详细介绍社会支持、宣泄和哭泣，简要介绍信仰、冥想、放松、运动、重构和幽默等；回避型应对策略部分将讨论转移注意力。

问题解决

对生活当中多种多样相对可控的挑战和压力而言，问题解决型应对有助于改善身心健康状况、提高幸福水平（Aldwin et al., 2010）。另外，问题解决技能培训能够促进心理适应（D'Zurilla & Nezu, 2006）。在一个包括 31 个研究、涉及 2895 个被试的元分析中，Malouff 等人（2007）发现，问题解决治疗的有效性显著高于没有治疗（$d = 1.37$）、普通治疗（$d = 0.54$）和注意安慰剂干预（$d = 0.54$）。

测量问题解决能力和风格，可以使用 Paul Heppner（1988）的问题解决问卷（Problem-Solving Inventory）——该领域使用最广的工具之一。一系列研究充分证明，这个工具所测量的问题解决评估与身体健康、心理健康和社会适应呈正相关，与抑郁、无助、自杀倾向、物质滥用和惩罚型教养风格呈负相关（Heppner & Lee, 2009）。

问题聚焦型应对策略的核心——问题解决技能，可以被明确划分为几个步骤（D'Zurilla & Nezu, 2006）。第一步，把模糊的大问题划分成具体的小问题，用有利于解决的方式加以定义；第二步，提出各种可能的解决方案，这时不加评判，方案提得越多越好；第三步，分析各个方案的优势和劣势、成本和收益，选出最好的那个做成行动计划；第四步，执行行动计划；第五步，根据预设目标评价方案的有效性。如果问题仍然没有解决，那么在分析原因之后重复以上步骤继续解决问题。

社会支持

从进化角度来看，群体生活可以给人类提供很多好处。它有助于对抗凶禽猛兽，还提供了一种分工合作的环境（比如，有的打猎，有的采果子，有的看孩子），这些最终都有利于物种的生存。群体生活还有一些意料之外的好处。社会关系的数量和质量强烈影响健康。社会支持网络越大、与网络成员的社会连接越强的人，其身心健康状况越好，越少生病和抑郁，越容易从身体疾病和心理问题中恢复过来，死亡风险越低（Dickerson & Zoccola, 2009; Taylor, 2007）。

相关文献对感知到的社会支持和实得的社会支持做了区分（Pierce et al., 1996）。感知到的社会支持是指，人们预期将来自己需要支持时他人所能够提供的情绪性或工具性支持。实得的社会支持是指，人们过去在支持性人际关系和社会支持网络里实际得到的支持。支持性人际关系是指，在人们需要之时能够提供情绪性或工具性支持的二元社会连接。一个人所有的支持性人际关系交织在一起，就构成了这个人的社会支持网络。

感知到的社会支持简称社会支持感，其较好的测量工具包括完整版和简易版的社会支持问卷（Social Support Questionnaire；Sarason et al.，1983；Sarason et al.，1987）和社会支持感多维量表（Multidimensional Scale of Perceived Social Support；Dahlem et al.，1991）。社会支持感高的人有着特色鲜明的人格轮廓（Pierce et al.，1996）。他们提前做好准备，因而较少陷入麻烦；拥有更有效的应对技能；擅长经营人际关系，因而在需要之时能够迅速获得帮助。这些特点有可能是儿童时期的安全依恋发展到成年时期的结果。讽刺的是，社会支持感高的人因为其自信且拥有有效的应对技能，所以很有可能较少需要寻求社会支持。

测量支持性人际关系的质量，可以用支持性人际关系质量问卷（Quality of Supportive Relationships Inventory；Pierce et al.，1991）。这个问卷所测量的概念类似于但不同于社会支持感。与社会支持感相比，支持性人际关系质量与孤独感的负相关更强。对夫妻来说，婚姻关系中的支持可以让人更不容易把具有挑战性的生活事件体验为压力，婚姻关系支持质量的高低决定了他们应对压力事件时可以获得多少帮助。婴儿时期和儿童时期与养育者形成了安全依恋的人，成年之后将更擅长建立并维持高质量的支持性人际关系。

不把个体视做孤立存在，结合个体所在的社会支持网络进行干预，就更有可能提高社会支持感和支持性人际关系的质量。这样的干预包括婚姻家庭治疗，对儿童、家庭及其社会关系网络的多系统治疗，以及关注个体、家庭及其所在社区的多系统干预项目等（Carr，2009a，2009b）。

宣泄

当个体面对自己应对不了的创伤或挑战时，如果设法将其抛在脑后或埋在心底，就容易损害健康。受过虐待、遭到侵犯或者失去亲人后，没处理过与这些事件有关的记忆的人与处理过的人相比，前者身体更差、更容易生病、更常看医生（Nyklicek et al.，2004）。

处理创伤记忆的方式有很多种，所有有效的方式都涉及记住创伤，把创伤记忆留在意识层面，容忍创伤记忆引起的焦虑，同时把创伤记忆整合到自我认识当中（Briere & Scott, 2006; Niederhoffer & Pennebaker, 2009; Nyklicek et al., 2004; Stanton et al., 2009）。这种应对机制涉及持续性直面创伤记忆。一般的做法是讲述创伤经历，讲述要生动，以重新体验创伤经历。传统上把在充满信任的人际关系里复述创伤经历、进而从创伤中解脱出来的过程叫做宣泄。Stanton 等人（2000）把这个过程叫做情绪取向型应对，还编制了一个量表来测量这个概念。这个量表包括两个分量表，分别测量情绪加工和情绪表达。使用了这个量表的研究表明，情绪取向型应对有利于人们适应包括不孕、性侵犯和乳腺癌在内的压力源。

得克萨斯大学奥斯汀分校的 James Pennebaker 教授花了 20 多年时间研究用写作复述创伤记忆的效果（Niederhoffer & Pennebaker, 2009）。在这些年的研究中，他邀请了来自各种不同群体（学生、灾难幸存者、各种创伤的受害者、最近遭到解雇的人）的人参加写作实验。在实验中，被试连续四天参观实验室，在不受任何干扰的状态下写作 15 分钟。一般而言，研究者会随机分配一半被试到实验组（写创伤经历），分配另外一半被试到控制组（写非创伤经历，通常是关于前 24 小时做过的琐事）。实验组的人要详细而无保留地写创伤经历，他们在研究者的指导下，把内心最深处与创伤有关的想法和感受毫无保留地写出来。

实验结束后，研究者每 6 个月对被试进行一次追踪调查，并且比较了两组被试的健康状况。结果显示，与写琐碎事件的被试相比，写创伤经历的被试，其免疫系统运行情况更好，健康状况更好，更少看病。

这些研究的结果清楚地显示了宣泄与健康的关系。我们应该定期写下自己面临的困难，写的时候要一鼓作气，不要顾及语法、拼写或形式。我们既应该写下情境的客观事实性细节，也该写下内心最深处与之有关的想法和感受。做这些的时候，要专门抽出时间，不让任何事、任何人来打扰。写的东西只给自己看，不给朋友或知己看，因为只有这样才能写出完全忠实于自己内心的东西。刚刚写完的时候，你很有可能觉得悲伤或忧郁，但是长期来看，这个练习对健康是有益的。

写下或讲述创伤事件是如何促进健康的？也许是通过让储存在杏仁核内饱含情绪的记忆转化成储存在海马回内少含情绪的记忆，从而达到这一效果的。这样，遇到勾起事件记忆的线索时，我们就可以选择回忆海马回内少含情绪的那个版本。这个假设意味着：宣泄有助于形成一条绕过杏仁核的记忆通路；然而，它并没消除储存在杏仁核内饱含情绪的记忆，遇到强线索时，这些记忆还是会被激活。这个假设亟待检验。

哭泣

很多实证研究证实，在有些但不是所有情况下，哭泣可以立即释放情绪、暂时舒缓紧张（Rottenberg et al., 2008）。在自然（而非实验室）背景下，可以获得社会支持时，遇到的是可解决的问题时，自由表达情绪并不觉得尴尬时，并不抑郁也不焦虑之时，哭泣更有可能是有益的。在其他情况下，哭泣则可能带来更多痛苦。在述情障碍量表上得高分、很难理解情绪的人，往往不能从哭泣中受益（述情障碍在第五章讨论过）。短期来看，哭泣对大部分人有益，对大约 1/3 的人无益，对大约 1/10 的人有害。创伤之后的哭泣从长期来看会促进心理适应和身体健康这一流行观念并没有得到什么支持证据（Vingerhoets & Cornelius, 2001）。但这并不意味着哭泣从长期来看是有害的或者只有有限的积极作用。事实是，目前没有什么人专门研究过这个重要的主题。哭泣倾向存在很大的个体差异，这种个体差异可以用量表测量，比如成人哭泣问卷（Adult Crying Inventory; Vingerhoets & Cornelius, 2001）。这种个体差异与文化、性别、年龄、社会化和人格有关。儿童、女性以及那些在社会化作用下认为哭泣是可以接受的人，更容易哭泣。在神经质、外倾性和共情这些特质上得高分的人，更容易哭泣。哭泣倾向还随身心健康状况的变化而变化，例如，疲倦时、怀孕时、月经前、抑郁时或沮丧时，人们比平常更容易哭泣。在个人的哭泣倾向之外，情境因素也影响着哭泣行为。他人在场可能抑制哭泣，也可能鼓励哭泣，到底是抑制还是鼓励，取决于其所在的文化对涉及哭泣行为的情绪表达有何规范。哭泣对他人有强烈影响，可能招致同情或谴责，这反过来又可能影响哭泣。

信仰

第一章曾指出，幸福感与宗教活动投入度之间存在中等水平的相关（Myers et al., 2008）。在研究可能影响幸福感的宗教应对策略时，广泛使用的一个工具是宗教应对测评工具（Religions Coping Assessment Instrument; Pargament et al., 2000）。它包含 17 个分量表，有的测量积极的宗教应对策略，有的测量消极的宗教应对策略。积极应对策略包括上帝仁慈性重评（例如，我把我的境况看作上帝的安排）、向神职人员和教友寻求支持（例如，我向教友要求爱和关怀）和集体性宗教应对（例如，我充当上帝的工作搭档）。消极应对策略包括魔鬼作恶性重评（例如，我认为我的境况是魔鬼造成的）、上帝惩罚性重评（例如，我认为上帝是在惩罚我犯下的罪孽）和精神上的不满（例如，我怀疑上帝抛弃了我）。在一个包括 49 个研究、涉及 13000 多个被试的元分析中，Ano 和 Vasconcelles（2005）发现，积极宗教应对策略与适应良好相关，而消极宗教应对策略与适应不良相关。

冥想

无论面对的是不可控的压力源（如丧亲）还是可控的压力源（日常生活中的烦心事），我们都可以采用以下应对方式：把注意力集中在压力源以外的事情上，暂时逃开压力源，但并不否认压力源的存在。这是那些把东方的神秘冥想西方化了的技术的核心所在，这些技术包括 Jon Kabat-Zinn（1990，2005）的正念式减压超然冥想和 Herbert Benson（1975）的放松练习。所有这些技术都需要每天抽出一段时间不受打扰地静坐，然后接受多种多样的想法（积极的或消极的）进入意识，同时把注意力集中在此时此刻或者某个事物（比如呼吸或者咒文）上，观察但不参与那些想法进入、离开意识。在正念式冥想中，我们充当旁观者，静观想法在意识中经过。在这一过程中，我们意识到，我们的想法不等于我们自身，但是我们可以自由观察我们的想法。我们还意识到，我们的想法不等于现实，所以我们不必把它们当作真实的。

冥想就包括上述过程。大量实验研究证明，无论对健康的人还是对身体或精神有疾患的人，冥想都会提高即时和长期的心理幸福感（Bohlmeijer et al., 2010; Chiesa & Serretti, 2009; Murphy & Donovan, 1999; Shapiro, 2009）。冥想从短期来看会降低生理唤醒、引发积极精神状态；从中期来看会促进健康。短期生理变化包括心率和呼吸频率降低、自发皮肤电导率波动降低、皮质醇水平降低和脑电 α 波频率提高。冥想从长期来看可以促进一系列心理机能，包括认知机能、创造力和共情，还可以帮助调节一些疾病（比如高血压和慢性偏头痛）和心理问题（比如焦虑和压抑）。有个研究调查了一个针对慢性抑郁患者开发的正念式冥想项目的效果，发现参与了项目的被试与没有参与项目的被试相比，前者的复发率是后者的一半（Segal et al.，2002）。

放松

有研究证明，肌肉放松练习、呼吸练习、视觉化练习、自我暗示和生理反馈可以有效地降低生理唤醒、诱导出身心放松状态（Davis et al.，2008；Madders，1997）。所以这些放松技术可以用于管理压力反应，特别是不可控压力源引起的反应。在一个包括了27个研究的元分析中，Manzoni等人（2008）发现了一个 $d = 0.51$ 的效应值，表明放松训练可以显著减轻那些主要症状表现为焦虑的人的焦虑水平。现已证明，放松技术可以有效缓解焦虑、疼痛、高血压和其他压力反应（Sarafino，2002）。表7.4给出了放松、呼吸和视觉化练习的例子。

运动

一系列元分析表明，运动对有临床问题的人和无临床问题的人都有好处。在一个包括了105个研究的元分析中，Reed和Buck（2009）发现，定期的有氧运动带来了积极结果。这个元分析显示的最佳运动方案是，每天运动30~35分钟，每周运动3~5天，一共持续10~12周。在一个包括了56个研究的元分析中，Gillison等人（2009）发现，运动改善了康复之人身体上和心理上的生活质量。在一个包括了58个研究、涉及近3000个案例的元分析中，Rethorst等人（2009）发现体育锻炼减少了临床上抑郁之人的症状。其效应值是 $d = 0.8$，与心理治疗的一样；其中途退出率，进行体育运动的也与心理治疗的效果一样。在一个包括了49个研究的元分析中，Wipfli等人（2008）发现，体育锻炼项目显著减轻了焦虑障碍病人的症状，此处的效应值是 $d = 0.48$。

每日做运动，既有短期好处又有长期好处（Lox et al.，2006）。短期来看，运动会引起脑内啡释放。脑内啡是大脑内部产生的一种类似吗啡的化学物质，其释放会引起愉悦感。长期来看，运动会增强幸福感，其

表7.4 放松练习

放松练习

经过几周的每日练习后，你就有足够的技能运用这些练习摆脱身体的紧张状态。

- 每天抽出20分钟的每日练习这些放松练习。
- 每天在固定的时间和地点做这些放松练习。
- 开始之前，消除所有令人分心之物（通过调弱光线、调低音乐音量等），解开所有紧身穿戴（例如皮带、领带或者鞋子）。
- 闭上眼睛躺在床上或斜靠在舒服的椅子上。
- 练习开始和结束的时候，在说"放松"这个词的同时，深深吸气并慢慢呼气三次。
- 每项练习重复两次。
- 在练习过程中，如果有人在旁协助，那么让他们说话时使用平静而放松的语气。

部位	练习
手掌	握紧拳头，然后慢慢打开。注意手掌从紧张状态到放松状态的变化，然后让这种变化持续一段时间，直到手掌上的肌肉变得越来越放松。
手臂	弯曲手肘，让手臂可以碰到肩膀为止。接着，让手臂恢复到自然放松的位置上。注意手臂从紧张状态到放松状态的变化，然后让这种变化持续一段时间，直到手臂上的肌肉变得越来越放松。
肩膀	向耳垂方向耸起肩膀，然后让肩膀恢复到自然放松的位置上。注意肩膀从紧张状态到放松状态的变化，然后让这种变化持续一段时间，直到肩膀上的肌肉变得越来越放松。
腿	用力把脚趾朝下弯曲，然后让脚趾恢复到放松状态的位置上。注意腿的前部从紧张状态到放松状态的变化，然后让这种变化持续一段时间，直到腿后部的肌变得越来越放松。
胃	深深吸气并保持3秒钟（这样可以使胃部肌肉呈紧张状态），然后慢慢呼气。注意胃部肌肉从紧张状态到放松状态的变化，然后让这种变化持续一段时间，直到胃部肌肉变得越来越放松。
脸	咬紧牙齿，然后放松。注意颚部从紧张状态到放松状态的变化，然后让这种变化持续一段时间，直到颚部肌肉变得越来越放松。紧皱鼻子，然后放松。注意鼻子周围的面部肌肉从紧张状态到放松状态的变化，然后让这种变化持续一段时间，直到面部肌肉变得越来越放松。

续表

部位	练习
脸	紧闭双眼，然后放松。注意眼睛周围的肌肉变化，然后让这种变化持续一段时间，直到眼部周围的肌肉变得越来越放松。
全身	现在你已经完成了所有肌肉的放松练习，请检查身体所有部位是否都达到了放松状态。 检查你的手掌，然后让它们再放松一点。 检查你的手臂，然后让它们再放松一点。 检查你的肩膀，然后让它们再放松一点。 检查你的腿部，然后让它们再放松一点。 检查你的胃部，然后让它再放松一点。 检查你的脸部，然后让它们再放松一点。
呼吸	深深吸气，1……2……3……然后慢慢呼气，1……2……3……4……5……6……重复一次。 深深吸气，1……2……3……然后慢慢呼气，1……2……3……4……5……6……重复一次。 深深吸气，1……2……3……然后慢慢呼气，1……2……3……4……5……6。
视觉化	想象你现在躺在一个景色优美的沙滩上，你感到阳光的照射让你的身体温暖起来。 在头脑中描绘金色的沙子和温暖的阳光。 当阳光温暖你的身体，你觉得越来越放松。 当阳光温暖你的身体，你觉得越来越放松。 当阳光温暖你的身体，你觉得越来越放松。 天空呈现一片明朗的蓝色。在你的头顶，你可以看到一小片白云正慢慢飘向远方。 当云朵慢慢地飘走，你觉得越来越放松。 当云朵慢慢地飘走，你觉得越来越放松。 当云朵慢慢地飘走，你觉得越来越放松。 （等待30秒） 当你准备睁开眼去剩下的时间，你会觉得你很放松、很平静。

原因是，坚持运动会减轻抑郁和焦虑，提高工作效率，改善自我概念，促进健康，改善心血管机能。坚持运动还能减缓或预防年岁渐高引起的体重增加。在整个成年时期坚持运动，能降低心脏病和癌症的患病风险、延长寿命。另外，坚持运动的人，经常在他人的陪伴下运动，这种社会支持也会提升总体主观幸福感。

最理想的运动方案是：每星期运动5次，共3小时；每次运动之前必须热身，即做些力量练习或耐力练习，让主要肌肉群的肌肉伸展开来；每次运动中途必须包括有氧运动，即需要大量氧气提供能量的身体活动；每次运动最后做些不太激烈的动作，比如散步。如果设置清晰的目标、安排合适的时间和地点、记录进展情况、让家人或朋友根据进展情况予以奖励，那么我们就更有可能坚持运动下去。

重构

重构指在心理上跳出老框架，进入新框架看待生活中的问题，以减轻这些问题对情绪的消极影响，或者让这些问题的解决方案更容易被找到。引起困扰的不是生活事件本身，而是我们如何建构、评价或诠释生活事件；这个理念是很多心理学理论和治疗取向的核心所在，特别是Lazarus和Folkman（1984）的应激和应对理论、Beck（1976）的认知治疗，以及家庭治疗（Carr，2006）。为了弄清什么是重构，现在请想象一下：你在街上走着，对面走来一个朋友，没跟你打招呼。这时，你可能会想，他不喜欢你，因为他最近听到了关于你的一些谣言。这样想着，你也许就会觉得非常伤心，发誓以后决不理他。如果你最初是这样评价情境的，那么你可以进行重构，即换个角度去想：他一定是在思考问题，思考得太专注了才没注意到你；因此，你最好主动跟他打招呼，问他最近过得怎么样。如果你这样做了，并得到了他的积极回应，那么你也许会感觉好了很多，你与他的友谊可能就会加深。看待这个问题的第一个框架是悲观的，第二个框架是乐观的。正如第三章所指出的那样，乐观的建构比悲观的建构更容易带来心理幸福感。悲观的建构，特别是那些把失败归因为自身原因的构建，与抑郁有关。相比之下，焦虑一般与那种习惯把模糊情境诠释成潜在威胁（如感染、受伤或受辱）的悲观倾向有关。

难以控制怒气的人，一般把模糊的社交情境看成是直接、蓄意的人际威胁。例如，这样的人也许会用威胁的口气问你为什么看着他，或者你说的某些话是什么意思，因为他们把你的目光、你的话语诠释成具有威胁性。他的这种敌意会招致我们大多数人的防御反应，因为他的这种敌意才真正地具有威胁性。然而，有些人擅长用幽默来应对这种以及其他压力情境。下一节会讨论幽默这种应对策略。

一种重要的重构是"寻找好处（benefit-finding）"（Davis & Nolen-Hoeksema, 2009; Dunn et al., 2009; Lechner et al., 2009）。在一个包括了87个研究的元分析中，Helgeson等人（2006）发现，对那些经历过战乱、天灾、疾病或其他逆境的人来说，"寻找好处"与幸福感存在正相关（$d = 0.22$）。用这种方式应对逆境，就是换个角度看待逆境，看看逆境能给人带来什么好处。通常，这种重构要在不幸事件过了一段时间（几个月或几年）之后才发生。例如，对经历丧亲的人、婴儿生急病的母亲、心脏病康复者、其他疾病康复者或者灾难幸存者的研究发现：根据那些通过"寻找好处"来应对逆境的人的报告，逆境带来的好处可以粗略分为三大类：促进个人发展，形成新的生活观，增进与亲朋好友的感情。第九章会讨论一个比"寻找好处"稍微广些的概念——创伤后成长。

幽默

加拿大滑铁卢大学的Herbert Lefcourt教授和安大略大学的Rod Martin（2007）教授做了一系列有关幽默的研究后得出结论说：幽默是一种特别有效的应对策略（Lefcourt, 2001）。看到情境让人发笑的一面（而不是让人气愤的一面）的倾向，可以用情境幽默反应问卷（Situational Humour Response Questionnaire）来测量，而运用幽默改变困境的能力，可以用应对幽默量表（Coping Humour Scale）来测量（Lefcourt, 2001）。在这些量表上得高分的人，较少表现出与压力有关的症状（如对压力生活事件产生抑郁反应）。幽默可以缓解疼痛、促进疾病及术后康复。用幽默应对困境，也会改善免疫系统机能。但是，大众媒体上宣传的所谓幽默可以显著促进健康、延长寿命的理念，并未得到现有证据的支持。幽默用于缓解压力的途径可能有两条：第一，让人发笑，带来愉悦感；第二，给周围的人带来快乐，进而让人获得社会支持。如果幽默的运用符合了自己和他人的心理需求，那么幽默就可以增强幸福感、改善关系质量。运用攻击式幽默"踩低"他人，或者运用自贬式幽默逗乐他人，只会带来暂时的好处；长期来看，这些幽默风格对幸福感和人际关系有负面影响。

转移注意力

对某些情境、某些个人而言，转移注意力是种有效的应对策略。成人和儿童研究表明，对某些接受痛苦的治疗、遭受疾病折磨的人来说，转移注意力是种有效的短期应对策略（Katz et al., 1996）。德国约翰尼斯古腾堡大学的 Heinz Krohne 教授（1996）开发了一个测量不确定性容忍能力和唤醒容忍能力（因素分析表明这两个因素是正交的）的工具，然后用这个工具在健康心理学领域做了一系列现场研究和实验室研究，最后发现：不能容忍唤醒但能容忍不确定性的人，可以有效地运用转移注意力这种策略来应对压力情境；相比之下，能容忍唤醒但不能容忍不确定性的人，偏爱使用预见这种策略应对压力情境。

经常用转移注意力等回避型应对策略的人属于压抑者。压抑者的定义是，特质性焦虑水平低（尽管生理唤醒水平高），在社会称许性量表上得分高（反映出防御性自我夸大的反应风格）的人（Myers, 2010）。Meyers（2010）回顾了30年来对压抑者的研究后，得出结论：回避型应对策略虽然短期看来可以让他们从情绪困扰中解脱出来，但是长期来看会损害他们的健康，具体来说就是免疫系统机能变差，心脏病、癌症患病风险提高。Derakshan 等人（2007）提出：面对威胁性刺激，压抑者最初的自发（无意识）反应是警觉、生理唤醒水平提高；然后，他们有意识地运用回避型策略，比如转移注意力、否认威胁性刺激引发的焦虑。

启示

根据有关自尊、自我效能感、积极应对策略和适应性防御的研究，我们可以提出一些增强优势、增进幸福的自助策略（见表7.5）。这些策略可以整合到临床实践中。

表7.5 根据有关自尊、自我效能感、积极应对策略和适应性防御的研究提出的增强优势、增进幸福的策略

领域	策略
培养孩子的自尊	• 接受孩子的长处和短处。 • 在孩子擅长的领域，为孩子设置很高但可以达到的清晰标准。 • 支持孩子达到这些标准。 • 采取一贯的权威型教养风格，即给予孩子温暖和尊重，让孩子参与制定行为规则。 • 用主动解决问题的方式迎接人生挑战，做孩子的好榜样。
提高自尊	• 确认你在哪些领域自尊较低。 • 在自尊较低的领域进行技能训练，其中的技能包括问题解决技能、社交技能、学习技能或者工作相关性技能。
提高自我效能感	• 在一个领域设置一个总目标，然后把总目标分解成多个比较容易实现的子目标，一个一个去实现，这样就能保证不断有成就感。 • 每实现一个目标，就体验一下成就感，反思一下在哪些方面下次可以做得更好。 • 观察与你有类似目标的人是如何坚持努力直至实现目标的。 • 向重要他人寻求鼓励和建议，这个人要对你的领域有所了解，还要是你尊敬佩服的人。 • 在身心状况良好的时候追求目标。
防御	• 发展并运用适应性防御，比如预见、亲和、利他、幽默、果敢、自我观察、宣泄、重构、升华和压制。
应对	• 发展并运用有效的应对策略，比如问题解决、社会支持、精神支持、幽默、放松、运动和转移注意力。

争议

本章讨论的内容存在很多争议。第一个争议是，自我这个概念是否有效。如果我们把自我看成人格的核心部分，那么我们是否就不用面对笛卡尔（1596—1650）身心二元论所面对的那些逻辑问题了？笛卡尔主张，物质的身体和非物质的灵魂是分开的，灵魂驱动着身体，尽管从定义上说非物质不能影响物质。研究自我在很大程度上就要面对这些逻辑问题，但是现代实证心理学家把这些逻辑问题搁置在了一边。他们定义了自我的某些方面，纵向研究它们的发展情况，横断研究与它们有关的生理、心理和社会因素，避而不谈身心二元论的逻辑问题。

至于自尊和自我效能感，有很多人认为它们是两个不同的概念，因为基于自我效能感测量做出的预测远远更准确。然而，另外一些人认为，自尊和自我效能感处在同一概念层级系统，自尊在顶层，自我效能感在下层，也就是说，自我效能感是自尊在某个具体领域的体现。

至于防御机制和应对策略，有人认为，它们是两种截然不同的现象：应对策略是有意识的、刻意实施的、具有情境针对性的，而防御机制是无意识的、自动展现的、没有情境针对性的。然而，应对策略列表和防御机制列表有很大的重叠，而且这种区分几乎没有明确的理论依据。所以，有些研究者提出，也许所有自我调节方式都沿着几个连续体排布着：第一个连续体的一端是有意识的，另外一端是无意识的；第二个连续体的一端是刻意实施的，另外一端是自动展现的；第三个连续体的一端是具有情境针对性的，另外一端是没有情境针对性的。也许，我们需要提出一个综合框架，把防御机制和应对策略都整合进去。

总结

19世纪末20世纪初，人们越来越难信仰超自然秩序和社会秩序，因而被迫到别处寻找价值。很多人把自我看成价值的源泉，于是自我成了现代西方心理学的一个重要研究主题，更是积极心理学的关注重点。在积极心理学中,与自我有关的重要概念是自我评价(包括自尊和自我效能感)和自我调节(通过采取某些防御机制和应对策略得以实现)。在一定程度上,有关自我评价的理论和实证研究强调作为客体的自我,而有关自我调节的理论和实证研究强调作为主体的自我。自我评价研究表明,高自尊和强自我效能感促进优势和韧性。自我效能感与自尊是不同的,自尊反映个体对自我价值的总体评价,而自我效能感反映个体对具体领域能力高低的评价。如果父母既能接受孩子的长处又能接受孩子的短处,为孩子设置很高但可以达到的清晰标准,支持孩子努力达到这些标准,那么孩子可以发展出高自尊。同样的家庭环境也有利于自我效能感的发展,但是,因为自我效能感更具领域针对性,所以自我效能感的发展还与具体领域的成败经验和代替性经验有关,与他人的言语劝说和自己的情绪状态、身体状态有关。应对策略是认知行为学派提出的概念,指个体如何有意识地应对那种外部要求(比如考试)超过个人资源(比如对考试内容的记忆)的情境。防御机制是精神分析学派提出的概念,指个体如何无意识地调节自身因素(比如创伤记忆,或者不可接受的性冲动或攻击冲动)引起的消极情绪。自我调节研究表明,某些类型的应对策略和某些类型的防御机制会促进健康和幸福。情绪聚焦型应对策略,适用于调节不可控压力源(例如丧亲)引起的消极情绪。可控压力源(比如大学考试或工作面试)引起的消极情绪,最好使用问题聚焦型应对策略来调节,因为这类应对策略直接针对压力源施加影响。如果来不及调动个人资源进行积极应对,那就更适合使用回避型策略。美国精神病学会《精神疾病的诊断和统计手册》(DSM-IV-TR)附录 B 列出了各种各样的防御机制,还把这些防御机制按成熟度分成了七个级别,不同级别的防御机制以不同的方式调节焦虑。第一级是有利于适应的防御,这些防御调节消极情感的方式是,在不可接受的冲动与亲社会愿望之间、或者在情境要求与应对资源之间实现平衡。这种平衡可以最大化满足的可能性。而且,实现平衡之时,相互冲突的冲动与愿望或者情境要求与应对资源以及相关的情绪都进入了意识层面。预见、亲和、利他、幽默、果敢、自我观察、升华和压制都是适应性防御。随着年龄的增长,人们使用的防御机制越来越高级、复杂。然而,我们现在并不确定适应性防御是如何以及在何时发展的，也不确定促进其发展的条件是什么。

问题

个人发展问题

1. 试描述过去1个月中出现的某个情境，在这个情境中，你成功应对了外部压力或内心冲突。
2. 你运用了哪些应对策略或防御机制？
3. 试描述过去1个月中出现的某个情境，在这个情境中，成功应对外部压力或内心冲突对你来说是很关键的，但是你没有做好。
4. 为了下次做得更好一点，你会运用什么应对策略或防御机制？
5. 你将采取什么措施来发展这些应对策略和防御机制？
6. 采取这些措施的成本和收益各是什么？
7. 尝试采取其中的某些措施。每采取一条措施之前、之后都用第一章提到的某个幸福感量表测测你自己，看看你的幸福感增强了没有。

研究问题

1. 设计并开展一个研究检验以下假设：幸福感与一种或一种以上的有效应对策略或适应性防御机制之间存在显著相关。
2. 用"自尊"、"自我效能感"、"应对策略"和"防御机制"做关键词，在 PsycINFO 上搜索过去几年的文章。找一个你感兴趣且容易复制和扩展的研究，重做一次。

拓展阅读

学术阅读

Bandura, A. (1997). *Self-efficacy*. New York: Freeman.
Conte, H., & Plutchik, R. (1995). *Ego defences: Theory and measurement*. New York:

Wiley.
D'Zurilla, T., & Nezu, A. (2006). *Problem solving therapy* (Third Edition). New York: Springer Verlag.
Guindon, M. (2010). *Self-esteem across the lifespan: Issues and interventions*. New York: Routledge.
Kernis, M. (2006). *Self-esteem issues and answers: A sourcebook of current perspectives.* New York: Psychology Press.
Mruk, C. (2006). *Self-esteem: Theory, research and practice* (Third Edition). New York: Springer.
Zeidner, M., & Endler, N. (1996). *Handbook of coping. Theory, research, applications*. New York: Wiley.

自助阅读

Benson, H. (1975). *The relaxation response*. New York: William Morrow.
Benson, H., & Stuart, E. (1992). *The wellness book: A comprehensive guide to maintaining health and treating stress-related illness.* New York: Scribner.
Burns, D. (1993). *Ten days to self-esteem*. New York: Quill.
Davis, M., Eshelman, E., & McKay, M. (2008). *The relaxation and stress workbook* (Sixth Edition). Oakland, CA: New Harbinger.
Kabat-Zinn, J. (1990). *Full catastrophe living: Using the wisdom of your body and mind to face stress, pain and illness*. New York: Delacorte Press.
Kabat-Zinn, J. (2005). *Wherever you go, there you are: Mindfulness meditation in everyday life. Tenth anniversary edition*. New York: Hyperion.
Levine, M. (2000). *The positive psychology of Buddhism and yoga*. Mahwah, NJ: Lawrence Erlbaum Associates, Inc.
Nezu, A., Nezu, C., & D'Zurilla, T. (2006). *Solving life's problems: A 5-step guide to enhanced well-being*. New York: Springer Verlag.
Pennebaker, J. (1997). *Opening up: The healing power of confiding in others*. New York: Guilford Press.
Smits, J., & Otto, M. (2009). *Exercise for mood and anxiety disorders workbook and therapists guide*. Oxford: Oxford University Press.
Williams, M., Teasdale, J., Segal, Z., & Kabat-Zinn, J. (2007). *The mindful way through depression: Freeing yourself from chronic unhappiness*. New York: Guilford.

研究使用的测量工具

自尊和自我概念

Battle, J. (2002). *Culture-Free Self-Esteem Inventories. Examiner's manual* (Third Edition). Austin, TX: Pro-ed.
Byrne, B. (1995). *Measuring self-concept across the life span. Issues and instrumentation*. Washington, DC: American Psychological Association.
Coopersmith, S. (1981). *Self-Esteem Inventories*. Palo Alto, CA: Consulting Psychologists

Press.

Fitts, W., & Warren, W. (1996). *Tennessee Self-Concept Scale* (Second Edition). Los Angeles, CA: Western Psychological Services.

Heatherton, T., & Polivy, J. (1991). Development and validation of a scale for measuring state self-esteem. *Journal of Personality and Social Psychology*, 60, 895–910.

Nugent, W., & Thomas, J. (1993). Validation of the self-esteem rating scale. *Research of Social Work Practice*, 3, 191–207.

O'Brien, E., & Epstein, S. (1988). *Multidimensional Self-Esteem Inventory.* Odessa, FL: Psychological Assessment Resources. Measures multiple dimensions of self-esteem in adults.

Piers, E., & Herzberg, D. (2002). *Piers-Harris Children's Self-Concept Scale* (Second Edition). Los Angeles, CA: Western Psychological Services.

Rosenberg, M. (1979). *Conceiving the self.* New York: Basic Books.

与控制有关的概念

Antonovsky, A. (1993). The structure and properties of the sense of coherence scale. *Social Science and Medicine*, 35, 725–733.

Burger, J., & Cooper, H. (1979). The desirability of control. *Motivation and Emotion*, 3, 381–393.

Kobasa, S. (1979). Stressful life events, personality and health: An inquiry into hardiness. *Journal of Personality and Social Psychology*, 37, 1–11.

Levenson, H. (1973). Multidimensional locus of control in psychiatric patients. *Journal of Consulting and Clinical Psychology*, 41, 397–404.

Nowicki, S., & Strickland, B. (1973). A locus of control scale for children. *Journal of Consulting and Clinical Psychology*, 40, 148–154.

Rotter, J. (1966). Generalised expectancies for internal versus external control of reinforcement. *Psychological Monographs*, 90, 1–28. Contains the original locus of control scale.

Sherer, M., Maddux, J., Mercandante, B., Prentice-Dunn, S., Jacobs, B., & Rogers, R. (1982). The Self-Efficacy Scale: Construction and validation. *Psychological Reports*, 51, 663–671.

Wallston, K., Wallston, B., & DeVellis, R. (1978). Development of the Multidimensional Health Locus of Control (MHLC) Scales. *Health Education Monographs*, 6, 161–170.

防御机制

Araujo, K. B., Medic, S., Yasnovsky, J., & Steiner, H. (2006). Assessing defence structure in school-age children using the Response Evaluation Measure-71-Youth Version (REM-Y-71). *Child Psychiatry and Human Development*, 36(4), 427–436.

Bauer, S., & Rockland, L. (1995). The inventory of defence related behaviours. An approach to measuring defence mechanisms in psychotherapy. In H. Conte & R. Plutchik (Eds.), *Ego defences: Theory and measurement* (pp. 300–314). New York: Wiley.

Bond, M., & Wesley, S. (1996). *Manual for the Defence Style Questionnaire.* Montreal Quebec: McGill University.

Conte, H., & Apter, A. (1995). The Life Style Index: A self-report measure of ego defences. In H. Conte & R. Plutchik (Eds.), *Ego defences: Theory and measurement* (pp. 179–201). New York: Wiley.

Ihilevich, D., & Gleser, G. (1986). *Defence mechanisms. Their classification, correlates and measurement with the Defence Mechanisms Inventory.* Odessa, FL: Psychological Assessment Resources.

Ihilevich, D., & Gleser, G. (1986). *Defence in psychotherapy. Their clinical application of the Defence Mechanisms Inventory.* Odessa, FL: Psychological Assessment Resources.

Johnson, N., & Gold, S. (1995). Defence Mechanisms Profile: A sentence completion test. In H. Conte & R. Plutchik (Eds.), *Ego defences: Theory and measurement* (pp. 247–262). New York: Wiley.

Perry, C., & Kardos, M. (1995). A review of defence mechanism rating scales. In H. Conte & R. Plutchik (Eds.), *Ego defences: Theory and measurement* (pp. 283–299). New York: Wiley. Contains a description of the Defence Mechanism Rating Scale.

Ruuttu, T., Pelkonen, M., Holi, M., Karlsson, L., Kiviruusu, O., Heilä, H., Tuisku, V., Tuulio-Henriksson, A., & Marttunen, M. (2006). Psychometric properties of the defence style questionnaire (DSQ-40) in adolescents. *Journal of Nervous and Mental Disease*, 194(2), 98–105.

Steiner, H., Araujo, K., & Koopman, C. (2001). The response evaluation measure (REM-71): A new instrument for the measurement of defences in adults and adolescents. *American Journal of Psychiatry*, 158(3), 467–473.

应对

Carver, C., Scheier, M., & Weintraub, J. (1989). Assessing coping strategies: A theoretically based approach. *Journal of Personality and Social Psychology*, 56, 267–283. Describes the COPE.

Endler, N., & Parker, J. (1999). *Coping Inventory for Stressful Situations (CISS): Manual* (Second Edition). Toronto: MultiHealth Systems.

Ferguson, E., & Cox, T. (1997). The functional dimensions of coping scale: Theory, reliability and validity. *British Journal of Health Psychology*, 2, 109–129.

Folkman, S., & Lazarus, R. (1988). *Manual for the Ways of Coping Questionnaire.* Palo Alto, CA: Consulting Psychologists Press.

Frydenberg, E., & Lewis, R. (1993). *Adolescent Coping Scale: Administrator's manual.* Melbourne: The Australian Council for Educational Research.

Moos, R. (1993a). *Coping Responses Inventory. Adolescent form manual.* Odessa, FL: Psychological Assessment Resources.

Moos, R. (1993b). *Coping Responses Inventory. Adult form manual.* Odessa, FL: Psychological Assessment Resources.

Patterson, J., & McCubbin, H. (1987). Adolescent coping style and behaviours: Conceptualisation and measurement. *Journal of Adolescence*, 10, 163–186.

Zuckerman, M., & Gagne, M. (2003). The COPE revised: Proposing a 5-factor model of coping strategies. *Journal of Research in Personality*, 37, 169–204.

问题解决

Heppner, P. (1988). *The Problem Solving Inventory.* Palo Alto, CA: Consulting Psychologists Press.

社会支持

Dahlem, N., Zimet, G., & Walker, R. (1991). A multidimensional scale of perceived social support. *Journal of Clinical Psychology,* 47, 756–761.

Pierce, G., Sarason, I., & Sarason, B. (1991). General and relationship-based perceptions of social support: Are two constructs better than one? *Journal of Personality and Social Psychology,* 61, 1028–1039. Describes the Quality of Relationship Inventory.

Sarason, I., Levine, H., Basham, R., & Sarason, B. (1983). Assessing social support: The social support questionnaire. *Journal of Personality and Social Psychology,* 44, 127–139.

Sarason, I., Sarason, B., Shearin, E., & Pierce, G. (1987). A brief measure of social support: Practical and theoretical considerations. *Journal of Social and Personal Relationships,* 4, 497–510.

宗教应对

Pargament, K., Koenig, H., & Perez, L. (2000). The many methods of religious coping. Development and validation of the RCOPE. *Journal of Clinical Psychology,* 56, 519–543.

宣泄应对

Stanton, A., Kirk, S., Cameron, C., & Danoff-Burg, S. (2000). Coping through emotional approach. Scale construction and validation. *Journal of Personality and Social Psychology,* 78, 1150–1169.

幽默应对

Lefcourt, H. (2001). *Humour: The psychology of living buoyantly.* New York: Kluwer/Plenum. Contains the Situational Humour Response Questionnaire and the Coping Humour Scale.

哭泣倾向

Vingerhoets, A., & Cornelius, R. (2001). *Adult crying. A biopsychosocial approach.* Hove: Brunner-Routledge. Contains the Adult Crying Scale.

第八章
积极关系

学习目标

- 能够定义家庭生活周期的阶段以及每个阶段的任务。
- 能够阐述有关友谊、利他与共情、信任与背叛、原谅与赎罪以及感恩的研究发现。
- 能够说明与婚姻和婚姻满意度有关的心理因素。
- 能够阐述父母教养角色和祖父母教养角色的理想情况;能够阐述日托所、幼儿园、中小学以及同伴群体的理想情况。
- 了解促进青春期自主性和韧性发展的因素。
- 了解与中年重评和晚年挑战有关的关键心理因素。
- 能够定义离婚、再婚家庭的家庭生活周期阶段以及每个阶段的任务。
- 能够阐述依恋理论和人际行为圆形模型。
- 了解一些重要的基于实证研究的婚姻和家庭系统评估模型。
- 理解有关家庭生活周期以及婚姻和家庭系统的研究对在临床实践中增进幸福有何意义。
- 能够指出需要进一步研究哪些问题,以更好地理解积极家庭关系与幸福感的联系。

关系,特别是家庭关系,是积极心理学的一大关注点,也是本章的主要焦点（Diener & Diener McGavran, 2008; Sheridan & Burt, 2009）。家庭生活周期理论对讨论积极关系的发展非常有用（McGoldrick et al., 2011）。家庭是个独特的社会系统，家庭成员之间靠生理、法律、情感、地理和历史因素连接在一起。与其他社会系统形成对比的是，家庭系统可以通过出生、收养、哺育或婚姻进入，而只能通过死亡离开。将所有家庭连接都切断是绝不可能的。此外，尽管家庭成员履行一些角色（涉及承担具体的任务，比如提供食物和居所），但是家庭里面最基本、最不可代替的东西是关系。随着单亲、离婚、分居和再婚越来越普遍，传统的家庭定义就显得过于狭窄、不合时宜（Walsh, 2002）。

家庭生活周期

虽然前面刚刚指出了传统的家庭定义的局限性，但是当前最有用的家庭生活周期模型，描述的就是传统意义上核心家庭的一般发展规律，而其他形式的家庭不符合这个规律（McGoldrick et al., 2011）。表 8.1（McGoldrick et al., 2001）给出了这样的一个模型。这个模型描述了家庭在每个发展阶段需要完成的主要任务。

表 8.1　家庭生活周期的各个阶段

阶段	心理转折	主要发展任务
离开家庭	在心理上和经济上开始为自己负责	• 从原生家庭中分化出来，与父母发展成人对成人关系。 • 发展亲密的同伴关系。 • 开启职业生涯，争取经济独立。 • 建立社区、社会自我。
结为夫妻	对新家庭做出承诺	• 选择伴侣，决定发展长期关系。 • 在现实而非相互理想化投射的基础上，形成共同生活的常规。 • 重排与原生家庭、同伴群体的关系，将伴侣纳入其中。
生育孩子	接受新成员进入家庭	• 调整夫妻系统，为孩子留出空间。 • 在夫妻之间分配带孩子、挣钱和家务上的责任。 • 重排与原生家庭的关系，将父母的教养角色和祖父母的教养角色纳入其中。 • 重排家庭与社区、社会的关系，以适应新的家庭结构。

续表

阶段	心理转折	主要发展任务
孩子进入青春期	增强家庭边界的灵活性，以适应孩子日益增强的独立性、父母日益增多的局限性	• 调整亲子关系，给孩子更多自主权。 • 调整家庭关系，承担起照顾年老父母的责任。 • 重排家庭与社区、社会的关系，以适应孩子日益增强的自主性、父母日益增多的局限性。
让孩子独立，自己进入中年期	接受很多成员进入、离开家庭	• 适应再次过上二人世界的生活。 • 应对中年时期面临的人生危机，可能发展出新兴趣和新事业。 • 与成年子女发展成人对成人关系。 • 调整家庭系统，将姻亲和孙子辈纳入其中。 • 应对高龄父母的失能和去世。 • 重排家庭与社区、社会的关系，以适应新的家庭结构和关系。
自己进入中年晚期	接受退居次要地位的角色	• 维持机能和兴趣，一边应对身体上的衰退，一边探索新的家庭、社会角色。 • 适应日益依靠子女维持家庭这一现状。 • 创造机会发挥积累下来的智慧和经验。 • 克服年老的限制，尽可能做到生活自理。 • 重排家庭与社区、社会的关系，以适应新的家庭结构和关系。
自己进入晚年期	接受高龄的限制和死亡的现实，结束一个生命周期	• 应对伴侣、兄弟姐妹和同伴的去世。 • 通过回顾和整合人生来为死亡做准备。 • 适应角色逆转，开始让子女照顾自己。 • 重排家庭与社区、社会的关系，以适应不断变化的家庭关系。

离开家庭

家庭生活周期的第一个阶段，个体的主要任务是通过上学读书、开始工作、发展家庭之外的关系从原生家庭中分化出来。这个阶段的重要心理转折是，在心理上和经济上开始为自己负责。要想发展家庭之外的关系，年轻人就必须处理好友谊、共情与利他、信任与背叛、赎罪与原谅以及感恩等问题。积极心理学对这些问题特别关注，下面将依次讨论。

友谊

不管处于人生的哪个阶段，亲密的友谊都是健康和幸福的一个重要源泉（Antonucci et al., 2001）。人们选择性格、技能和价值观与自己相似的人做朋友（Swann, 1983）。能否建立并维持稳定的、支持性的、令人满意的友谊，这受很多历史、个人和环境因素的影响。具有安全依恋风格的成人与具有焦虑依恋风格的成人相比，前者发展出的同伴关系往往质量更好，更经得起考验（Lopez, 2009）。有助于发展友谊的人格特质包括外倾性、宜人性和情绪稳定性（Ozer & Benet-Martínez, 2006）。有助于发展友谊的环境，能够提供机会让人遇到性格、技能和价值观与自己相近的人。这些环境也许与教育、工作、休闲或家庭活动有关。

利他与共情

共情与利他对关系的建立和维持比较重要（de Waal, 2008）。如果行为的终极目标是促进他人的幸福，那么行为的动机就是利他。利他动机的定义：只是为了助人而助人，背后没有隐藏任何私心。利他动机与利己动机是截然不同的，尽管利己动机也可能激发助人行为。在很多情况下，利他动机是由共情性情绪引起的。共情性情绪是指看到他人陷入困境需要帮助时产生的情绪反应。这种情绪反应的意思等同于同情、心软。C. Daniel Batson 教授及其同事用一系列精心设计的研究证明了，利他性助人行为是共情性情绪引发的反应，而不是三类利己动机当中的某一类的结果。这三类利己动机是：

1. 为了减轻看到他人有难而产生的令人不舒服的生理唤醒；
2. 为了避免不出手帮助而导致的内疚感、羞耻感或社会惩罚；
3. 为了获得表扬、荣誉、骄傲感或快乐感（Batson et al., 2009）。

个体看到他人陷入困境、需要帮助后所体验到共情性情绪的倾向，是由几个因素决定的。这些因素包括具有亲社会人格（Oliner & Oliner, 1988）、（在社会化过程中）内化了亲社会价值观（Staub, 1974）、达到了道德发展的高级阶段（Kohlberg, 1976）。亲社会人格的核心特点，用

第二章介绍过的大五人格模型来说，就是宜人性。具有亲社会人格的人在这个特质上得高分，而这个特质一部分是遗传得到的，一部分是社会化和早期人生经历的结果。如果小时候与父母有着安全依恋关系，父母提供温暖和支持性的家庭环境、充当利他行为的好榜样，那么孩子长大后就比较可能形成亲社会人格（Eisenberg et al., 2006）。亲社会人格发展的其他相关因素是孩子在具有以下特点的家庭中长大：持有较高的道德标准、期望孩子帮助他人、设有非常明确的规则、用规则约束孩子、不体罚孩子。

Schulman（2002）认为，我们可以用以下方式帮助孩子发展利他动机：（1）促使孩子反思自己的行为对他人的影响，培养孩子的共情能力；（2）在充满温情的亲子关系中，用明确的规则约束孩子，不随意惩罚孩子；（3）邀请孩子讨论，遵循什么样的原则会让世界变得更好，以及如何把这些原则付诸实践。

信任与背叛

亲密关系在信任与背叛这两个方面的特点影响着幸福。亲密关系充满信任、没有背叛，幸福感就较强。有关信任的研究对广义信任和关系信任做了区分（Jones et al., 1997）。广义信任指一般社会交往中个体对另一方的信任，而关系信任特指亲密关系中一方对另一方的信任。

广义信任可以用诸如 Rotter（1967）的信任量表（Trust Scale）之类的工具来测量。在这些工具上得高分的人，认为他人在大多数情况下是可信的。那些对比了在广义信任上得高分者与得低分者的研究表明，前者本人更可信、更道德、主观幸福感更强、在异性眼中更有吸引力、在朋友眼中更值得交往（Rotter, 1980）。广义信任水平高的人，并不比其他人更容易上当受骗。广义信任水平低的人，一般比较孤僻且社会经济地位较低。

关系信任水平高的人，信任与自己有亲密关系的人（配偶、恋人、朋友或同事）（Holmes & Rempel, 1989）。从定义上看，关系信任涉及在亲密关系中遭受拒绝和背叛的风险。关系信任指，个体认为关系中的另一方是可靠的，而且相信这个可靠性永远不会改变。关系信任是不断发展的，发展速度受个体对关系中另一方的依恋和爱恋程度的影响。一般而言，关系信任水平高，个人适应状况更好、关系发展状况更好。

背叛，即辜负信任，这种行为相当常见，一般发生在重要的亲密关系当中（Jones et al.，1997）。有人研究了对背叛他人和遭人背叛的言语描述后发现：人们把自己对他人的背叛归因于故意但暂时的因素，比如愤怒、沮丧、一时冲动或者醉酒；相比之下，人们把他人对自己的背叛归因于故意但稳定的因素，比如为人卑鄙或者没有原则。人际背叛量表（Interpersonal Betrayal Scale）可以评估人们通过撒谎、违背诺言或者其他欺骗行为背叛他人的一般倾向（Jones et al.，1997）。比起那些值得信任的人，在该量表上得高分的人大都年纪较小、受教育水平较低、童年生活比较不幸、婚姻持续时间较短或者处于离婚状态、社会支持水平较低、心理问题和障碍较多。相比之下，在该量表上得低分的人，即属于值得信任的人，往往在以上所有这些相关因素上都位于良性一端，而且在自制力、主观幸福感、责任感、宽容度和心理感受性上都有更好的表现。

原谅与赎罪

背叛、辜负信任、身体上或心理上的敌意行为，都有可能发生在友谊关系或婚恋关系中，例如，朋友违背诺言，或者夫妻中的一方对另一方隐瞒婚外情。在有些情况下，这些过错会招致报复。这一方的报复又可能引发另一方的报复，结果陷入相互报复的恶性循环。要打破这个恶性循环，就需要原谅或赎罪（McCullough et al.，2009；Worthington，2005）。原谅是在承认别人犯有过错并为过错负有明确责任的情况下对别人的过错不予追究的个人行为。原谅别人时，我们会说："我知道你做了对不起我的事，但是我不会报复你，因为我原谅你。"选择了原谅，我们就不再为别人犯下的错找别人算账。原谅不同于赦免，因为原谅是个人行为，而非法律判决。原谅不同于容忍过错，不同于为过错辩解，不同于对过错合理化，不同于为过错找借口，不同于否认过错的严重性，也不同于忘掉过错，因为所有这些都不承认别人犯有过错并为过错负有明确责任。赎罪是指过错方承认自己犯下的过错、为自己犯下的过错感到后悔，并对受害方做出补偿。赎罪时，我们会说："我承认我伤害了你，我为此感到抱歉,我会做出补偿。"原谅和赎罪都是修补遭到过错破坏的关系的方式。

在经验水平上,原谅有很多好处,也有很多障碍(Exline & Baumeister, 2000)。怨恨过久,就会给心理造成负担。原谅别人,就会有一种负担解除感。原谅还可以让过错方悔悟。原谅可以提高身心健康水平,加深自己与过错方的关系。尽管原谅有这么多好处,但是有很多因素妨碍原谅的表达。我们也许觉得,如果原谅过错方,那么过错方就会以为我们软弱好欺,于是继续犯错。而且,原谅了过错方,我们就放弃了我们作为受害方的立场,失去了表达正当愤慨、让过错方内疚的权利。

赎罪也有好处。弥补犯下的过错,我们的内疚感就会减轻,还可能获得受害方的原谅。赎罪和悔悟也可能提高身心健康水平。然而,赎罪也有障碍。赎罪意味着我们承认自己要为过错负责,体验内疚感和羞愧感,接受惩罚。对暴力犯错(包括家庭暴力和虐待儿童)来说,赎罪也许涉及法律惩罚,比如监禁。

原谅和赎罪都需要我们放下骄傲、做到谦逊。谦逊是觉得自己不比别人好,也不比别人差。原谅和赎罪也都需要我们对别人(过错方或受害方)的境况感同身受,站在别人的立场上看问题。放下骄傲、做到谦逊、表达共情,都是极具挑战性的事情,因为它们都把我们放在了容易受到攻击的位置。尽管极具挑战性,但是这些事情对原谅和赎罪而言必不可少。

测量原谅的量表既有特质性的又有状态性的(McCullough et al., 2000a, 2009; Thompson & Snyder, 2003)。特质性量表测量个体原谅他人的一般倾向,即宽容性;而状态性量表测量某个过错事件之后个体对过错方的原谅程度。一些研究使用了这些量表,考察了原谅的相关因素,得到了一些发现(McCullough et al., 2000b, 2009)。人们年纪越长越宽容,这和道德发展有关系,道德发展水平越高越宽容。宽容的人具有鲜明的人格轮廓,即情绪稳定、宜人、虔诚、不自恋、无特权感(Raskin & Hall, 1979)。影响原谅的情境因素有:过错的故意程度、严重程度、危险程度、影响程度,以及过错方是否道歉。过错是无意的、不严重的、不危险的、不良影响较小的,过错方道歉了,其中任何一个条件都能减轻受害方对过错的消极情绪体验，让受害方更容易对过错方产生共情，从而让受害方更容易原谅过错方。在亲密关系里，个体对关系的满意度越高、对关系的承诺感越强、与伴侣在心理上越亲密，就越容易原谅伴侣。

原谅与身心健康、婚姻满意度和丧亲后适应状况之间存在正相关，与犯罪行为之间存在负相关（McCullough et al., 2000b, 2009; Oyen et al., 2001）。比较宽容的人，身心健康问题比较少。实验室研究也支持原谅与身心健康之间的关联。Witvliet等人（2001）在一个实验模拟研究中发现，在心理上演练不原谅别人的过错与在心理上演练原谅别人的过错相比，前一种情况下的唤醒水平更高（反映在脉搏、血压、皮肤电等指标上）。那种促进原谅的干预，可以改善人们的身心健康状况。例如，Friedman等人（1986）选取心怀敌意的心脏病幸存者做被试，随机分为两组，一组为实验组，另一组为控制组，对实验组进行干预，而不对控制组进行干预。干预的目的是促进放松、原谅和平衡生活方式的形成。结果发现：干预过后，实验组的敌意和心脏问题少于控制组。

原谅在个体心理治疗和婚姻心理治疗中都起着重要的作用。在个体心理治疗中，治疗师会帮助小时候遭受父母或其他养育人虐待或伤害而留下心理创伤的来访者解决"未完成事件"，做到原谅（Malcolm & Greenberg, 2000）。这样的治疗涉及利用格式塔疗法的空椅子技术，让来访者在想象中与过错方对话。在对话过程中，来访者要让过错引起的愤怒和悲伤等强烈情感进入意识层面，让过错引起但未得到满足的人际需要得到释放，发展对过错方的共情，重构自我和过错方的形象。在婚姻治疗中，为了帮助互相伤害的夫妻跳出报复与反报复的恶性循环，治疗师要做的一件非常重要的事情就是促进夫妻之间的原谅和赎罪（Coop-Gordon et al., 2000）。不同于个体治疗的是，在婚姻治疗中，对话不是想象的，而是真实的，而且经常是双方都有过错。因此，双方首先表达过错引起的愤怒和悲伤等强烈情感，释放过错引起但未得到满足的人际需要。这样就为详细了解、深入探索引发过错的历史、情境、关系和个人因素创造了条件。在了解、探索的过程中，双方就可以渐渐发展对彼此的共情，重构自我和对方的形象，重构对关系的理解，进而继续共同生活下去。第九章会进一步讨论促进原谅的积极心理学干预。

和解不同于原谅和赎罪（Exline & Baumeister，2000）。和解是双方愿意就在信任氛围中共同生活或工作形成一个根据情况变化不断调整的契约。过错发生后，可能是有原谅和赎罪但没有和解，也可能是没有原谅和赎罪但有和解，也有可能是有和解也有原谅和赎罪，并且是和解为原谅和赎罪创造了条件。

感恩

当我们承认自己是他人亲社会行为的受益者时，就会感恩。懂得感恩的人，往往是宜人的、情绪稳定的、不物质的、自信但不自恋的（McCullough et al.，2001；Watkins et al.，2009）。感恩也有利于健康。Emmons及其同事用一系列研究证明了很多感恩式干预都可以改善健康状况（Emmons & McCullough，2004）。例如，在日记中写下自己心怀感恩之事的人与写下日常生活压力事件或其他类型事件的人相比，前者的健康水平和主观幸福感水平都更高。测量感恩的状态性量表和特质性量表都已被开发，可以用于研究感恩在关系中的作用（Emmons et al.，2003；Watkins et al.，2009）。

结为夫妻

从表8.1中可以看出，人们在家庭生活周期第二阶段的主要任务是：选择伴侣，决定发展长期关系；在现实而非相互理想化投射的基础上，形成共同生活常规；调整与原生家庭、同伴群体的关系，将伴侣纳入其中。表8.2（Schumm et al.，1986）给出了一个测量婚姻满意度的简短量表。在下面的讨论中，"婚姻"这个术语包括传统意义的婚姻以及现代流行的长期同居。传统理论（e.g. Adams，1986）一般认为，与其说婚姻是两个个体的结合，不如说婚姻是两个家庭及其传统的结合。这个结合要经历四个阶段。第一个阶段：从交际圈子里选一个人做伴侣。在这个阶段，人们选择在身体上吸引自己，而且在兴趣、智力、人格及其他重要属性上与自己相似的人做伴侣。第二个阶段：相互表露真实自我后，比较价值观。如果这样做了之后觉得对方更有吸引力，那么关系就会继续下去。第三个阶段：探索角色交织和相互共情可以达到什么程度。一旦角色交织和相互共情形成了，分手的代价就超过了继续在一起的困难和紧张。如果吸引力变得足够大，且分手的障碍也足够大的话，关系就稳固了。第四个即最后一个阶段：就长期兼容和承诺做出决定。如果双方在这个问题上都做出积极决定，那么就会结婚或者长期同居。两个人走到一起，就把两个家庭传统带到了一起，为它们的整合拉开了序幕。两个传统各有一套规范、规则、角色、常规和价值观，各自的这些东西要整合起来，形成一个新传统。

表 8.2　堪萨斯婚姻满意度量表

下面有三个问题，请根据你的实际情况选一个数字作答（1 = 极度不满，2 = 非常不满，3 = 有些不满，4 = 模棱两可，5 = 有些满意，6 = 非常满意，7 = 极度满意）。谢谢合作。

你对你的婚姻有多满意？	1	2	3	4	5	6	7
你对你的配偶有多满意？	1	2	3	4	5	6	7
你对你与配偶的关系有多满意？	1	2	3	4	5	6	7

21 世纪头 10 年的研究表明，这些框架可以解释一些、但并非所有的长期关系（Sassler, 2010）。在西方的个人主义社会中，越来越多的人保持单身、同居而不结婚，也有越来越多的人离婚之后不再结婚，还有越来越多的人结为同性夫妻（Biblarz & Savci, 2010）。

结为夫妻、走入婚姻意味着发展一系列重要关系：婚姻关系和亲戚关系，之后还有亲子关系，所有这些都可能影响幸福和健康。

形成相互承诺的长期关系，其原因多种多样。历史上，很多人结婚是出于经济方面的考虑，以及为了生育孩子。在现代西方工业的化社会，越来越多人因为彼此相爱而结合在一起。爱是积极心理学重点关注的一个话题（Hendrick & Hendrick, 2009）。

爱情理论和爱情的测量

有关浪漫爱情的理论有很多种（Sternberg & Weis, 2006）。下面会介绍一些比较有影响力的理论，包括成人依恋理论、爱情神经生理理论和爱情双重论。

成人依恋理论

英国的 John Bowlby（1907—1990）首次提出，亲子关系在根本上可以视作依恋系统（Bowlby，1988）。在 Bowlby 理论的基础上，美国加州大学的 Philip Shaver 教授提出，婚恋关系也可视作依恋系统，支撑婚恋关系与支撑亲子关系的心理机制是一样的（Shaver & Mikulincer，2006）。根据依恋理论，如果父母/伴侣对孩子/伴侣的需要敏感并给予积极回应，那么就会形成安全依恋；如果父母/伴侣对孩子/伴侣的需要不予以积极回应，那么就会形成不安全依恋。（第五章结合情商发展更详细地讨论了依恋理论。）测量成人依恋风格的一个很好的工具是亲密关系体验问卷（Experience in Close Relationships Inverntory），它的开发整合了很多测量这个概念的工具（Brennan et al.，1998）。问卷在回避和焦虑两个维度上各产生一个分数。在两个维度上都得低分，属于安全成人依恋。这个领域的研究表明，具有安全依恋风格的成人，其婚恋关系更美满，具体表现为：相互信任、相互承诺、相互亲密、相互支持、相互袒露情绪并能够处理冲突、能够原谅对方的过错（Feeney，2008）。Shaver 还提出，婚恋关系不仅涉及依恋系统，还涉及性爱系统和照顾系统，这两个动机系统对繁衍、为伴侣提供共情性支持非常重要（Shaver & Mikulincer，2006）。个体感到安全受到威胁时，就会激活依恋系统；感到他人需要照顾时，就会激活照顾系统；性爱系统则让伴侣走到一起养育后代。Shaver 提出，这三个动机系统是天生的，它们之所以被进化出来，是因为有利于物种的适应。

爱情神经生理理论

美国罗格斯大学的 Helen Fisher（2006）教授的爱情理论稍有不同。她提出，性驱力背后有三个神经生理系统，以及建立、维持婚恋关系隐含着吸引和依恋。睾丸激素水平与男女的性驱力有关，与性驱力有关的脑区是下丘脑和杏仁核。吸引和迷恋，与大脑奖励系统的多巴胺活动水平提高有关。依恋和相互照顾、相互陪伴，与伏隔核的后叶催产素活动水平和腹侧苍白球的后叶加压素活动水平有关。根据 Fisher 的说法，这些神经生理系统进化出来是为了履行不同的功能。性驱力进化出来是为了激励人们与一系列潜在伴侣发生性关系。吸引系统进化出来是为了激励人们把注意力放在比较有可能生出健康后代或者比较有能力养育后代的伴侣身上。比较有可能生出健康后代的女性，对男性的吸引力比较大；比较有能力养育后代的男性，对女性的吸引力比较大。依恋系统进化出来是为了激励人们把关系维持得长到足以养育后代。

爱情双重论

耶鲁大学的 Robert Sternberg 教授（2006）提出了爱情双重论来解释婚恋关系中多种多样的爱情及其发展。他的爱情双重论整合了他早期的三角理论和"爱情故事"理论。Sternberg 在爱情三角理论中提出，不同类型的爱情在亲密、激情和承诺水平上各不相同。完美式爱情，亲密、激情和承诺水平都很高；迷恋式爱情，只有高水平的激情；喜欢式爱情，只有高水平的亲密；空洞式爱情，只有高水平的承诺；浪漫式爱情，亲密和激情水平都高，但没有承诺；愚蠢式爱情，只有激情和承诺，没有亲密；陪伴式爱情，只有亲密和承诺，没有激情。Sternberg 在爱情故事理论中给出了描述三角理论中各种各样爱情的发生过程的一共 26 类爱情故事。这 26 类爱情故事当中最流行的是：爱情是旅程；爱情就像花园，需要经常照料和关注；爱情就像民主制，双方地位平等、权力共享；爱情就像历史，双方记录或记住一系列重要事件。Sternberg 开发了爱情三角量表（Triangular Love Scale，1998a，1998b）来测量关系的亲密、激情和承诺水平，还开发了爱情故事量表（Love Story Scale）来测评爱情的发展模式。Sternberg（2006）在一系列研究中发现，亲密、激情和承诺的得分与关系满意度之间存在相关。他还发现，在这三个变量上得分相近且有着相似主题爱情故事的伴侣，对关系更满意。

各类爱情的测量

除了 Sternberg 外，其他人也提出了爱情有不同类型的观点。目前有一系列量表来测评不同类型的爱情。例如，Lee（1973）提出了六类爱情：激情式爱情、游戏式爱情、友谊式爱情、实际式爱情、占有式爱情和无私式爱情。测量这六类爱情可以用爱情态度量表（Love Attitude Scale；Hendrick & Hendrick，1986；Hendrick et al.，1998）。Rubin（1970）认为浪漫式爱情包括三个成分，即依恋、关怀和亲密，而测量爱情和喜欢都可以用他的爱情和喜欢量表（Loving and Liking Scale）。Fehr（1994）对多种多样的爱情量表进行因素分析后发现，爱情和喜欢量表测量的东西似乎是其他人经常说的陪伴式爱情（与激情式爱情相对）的一部分。Hatfield 和 Sprecher（1986）开发出了激情式爱情量表（Passionate Love Scale），以测量个体与另外一人结合的强烈渴望，不管这种渴望是不是相互的。激情式爱情与性吸引和强烈的情绪有关。

婚姻

在关系的早期阶段，伴侣的一个主要任务是形成共同生活的常规，这个常规的建立基础是对彼此的优点、缺点和特色进行切合实际的评价，而不是对彼此进行理想化投射。对彼此进行理想化投射是最初建立关系的基础。第一章指出过，婚姻与幸福感之间存在相关。比较幸福的人会选择结婚；婚姻又会带来一系列促进幸福的好处，比如社会支持、社会角色（做配偶、做父母）和后代。然而，婚姻幸福水平并不是一成不变的。横断研究表明，已婚人士比各方面情况类似的单身人士更幸福（e.g., Proulx et al., 2007）；而纵向研究表明，结婚之后幸福感会上升，可是结婚 5 年后会基本上回到结婚之前的水平（e.g., Lucas & Clark, 2006; Soons et al., 2009）。

人生不同阶段的婚姻满意度有很大差异。Anderson 等人（2010）用一种名为群体式轨迹建模（group-based trajectory modelling）的统计技术，分析了美国一个纵向研究从 708 对夫妻那里收集到的数据，确认了五种轨迹。从图 8.1（Anderson et al., 2010）可以看到，研究中近 2/3 的被试（群体 4 和群体 5）婚姻幸福水平高且稳定。剩下的 1/3，有的表现出了从高到低又从低到高的模式（群体 3），有的表现出了一直不高的模式（群体 2），有的表现出了从低到更低的模式（群体 1）。婚姻幸福水平高且稳定的群体，婚姻问题较少，会花较多时间在共同活动上。过往研究表明，人生不同阶段的婚姻满意度与多种因素有关。

婚姻满意度

下列人口统计学因素和婚姻满意度有关（Conger et al., 2010;

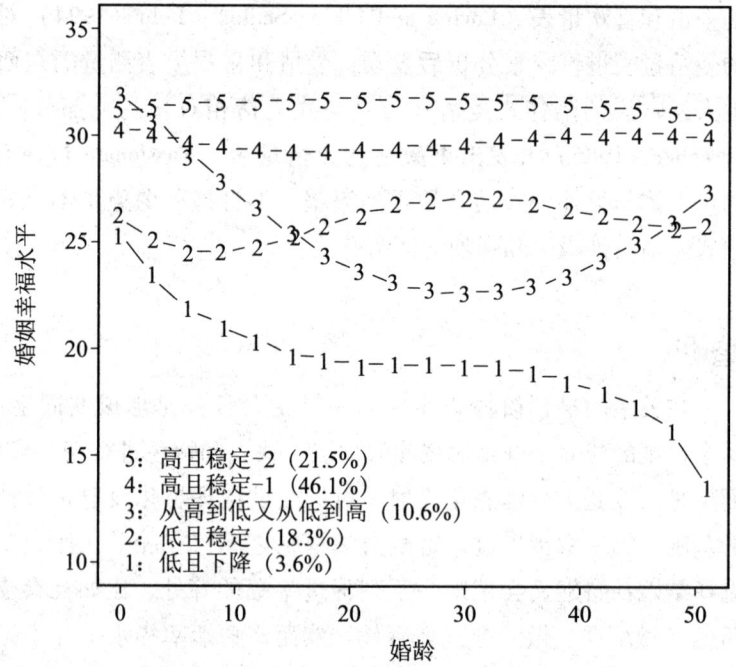

图8.1 婚姻幸福水平随婚龄变化的五种轨迹

Fincham & Beach, 2010; Gottman & Noarius, 2002; Newman & Newman, 2008):

- 受教育水平;
- 社会经济地位;
- 夫妻双方兴趣、智力和人格的相似性;
- 性生活和谐度;
- 女性是否晚婚。

目前并不十分清楚这些因素与婚姻满意度相联系的确切机制。但是,以下这些推测似乎是有道理的:受教育水平、社会经济地位与婚姻满意度呈正相关,很有可能是因为这些因素反映了较强的问题解决能力和较小的长期生活压力(比如拥挤),尽管有种观点认为相反相吸,但是研究结果显示:婚姻满意度与相似性有关,这可能是因为相似的人更容易相互共情和分享兴趣;大多数调查发现,夫妻性生活频率存在很大差异,但是性生活和谐度对婚姻满意度的影响要超过性生活频率。

一些研究以婚姻稳定的夫妻为被试,考察了他们的信念系统和互动模式,发现他们确实有一些鲜明的特征(Carr, 2006; Casey et al., 2010; Fincham et al., 2007; Gottman & Notarius, 2002; Gurman, 2008; Ozer & Benet-Martinez, 2006)。这些特征包括:

- 尊重;
- 包容;
- 承诺;
- 信教、灵修;
- 把积极行为归因为性格;
- 积极互动多于消极互动;
- 把冲突聚焦到具体问题上;
- 关系出现裂痕后迅速加以修复,容易原谅彼此;
- 理解并利用男女交流风格的不同;
- 照顾亲密需要和权力需要;
- 情商高、情绪稳定、宜人性强。

幸福的夫妻倾向于把伴侣的积极行为归因于性格因素而非情境因素,例如,"她帮我,是因为她非常友善",而并非"她帮我,是因为她顺便"。幸福的夫妻之间的积极互动与消极互动比是 5∶1(Gottman, 1993)。所以,即使他们之间存在分歧,那么 5 倍的积极互动也足以抵消这些分歧。幸福的夫妻出现分歧时,他们会把分歧的焦点放在具体问题上,而不是全盘地批评或辱骂伴侣。这类行为反映了他们对伴侣的尊重,而尊重是幸福的夫妻的一个普遍特征。幸福的夫妻倾向于迅速修复冲突给关系造成的裂痕。一方犯下错误伤害了另一方,受害方愿意原谅过错方,这样就不大可能导致长时间不交流、生闷气或者冷战(Fincham et al., 2007)。有时候,幸福的夫妻通过保留分歧来解决冲突。保留分歧反映了他们对伴侣的包容。有充分证明表明,男女性有着不同的交流风格,交流风格的性别差异很有可能更多地由社会因素而非生理因素决定(Cameron, 2010)。男人交谈主要是为了传递与任务有关的信息并解决与任务有关的问题，而女人交谈主要是为了建立并维持关系。幸福的夫妻在相互交流中想办法利用这些不同的交流风格，以促进而非损害心理亲密性。于是，在这样的关系中，男人努力用交谈建立并维持与伴侣的关系，因为男人并不擅长这样做，所以当男人这样做时会给女人造成困扰，而女人要容忍这些困扰。亲密需要不对等、权力需要不匹配，这是造成婚姻不幸福的两大主要原因（Gurman，2008）。对于亲密，通常是男人要求较大的心理距离，而女性坚持较强的心理亲密。对于权力，男性通常希望保留传统性别角色的权力和好处，而女性希望发展出更平等的关系。在幸福的婚姻中，夫妻双方的亲密需要和权力需要都得到了充分的满足，而且夫妻双方有能力在感觉这些需要没有得到满足时通过协商来调整关系。这反映了一种承诺，即把关系的长期和谐看得重于各自的发展（Fincham et al.，2007）。婚姻稳定与信教、灵修有关。让关系接受宗教传统约束的夫妻，婚姻更稳定（Fincham et al.，2007）。情商、情绪稳定性和宜人性（第二章和第五章讨论过）是与婚姻满意度有关的人格特征（Casey et al.，2010；Ozer & Benet-Martínez，2006）。这可能是因为情商高、情绪稳定、宜人性强的人会选择同样具有这些特点的人做伴侣。也可能是因为情商高、情绪稳定、宜人性强的人更擅长感知、理解自己和伴侣的情绪，并利用这些信息增强关系、解决关系中的问题、调节情绪，以最大化关系满意度。

婚姻的类型

Fitzpatrick（1988）和 Gottman（1993）都在问卷和观察研究中确定了三类稳定的婚姻。我把这三类称做传统型夫妻、双性型夫妻和回避型夫妻。表8.3的第一部分概括了这三类婚姻的特点。传统型夫妻采用传统的性别角色和生活方式，用低调的方式解决冲突。双性型夫妻争取平等的性别角色，用激烈的方式解决冲突。回避型夫妻采用传统的性别角色，但是互不干涉，避免冲突。Gottman（1993）的研究确定了两类不稳定的婚姻。在表8.3中，我把这两类叫做冲突型夫妻和分离型夫妻。前者有冲突但不解决冲突，后者大多数时候避免冲突。Gottman发现：在所有三类稳定的婚姻中，夫妻在解决冲突期间的积极互动与消极互动之比是5∶1；

表8.3 五类夫妻

稳定性	类型	特点
稳定的	传统型夫妻	● 他们采用传统的性别角色。 ● 他们把家庭目标置于个人目标之上。 ● 他们作息有规律。 ● 他们在家里共享生活空间。 ● 他们对积极情绪和消极情绪都有适度的表达。 ● 他们在小事上回避冲突，只在大事上发生冲突。 ● 他们发生冲突后积极去解决。 ● 解决冲突的开始阶段，他们相互倾听、相互共情、换位思考。之后，他们进行大量的说服。
	双性型夫妻	● 他们采用平等的性别角色。 ● 他们把个人目标放在家庭目标之前。 ● 他们作息不规律。 ● 他们在家里各有各自独立的生活空间。 ● 他们对积极情绪和消极情绪都有强烈的表达。 ● 他们在很多事情上有冲突。 ● 解决冲突的开始阶段，他们就坚持各自的立场，试图说服对方。
	回避型夫妻	● 他们采用传统的性别角色。 ● 他们在家里各有各自独立的生活空间。 ● 他们避免所有冲突。 ● 他们的冲突解决技能比较少。 ● 发生冲突时，他们各自表达立场，但是不说服、不妥协。 ● 他们保留分歧，因为他们认为，相比于共同的立场和价值观，在具体问题上的分歧是不重要的。

续表

稳定性	类型	特点
不稳定的	冲突型夫妻	• 他们发生冲突，但从不积极解决冲突。 • 他们不断互相指责、互相猜疑、互相防备。 • 他们经常表达消极情绪，很少表达积极情绪。 • 他们采用攻击—退缩互动模式。
	分离型夫妻	• 他们避免冲突，拥有较少的冲突解决技能。 • 他们偶尔互相指责、互相猜疑、互相防备。 • 他们较少表达消极情绪，几乎从不表达积极情绪。 • 他们采用退缩—退缩互动模式。

在两类不稳定的婚姻中，夫妻在解决冲突期间的积极互动与消极互动之比是 1∶1。Gottman 的研究和 Fitzpatrick 的研究突出了一个事实：稳定的婚姻有多种不同的稳定原因。他们的研究还强调了一个事实：在婚姻关系中，发生冲突但积极地解决，胜过避免冲突。只要有 5 倍或以上的积极互动来抵消，消极互动就不具破坏性。事实上，消极互动可能有利于平衡亲密需要和自主需要，也有利于让夫妻之间长期保持吸引力。

生育孩子

表 8.1 所示家庭生活周期模型中，第三个阶段的主要任务，对夫妻而言是调整自己的角色，为孩子留出空间，对夫妻的父母而言是发展祖父母角色，对进入童年中期的孩子而言是发展同伴关系，对家庭而言是在社区为孩子安排日托所、幼儿园和中小学。这些话题会在下面逐一详细讨论。在家庭生活周期的这个阶段，夫妻还必须就带小孩、挣钱、做家务这些事情进行切实可行的分工。在西方工业化国家进入的大部分研究表明，夫妻分工明显不公平。男人更多地承担在外挣钱的责任，而女人更多地承担在家带小孩、做家务的责任，即使女人有工作；男人的休闲时间多于女人（Bianchi & Milkie，2010）。

父母教养角色

初为父母时，婚姻满意度一般会出现一个小小的但（在统计学意义上）显著的下降。在一个包括了 97 个研究的元分析中，Twenge 等人（2003）发现，父母的自陈式婚姻满意度低于非父母（$d = -0.19$）。生了孩子后，婚姻满意度只有这么小的下降，真是不可思议，因为生育孩子很耗费时间和精力，大大挤占了用来经营夫妻感情的时间和精力。发展积极的父母教养角色，要求父母为满足孩子的以下需要建立常规：

- 安全需要；
- 照顾需要；
- 控制需要；
- 智力开发需要。

这种常规的建立是一个复杂的过程（Carr，2006）。满足孩子安全需要的常规包括避免孩子发生意外（例如要时刻有人看着孩子）、发展挫折和愤怒管理技能（带小孩时，挫折和愤怒是很常见的）。必须建立给孩子提供食物、居所、依恋、共情、理解和情感支持的常规，以满足孩子的照顾需要。要为孩子订下明确的规则和限制，并进行监督、予以奖惩，以确保孩子遵守这些规则和限制，这些常规是为了满足孩子的控制需要。还要建立满足孩子智力开发需要的常规，比如在亲子互动和交流中提供与孩子年龄相称的挑战。

要让孩子形成安全依恋模式，父母必须对孩子的安全需要和照顾需要保持敏感并积极予以满足（Cassidy & Shaver，2008）。如果这个条件被满足，那么孩子就会把父母当作探索周围世界的安全基地。如果这个条件没有被满足，那么孩子就会形成不安全的依恋模式，长大后就难以与伴侣形成安全的依恋关系。

文献综述表明，父母教养孩子的方式在温和（或接纳）与控制两个正交维度上的高低状况两两组合可以得到四类教养风格（见图8.2；Darling & Steinberg，1993）。权威型父母采用以孩子为中心的温和方式，

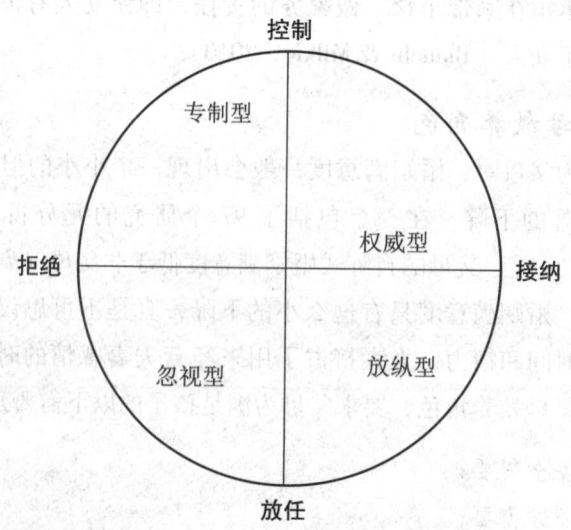

图8.2 教养模式

对孩子实行适度控制（即让孩子承担与年龄相称的责任），这为孩子发展自主性和自信心提供了最好的环境。权威型父母的孩子，可以学会在友好协商氛围中通过换位思考解决冲突。这套技能有助于亲社会发展（其特点是，与年龄相称的道德行为、有效地合作解决问题、良好的同伴关系），进而有利于社会支持网络的发展（Eisenberg et al., 2006）。专制型父母虽然态度温和、接纳孩子，但是对孩子控制得很严，这会让孩子长大后变得害羞、不愿采取主动。父母的高压政策教会了他们：不加质疑地服从是处理人际差异、解决问题的最佳方式。放纵型父母态度温和、接纳孩子，对孩子约束甚少，这会让孩子长大后很难把计划坚持到底、很难控制冲动。忽视型父母让孩子感觉不到丝毫温暖和接纳，对孩子要么管得很严，要么想起来才管一下，这会让孩子出现适应问题。表8.4给出了一个简短的教养满意度量表。

表8.4 堪萨斯教养满意度量表

下面有三个问题，请根据你的实际情况选一个数字作答（1＝极度不满，2＝非常不满，3＝有些不满，4＝模棱两可，5＝有些满意，6＝非常满意，7＝极度满意）。谢谢合作。						
你对你孩子的行为有多满意？	1	2	3	4	5	6	7
作为父母，你对你自己满意吗？	1	2	3	4	5	6	7
你对你与孩子的关系有多满意？	1	2	3	4	5	6	7

祖父母教养角色

这个阶段的主要任务，对夫妻的父母而言是发展祖父母角色，对整个家庭而言是相应地重排家庭关系。Thiele 和 Whelan（2006）回顾了大量文献后得出结论：祖父母教养角色一般是有意义的、令人满意的，很有可能是因为它为个人满足繁衍需要提供了一条很好的途径。不同的祖父母履行角色的方式存在很大差异，因此祖父母的教养角色可以分成不同类型。例如，Neugarten 和 Weinstein（1964）确定了五类祖父母教养角色。第一类，拘谨型，不照顾孩子，但是爱孩子并和孩子有情感上的联系。第二类，寻乐型，充当孩子的玩伴。第三类，疏远型，与孩子联系甚少。第四类，代理父母型，承担了父母的角色，承担了教养孩子的主要责任，这样母亲就可以外出工作。第五类，家庭智者型，祖父母是大家庭的家长，具有很高的权威。如果祖父母角色对父母和孩子是一种支持，那么家庭韧性就会增强。如果祖父母角色对父母和孩子是一种负担，那就可能带来适应问题。

日托所

有小孩的家庭可能会把小孩送入日托所。孩子要从日托中享受到好处，必须满足以下条件：与父母建立了安全依恋关系、在家与父母形成了积极互动；进入日托所的年龄不是太小；花在日托所的时间不是太多（3~54个月内每周不超过30小时）；获得了高质量的日托服务（Lamb & Ahnert, 2006；Vandell, 2004）。其中，高质量的日托具有以下特点：同一群孩子一直由同一工作人员照料；工作人员积极回应孩子的安全、照料、控制、智力开发需要；工作人员与所负责的孩子形成了积极关系，进而制造出积极的群体动力；日托所的不同的孩子之间形成了积极的同伴关系；一个工作人员负责的孩子人数不过多；日托所物理环境安全、宽敞、设施完备。进入满足这些标准的日托所的孩子与进入不满足这些标准的日托所的孩子相比，前者的认知、语言和社会性发展状况更好。如果父母难于满足孩子的要求，那么高质量的日托所可以帮助孩子为上小学做好准备，对抗家庭环境有问题（比如贫穷、父母教养不当）引起的风险因素。日托所也有不好的一面。如果孩子3~54个月大时，每周花在日托所的时间超过了30小时，那就比较有可能形成攻击行为问题。

幼儿园

很多有小孩的家庭把孩子送进幼儿园。幼儿园对弱势儿童特别重要。幼儿园针对社会弱势儿童或低出生体重儿童开设的早期干预教育项目对心理适应、认知发展和学习成绩有着长期积极影响，特别是如果满足某些条件的话（Carr, 2002）。在有效的早期干预项目里，家庭很早就参与儿童的生活。有效的项目在幼儿园教育之外还包括长期的支持性、教育性家访。给孩子提供丰富的刺激、给家长提供培训和支持、结合亲子关系促进安全依恋，这些都是高质量幼儿园项目的典型特征。有效的幼儿园项目一直延续到小学开学。影响幼儿园项目有效性的一个核心因素是，幼儿园工作人员与家长是否形成了融洽的合作关系。幼儿园还必须给孩子和家长提供正面的角色榜样,通过角色榜样的经历让他们了解学校教育的价值。最后,教学方法必须整合了计划、实施和回顾三个环节。幼儿园教育是否成功,可以从孩子是否学会了四个生活技能来判断。这四个生活技能是:第一,有目标、有计划地解决学习方面和社交方面的问题;第二,对学习和工作的渴望;第三,意识到自己要为自己的行为负责;第四,意识到自己还对他人负有责任。

中小学

积极心理学创始人 Martin Seligman 在澳大利亚的吉朗语法学校推行了一整套立足于学校的积极心理学项目来促进最优发展(Seligman,2009)。这套项目教会学生找出特征优势(第二章讨论过特征优势),并在日常活动中多多运用这些优势。吉朗语法学校的学生还要学习乐观思考、积极应对日常生活中的挑战。另外,这个项目还给学生传授系统性问题解决技能、创造性头脑风暴技能、决策制定技能、放松技能和果敢技能。

以前的研究表明,有几类学校特别有助于儿童的积极发展、学业发展和亲社会发展。在对中学的开创性研究中,Rutter 等人(1979)发现,对任何学生来说,中学环境的一系列特点都会对其行为和成绩产生良好影响,这些特点是:

- 校长对教职人员实行稳固的权威型领导;
- 老师对班级实行稳固的权威型领导,即高标准、严要求、认真布置并批改家庭作业;
- 在课程设置和学校管理上实施参与式决策,提高校长与教职人员之间的凝聚力;
- 给学生提供很多机会参与学校管理,增强学生对学校的忠诚;
- 强调全面发展,学生既要学习成绩好,又要在其他方面(比如运动)表现优异;
- 老师以身作则;
- 老师经常赞赏、奖励、表扬学生在学习以及其他方面的成就;
- 平等对待一切学生,不分优生和差生;
- 学校环境具有吸引力,令人感到愉悦、舒适。

随后对小学和中学的研究都支持或扩展了 Rutter 最初的发现，并揭示出有利于学生学习的教学方法具有以下特点：预先给学生设置明确的目标或标准；对学生提出切合实际的高期望；教案编排得通俗易懂；任务重复足够次数，培养学生毅力；信息呈现明确；必要时候提供额外帮助，确保实现目标；提供反馈。这类教学方法要求班级具有中等规模——很多研究一致发现，班级规模与学生表现有关（Sylva，1994）。

学校满意度是指学生总体上对自己在学校的体验有多积极的判断。它可以使用 Huebner 的儿童多维生活满意度量表（Multidimensional Life Satisfaction Scale for Children，1994）等工具进行测量。学校满意度与学生的良好适应和老师的班级管理风格有关。在学生的适应方面，学校满意度与希望、内在动机、内控、学习自我效能感、学习成绩、自尊、社会能力、课外活动投入度和心理适应之间呈正相关（Huebner et al.，2009）。学校满意度与一系列适应困难之间呈负相关，这些适应困难包括学习成绩差、心理问题、物质滥用和辍学。与学校满意度高有关的班级管理做法包括：课程要促进选择和自主，目标要符合学生的抱负，教学风格是积极的任务导向型，班级管理规则、规范清晰明确，表扬学生的恰当举止，促进课堂内外的积极同伴互动。

同伴关系

儿童和青少年时期的同伴关系对人的整个一生的幸福和适应都很重要（Rubin et al.，2009）。它们提供环境，让人学习建立并维持关系的技能；它们还提供社会支持，促进人生头 20 年的幸福。发展心理学的研究弄清了同伴关系是如何出现的，还弄清了有哪些因素促进同伴关系的发展。人生头 5 年中，随着交往机会的增加和语言的发展，儿童与其他儿童的互动日益增多。可以培养共情能力的合作游戏，通常在童年中期完全成形。竞争对抗（经常涉及身体上或言语上的攻击或玩笑）是同伴互动的一个重要部分，尤其对男孩而言。这允许儿童在同伴等级群体中建立自己的统治地位。游戏风格存在很大的性别差异。女生更合作，更聚焦于关系；男生更竞争，更聚焦于活动。男生结成的朋友圈子一般较大；女生结成的朋友圈子一般较小，而且更亲密、更排外。男女分开游戏，这在童年中期是非常普遍的。进入青春期后,孩子们与同伴待在一起的时间渐渐增多。同伴群体开始变成男女混合型。爱情出现,友情加深。同伴群体内的"受欢迎等级"渐渐形成。

受欢迎的儿童,在同伴眼中是乐于助人的、友好体贴的、能够遵守游戏规则的。他们往往比一般儿童更聪明、更强壮。他们能够准确理解社交情境,具有足够的社交技能。他们能有效地参加同伴群体的活动:在边缘徘徊,摸清情况,适时加入。热情、幽默、对社交线索敏感,这些是社交能力强的儿童的重要特征。

具有易养型气质、与父母形成了安全依恋的儿童,更有可能发展出良好的同伴友谊。这很有可能是因为他们能够根据同伴的要求调节情绪状态,还可能因为他们与父母之间的互动为他们与同伴之间的互动提供了有用的认知模式。同伴关系强的儿童往往来自这样的家庭:父母提供机会让他们与同伴打成一片,父母运用权威型教养风格积极帮助他们发展社交技能。

孩子进入青春期

表8.1所示家庭生活周期的第四个阶段,其标志是孩子进入青春期。在这个阶段,父母调整亲子关系,给予孩子更多自主权。同时,父母也许还要照顾年纪渐长的祖父母。这是家庭生活周期的一个极其复杂、极具挑战性的阶段,尤其是对父母来说,因为他们需要重排家庭关系,以适应孩子日益增强的自主性和父母日益增多的局限性。

青春期作为过渡期

青春期是个过渡期,即从儿童过渡到成人的时期(Collins & Steirnberg, 2006;Jackson & Goossens, 2006)。这是一个生理、心理和社会性发展迅速的时期。在这个时期,青少年与父母就青少年日益增强的自主性进行谈判。如果青少年与父母关系良好,具有有助于谈判的个性优势和技能,还拥有丰富的社会支持网络,那么这个谈判就会容易一些。人们对青春期有很多误解。例如,大家普遍认为亲子冲突是青春期的常见现象。然而流行病学研究表明,事实并非如此。有青少年的家庭中,有1/5出现了亲子冲突，但是只有1/20出现了严重的亲子冲突。再比如，传统观点认为青春期是富于幻想的青少年对抗保守的父母。而流行病学研究表明，在大多数家庭里父母与青少年的争吵是围绕一些日常小事，比如收拾房间、音乐品味、着装风格和就寝时间，很少围绕价值观或伦理道德。还比如，传统观点认为，在青春期，亲子关系逐渐恶化，同伴关系逐渐变好。而依恋研究表明，事实并非如此。如果青少年与父母是安全依恋关系，那么他们一般与同伴就是安全依恋关系。与普遍看法相反的是，乱交在青春期并不常见。大多数调查表明，年纪较大的青少年大都认为与感情深厚的伴侣发生婚前性关系是可以接受的，而与多个伴侣发生性关系是不可接受的。

青春期韧性

对某些青少年来说，青春期是个风险期（Jackson & Goossens，2006）。人生第二个十年有很多机会发展多种多样的心理问题。积极心理学关注的一个核心问题是：找出与青春期韧性有关的因素，考察这些因素是怎样帮助青少年在风险和逆境之下安然无恙地长大成人的。表8.5总结了相关研究所确认的与韧性有关的因素（Davis & Nolen-Hoeksema，2009；Davydov et al.，2010；Masten et al.，2009；Rutter，2006）。如果青少年能够灵活地选用最合适的问题聚焦型、情绪聚焦型或回避型应对策略来把压力或创伤事件的消极影响减至最小，那么青少年就更有可能适应压力或创伤（第七章讨论过这些应对策略）。与逆境有关的具体应对策略包括：积极重评或积极重构压力情境、寻找压力或创伤事件的好处、切合实际地规划未来，运用共情技巧发展支持性人际关系、幽默看待压力事件、运用一般智力和特殊才能（比如运动或音乐方面的才能）发展社会支持网络、回避行为出格的养育人和同伴群体、信教或灵修。高自尊、乐观解释风格、掌控自己命运的信心、压力管理中的自我效能感，这些都与韧性有关。（第七章讨论过自尊和自我效能感，第三章讨论过乐观解释风格。）与韧性有关的还有很多人格特质，比如易养型气质、情绪稳定性、外倾性、宜人性和经验开放性（第二章介绍过这些特质）。这些特质很有可能使人对压力和创伤的心理生理反应性降低，而且让人能从压力和创伤中迅速恢复过来。在稳定的、支持性的家庭中长大，且长大后与这样的家庭继续保持联系，也能增强韧性。与积极适应逆境有关的家庭特点包括：安全型依恋模式，权威型教养方式，父亲参与孩子的教养，早期没有经历分离、丧亲或压力，以及父母心理健康。当青少年来自社会经济地位较高的家庭、拥有较好的社会支持网络（结合了家人和同伴）、所在学校提供具有支持性和挑战性的教育环境时，青少年对生活压力的适应状况就比较好。青少年（通过积极的学校体验、美好的友谊，或者在体育或艺术上的优异表现）选择或创建积极的社会网络，可以截断创伤或逆境引起的消极反应链，或启动积极反应链，促进个人发展，增强韧性。

表8.5　与青春期韧性有关的因素

领域	因素
应对技能	• 灵活运用问题聚焦型、情绪聚焦型或回避型应对策略 • 积极重评、寻找好处 • 规划未来 • 共情 • 幽默感 • 远离行为出格的依恋对象和同伴群体 • 创建并维持社会支持网络 • 运用特殊才能（比如运动或音乐方面的）来创建社会支持网络、回避行为出格网络 • 信教或灵修
自我评价	• 高自尊 • 乐观解释风格 • 内控 • 任务相关性自我效能感
心理特质	• 智商高或拥有特殊才能 • 易养型气质 • 情绪稳定性、外倾性、责任心、宜人性和经验开放性 • 压力反应性低 • 迅速从压力中恢复

续表

领域	因素
家庭因素	• 家庭稳定、提供支持 • 安全型依恋模式 • 权威型教养方式 • 父亲参与孩子的教养 • 早期没有经历分离、丧亲或压力 • 父母没有心理问题、犯罪行为
社区因素	• 良好的社会支持网络（包括大家庭、亲社会同伴群体、参加有组织的宗教活动） • 社会经济地位高 • 积极的教育体验

照顾年老父母

随着人均寿命的延长，照顾年老父母成了中年人的常规责任（Connis，2010）。中年人在照顾年老父母的同时，一般还要抚养处于青春期的孩子并帮助孩子顺利度过青春期。因此，不足为奇的是，承担这两个责任的人有时被人称做"三明治一代"。对"三明治一代"而言，家庭生活周期的这个阶段的确颇具挑战性。家人和朋友的支持以及定期救济监护是应对这些挑战的重要资源。积极心理学的一个目的就是，找出那些有助于"三明治一代"在照顾好年老父母、抚养好青春期子女这两大重压下仍然做到殷盛的因素。

让孩子独立

在表8.1所示的家庭生活周期模型的第五个阶段中，孩子成年、离家独立。对年轻人及其父母来说，这可能是个非常积极的过程，有助于发展平等关系。对父母来说，这个阶段既有挑战又有机会。机会包括重新评价人生、重新投资婚姻关系，如果成年孩子结婚生子还要庆祝家庭的扩大。挑战包括应对原生家庭成员的失能和去世。

中年重评

随着孩子成年、离家独立，父母就有机会进行中年重评：重新考虑生活重心、婚姻关系和职业抱负。这个过程也许在家庭生活周期的前一阶段就开始了，只不过在家庭进入空巢期后得到了一个很大的推力。就像正式调查研究结果并不支持有关青春期叛逆的普遍观念一样，正式调查研究结果也表明，中年危机这个流行概念所说的东西其实是个相对罕见的现象（McAdams & Cox, 2010）。纵向研究表明，很多人进入40岁后变得更内省，还开始重新评价自己在家庭、工作中的角色。男人可能转变价值观，减少对工作的重视，增加对家庭的重视。女人则把重心从家庭转移到工作上。然而，价值观的这些变化很少导致什么所谓的危机。

  Gould（1978）广泛研究了临床人群和非临床人群后指出，在原生家庭习得的假定和信念系统，会在整个成年时期逐渐受到挑战；这种挑战在中年时期会有个结果。Gould 的发现总结在了表8.6（Gould, 1978）中。童年时期的假定给人安全感。这些假定包括：无所不能的父母总能提供保护，父母的世界观是绝对正确的，与父母分离意味着灾难的开始。成年之后，我们有了一些不同于从父母那里内化而来的价值观和信念，我们知道自己可以根据自己的价值观和信念创造属于自己的人生。儿童世界观向成年世界观的转变是渐进的，Gould 在一个重要的研究中用图描绘了这个过程。

表 8.6   成年时期遭到挑战的错误假定

周期	错误假定	信念系统
十几岁的最后几年	我会永远属于我的父母，永远拥护他们的世界观。	• 与父母分离意味着灾难。 • 我只能通过父母的角度看世界。 • 只有父母能保证我的安全。 • 父母是我唯一的家人。 • 我的身体并不是我自己的。
二十几岁	按照父母的方式做事情才有好结果，父母会引导我克服困难。	• 遵守规则，我就会获得奖励。 • 做事情只有唯一正确的方法。 • 理性、承诺和努力总是最强大的力量。 • 有些事情只能靠伴侣来做（比如，用爱弥补缺陷）。
三十几岁	生活是简单的、可控的。我的身上并没有什么明显的相互冲突的几股力量。	• 我知道什么是知性、什么是感性。 • 在有些方面，我不想和父母一样。 • 我能看透周围人和事的本质。 • 我可以认清并处理身边的潜在威胁。

续表

周期	错误假定	信念系统
四十几岁	我无病无灾，世界没有死亡，不好的东西都被赶走了。	• 工作和各种关系让我对死亡和危险免疫。 • 家庭之外没有生活。 • 我是无辜的。

在十几岁的最后几年，青少年要从家里解放出来，就必须评价父母的价值观，评价父母作为保护者的角色，挑战父母对青少年在性和身体方面的控制。青少年一方面要保持童年角色，一方面要尝试新角色，这两个方面存在冲突。到了二十几岁，人们在工作中会挑战以下观念：生活是公平的，遵守规则就会赢。在关系中，人们会挑战以下观念：伴侣可以弥补我们的缺陷，我们也可以弥补伴侣的缺陷。在二十几岁时，人们还要放弃以下观念：爱可以治愈个性缺陷。例如，在伴侣关系当中，一方的善谈弥补不了另外一方的缄默，一方再会照顾人也不能完全满足另一方的依赖需要。挑战这些假定，个人就能渐渐从原生家庭中分化出来建立新的家庭。

人们在二十几岁挑战的假定有关外部世界，而在三十几岁挑战的假定有关内在自我或者自己与自己的关系。我们意识到，我们可以理性地看事情，但缺乏必要的情商技巧做事情，比如理论上知道"与伴侣的这次分歧可以通过耐心协商来解决"，但实际操作中很难耐心协商。我们还意识到，我们可以具有自己父母身上不为自己所喜欢的很多特点，比如对子女不公平。如果不想让家庭互动模式一代一代传递下去，我们就必须认识到这一点。我们必须接受伴侣的发展和成长，还必须接受一个事实，即我们不能用一年前的所见来设想伴侣今天的观点。中年人会遭遇很多威胁，不管是在婚姻中还是在职场中。中年人在婚姻里感觉到的威胁感通常是种投射，而非实际的威胁。人们在三十几岁的假定是：自己感觉到受委屈、被误解，是因为伴侣委屈、误解了自己，而不是因为自己把父母或其他重要他人给自己带来的委屈、对自己的误解投射到了伴侣身上。中年时期必须挑战以下信念：我们总能准确识别、正确处理威胁。

四十几岁时，人们要挑战安全错觉。男人最常见的错觉是"如果我成功了，那么我将不再有恐惧"，女人最常见的错觉是"没有男人的保护，我就不安全"。挑战这些错觉的时候，男女都从对职场角色和婚姻角色的盲目坚持中解脱出来，抱着人终有一死的信念最好地利用余下的人生。在婚姻中，夫妻双方都要挑战以下信念：婚姻之外没有生活。挑战之后，他们也许选择分居，也许选择清醒地生活在一起。中年时期还要重评一个观念：我是无辜的。因为这个观念通常是在对抗童年时期的一个倾向：把某些情绪状态标注为坏的或者不可接受的。进入中年，我们会考察自己是如何标注这些情绪体验的，而不是继续努力否认它们。

例如：

- 生气不需要被标注成破坏性的；
- 高兴不需要被标注成没有责任的；
- 好色不需要被标注成罪孽深重的；
- 邪恶的想法不一定伴随邪恶的行为；
- 不满意不需要被标注成贪婪；
- 爱不需要被标注成软弱；
- 自我关注不需要被标注成自私自利。

不再否认自我的这些方面，而是重新标注它们并把它们整合进有意识的自我，我们就会获得解放并增加心理活力。Gould（1981）认为，中年结束之际，我们的信念就会从"我是他们的"变成"我属于我自己"。这种自我所有感赋予人生以意义。

晚年

在表8.1所示家庭生活周期模型的倒数第二个和最后一个阶段，家庭要面对父母的身体衰老和渐近死亡（Connidis，2010；Stroebe et al.，2001）。积极的一面是，在这个阶段，年老父母有机会回顾人生、接受子女和孙子女的照料和关注、品味每一天的简单快乐；子女和孙子女也可以从老人的智慧和经验里受益。然而，家庭生活周期最后这两个阶段也有艰巨的挑战，尤其是丧失带来的挑战。这里的丧失指，年老父母丧失青春、健康、活力、资源，最终丧失生命。并行的挑战是，家人要照顾因渐渐衰老而失去自理能力的父母，在他们去世后发展新的角色和关系。

对积极心理学来说，家庭生活周期中这个阶段的重要任务是：成功地变老、处理和重建。

成功地变老

德国柏林自由大学的 Margaret Baltes 教授及其同事提出了一个选择—优化—补偿模型来解释成功地变老（Baltes & Carstensen，2003）。这个模型提出，选择一个对自己而言重要的领域，围绕这个领域优化资源配置，弥补年老引起的生理、心理和社会经济上的限制，人们就能成功地变老。大量研究表明，适应较好的老年人会认真挑选有限的几个目标，这些目标要对自己重要且能让人生有目的。然后他们运用策略和配置来弥补身体衰退、能力丧失、心理限制（比如记忆问题）和社会经济限制（比如财力下降），以实现目标。例如，Boyle 等人（2010）对 900 多位老人进行了 7 年的纵向研究后发现，在生活目的感问卷上得分较高的人，其老年痴呆症和轻度认知损伤出现的可能性较小，因此生活质量较高。

丧失和重建

荷兰乌特勒支大学的 Margaret Stroebe 教授提出了一个应对丧亲的二元过程模型（见图 8.3；Hansson & Stroebe，2007；Stroebe & Schut，2001）。这个模型认为，丧亲会带来丧失压力和重建压力。丧失压力指失去亲人这一事件本身造成的压力，重建压力指失去亲人后发展新的常规、角色和关系这些实际问题带来的压力。家庭成员在丧失应对和重建应对之间摇摆。丧失应对指处理丧亲引起的情绪反应以接受丧亲的现实，同时避免卷入重建应对。进行丧失应对时，人们也许会体验到复杂的情绪，比如震惊、否认、思念和寻找、悲伤、愤怒、焦虑、内疚和接受。重建应对指在考虑丧亲的基础上形成新的生活方式，同时避免卷入丧失应对。父母去世后，子女就成了家里的长者。这是家庭的一大重要变化，会带来很多挑战，同时也提供很多机会。丧亲之后的适应性应对指，在面对和逃避丧失压力和重建压力之间摇摆。这两个过程中，家庭成员必须都有足够的卷入，以哀悼逝者、重建生活。然而，他们还必须不时抽身出来喘口气，以免崩溃。弄清丧失应对和重建应对在促成长哀悼中的作用，是积极心理学的一个目标。

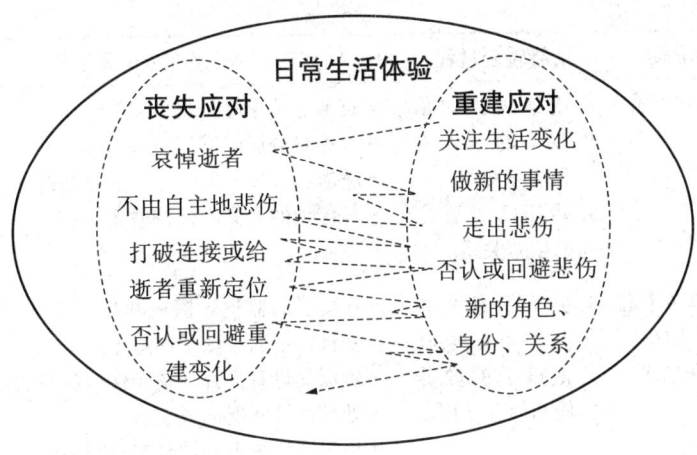

图 8.3　应对丧亲的二元过程模型

与分居和离婚有关的家庭生活周期

人们不再把离婚视做正常家庭生活周期的一个失常期,而是视做一小部分家庭的一个正常转变期(Amato,2010;Fine & Harvey,2006)。家庭从分居到离婚到再婚的转变,可以视做一个涉及一系列阶段的过程。表 8.7 给出了 McGoldrick 的家庭生活周期额外阶段——分居—离婚—再婚模型(McGoldrick et al.,2011)。这个模型列出了这一过程的不同阶段需要完成的任务。一个阶段的任务没有完成,就可能导致后来阶段中家庭成员出现适应问题;而成功完成每个阶段的任务,就会顺利过渡到下个阶段。

表 8.7　家庭生活周期额外阶段——分居—离婚—再婚模型

大阶段	小阶段	情绪转变过程	必须完成的发展任务
离婚	决定离婚	承认夫妻的问题是不可解决的。	• 承认婚姻失败有自己的一份责任。
	计划分居	为分居后所有家庭成员的生活做出安排。	• 共同为孩子的监护、探视和抚养费制订一个计划。 • 处理大家庭对分居计划的反应。

续表

大阶段	小阶段	情绪转变过程	必须完成的发展任务
离婚	分居和离婚	承诺继续共同承担孩子的教养责任和教养费用。开始切断夫妻之间的依恋关系。	• 哀悼完整家庭的丧失。 • 处理对分居的疑问,坚定离婚的决心。 • 适应亲子关系和父—母关系的改变。 • 与伴侣的大家庭保持联系。
离婚后期	建立单亲家庭(一个监护,一个非监护)	监护单亲家庭和非监护单亲家庭分担孩子的教养责任和教养费用。	• 在孩子的监护、探视和抚养费方面维持灵活的安排,不通过孩子回避矛盾。 • 确保父母双方都与孩子保持深厚的情感联系。 • 处理经济状况的改变。 • 重建同伴关系和社会支持网络。
再婚	进入新的关系	走出离婚的阴影。	• 下定再婚的决心。
	计划新的婚姻和家庭	承认自己想建立新家庭。耐心适应新家庭的复杂性。	• 准备好处理孩子对生父(母)的忠诚与孩子对继父(母)的忠诚之间的冲突。 • 为在新家庭里继续和前夫(妻)抚养孩子做出计划和安排。
	建立新的家庭	与以前的伴侣斩断依恋关系。放弃"完整家庭"的理想,接受组合家庭模式。	• 重排家庭关系,为新成员留出空间。 • 分享回忆和历史,让所有新成员整合起来。 • 在新家庭里继续和前夫(妻)一起抚养孩子。

决定离婚

第一阶段是决定离婚,核心任务是承认婚姻失败有自己的一份责任。然而,离婚与很多背景因素有关,比如年龄、社会经济地位、就业状态、教育水平、父母婚姻状态、婚前同居、之前的婚姻状态、之前的父母状态、种族相似度、婚姻和谐度和忠诚度(Amato,2010)。如果20岁之后结婚、社会经济地位高、受教育水平高、有工作、在父母没有分居的家庭长大、婚前没有同居、以前没有结过婚更没有孩子、有着相似的种族背景或者婚姻没有冲突、家庭暴力、不忠史,那么夫妻离婚的可能性较小。相比之下,在社会经济地位低、所受教育有限、处于失业状态、成长过程中父母分居了或者 20 岁之前结婚的人群中，离婚比较常见。如果伴侣有孩子、以前结过婚、来自不同种族或者婚姻有冲突、家庭暴力、不忠史，夫妻离婚也比较常见。社会经济地位高、受教育水平高、工作好意味着经济资源充足，成熟意味着心理资源充足，婚姻和谐、忠诚意味着感情基础牢靠，父母婚姻稳定意味着有好榜样可模仿，抚养前一般婚姻留下的孩子意味着压力大，来自不同种族也意味着压力大，这些都可以解释这些因素与离婚的关系。这些因素与离婚之间的相关性虽然稳定，但是不强。也就是说，有一些人虽然具有这些风险因素的一部分甚至全部，但却没有离婚。

分居

第二阶段是制订分居计划。只有双方共同就孩子的监护、探视和抚养费制订一个计划，而且就如何处理原生家庭对分居计划的反应制订一个计划，才不至于引发适应不良。第三个阶段是分居和离婚。哀悼完整家庭的丧失，适应亲子关系和父—母关系的改变，防止夫妻矛盾影响亲子关系，与大家庭保持联系，处理对分居的疑问，这些是第三阶段的主要任务。

离婚让生活发生很多变化，这些变化会影响父母的幸福感。影响到底有多大，这取决于很多个人因素和情境因素（Amato, 2010）。离婚让父母当中成为监护人的那一方的生活发生重大变化，包括居住安排、经济状况变差、社会网络变化引起的孤独、一边工作一边带孩子造成的双重角色重压。父母当中不做监护人的那一方，除了双重角色压力之外，以上所有变化也都会经历。对大多数人来说，刚刚离婚之时，居住安排、经济地位、社会网络、角色要求的变化会导致身心状况变差。但是，对其中大部分人来说，健康问题在分居不到两年后就消失了。有些人在离婚之后身心状况反而变好了，这些人的婚姻往往非常痛苦，痛苦的婚姻导致他们主动提出离婚，离婚对他们而言是一种解脱。

离婚后期

第四个阶段是离婚后期。在这个阶段，双方必须在孩子的监护、探视和抚养费方面维持灵活的安排，不通过孩子回避矛盾；应对经济状况的改变；确保父母双方都与孩子保持深厚的情感联系；建立同伴关系。居住改变、经济拮据、角色变化和分居后接踵而至的生理、心理问题带来的压力和紧张，可能妨碍父母合作满足孩子对安全、照顾、控制、教育以及与父母双方都保持联系的需要（Amato, 2010; Fine & Harvey, 2006）。父母离婚两年内，大多数孩子出现了一些适应问题；父母离婚两年后，大多数孩子适应了新的家庭结构。父母离婚后的子女适应问题存在性别差异。男孩容易出现外在行为问题，女孩容易出现情绪或者内在行为问题。男孩和女孩都可能出现学习问题，还都可能与家庭、学校、同伴关系紧张。若父母离异前冲突严重，孩子在父母离异后适应状况会有所改善（Amato, 2010）。这很有可能是因为，父母离婚后，他们就不用每天面对父母的争吵了。

新的关系

第五个阶段是建立新的关系。要建立新的关系，就必须与前面的关系斩断情感连接，下定再婚的决心。第六个阶段是计划再婚。这要求当事人想好如何处理孩子对生父（母）的忠诚与孩子对继父（母）的忠诚之间的冲突，如何在新家庭里继续和前夫（妻）一起抚养孩子。最后一个阶段的核心主题是建立新家庭。这个阶段的主要任务是：重排家庭关系，为新成员留出空间；分享回忆和历史，让所有新成员整合起来；在新家庭里继续和前夫（妻）一起抚养孩子。

再婚家庭具有一些独一无二的特点，这些特点在一定程度上缘自再婚家庭的形成方式（Pryor, 2008; Sweeney, 2010）。积极的一面是，对再婚家庭的调查研究发现，再婚家庭沟通更坦诚，更愿意解决冲突，更注重实际（较不浪漫），在带孩子、做家务方面更平等。消极的一面是，与初婚家庭相比，再婚家庭凝聚力较弱、压力较大。一般而言，与初婚家庭亲子关系相比，再婚家庭中继父母与继子女的关系中冲突更多，继父与继女之间的冲突尤其多。这也许是因为继女觉得继父破坏了亲密的母女关系。

父母再婚后的子女适应情况与年龄、性别有关，还与父母对新婚姻的满意度有关（Hetherington & Stanley-Hagan，2002）。如果有监护权的家长再婚时，子女年龄很小，或者青春期即将结束，或者刚刚成年，那么子女的适应状况就比较好。所有离异家庭的孩子都抵制继父（母）的到来，但是10～15岁的子女的抵制最强烈。有这个年龄的子女的离异者如果想再婚，那么最好等到子女长到16～18岁，这样新家庭才比较可能长久。父母再婚，对女孩的伤害大于对男孩的伤害。再婚夫妻生活美满，对年纪小的男孩有保护作用，对前青春期的女孩则意味着风险。有监护权的母亲找到了令人满意的新伴侣，年纪小的男孩会受益，因为继父一般会用以孩子为中心的温和方式对待他们，帮助他们学习运动技能。这些技能有助于年纪小的男孩在心理上变得强大。前青春期的女孩觉得，离异的母亲找到了令人满意的新伴侣，就是威胁到了自己与母亲之间的亲密关系。作为回应，她们的行为问题和心理问题会增加。如果再婚发生在子女处于前青春期阶段时，那么婚姻满意度越高，子女到了青春期的适应状况就越好，对继父（母）的接纳度就越高；这一点对男孩和女孩都是成立的。

关系的测评

最有用的积极关系和人际行为测量工具都有稳固的理论基础。这些理论包括依恋理论、人际理论和一些家庭系统理论。

依恋理论

依恋理论假定，生命早期与养育人之间的互动经历决定着儿童能否形成安全的依恋关系（Cassidy & Shaver，2008）。如果养育者对婴儿的需求敏感并给予积极回应，婴儿就会发展出这样一个内部工作模型：认为养育者可以充当安全基地，倚靠这个安全基地，自己就可以大胆地探索周围的世界。如果养育者对婴儿的需求不敏感，更不能给予积极回应，婴儿就会发展出这样一个内部工作模型：认为养育者是不可靠的，而自己是不安全的。这也许会表现为矛盾型依恋（黏人）或回避型依恋（愤怒），抑或混乱型依恋（既黏人又愤怒）。

测评婴儿依恋风格的方式多种多样（Solomon & George, 2008）。最标准的是一种实验室观察程序，名为"陌生情境法"（Strange Situation; Ainsworth et al., 1978）。对它的实施和计分需要经过大量专业训练。另外一个不需专业训练的方法是"依恋 Q 分类法"（Attachment Q-Set; Waters, 1995），这也是一种观察法，但是父母在家就可实施。测评成人依恋风格的方式也多种多样（Crowell et al., 2008）。最标准的是成人依恋访谈（Adult Attachment Interview）及其编码评定（George et al., 1996; Hesse, 2008）。与陌生情境法一样，成人依恋访谈及编码评定的实施也需要经过大量专业训练。测量成人依恋风格的一个较好的自陈问卷是前面提过的亲密关系体验问卷，它的开发整合了很多测量这一概念的工具（Brennan et al., 1998）。

人际行为圆形模型

人际行为圆形模型假定，每个人在童年都学会了一种主导人际风格。主导人际风格指个体主要以什么方式与他人互动，它可以起到减轻不安全感、提高自尊的作用。这个模型是由 Harry Stack Sullivan（1892—1949）的人际精神病学理论发展而来的，可以用实证研究加以检验（Kiesler, 1996）。人际行为圆形模型认为，人际互动风格有八种，这八种人际互动风格均匀地分布在一个圆形上，这个圆形位于一个二维坐标系上，这个坐标系的横轴为"养育：冷漠敌意—热情友善"，纵轴为"支配：支配—服从"（Wiggins & Trapnell, 1997）。从图 8.4 可以看出，这八个类型分别是：自信—支配、合群—外向、热情—宜人、谦逊—直率、不自信—服从、冷淡—内向、冷酷—心硬、傲慢—算计。人际行为圆形模型的两个维度可以通过很多工具进行测量（Kiesler, 1996），包括人际形容词量表（Interpersonal Adjective Scale; Wiggins, 1995）、人际问题问卷（Inventory of Interpersonal Problems; Horowitz et al., 2000）和国际人格题库—人际圆形（International Personality Item Pool-Interpersonal Circumplex; Markey & Markey, 2009）。相关研究表明，人际行为圆形模型的养育和支配维度与大五人格模型的外倾性和宜人性是对应的（Wiggins &

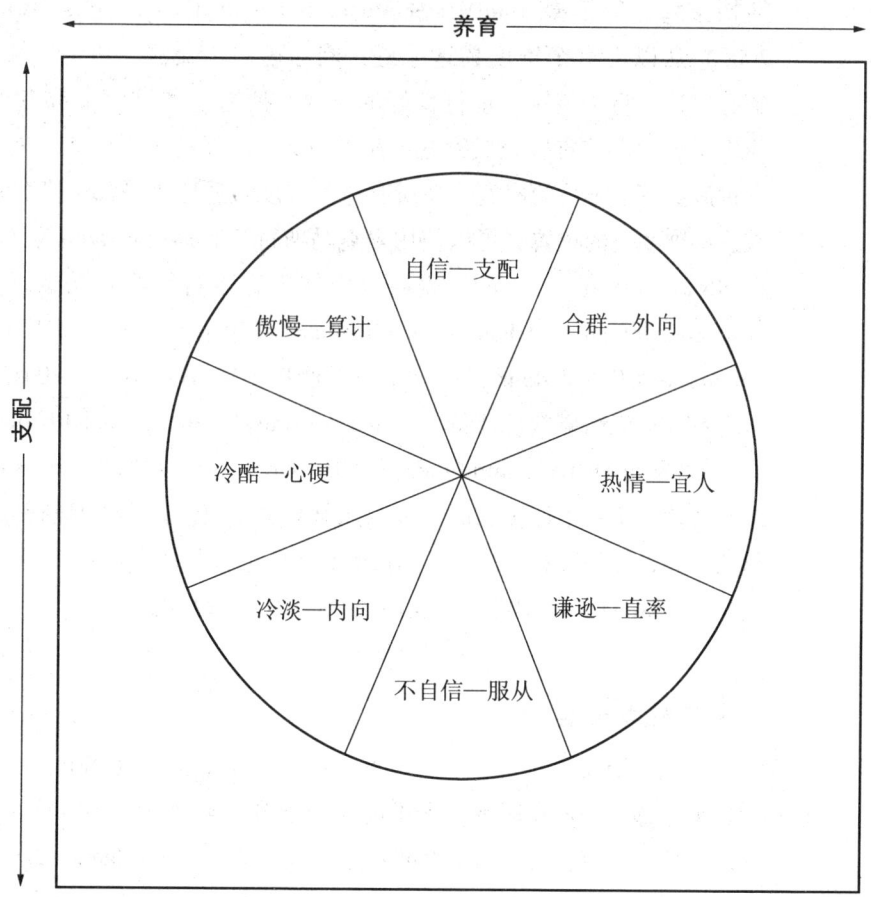

图8.4 人际行为圆形模型

Trapnell，1997）。基于人际行为圆形模型开发的测量工具，可以用于检验有关人际优势（比如圆形东北角的几个风格，自信—支配、合群—外向、热情—宜人）是如何发展的假设，还可以用于检验有关这些人际优势与主观幸福感之间有何关系的假设。

家庭系统模型

家庭系统模型认为，不同家庭的运行在数个维度上存在差异。这些维度是家庭资源和胜任力方面的概念，而非缺陷和问题。比如，麦克马斯特家庭运行模型（McMaster Model of Family Functioning；Ryan et al.，2005）从以下六个维度描述家庭：问题解决、交流、角色、情感响应、情感表达、行为控制。运行良好的家庭在所有这些维度上都有很高的适应水平；而那些难以完成家庭生命周期某个阶段的主要任务、进而难以顺利过渡到下个阶段的家庭，在所有这些维度上适应水平都不高。测量家庭在这些维度上的位置，可以使用麦克马斯特家庭运行自陈问卷（McMaster Family Assessment Device）、麦克马斯特家庭运行结构化访谈（McMaster Structured Interview of Family Functioning）或者麦克马斯特临床评定量表（McMaster Clinical Rating Scale），这些测量工具 Ryan 等人（2005）都介绍过。系统临床结果常规评价（Systemic Clinical Outcome and Routine Evaluation，简称 SCORE；Cahill et al.，2010；Fay et al.，出版中；Stratton et al.，2010）是一个用来评价家庭治疗临床结果的工具。这个工具有简易版和完整版之分，简易版和完整版所测量的具体维度都是家庭优势、困难和沟通。表 8.8（Fay et al.，出版中）给出了 SCORE 的 29 道题版本。

婚姻系统模型

婚姻系统模型的一个基本观点是：夫妻要想有效地合作、在婚姻里体验到满意感，必须在以下三个维度上处于最佳水平：情感沟通、问题解决沟通和角色兼容。婚姻满意度问卷修订版（Marital Satisfaction Inventory-Revised）是一个用于测评婚姻系统运行状况和婚姻满意度的自陈问卷（Snyder，1997）。做完这个问卷后，夫妻双方将在以下维度上各自得到一个分数：情感沟通、角色定位、问题解决沟通、攻击、家庭苦恼史、共度时间、对孩子的不满、在钱财上的分歧、在教养孩子上的冲突、对性生活的不满、整体苦恼。

启示

根据有关家庭生活周期的研究，可以提出一些增强优势、增进幸福的自助策略（见表 8.9）。这些策略可以被整合到临床实践中。

积极关系　341

表 8.8　系统临床结果常规评价

这组问题问的是你目前如何看你的家庭。所以，我们问的是你对你的家庭有何看法。"你的家庭"通常指住在你房子里的人。但是，在这里，你想把谁算做家人，就可以把谁算做家人。所有问题的回答方式都是：从后面的 1 到 6 中选一个数字作为答案，1 表示"非常符合"，6 表示"一点都不符合"我家庭的状况。

	1 非常符合	2 挺符合	3 有点符合	4 有点不符合	5 不太符合	6 一点都不符合
1. 成为这个家庭的成员，对我们来说比较重要。	1	2	3	4	5	6
2. 我家的人做的事情表明了对彼此的关心。	1	2	3	4	5	6
3. 我的家很有组织性。	1	2	3	4	5	6
4. 我家的人对彼此的生活干涉过多。	1	2	3	4	5	6
5. 我家的人把各自的快乐分享给彼此。	1	2	3	4	5	6
6. 有个人总是会为家里发生的每件事受到指责。	1	2	3	4	5	6
7. 我家的人并非总是对彼此说真话。	1	2	3	4	5	6
8. 家里如果有事情出了错，我们有信心纠正过来。	1	2	3	4	5	6
9. 我们觉得很难处理日常问题。	1	2	3	4	5	6
10. 我家的人生气了就互不理睬。	1	2	3	4	5	6
11. 在我家，日子很难熬。	1	2	3	4	5	6

续表

	1 非常符合	2 挺符合	3 有点符合	4 有点不符合	5 不太符合	6 一点都不符合
12. 在我家，每个人的意见都得到尊重。	1	2	3	4	5	6
13. 在我家，没有人固执己见。	1	2	3	4	5	6
14. 在我家，人人都可以表达自己的感受。	1	2	3	4	5	6
15. 我家的人待在一起时无话可说，只有看电视。	1	2	3	4	5	6
16. 别人瞧不起我家，因为我家是不同的。	1	2	3	4	5	6
17. 在我家，不管谁心情不好，都会得到其他人的安慰。	1	2	3	4	5	6
18. 我家强调尊重老人。	1	2	3	4	5	6
19. 我的家让人痛苦。	1	2	3	4	5	6
20. 我家的人对彼此撒谎。	1	2	3	4	5	6
21. 事情出错时，我家的人就互相指责。	1	2	3	4	5	6
22. 我们家好像什么事情都不顺利。	1	2	3	4	5	6
23. 在我家，有重要的事情时，大家会互相商量。	1	2	3	4	5	6
24. 我们擅长创造性地解决难题。	1	2	3	4	5	6

续表

	1 非常符合	2 挺符合	3 有点符合	4 有点不符合	5 不太符合	6 一点都不符合
25. 我家的人相互讨厌。	1	2	3	4	5	6
26. 我们信任彼此。	1	2	3	4	5	6
27. 我家的人在心情不好时就摔门、砸东西。	1	2	3	4	5	6
28. 我家危机不断。	1	2	3	4	5	6
29. 在我家，表达不同意见是有风险的。	1	2	3	4	5	6

A. 你认为你家目前面临的最大的问题或挑战是什么？

B. 这个问题有多严重？从1到10中选一个数字，0表示根本没问题，10表示非常严重。
1 2 3 4 5 6 7 8 9 10

C. 这个问题有多大影响？从1到10中选一个数字，0表示根本没有影响我们，10表示完全打乱了我们的生活。
1 2 3 4 5 6 7 8 9 10

注释：SCORE—29 有两个计分系统，一个取里面的28道题计分，一个取里面的15道题计分。
家庭优势（FS—28）：1、2、3、5、8、12、13、14、17、18、23、24、26这13道题正向计分，分数相加除以13。
家庭困难（FD—28）：9、11、16、19、22、28这6道题反向计分，分数相加除以6。
家庭沟通（FC—28）：4、6、7、10、15、20、21、25、27这9道题正向计分，分数相加除以9。
家庭优势（FS—15）：12、17、23、24、26这5道题正向计分，分数相加除以5。
家庭困难（FD—15）：9、19、21、22、28这5道题反向计分，分数相加除以5。
家庭沟通（FC—15）：4、7、10、25、29这5道题反向计分，分数相加除以5。

表 8.9 根据家庭生活周期研究提出的增强优势、增进幸福的策略

领域	策略
应对转折	• 接受这一点,即从家庭生活周期的上个阶段转入下个阶段都既有得又有失。 • 运用表 5.3 所列的问题解决技能和沟通技巧与所在社会网络的其他成员协商,处理好从家庭生活周期上个阶段转入下个阶段引起的变化。 • 知道你可以用自己的方式为从家庭生活周期上个阶段转入下个阶段引起的丧失而哀悼,这涉及在丧失应对与重建应对之间摇摆。
友谊和原谅	• 选择价值观与自己相近的人做朋友。 • 当朋友犯下过错(做了对不起你的事情)时,知道这会让你生出强烈的消极情绪,比如愤怒和悲伤。 • 让过错引起但未得到满足的人际需要得到释放。 • 努力与过错方共情。 • 重新认识你自己和过错方。
提高婚姻满意度	• 接受并尊重伴侣本来的样子,不要试图改变伴侣。 • 把伴侣的积极行为归因到伴侣的性格上。 • 每天抽一段时间,用表 5.3 所列的沟通技巧来倾听、谈论伴侣的体验。 • 努力让积极互动与消极互动之比不低于 5∶1。 • 发生冲突时,不要挑伴侣的错,而要用表 5.3 所列的问题解决技巧,一起解决问题。 • 如果在一起解决问题的过程中,生理唤醒水平过高,那么暂停一下,做做表 7.4 所说的放松练习。 • 发生冲突时,尽快解决,不要拖延。 • 接受男女沟通方式的不同会引起误解这一点。 • 接受男女亲密需要不对等会引起分歧这一点。 • 接受男女权力需要不匹配会引起分歧这一点。
最佳教养方式	• 对孩子的安全、照顾、控制和智力开发需要比较敏感并积极予以满足,促进孩子形成安全依恋模式。 • 采取权威型教养方式,即非常温和、中度控制。 • 按照表 5.3 所列的指导方针,帮助孩子发展情商。 • 按照表 7.5 所列的指导方针,帮助孩子发展自尊。 • 按照表 4.2 所列的指导方针,帮助孩子发展获得沉浸体验的能力。

争议

积极关系领域存在数个争议。例如，大家一致同意积极关系与幸福感之间存在相关性，但是，对于两者谁是因、谁是果却存在分歧。有的研究者认为，幸福的人更容易获得深厚的友谊和美满的婚姻；而有的研究者认为，是深厚的友谊和美满的婚姻让人幸福。再比如，有证据表明（第二章和本章都提过），人们结婚后的幸福水平提高和离婚后的幸福水平降低都是暂时的，但是，究竟是所有人都会这样，还是只有部分人会适应结婚后的幸福水平提高和离婚后的幸福水平降低，这一点是存有争议的。孩子的出生会降低婚姻满意度，但是对很多家庭来说，不孕不育也是个很大的烦恼。养育孩子与幸福感的关系，以及养育孩子在什么条件下增强幸福感、在什么条件下降低幸福感，都是存有争议的。

总结

友谊、亲情、爱情和婚姻都是重要的幸福源泉。家庭生活周期是一个有用的框架，可以用来解释积极关系的发展。家庭是个独特的社会系统，家庭成员之间靠生理、法律、情感、地理和历史因素连接在一起。与其他社会系统形成对比的是，家庭系统可以通过出生、收养、哺育或婚姻进入，而只能通过死亡离开。家庭生活周期可以划分为很多阶段，每个阶段各有一些主要任务，成功完成上个阶段的任务，就能顺利进入下个阶段，上个阶段没有好好完成任务，下个阶段就会出现适应问题。在家庭生活周期的第一个阶段，人们的主要任务是通过上学读书、开始工作、发展家庭之外的关系，并从原生家庭中分化出来。这个阶段的重要心理转折是，在心理上和经济上开始为自己负责。发展家庭之外的关系时，年轻人必须处理好友谊、共情与利他、信任与背叛、赎罪与原谅以及感恩等问题。积极心理学特别关注这些问题，下面将依次讨论。家庭生活周期第二阶段的主要任务是：选择伴侣，决定发展长期关系；在现实而非相互理想化投射的基础上，形成共同生活常规；调整与原生家庭、同伴群体的关系，纳入伴侣。

家庭生活周期模型第三个阶段的主要任务，对夫妻而言是调整自己的角色、为孩子留出空间，对夫妻的父母而言是发展祖父母角色，对进入童年中期的孩子而言是发展同伴关系，对家庭而言是在社区为孩子安排日托所、幼儿园和中小学。家庭生活周期的第四个阶段，其标志是孩子进入青春期。在这个阶段，父母调整亲子关系，给予孩子更多自主权。同时，父母也许还要照顾年纪渐长的祖父母。这是家庭生活周期的一个极其复杂、极具挑战性的阶段，尤其是对父母来说，因为他们需要重排家庭关系，以适应孩子日益增强的自主性和父母日益增多的局限性。在家庭生活周期模型的第五个阶段中，孩子成年、离家独立。对年轻人及其父母来说，这可能是个非常积极的过程，有助于发展平等关系。对父母来说，这个阶段既有挑战又有机会。机会包括，重新评价人生、重新投资婚姻关系，如果成年孩子结婚生子，就还要庆祝家庭的扩大。挑战包括应对原生家庭成员的失能和去世。在家庭生活周期模型的倒数第二个和最后一个阶段中，家庭要面对父母的身体衰老和渐近死亡。积极的一面是，在这个阶段，年老父母有机会回顾人生、接受子女和孙子女的照料和关注、品味每一天的简单快乐。而子女和孙子女可以从老人的智慧和经验里受益。消极的一面是，整个家庭也面临艰巨的挑战，特别是父母的衰老带来的一系列挑战。

家庭从分居到离婚到再婚的转变可以划分为数个阶段。第一阶段是决定离婚，其核心任务是承认婚姻失败有自己的一份责任。第二阶段是制订分居计划。只有双方共同就孩子的监护、探视和抚养费制订一个计划，而且就如何处理原生家庭对分居计划的反应制订一个计划，才不至于引发适应不良。第三个阶段是分居和离婚。哀悼完整家庭的丧失、适应亲子关系和父—母关系的改变、防止夫妻矛盾影响亲子关系、与大家庭保持联系、处理对分居的疑问，这些是这个阶段的主要任务。第四个阶段是离婚后期。在这个阶段，双方必须在孩子的监护、探视和抚养费方面维持灵活的安排，不通过孩子回避矛盾；应对经济状况的改变；确保父母双方都与孩子保持深厚的情感联系；建立同伴关系。第五个阶段是建立新的关系。要建立新的关系，就必须与前面的关系斩断情感连接，下定再婚的决心。第六个阶段是计划再婚。这要求当事人想好如何处理孩子对生父（母）的忠诚与孩子对继父（母）的忠诚之间的冲突，以及如何在新家庭里继续和前夫

（妻）一起抚养孩子。最后一个阶段的核心主题是，建立新家庭。这个阶段的主要任务是：重排家庭关系，为新成员留出空间；分享回忆和历史，让所有新成员整合起来；在新家庭里继续和前夫（妻）一起抚养孩子。

最有用的积极关系和人际行为测量工具都有稳固的理论基础。这些理论包括依恋理论、人际理论和一些家庭系统理论。

问题

个人发展问题

1. 你处于家庭生活周期的哪个阶段？
2. 就你现在所处的阶段而言，你从本章中学到了什么？
3. 你可以采取哪些措施来运用本章所学改善你的生活状况？
4. 采取这些措施的成本和收益各是什么？
5. 尝试采取其中的某些措施，每采取一条措施之前、之后都用第一章中提到的某个幸福感量表测测你自己，看看你的幸福感增强了没有。

研究问题

1. 设计并开展一个研究，检验以下假设：幸福感与麦克马斯特家庭运行模型的几个维度之间存在显著相关，幸福感与系统临床结果常规评价的几个维度之间也存在显著相关。
2. 用"友谊"、"婚姻"和"教养"各加上"幸福感"做关键词，在 PsycINFO 上搜索过去几年的文章。找一个你感兴趣且容易复制和拓展的研究，重做一次。

拓展阅读

学术阅读

Carr, A. (2006). *Family therapy: Concepts, process and practice* (Second Edition). Chichester: Wiley.

Emmons, R., & McCullough, E. (2004). *The psychology of gratitude*. New York: Oxford University Press.

McGoldrick, M., Carter, B., & Garcia-Preto, N. (2011). *The expanded family life cycle. Individual, family and social perspectives* (Fourth Edition). Boston: Allyn & Bacon.

Worthington, E. (2005). *Handbook of forgiveness*. New York: Routledge.

自助阅读：原谅

Worthington, E. (2001). *Five steps to forgiveness*. New York: Crown.

自助阅读：感恩

Emmons, R. (2007). *Thanks: How the new science of gratitude can make you happier*. New York: Houghton Mifflin.

自助阅读：沟通

Bolton, R. (1986). *People skills*. New York: Touchstone.

McKay, M., Davis, M., & Fanning, P. (1997). *How to communicate: The ultimate guide to improving your personal and professional relationships*. New York: Fine.

自助阅读：应对单身

Broder, M. (1988). *The art of living single*. New York: Avon. Gives practical advice on managing loneliness, and building social and romantic relationships.

Burns, D. (1985). *Intimate connections: New clinically tested programme for overcoming loneliness*. New York: Morrow.

Zimbardo, P. (1987). *Shyness*. Reading, MA: Addison Wesley.

自助阅读：增强婚姻亲密、应对婚姻困扰

Christensen, A., & Jacobson, N. (2002). *Reconcilable differences*. New York: Guilford.

Gottman, J., & Silver, N. (1999). *The seven principles for making marriage work*. London: Weidenfeld & Nicolson.

Gottman, J., Gottman, J., & DeClaire, J. (2007). *Ten lessons to transform your marriage: America's love lab experts share their strategies for strengthening your relationship*. New York: Three Rivers.

Markman, H., Stanley, S., & Blumberg (2010). *Fighting for your marriage* (Revised Third Edition with DVD). New York: Wiley.

自助阅读：增强性体验、应对性障碍

Leiblum, S., & Sachs, J. (2002). *Getting the sex you want: A woman's guide to becoming *proud, passionate and pleased in bed*. New York: Crown.

McCarthy, B., & McCarthy, E. (2002). *Sexual awareness: Couple sexuality for the twenty-first century*. New York: Carroll & Graf.

自助阅读：怀孕

Brott, A., & Ash, J. (2010). *The expectant father* (Third Edition). New York: Abbeville.

Murkoff, H., & Mazel, S. (2008). *What to expect when you're expecting* (Fourth Edition). New York: Workman.

Kitzinger, S. (1996). *The complete book of pregnancy and childbirth*. New York: Knopf.

自助阅读：教养

Brazelton, T., & Sparrow, J. (2002). *Touchpoints – 3–6*. Cambridge, MA: Da Capo Press.

Brazelton, T., & Sparrow, J. (2006). *Touchpoints – Birth to three* (Second Edition). Cambridge, MA: Da Capo Press.

Forehand, R., & Long, N. (1996). *Parenting the strong-willed child: The clinically proven five week programme for parents of two to six year olds*. Chicago: Contemporary Books.

Leach, P. (2010). *Your baby and child* (Third Edition). New York: Penguin.

自助阅读：应对离婚

Brown, L., & Brown, M. (1986). *Dinosaurs divorce: A guide for changing families*. Boston, MA: Little Brown.

Gardner, R. (1985). *The boys and girls book about divorce*. New York: Bantam. This guide is for 10- to 12-year-old children.

Hetherington, E., & Kelly, J. (2002). *For better or for worse: Divorce reconsidered*. New York: Norton.

Kalter, N. (1990). *Growing up with divorce*. New York: Free Press. This book is for parents who are divorcing to help them deal with their children's needs during the process.

Neuman, G., & Romanowski, P. (1998). *Helping your kids cope with divorce*. New York: Times Books. This Book is for parents who are divorcing to help them deal with their children's needs during the process.

Sharry, J., Reid, P., & Donohoe, E. (2001). *When parents separate: Helping your children cope*. Dublin: Veritas.

自助阅读：生活在再婚家庭

Eckler, J. (1993). *Step by step-parenting: A guide to successful living with a blended family* (Second Edition). White Hall, VA: Betterway Publications.

Visher, E., & Visher, J. (1991). *How to win as a step-family* (Second Edition). New York: Dembner.

自助阅读：应对成年和晚年的发展挑战

Levinson, D. (1986). *Seasons of a man's life*. New York: Ballantine.
Levinson, D. (1997). *Seasons of a woman's life*. New York: Ballantine.

自助阅读：应对丧失

Abrams, R. (1999). *When parents die. Learning to live with the loss of a parent* (Second Edition). London: Routledge.
Colgrove, M., Bloomfield, H., & McWilliams, P. (1991). *How to survive the loss of love* (Second Edition). Los Angeles, CA: Prelude Press.
Kubler-Ross, E., & Kessler, D. (2005). *On grief & grieving*. New York: Simon & Schuster.
Rando, T. (1991). *How to go on living when someone you love dies*. New York: Bantam.
Viorst, J. (1986). *Necessary losses*. New York: Simon & Schuster.

研究使用的测量工具

感恩、信任、原谅和自恋

Brown, R. P. (2003). Measuring individual differences in the tendency to forgive: Construct validity and links with depression. *Personality and Social Psychology Bulletin*, 29, 759–771.
Gordon, K. C., & Baucom, D. H. (2003). Forgiveness and marriage: Preliminary support for a measure based on a model of recovery from a marital betrayal. *American Journal of Family Therapy*, 31, 179–199.
McCullough, M., & Wivliet, C. (2002). The psychology of forgiveness. In C. R. Snyder & S. Lopez (Eds.), *Handbook of positive psychology* (pp. 446–458). New York: Oxford University Press. Contains a transgression-specific measure of forgiveness – the Transgression Related Interpersonal Motivations Inventory (TRIM).
McCullough, M. E., Fincham, F. D., & Tsang, J. (2003). Forgiveness, forbearance, and time: The temporal unfolding of transgression-related interpersonal motivations. *Journal of Personality and Social Psychology*, 84, 540–557.
McCullough, M., Emmons, R., & Tsang, J. (2002). The grateful dispositions: A conceptual and empirical topography. *Journal of Personality and Social Psychology*, 82, 112–127.
McCullough, M., Root, L., Tabak, B., & van Oyen Witvliet, C. (2009). Forgiveness. In S. Lopez & C. R. Snyder (Eds.), *Oxford handbook of positive psychology* (Second Edition, pp. 427–436). New York: Oxford University Press. Contains the Revised Transgression Related Interpersonal Motivations Inventory (TRIM-18-R).
Raskin, R., & Hall, C. (1979). A narcissistic personality inventory. *Psychological Reports*, 45, 590.
Rotter, J. (1967). A new scale for the measurement of interpersonal trust. *Journal of Personality*, 23, 651–665.

Subcoviak, M., Enright, R., Wu, C., Gassin, E., Freedman, S., Olson, L., & Sarinopoulos, I. (1995). Measuring interpersonal forgiveness in late adolescence and middle childhood. *Journal of Adolescence*, 18, 641–655. Describes a transgression-specific measure of forgiveness – the Enright Forgiveness Inventory.

Thompson, L. Y., Snyder, C. R., Hoffman, L., Michael, S. T., Rasmussen, H. N., & Billings, L. S. (2005). Dispositional forgiveness of self, others, and situations. *Journal of Personality*, 73, 313–359.

Watkins, P. C., Woodward, K., Stone, T., & Kolts, R. D. (2003). Gratitude and happiness: The development of a measure of gratitude and its relationship with subjective well-being. *Social Behaviour and Personality*, 31, 431–452.

人际行为

Horowitz, L., Alden, L., Wiggins, J., & Pincus, A. (2000). *Inventory of Interpersonal Problems*. San Antonio, TX: Psychological Corporation.

Markey, P. M., & Markey, C. N. (2009). A brief assessment of the interpersonal circumplex: The IPIP-IPC. *Assessment*, 16(4), 352–361.

Wiggins, J. (1995). *Interpersonal Adjective Scale: Professional manual*. Odessa, FL: Psychological Assessment Resources.

依恋

Ainsworth, M., Blehar, M., Waters, E., & Wass, S. (1978). *Patterns of attachment: A psychological study of the strange situation*. Hillsdale, NJ: Lawrence Erlbaum Associates, Inc.

Brennan, K., Clark, C., & Shaver, P. (1998). Self-report measurement of adult attachment: An integrative overview. In J. Simpson & W. Rholes (Eds.), *Attachment theory and close relationships* (pp. 46–76). New York: Guilford Press.

George, G., Kaplan, N., & Main, M. (1996). Adult Attachment Interview protocol (Third Edition). Unpublished Manuscript, University of California at Berkeley, USA.

Waters, E. (1995). The Attachment Q-Set (Version 3.0). *Monographs of the Society for Research in Child Development*, 60(2–3), 234–246.

家庭运行

Fay, D., Carr, A., O'Reilly, K., Cahill, P., Dooley, B., Guerin, S., & Stratton, P. (2010). Irish Norms for the SCORE-15 and 28 from a national telephone survey. *Journal of Family Therapy*. Contains the SCORE-29, and instructions for the SCORE 28 and 15.

Ryan, C., Epstein, N., Keitner, G., Miller, I., & Bishop, D. (2005). *Evaluating and treating families. The McMaster Approach*. New York: Routledge. Contains all McMaster Model family assessment instruments.

婚姻适应

Fincham, F. D., & Linfield, K. J. (1997). A new look at marital quality: Can spouses feel positive and negative about their marriage. *Journal of Family Psychology*, 11, 489–502.

Golombok, S., & Rust, J. (2007). *The Golombok Rust Inventory of Marital State* (GRIMS). London: Pearson Assessment.

Rust, J., & Golombok, S. (2007). *The handbook of the Golombok Rust Inventory of Sexual Satisfaction* (GRISS). London: Pearson Assessment.

Sabourin, S., Valois, P., & Lussier, Y. (2005). Development and validation of a brief version of the Dyadic Adjustment Scale with a nonparametric item analysis model. *Psychological Assessment*, 17, 15–27.

Snyder, D. (1997). *Marital Satisfaction Inventory – Revised*. Los Angeles, CA: Western Psychological Services.

Spanier, G. B. (1976). Measuring dyadic adjustment: New scales for assessing the quality of marriage and similar dyads. *Journal of Marriage and the Family*, 38, 15–28.

浪漫式爱情

Brennan, K., Clark, C., & Shaver, P. (1998). Self-report measure of adult attachment: An integrative overview. In J. Simpson & W. Rholes (Eds.), *Attachment theory and close relationships* (pp. 46–76). New York: Guilford Press.

Davis, K., Todd, M. J., Duck, S., & Perlman, D. (1985). Assessing friendship: Prototypes, paradigm cases and relationship description. In S. Duck & D. Perlman (Eds.), *Understanding personal relationships: An interdisciplinary approach* (pp. 17–38). Beverly Hills, CA: Sage.

Fehr, B. (1994). Prototype-based assessment of laypeople's views of love. *Personal Relationships*, 1, 309–331.

Hatfield, E., & Sprecher, S. (1986). Measuring passionate love in intimate relationships. *Journal of Adolescence*, 9, 383–410.

Hendrick, C., & Hendrick, S. (1986). A theory and method of love. *Journal of Personality and Social Psychology*, 50, 392–402.

Hendrick, C., Hendrick, S., & Dicke, A. (1998). The Love Attitudes Scale: Short Form. *Journal of Social and Personal Relationships*, 15, 147–159.

Rubin, Z. (1970). Measurement of romantic love. *Journal of Personality and Social Psychology*, 16, 265–273.

Sternberg, R. J. (1998a). *Cupid's arrow*. New York: Cambridge University Press. Contains the Triangular Love Scale.

Sternberg, R. J. (1998b). *Love is a story*. New York: Oxford University Press. Contains the Love Stories Scale.

学校满意度的测量

Huebner, E. S. (1994). Preliminary development and validation of a multidimensional life satisfaction scale for children. *Psychological Assessment*, 6, 149–158.

第九章
积极心理治疗

学习目标

- 了解基于积极心理学的心理治疗取向。
- 能够概述积极心理治疗、14要点幸福项目、幸福治疗、生活质量治疗、以人为中心取向、焦点解决治疗和积极家庭治疗的主要特征。
- 能够阐述什么是创伤后成长以及它对治疗创伤幸存者有何意义。
- 了解针对严重问题的基于优势的治疗有何关键原则。
- 知道有哪些证据支持积极心理学干预的有效性。
- 明白围绕积极心理治疗的一些争议。
- 理解积极心理学干预对增进幸福的意义。
- 能够指出需要进一步研究哪些问题,从而更好地理解积极心理学干预的有效性。

传统取向心理治疗的主要目的是减轻痛苦。相比之下,积极心理学干预的主要目的是增进幸福。传统取向心理治疗主要关心的是消除症状、应对失能造成的限制。积极心理学干预的工作重点则是,培养积极情绪,发展个性优势,改善有意义的关系。目前有很多把积极心理学应用到心理治疗中的取向,包括积极心理治疗、14要点幸福项目、幸福治疗、生活质量治疗、以人为中心取向、创伤后成长治疗、焦点解决治疗、积极家庭治疗以及针对严重问题的基于优势的治疗。

积极心理治疗

积极心理治疗是在当代积极心理学运动的背景下发展出来的。积极心理学主要研究积极情绪、个性优势、有意义的关系，而积极心理治疗利用这些研究所得给生活注入快乐、沉浸和意义，进而增进幸福感。Tayyab Rashid 和 Martin Seligman 开发出了一个包括 14 个环节的积极心理治疗项目，各个环节的要点见表 9.1（Rashid，2008；Rashid & Anjum，2008；Seligman et al.，2006）。该项目的一些干预，比如品味，其目的是给生活注入快乐；一些干预鼓励人们运用感恩和宽容之类的特征优势，给生活注入沉浸体验；还有一些干预旨在改善家庭、学校和职场的人际关系，给生活注入意义。在临床实践中，可以根据来访者的具体问题，灵活选用项目当中的某些干预。

积极资源促进恢复—缺乏资源维持抑郁

在积极心理治疗的第 1 个环节中，治疗师让来访者介绍自己。自我介绍的具体方式是：讲一个真实的故事，最好地展现自己。在第 1 个环节结束之际，治疗师给来访者布置一个家庭作业：写一个故事阐明自己的优势。第 1 个环节也是为所有 14 个环节订立一个治疗合同，规定治疗师和来访者各自的角色和责任。这个合同需要明确的是：治疗师要借鉴积极心理学的关键发现，根据对来访者生活境况的了解，帮助来访者调动个人资源以实现充实生活。治疗师要告诉来访者，他们会请来访者积极参与治疗过程，还会结合治疗内容布置家庭作业让来访者完成。

第 1 个环节要讨论的主题是：积极情绪、优势运用和有意义的关系对促进来访者从抑郁、痛苦和生活问题中恢复过来有何重要作用。其主要焦点是个性优势的价值。自第 1 个环节开始，治疗师就帮助来访者调整方向，让来访者从关注自己的痛苦、症状、失能转向关注自己的韧性、个人资源、更新恢复能力。这并不是说要否认消极体验。我们既要认可、肯定来访者的痛苦，还要认可、肯定来访者的幸福障碍。第 1 个环节也

表 9.1 积极心理治疗

话题	讨论主题	家庭作业
1. 缺乏积极资源是长期抑郁的原因	• 讨论积极情绪、运用优势、经营有意义的关系对减轻抑郁有何作用，以及没有积极情绪、不运用优势、不经营有意义的关系对维持抑郁有何作用。 • 介绍心理治疗的框架，阐明治疗师和来访者的角色和责任。	写一篇300字的积极介绍，具体说说自己有何优势。
2. 确认特征优势	• 探索来访者在家庭作业里所给出的特征优势在以前的什么情况下起到了帮助作用。 • 回顾积极心理治疗问卷的作答情况，讨论通往幸福的三条路径（快乐、沉浸、意义）。	填写在线价值观—优势（VIA-IS）问卷，确定特征优势。
3. 培养特征优势和积极情绪	• 辅导来访者确认哪些具体行为可以培养特征优势。 • 讨论积极情绪在幸福中的作用。 • 讨论感恩对制造积极情绪有何重要作用。	（不间断地）执行特征优势计划； （不间断地）写感恩日记，每天记录三件值得感恩的事情。
4. 好记忆和坏记忆	• 讨论好记忆和坏记忆分别对抑郁症状有何影响。 • 讨论保持愤怒和怨恨对抑郁和幸福有何影响。 • 鼓励来访者表达愤怒和怨恨感。	回想并写下三件不好的经历以及与之有关的愤怒，看看坏记忆以及相关愤怒对维持抑郁有何作用。
5. 原谅	• 讨论原谅如何能让愤怒和怨恨转化成中性或积极情绪。	写一封原谅信，描述一件过错以及相关的情绪，发誓原谅过错方（如果原谅是恰当的话）。不要把信寄出去。
6. 感恩	• 回顾感恩日记。 • 将感恩作为一种生活态度进行讨论。 • 讨论好记忆和坏记忆分别对感恩有何影响。	给从未好好感谢过的人写一封感谢信。

续表

话题	讨论主题	家庭作业
7. 治疗期中检验	• 回顾原信、感谢信和感恩情况。 • 讨论培养积极情绪的重要性。 • 回顾治疗过程和进展。	继续写感恩日记，继续运用特征优势。
8. 只求满意，不求最佳	• 结合享乐主义踏板车讨论只求满意（比较几个选项，从中选择一个够好的），不求最佳（比较所有选项，从中选择一个最好的）的观点。 • 探索只求满意、不求最佳的方式。	写出只求满意、不求最佳的方式，根据自己的情况制订一个只求满意、不求最佳的计划。
9. 乐观和希望	• 让来访者回想这样的时刻：当他们在某个重要事件中失败时；当他们的某个重要计划流产时；然后让来访者这样想：上帝对你关上了一扇门，就会为你打开另外一扇门。	确认三扇关了的门和三扇开了的门。
10. 爱和依恋	• 辅导来访者进行主动—建设性回应。 • 辅导来访者识别伴侣、朋友和家人的特征优势。	在伴侣、朋友或家人分享好消息时，给予主动—建设性回应； 安排一个时间专门赞美来访者、伴侣、朋友或家人的特征优势。
11. 优势家谱	• 讨论识别家人的特征优势有何价值。	让家人填写在线 VIA-IS 问卷； 画一个家谱图，标出每个家人的优势； 安排一次家庭聚会，讨论每个人的优势。

续表

话题	讨论主题	家庭作业
12. 品味	• 讨论品味，即在体验快乐之时意识到快乐，并有意地加强、延长快乐体验。 • 解释享乐主义踏车对品味快乐的潜在威胁，探索哪些方法可以避免习惯和适应。	计划并执行愉快的活动，运用一些具体的品味技术。
13. 时间礼物	• 讨论有哪些方式可以提供时间礼物，即运用特征优势为公益事业做贡献。	做一些需要花费大量时间、运用特征优势的事情，比如教小孩或者进行社区服务，来提供时间礼物。
14. 充实的生活	• 讨论充实的生活这一概念，它整合了快乐感、投入感和意义感。 • 让来访者填写积极心理治疗问卷以及其他问卷。 • 回顾治疗过程。	

讨论了缺少积极情绪、较少运用优势、缺少有意义的关系对维持抑郁和痛苦、助长空虚生活有何影响。然而，要强调的是积极情绪、个性优势、有意义的关系对于使空虚生活转向充实生活的核心作用。这个环节要借鉴幸福感与积极情绪的研究（第一章讨论过）、个性优势的研究（第二章讨论过），和有意义的关系的研究（第八章讨论过）。

确认并培养特征优势

确认并培养特征优势是积极心理治疗项目第2、3、7、10、11、14环节的核心主题。第2个环节需要首先回顾第1个家庭作业——写个故事阐明个性优势。在回顾的基础上，探索以前在哪些情境下运用过特征优势，并且探索运用这些优势是如何影响幸福感的。第2环节的家庭作业是让来访者登录 http://www.viacharacter.org/，填写在线 VIA-IS 问卷，确定特征优势。第3环节探索有哪些切实可行的方法可以在日常生活中培养这些特征优势，制订相应的计划并加以实施。这些计划包括如何在工作、爱情、游戏、友谊和教养子女的过程中以切实可行的方法多运用特征优势。对这个家庭作业，治疗期中的第7环节和治疗期末的第14环节都会加以回顾。回顾过程中，来访者可以反思经常运用特征优势对幸福感有何影响。确认特征优势也被用于改善家庭关系的积极心理治疗。第10、11环节讨论家人的特征优势。第11环节的家庭作业是，要求来访者邀请其家人做在线 VIA-IS 问卷，确认特征优势，然后利用测评结果，画出家谱图，标出所有家人的特征优势，并在家庭聚会中讨论这些优势。

特征优势就是来访者觉得自己在很多情况下都可运用、可以作为人生规划之基点的核心个性特征。来访者渴望不断用新方法运用特征优势，运用特征优势可以让人快乐、兴奋、精力充沛而非精疲力竭，运用特征优势还可以让人迅速而持续地学习（Peterson & Seligman，2004）。VIA-IS 里的24个优势包括创造力、好奇心、思维开阔、热爱学习、洞察力、本真、无畏、毅力、热忱、善良、爱、社会智力、公平、领导力、团队合作、宽容、稳重、谨慎、自我调节、欣赏、感恩、希望、幽默和虔诚。这些优势的定义请参见表2.4。第二章讨论过有关这些优势及其对幸福感有何影响的研究。早期的积极心理治疗项目用另外一个练习确认特征优势：首先让来访者想象自己过了圆满的一生之后去世了，然后思考自己的悼词要说些什么，最后让其用一两页纸写一篇文章，总结一下最希望别人记住自己的什么（Seligman et al., 2006）。

感恩

帮助来访者形成感恩心态，这是第3、6、7、14环节的主题。在第3环节，首先讨论感恩对制造积极情绪有何重要作用，然后布置家庭作业。这个家庭作业是写感恩日记，即每天记下当天发生的三件值得感恩的事情，并一直保持记录。第6环节讨论感恩时会回顾感恩日记，治疗期中的第7环节和治疗期末的第14环节也会回顾感恩日记。在回顾过程中，来访者将能讨论写感恩日记的好处。第6环节将感恩作为一种生活态度进行讨论，并使其成为一种特质。至于家庭作业，就是写一封感谢信，寄给应该感谢但没好好感谢过的人。

感恩是指人们意识到生活中发生的好事情并为之感谢老天，在体验这些好事情的时候体验快乐。有关感恩的研究在第二章和第八章讨论过（Emmons & McCullough, 2004；Watkins et al., 2009）。感恩与幸福感之间的相关性比大五人格当中任何一个特质与幸福感之间的相关性都强。实验研究和临床研究发现，感恩干预可以增强幸福感。感恩干预是指，邀请被试或来访者回想生活当中值得感恩的事情，或者详细记录生活当中值得感恩的事情，或者给想要感谢的人写感谢信。

原谅

原谅是第4、5、7和14环节的重要主题。第4环节特别关注不原谅对心情有何影响。这个环节鼓励来访者表达无法释怀的愤怒感和怨恨感，指出这会加深其抑郁。家庭作业是让来访者回想并写下三件不好的经历以及与之有关的愤怒，看看坏记忆以及相关的愤怒对维持抑郁有何影响。第5环节回顾以上家庭作业，继而探索用原谅代替愤怒和怨恨，并探索原谅如何能将愤怒和怨恨转化成中性或积极情绪。家庭作业是让来访者写一封原谅信，描述一件过错以及相关的情绪，发誓原谅过错方（如果原谅是恰当的话）。但不要把信寄出。这个任务的要点是，体验原谅的姿态，而非原谅的人际过程。第 7 环节的期中回顾和第 14 环节的期末回顾，将会探索写原谅信对幸福感有何影响。

原谅是在承认别人犯有过错并为过错负有明确责任的情况下、对别人的过错不予追究的个人行为。原谅不同于和解、赦免过错、容忍过错、为过错辩解、将过错合理化、为过错找借口、否认过错的严重性，也不同于忘掉过错。第二章和第八章回顾过有关原谅的研究。这些研究表明，原谅是个复杂的过程，与身心健康有关（McCullough et al., 2009）。美国威斯康星大学的 Robert Enright 教授开发了一个原谅治疗项目；研究表明，这个项目可以显著提高希望和自尊，减轻愤怒、焦虑、痛苦以及愤怒导致的心肌灌注（Enright & Fitzgibbons, 2000; Waltman et al., 2009）。在这个四阶段项目中，来访者直面并释放愤怒，探索是否愿意考虑原谅，结合过错发生的历史背景和环境背景来看待过错，对过错方的立场产生共情，在痛苦事件中找到意义。为了能够原谅，来访者必须承认自己受到了不公正的对待，选择怜悯、同情、共情过错方，认识到和解取决于过错方是否值得信任。

只求满意，不求最佳

满意优于最佳是第 8 环节的核心主题。生活没得选择是一种压力，生活有太多选择也是一个问题。有选择的自由是会增加幸福还是会增加痛苦，这取决于人们采用哪种策略做选择。策略可以分为两大类：最优化和满意化（Schwartz et al., 2002）。最优化是指，分析完所有选项，然后从中选择一个最好的；满意化是指，逐一分析选项，找到足够好的一个，就不再分析其他选项。最优化者听收音机或看电视会不断调台，直到把所有台都调遍，即使对当前节目已经感到满意；而满意化者只要找到一个"够好"的节目就不再换台。宾夕法尼亚斯沃斯莫尔学院的 Barry Schwartz 教授发现，与运用最优化策略的人相比，运用满意化策略的人更幸福、更不容易失望、更不容易遗憾、更少向上攀比（Schwartz et al., 2002）。这些发现表明，面临很多选项时，最好运用满意化原则，除非有充足理由运用其他原则（Schwartz, 2004）。此外，做了选择之后，就要为所选的那个东西带来的收益心怀感恩，而不是为其缺点心怀失望。我们还可以考虑调低过高的期望，不要拿自己选择的东西与别人选择的东西做比较。最优化的一个核心问题是，即使最初找到了最佳选项，即比其他选项都好的选项，也会随着时间的推移渐渐习惯和适应，觉得这个选项并不是最好的。另外，搜寻所有选项寻找最佳答案与找到满意答案就停止搜索的策略相比，前者所花的精力远远超过后者所花的精力，而且多花的精力与多得的收益并不对等，习惯和适应也会让这些多花的精力显得浪费。第一章讨论过享乐主义踏板车，它是指：研究表明在大多数情况下，人们会习惯和适应积极刺激和积极情境（Diener et al., 2006）。正因如此，最优化带来的额外满意感很快就会消失。第 8 环节要结合享乐主义踏板车讨论只求满意、不求最佳，探索只求满意、不求最佳的方式。家庭作业是让来访者根据自己的情况制订一个只求满意、不求最佳的计划。

乐观和希望

乐观和希望是第 9 环节的主题。治疗师让来访者回想这样的时刻：某件重要事情失败了，某个重要计划流产了，自己遭到拒绝了；然后让来访者考虑这些消极生活事件带来的积极机会。通过这个练习，他们将渐渐体验到，上帝对你关上了一扇门，就一定会为你打开另一扇窗。在这些体验的基础上，他们就可以对生活抱有乐观和希望。家庭作业是让来访者确认三扇关了的门和三扇开了的门。

第三章综述了有关气质性乐观、乐观解释风格和希望的研究，指出这些概念都包含一个成分，即看好未来，所有这些概念都与幸福感呈正相关（Carver et al., 2009；Peterson & Steen, 2009；Rand & Cheavens, 2009）。气质性乐观和希望是指，个体总是抱有最好的期望。乐观解释风格是指，个体把成功归因于内部的、普遍的、稳定的因素，把失败归因于外部的、特殊的、暂时的因素。第三章还指出，研究证明了旨在培养乐观的干预项目，比如 Penn 韧性项目（Gillham et al., 2008）和希望疗法（Snyder, 2000），确实可以增强乐观和幸福感。希望疗法帮助来访者形成清晰的目标，考虑达成目标的途径，激励自己追求目标，把障碍重构为挑战。

Penn 韧性项目的内容包括：分析情境，具体分析最初是什么状态、中间有什么行为、最后情绪发生了什么变化；分析信念，从解释风格的三个维度——内部—外部、普遍—特殊、稳定—暂时——来分析信念；从其他角度解释情境，评估这些解释是否有充分依据；挑战悲观思维。

爱和依恋

爱和依恋是积极心理治疗项目第 10 环节的重要主题。在日常生活中，爱和依恋可能源自于在伴侣、朋友或家人分享好消息时给予主动—建设性回应。在这个环节中，治疗师辅导来访者如何鼓励其伴侣、朋友或家人分享好消息，并以主动—建设性方法进行回应。主动—建设性回应指以让人看得见的积极和热情进行回应。家庭作业是让来访者用主动—建设性方式回应来自伴侣、朋友或家人的好消息，一天至少一次。

大量研究表明，把积极事件告诉伴侣、朋友或家人，可以增强幸福感，幸福感的增量超过了积极事件本身带来的幸福感（Gable et al., 2004，2006）。当听消息的人以主动—建设性方式进行回应时，分享好消息的过程就能带来最大化的好处。伴侣双方都主动—建设性地回应彼此带来的好消息，婚恋关系就会更稳定、更美满（Gable et al., 2006）。主动—建设性回应是四类回应中的一种，这四类回应是通过在两个维度上的高低得分组合而来的。这两个维度是：主动—被动，建设—破坏。主动—建设性回应是指不论在内容上还是在方式上，都给予积极回应。例如，听到"我今天在学校的演讲做得很好"，主动—建设性回应是：脸上挂着笑容，眼睛直视说话者，用热情的语调说，"真了不起！我们庆祝一下吧"。被动—破坏性回应是：看都不看说话者，用平板的语调说"嘘，我看电视呢"。被动—建设性回应是："很好啊"。主动—破坏性回应是："那又怎么样？演讲没什么了不起！"

品味

品味是积极心理治疗项目第 12 环节的重要主题。品味是指在体验快乐之时意识到快乐，并有意地加强、延长快乐体验。享乐主义踏板车，即对快乐的适应和习惯，使得品味更具有挑战性（Diener et al., 2006）。为了避免适应，并能够不断从某项活动中获得快乐，必须避免过于频繁地从事这项活动，从事这项活动的方式也要时不时地变换花样（Sheldon et al.，出版中）。家庭作业是让来访者每天抽一点时间，享受某件事情，而不是像往常一样匆匆完成（比如，吃饭、洗澡、去教室）；然后记下自己做了什么，与以往的做法有何不同，与匆匆忙忙地做相比，这样做有何感受。

　　根据罗亚拉大学芝加哥校区的 Fred Bryant 教授的说法，品味涉及留意、鉴赏、增强积极体验（Bryant & Veroff, 2007）。品味能够增强积极体验（比如敬畏、感恩、自豪或欢乐）的频次、强度和持久度。（第七章讨论过的）应对是调节消极情绪，而品味是调节积极情绪。例如，惊叹调节敬畏，感谢调节感恩，显摆调节自豪，沉溺调节身体快感。（第四章讨论过的）沉浸体验中没有自我意识。相比之下，品味能够通过元意识感知到正在体验的积极情绪。品味最好发生在没有威胁的情境里，这样人们才有心理资源把注意力集中在积极情绪上。品味涉及关注此时此刻的积极情绪，可是这些积极情绪不一定来自此时此刻所发生的事情，也可能来自对过去回忆或者对未来的展望。要区分对待品味体验（比如看日落）、品味过程（比如惊叹巨大波浪的复杂和美丽）、品味反应或策略（比如为自己出色完成任务而庆祝）、品味信念（即对自己体验积极情绪的能力有多大信心）。测量品味信念，可以用品味信念问卷（Savouring Beliefs Inventory；Bryant, 2003）。品味策略有很多，包括完全沉浸在当前的积极体验中、回想过去的积极体验、展望未来的积极体验、用行为（比如欢笑）表现对积极事件的情绪反应、为自己的成绩祝贺自己、拿当前的积极体验与较不积极的体验做比较、为积极体验而感恩、把积极体验分享给他人、与他人一起庆祝积极体验。测量品味策略，可以用品味方式检核表（Ways of Savouring Checklist；Bryant & Veroff, 2007）。为了弄清哪种品味策略最有效，Quoidbach 等人（2010）做了一个研究，其结果发现：经历积极事件时，重点关注现在、顺便回想过去或展望未来可以增强积极情感，而与他人分享可以增强生活满意度。他们还发现，使用的品味策略越多，个体的幸福感越强。

时间礼物

　　第13环节讨论连接感和归属感的价值和重要性。为公益事业做贡献，可以赋予人生以意义（Sherrod & Lauckhardt, 2008）。治疗师请来访者思考有哪些方法可以运用其特征优势提供时间礼物，即为公益事业做贡献。家庭作业是做一些需要花费大量时间、运用自身的特征优势的事情，比如教小孩或者进行社区服务，以此提供时间礼物。

充实生活

充实生活要满足三个条件：体验积极情绪（快乐感），运用特征优势（投入感），与家人、朋友、社区及社会维持有意义的关系（意义感）。空虚生活指不满足这三个条件的生活。空虚生活让人痛苦。积极心理治疗的最后一个环节讨论充实生活的概念（三个要素，即快乐感、投入感、意义感）。治疗师回顾治疗进展，邀请来访者填写积极心理治疗问卷以及其他治疗结果测评工具。

积极心理治疗的有效性和促变机制

一系列初步研究的结果表明，团体和个体积极心理治疗对轻中度抑郁的人来说，可以减轻抑郁、增强幸福；对健康的成人和儿童来说，可以增进幸福（Rashid, 2008; Rashid & Anjum, 2008; Seligman et al., 2006）。积极心理治疗之所以有效，其背后有很多重要机制。第一，在治疗过程中，来访者把注意、记忆、期望方面的消极偏差调往积极方向。这是一个十分重要的过程，因为从进化角度来说，我们天生就倾向于更关注自我和环境的消极方面，这样才能迅速"修复"那些"破损"的东西，增加生存的可能性（Baumeister et al., 2001）。因此，将消极偏差调往积极方向是个根本性的变化。第二，通过关注生活的积极方面，来访者会体验更多积极情绪。根据第一章讨论过的扩展和建构理论，积极情绪扩展即时思维—行动范畴，进而帮助建造个人资源，促进问题解决和个人发展（Fredrickson, 2001）。第三，积极心理治疗的很多练习涉及围绕生活的积极方面进行写作，而越来越多的证据表明这样做可以增强健康和幸福感（Burton & King, 2004, 2009）。第四，确认并运用特征优势，来访者就有更多机会体验到沉浸，这些在第四章讨论过。沉浸体验与

"投入的生活"有关，可以增强幸福感。第五，积极心理治疗的很多练习，比如在他人分享好消息时给予主动—建设性回应、写原谅信、画优势家谱、给予时间礼物，都可以改善来访者的人际关系，进而增强来访者的幸福感。最后，在积极心理治疗中，治疗关系的特点是温暖、共情、真诚，这是治疗成功的关键因素。心理治疗研究文献最可靠、最一致的发现是：治疗关系的质量可以解释治疗结果的很大一部分变异（Carr，2009a）。

Fordyce 的 14 要点幸福项目

从 Matin Seligman 发起现代积极心理学运动往前追溯 20 多年，Michael Fordyce（1977，1983）运用科学原则开发了一个幸福项目，还运用科学原则评价了其有效性。这个幸福项目指出了追求幸福的 14 条基本原则，见表 9.2（Fordyce，1983）。

表 9.2　Fordyce 的 14 要点幸福项目

1. 主动一些，忙碌一些。
2. 多花些时间与人交际。
3. 工作、休闲都要富有成效。
4. 有条理、有计划，每天完成一两个重要任务。
5. 不再担忧，因为担忧既痛苦又没用。
6. 降低期望和抱负，设置切合实际的目标，以增加成功的机会、减少失望的可能性。
7. 积极、乐观地思考。
8. 关注此刻，活在当下；不为打翻的牛奶哭泣，不为没来的灾难忧虑。
9. 了解自己，接纳自己，喜欢自己，帮助自己。
10. 培养活泼开朗的个性，多与你喜欢的人相处，多结识新朋友。
11. 做你自己，别讨厌你本来的样子，吸引那些喜欢你本来样子的人。
12. 忘掉不开心的事情。
13. 建立亲密的婚恋关系。
14. 重视幸福，积极追求幸福。

每条基本原则对应一个干预模块，也就是说整个幸福项目有 14 个模块。Fordyce（1977，1983）发表了两篇论文介绍自己在一所社区大学连续做过的 7 个研究，这 7 个研究表明：开展全套幸福项目（取所有 14 个模块）比开展部分幸福项目（只取几个模块）更有效，比开展其他项目更有效，也比不开展任何项目更有效。14 要点幸福项目是用说教形式开展的，为期 2~10 周，要求参与者把课堂所学应用到日常生活当中。跟踪调查结果表明，积极效果至少可以维持 1 年。

Fava 的幸福治疗

意大利博洛尼亚大学的 Giovanni Fava 开发了幸福治疗，用来帮助经过其他心理治疗或药物治疗的焦虑患者和抑郁患者防止复发（Fava & Ruini，2003；Ruini & Fava，2004）。幸福治疗的目的是增强环境掌控感、生活目的感和自主性，促进个人成长、自我接纳和积极关系。评价这六个方面的治疗结果，可以用第一章提过的 Ryff 心理幸福感量表（Ryff & Singer，1996）。幸福治疗有三个阶段、八个环节，每个阶段包括两三个环节。第一个阶段，来访者写日记，日记有格式要求：记录每次幸福体验的前前后后发生了什么事情，在百分制量表上对幸福体验的强度进行评分。第二个阶段的治疗焦点是帮助来访者培养相关技能，用于识别并记录那些提前打断幸福体验的消极自动思维，或许还会请来访者参与那种有可能重新制造幸福体验的活动。这两种技术（心情日记和思维捕捉）都借鉴自认知行为疗法（Beck et al.，1979），不过，在幸福治疗中，其焦点是增强幸福体验，而非终结痛苦体验。幸福治疗的最后一个阶段根据来访者最初在 Ryff 心理幸福感量表上较低或居中的得分，让来访者看到自己那些消极自动思维是如何妨碍自己实现心理幸福感的。治疗焦点是帮助来访者在 Ryff 心理幸福感的 6 个方面都往适应良好的方向转变，方法就是：挑战消极自动思维，讨论有哪些积极思考方式，参加增进幸福的活动。下面用几个例子说明 Ryff 心理幸福感的 6 个方面是如何引导治疗过程的：至于环境掌控感，是要帮助那些在生活困境面前觉得无能、无力的来访者识别并利用机会改变环境、满足需要；至于生活目的感，则要帮助没有方向感的来访者用语言表达出自己的核心价值观和生活目标；个人成长，要帮助有"卡住"感的来访者认可已经拥有的技能、已经取得的进展，而不是一味关注技能的不足和与目标的差距；关于自主性，要让那些在社交压力下迎合他人需要的软弱来访者在社交情境下说出自己的需要和偏好、按自己的标准行事而非追求别人的认可；关于自我接纳，要邀请追求完美、喜欢自我批评的来访者重评自己给自己设定的过高标准，以重新认识自己、设置切合实际的目标；关于积极关系，要帮助关系较少或关系有严重问题的来访者探索有哪些方法可以发展关系、解决关系中的问题。在一系列研究中，Fava 及其同事证明了，这个疗法与认知行为治疗或冥想结合起来后，可以帮助那些正从抑郁症和泛焦虑障碍恢复过来的来访者增强幸福感（Ruini & Fava, 2004；Moeenizadeh & Salagame et al.，2007）。

Frisch 的生活质量治疗

美国贝勒大学的 Michael Frisch 教授（2006）整合了认知治疗实践与积极心理学理念，开发出了生活质量治疗。这种疗法把幸福定义为：生活的 16 个重要方面都称心如意。这 16 个重要方面是健康、自尊、目标及价值观、金钱、工作、游戏、学习、创造力、帮助、爱、朋友、孩子、亲戚、家、邻居和社区。治疗一开始时，来访者会被要求填写生活质量问卷（Quality of Life Inventory），得到 16 个分数。这 16 个分数表示来访者在以上 16 个方面与常模人群比较处在什么位置，从中可以看出他们的哪些方面需要被作为干预焦点（Frisch, 1994）。从中还可以看出来访者是否有心理障碍，以及存在什么生活问题。治疗既涉及用基于证据的认知行为方法解决障碍和问题，又涉及利用积极心理学干预改善低满意度领域的生活质量。治疗师根据来访者的目标排序，为来访者量身定制治疗方案；进行个案概念化，指出关键问题，有待成长的关键领域，相关的病因因素、维持因素和保护因素。生活质量治疗经常提到"CASIO"一词，这个词语是提高生活满意度的五条途径的首字母缩写。这五条途径分别是：境况（Circumstances）、态度（Attitudes）、标准（Standards）、重要性（Importance）和其他（Other）。不管来访者想提高哪个领域的生活满意度,治疗师都会邀请来访者通过头脑风暴想出一些行动,这些行动要有可能改善境况、改变自己对境况的态度、改变自己的目标和标准、改变重要性排序,或者增强其他相关领域的生活满意度。生活质量治疗手册中既有增强总体生活满意度的一般干预,又有分别针对16个方面提高生活满意度的特殊干预。整个治疗一般持续15周,这期间每隔3周用生活质量问卷对来访者测评一次。这个疗法的三项核心干预是:

1. 定期做自我保健,提升幸福感,丰富内心生活;
2. 每天安排一段时间练习放松、进行冥想或听轻音乐;
3. 寻找生活意义,方式是澄清目标和价值观(世俗的、精神上的),按照目标和价值观安排日常活动。

生活质量治疗使用了一些原本用于处理抑郁、焦虑和愤怒的认知干预基本技术,比如心情日记、挑战消极自动思维、果敢训练。生活质量治疗手册列出了十几条积极心理学原则,这些原则渗透到了治疗环节中,帮助来访者实现目标。每条原则包括一个简练的标题和一段话的解释,例如,接纳并享受你的身体,接纳你无法改变的东西,以最好的善意揣度别人,做你喜欢做的事情,用多种方法获得快乐,别做事后诸葛亮。生活质量治疗的有效性得到了两个研究的支持:第一个研究以接受阅读治疗的抑郁成人为被试,是单组前后测设计(Grant et al.,1995);第二个研究以等待肺移植的病人为被试,是实验组、控制组前后测设计(Rodrigue et al.,2005)。

以人为中心取向

早在现代积极心理学出现以前,人本主义心理学运动就强调了人类境况的积极方面而非消极方面。这一流派的Carl Rogers(1902—1987)开发了以人为中心的心理治疗(Rogers,1951)。他提出,如果治疗师为来访者提供积极的治疗联盟,让来访者参与非命令性治疗对话,就会创造一种环境,激发来访者自我实现的内在动机,让来访者自己主动去解决问题。因此,不足为奇的是,积极心理学流派的某些人,比如英国的Stephen Joseph、Alex Linley（2006）和美国的 Ken Sheldon（Sheldon et al., 2003），都采用了 Rogers 以人为中心的取向作为心理治疗的框架。

Joseph 和 Linley（2006）的积极心理治疗认为，治疗有效性的关键是治疗联盟，而不是什么具体的治疗技术。这个观点得到了很多证据的支持，不过治疗师和来访者要通过具体的治疗活动来形成联盟（Carr, 2009a）。借鉴 Rogers 的工作，Joseph 和 Linley 认为，通过自发价值评估，人们就可以知道，什么对自己实现自我、充实生活来说是重要的。实现了目标，人们就会体验到自主性、胜任感、连接感增强了，进而体验到幸福感增强了。这种个人成长的出现，要求重要他人（包括父母、伴侣和治疗师）无条件的积极关注。如果父母让孩子感觉到，孩子只有满足一定的条件才具有价值（比如，如果父母对孩子说，只有你学习成绩好，我们才会爱你），那么孩子的个人成长就会受到阻碍。孩子内化了这些条件；于是，引导孩子成长的，不是孩子的自发价值评估，而是孩子内化了的条件价值观。这可能导致适应问题。在积极心理治疗里，治疗师本身是表里一致的，不受内化了的条件价值观的驱动；这样的治疗师在共情的治疗联盟里，给来访者提供无条件的积极关注。这就让来访者不再受内化了的条件价值观的引导，而是去追求与自发价值评估一致的目标。Joseph 和 Linley 认为，在他们的治疗取向里，他们就是"这么想的"。这个姿态正是积极治疗的核心所在。

（第四章讨论过的）自我决定论就是从 Carl Rogers 的人本心理学中派生出来的，前者继承了后者的一个观点：人有自我实现的内在动机。自我决定论认为，胜任需要、自主需要和连接需要得到满足后，内在动机就有可能出现；当这些需要没有得到满足，自我激励就较不可能出现（Deci & Ryan, 2008a）。美国密苏里大学的 Ken Sheldon 教授及其同事（2003）认为，临床实践中可以用自我决定论促进行为改变。为此，治疗师必须了解来访者想解决什么问题，还必须拥有与解决这些问题有关的各种专业知识，特别是必须知道问题解决涉及哪些行为变化。然后，治疗师必须通过满足来访者的胜任需要、自主需要和连接需要来激励来访者自发地去改变这些行为。整个过程中，咨询师要以尊重、非评判的态度询问来访者：如何看待问题行为对生活的影响，在行为改变上有何目标，对这个目标有多热衷或者多矛盾，怎样让目标符合价值观，维持现状、改变行为各有什么利与弊，知不知道与他们有着同样问题的人是如何解决问题的。治疗师还会根据自己的专业知识（例如，吸烟的人通常要反复多次才能完全戒掉吸烟）给来访者提供一个行为改变选择菜单和一套行为改变基本原理。目前还没有研究评价本节所说的以人为中心取向的治疗效果。然而，有大量实证研究支持以人为中心体验式心理治疗的有效性（Elliot et al.，2004）。

创伤后成长治疗

一定比例的经历过创伤的人报告说，他们在努力应对痛苦的时候发生了积极变化（Prati & Pietrantoni，2009）。这些积极变化包括：心理力量感增强了，意识到了新的可能性，关系改善了，更珍惜生活了，觉得生活更有意义了，灵性增强了。在一个包括 103 个研究、涉及 7000 多个被试的元分析中，Prati 和 Pietrantoni（2009）发现，一系列变量与创伤后成长之间存在相关性。按相关性大小排列，这些变量分别是：宗教应对（$r = 0.38$）、重评应对（$r = 0.36$）、社会支持（$r = 0.26$）、乐观（$r = 0.23$）、灵修（$r = 0.23$）和接纳应对（$r = 0.17$）。美国北卡罗来纳大学的 Lawrence Calhoun 教授和 Richard Tedeschi 教授（1999）开发了一种旨在促进创伤后成长的治疗取向。他们的取向基于这么一个假定：要体验创伤后成长，个体必须在创伤经历导致世界观坍塌后主动在认知和情感上进行一系列加工。这一系列加工包括：回忆并解读创伤，反思创伤对整个生活的影响，设想未来，构建一套新的、更具韧性的世界观。因为创伤带来的变化具有很深的体验性（不仅是认知层面），所以创伤后成长是一个具有很深的体验性的转变过程。治疗师的任务是创建一个安全的、支持性的促变环境，让来访者在认知和情绪上再次体验创伤，进行反思，渐渐改变对自我、对世界的看法。这涉及建立良好的治疗联盟，尊重、耐心地倾听来访者反复诉说创伤、描述世界，接受（而非挑战）来访者的存在参照系和精神参照系，尊重并支持（而非挑战）来访者的积极认知偏差和错觉（第三章讨论过），倾听创伤后成长主题，给创伤后成长主题贴标签,把这样的成长解释为来自努力应对创伤余波。倾听其他创伤幸存者的成长导向型叙述,可以促进个体的创伤后成长;所以,最好以小组辅导形式进行创伤后成长治疗。帮助来访者形成个人创伤后叙述的写作练习也可以促进创伤后成长。目前没有研究评价创伤后成长治疗的效果。

焦点解决治疗

　　焦点解决治疗是密尔沃基短程家庭治疗中心的 Steve de Shazer (1940—2005)、Insoo Kim Berg 及其同事开发的,最初是从家庭治疗流派里演化而来的(de Shazer et al.,2007)。从积极的、充满希望的视角看待问题解决,尊重来访者构建解决方案的资源,简洁优雅的治疗技术观(焦点不是问题,而是让来访者自己提出解决方案),这是焦点解决治疗的几大基石。焦点解决治疗的目的是,识别例外,即少有的几次问题没有发作的情境,然后让来访者努力增加这种例外。例如,如果主诉问题是睡眠障碍,那就让来访者回想或记录自己有哪几次睡得好,思考这几次的情境有什么特点,然后采取步骤制造类似的情境。可以用以下问题来为治疗设置目标和方向:"假设有一天晚上,在你睡着的时候发生了奇迹,问题解决了,那么你希望第二天醒来时是什么样子?"愿景越具体、越形象,效果就越好。治疗进展可以用例外越来越多地出现、问题越来越少地发作来描述。对于那些不能用具体语言来定义的问题和例外,就让来访者在一个 10 点量表上表达变化。例如:"有一个 10 点量表,10 代表问题解决之后你的感受,1 代表问题最严重的时候你的感受。在这个量表上选一个数字,表示你现在的感受。"从评分变化可以看出进展情况。还可以继续追问,比如,"你如何解释从那时到现在的进展,具体有哪些地方是不同的?"在焦点解决治疗里,赞美、观察和行为任务是经常用到的干预。赞美任务指,共情地陈述来访者的积极品质;一般对所有的来访者都会使用赞美,以促进合作;对那些改变意愿有限的来访者,就只能使用赞美。观察任务指,邀请来访者观察成功应对问题的同时还发生了其他什么事情、例外的发生背景、阻止问题恶化的因素、对例外的预测是否会实现。行为任务指，邀请来访者采取行动，制造更多的例外。一个包括了 22 个研究、涉及 1400 多个案例的元分析（这些案例的问题多种多样，每个案例接受 3~5 个环节的治疗）表明：焦点解决治疗与其他治疗一样有效（这里的其他治疗指拿来与焦点解决治疗做比较的治疗），比排在等候名单上的控制组更有效；60% 的案例得到了积极结果（Kim，2008b；Stams et al.，2006）。焦点解决治疗是从家庭治疗流派里发展出来的，与积极心理学和积极心理治疗有很大差异。然而，焦点解决治疗与积极心理学和积极心理治疗有一个共同点：把焦点集中于来访者本人的资源和韧性上。

积极家庭治疗

积极家庭治疗是由加州大学圣芭芭拉分校的 Collie 教授和 Jane Conoley（2009）教授开发的。这个取向把家庭治疗的理念和实践（Carr，2006）与积极心理学结合了起来。借鉴家庭治疗传统，积极家庭治疗把家庭而非个人看作基本的治疗单位，进而结合家庭背景理解个人问题。家庭关系一定程度导致了问题的形成和维持，也受到问题的影响。然而，家庭关系和家人的个性优势也是解决个人问题的重要资源，这就是积极家庭治疗的核心关注点。与其他家庭治疗取向一样，积极家庭治疗让整个家庭参与进来，邀请每个家人发表意见。每个家人的意见都得到同等的尊重，因为治疗师依次强调每个家人的视角并与每个家人建立联盟。治疗师不顾此失彼，家人觉得受到了公正对待。每过几个环节，治疗师小结一次，指出家人的观点有哪些相似之处、不同之处。每个环节结束之际，治疗师都要对当前环节的关键议题进行总结，就问题解决形成一些假设，围绕这些假设布置作业，邀请家人去完成。积极家庭治疗与其他类型家庭治疗的不同之处是，治疗师在询问家人观点、总结这些观点、邀请家人完成作业时，一开始就把焦点放在家人的目标（而非问题）、对未来的看法（而非对过去的看法）、个性优势（而非局限）、资源（而非短缺）、韧性（而非脆弱）上。积极家庭治疗的目的是帮助家庭澄清目标，帮助家庭弄清如何以增进家庭幸福的方式实现目标。治疗师与家庭讨论未来如何解决问题多过讨论过去如何产生问题。只有在过去能够让家庭了解家人的优势、问题的例外情况以及如何实现目标的时候，才对过去感兴趣。在治疗过程中，治疗师邀请家人发起互动并促进家人之间积极的、支持性的、合作性的互动，打断家人之间消极的、对抗性的、指责性的互动。治疗师也许经常使用积极重构技术，把表面上看似负面或中性的家人个性和家庭互动解释成良性的。他们还会借鉴焦点解决治疗的技术，包括用奇迹问题进行目标设置，确认例外，促进制造更多的例外。在积极家庭治疗中，治疗师邀请家庭完成作业。作业要根据家庭的需要来布置。积极家庭治疗的作业借鉴了积极心理学和家庭治疗文献。作业包括：参加积极的家庭仪式（比如，睡前故事、共度晚餐），在家庭里表示感谢，以主动—建设性方式回应好消息来增进家人之间的亲密度，用倾听和积极沟通技能管理家庭冲突，与家庭之外的人交往以建构社会支持网络。作业还包括：邀请父母"捕捉孩子表现良好的那一刻"，为孩子树立应对挑战、制订决策的好榜样，帮助孩子发展情商（方法是：给孩子示范如何识别并标注情绪，如何通过积极重构来管理消极情绪，如何通过角色互换来培养共情能力）。

　　Kauffman 和 Silberman（2009）提出了一种取向，这种取向整合了伴侣治疗和积极心理学。伴侣治疗的焦点是伴侣间的问题，在整合了积极心理学后，焦点就变成了如何同等关注积极情绪和关系优势。这一取向的伴侣治疗用到的积极心理学干预包括：请伴侣给彼此写感谢信；让伴侣回想自己犯了错误但得到对方原谅的经历，从而促进伴侣原谅彼此；让伴侣意识到，对方除了让人怨恨的地方外还有很多让人喜欢的地方，以促进伴侣放下对彼此的怨恨；训练伴侣在对方分享好消息时给予主动—建设性回应；让伴侣每天记录关系里发生的三件好事，还要记下对方在促成好事中的作用；让伴侣向彼此描述，如果一切问题都解决了，那么彼此的关系会是什么样；让伴侣每周抽一段时间共同品味快乐；让伴侣确认对方的特征优势，向对方描述这些优势是怎样丰富彼此的关系的。

　　大量证据证明，对多种多样的成人聚焦型问题和儿童聚焦型问题来说，传统伴侣治疗和家庭治疗都是有效的（Carr，2009b，2009c），但是迄今为止并没有研究评价积极伴侣治疗和积极家庭治疗的效果。（第一章和第八章讨论过的）伴侣和家庭关系积极心理学，与伴侣和家庭积极治疗实践有关。

针对严重问题的基于优势的治疗

为从心理问题中恢复过来的人开设的幸福之旅项目、用于帮助严重慢性精神疾病患者康复的优势模型、用于治疗性犯罪者的美好生活模型，这些都是与积极心理学总体目标一致的基于优势的治疗，下面依次进行简要介绍。

幸福之旅

美国华盛顿大学医学院的 Robert Cloninger 教授（2004，2006）开发了一个基于 DVD 的心理教育项目，名为"快乐生活：幸福之旅"。Cloninger 注意到，很多经过心理治疗消除了症状的人，仍然没有多高的幸福感。开发幸福之旅项目，就是为了帮助从心理问题中恢复过来的人增强幸福感，方法就是提高他们的自我指导性、合作性和自我超越性——这三个概念都可以用气质性格问卷（Temperament and Character Inventory；Cloninger et al., 1994）加以可靠的测量。表 9.3（Cloninger, 2006）列出了这个项目的大纲。项目里的练习借鉴自认知行为治疗、专注式冥想和神经科学。目前没有什么研究来评价整个项目的效果，不过该项目的一些要素，比如挑战消极自动思维和冥想，其效果都有证据支持（Carr, 2009a）。

表 9.3　Cloninger 的幸福之旅项目

第1步	1	什么让你高兴？——识别幸福因素
	2	什么让你不高兴？——了解思维陷阱
	3	体验幸福——平息内心骚动
	4	回归自然——唤醒身体意识
	5	寻找意义——唤醒精神意识

续表

第2步	6	超越专注——培养豁达的心胸、易感的心性
	7	审视你的思维
	8	审视你的人际关系
	9	评估你的成熟和整合情况
	10	反思你的存在
第3步	11	你能学会减压吗？
	12	平息你的恐惧
	13	观察你生活当中的逐权者
	14	反思迷思
	15	保持清醒

优势模型

美国堪萨斯大学的 Charles Rapp 教授提出了优势模型，用来帮助严重慢性精神疾病（比如精神分裂症）患者（Rapp & Goscha, 2006）。优势模型代表精神病康复治疗的新取向，与传统医疗模型是对立的。传统医疗模型只关注严重慢性精神疾病患者的问题，对严重慢性精神疾病患者有很坏的预断，认为严重慢性精神疾病患者只能在精神病院之类的机构得到恰当的安置和治疗，还认为严重慢性精神疾病患者不可能拥有高质量的生活。而优势模型认为，严重慢性精神疾病患者虽然有问题，但是仍然有优势，可以在社区得到恰当的安置和治疗，是有可能通过康复治疗改善生活质量、过上充实生活的。采用优势模型，专业人员与患者形成合作搭档，帮助患者康复。这个模型包括介入、优势测评、制订计划、资源获取、抽身（Rapp & Goscha, 2006）。这些步骤在治疗手册里都有详细描述。在介入阶段，治疗师与来访者形成尊重的、合作的治疗联盟。测评阶段主要评价来访者本人有何优势、来访者能从环境获得什么支持。优势测评为来访者和治疗师设定治疗目标、制订康复计划奠定基础。为了实现目标，治疗师帮助来访者从社区获得必要的资源和支持来执行康复计划，这会促进他们重新融入社区。随着来访者提高了并维持着自主性，并能在社区里正常地生活，治疗师就要准备抽身。一系列实证研究表明，优势模型如果得到切实执行的话，比常规精神病治疗更有利于严重慢性精神疾病的康复。

美好生活模型

新西兰惠灵顿大学的 Tony Ward 教授针对性犯罪者开发了美好生活模型（Ward & Gannon，2006）。治疗性犯罪者较常用的是认知行为干预项目；相比之下，美好生活模型则植根于积极心理学，是一种新的取向。认知行为干预项目的目标是，帮助犯罪者理解自己的犯罪过程，应对那些让自己容易再次犯罪的情境风险因素和心理风险因素；而美好生活模型认为，治疗不仅要涉及风险管理，而且要促进美好生活。促进美好生活，就是满足犯罪者对"美好生活"的需要，即对知识、卓越、静心、友谊、社区、灵修、幸福和创造的需要。基于美好生活模型的治疗，其主要目标是，向犯罪者提供必不可少的技巧、价值观、机会和社会支持，以更具适应性的方式满足他们对"美好生活"的需要，进而降低他们的再犯罪风险。

在美好生活模型里，治疗以综合测评为基础。测评不仅关注与性犯罪有关的问题领域（情绪问题、社交障碍、支持犯罪的信念、共情缺陷、不正常的性唤醒），而且关注犯罪者那些导致犯罪的生活方式，犯罪者获得"美好生活"的方式，犯罪者当前的优势、胜任力和偏好，犯罪者离开监狱后过上美好生活需要什么优势、胜任力和偏好。美好生活模型的效果，需要研究来评价。

积极心理学干预的有效性

正如第 1 章指出的那样，Lyubomirsky 等人（2005b）列出的证据表明：幸福感的变异中，大约 40% 可以用目的性活动加以解释，剩下的 60% 可以用基因因素（50%）和境况因素（10%）加以解释。Lyubomirsky 及其同事因此认为：提升幸福感的最佳方法是，参加符合个人价值观和兴趣、改善心情的目的性活动，而且参加活动的方式要不时变换花样，以避免习惯和适应。源自这个理论的主要积极心理学干预包括：邀请来访者确认什么目标对自己而言是重要的，鼓励来访者以多种方式追求目标，向来访者指出物质生活的改善只能暂时提升幸福感，劝诫来访者不要一味追求物质享受。然而该理论预测，其他积极心理学干预只要包括符合个人积极价值观的目的性活动，也会增强幸福感。该理论得到了一个元分析的支持，这个元分析包括了51个研究、涉及4266个被试，由Sin和Lyubomirsky（2009）完成。他们在这个元分析里发现，很多种积极心理学干预都可以增强幸福，效应值居中（$d = 0.61$）。这个元分析里的研究用到的干预包括：追求自己看重的目标、运用特征优势、设想理想自我、练习原谅、回想善举、写感恩日记、表达希望或乐观、回想并写下积极生活事件、练习冥想、制造神圣时刻、锻炼身体，以及参加结合了以上这些干预中某几样的项目。

一些评价积极心理学干预效果的研究没有被纳入Sin和Lyubomirsky（2009）的元分析，这些研究值得一提。Kurtz（2008）发现，把焦点放在积极生活体验即将结束上，可以增强快乐感。毕业近在眼前的学生与毕业遥遥无期的学生相比，前者写有关毕业的内容，获得的快乐感更强。Koo等人（2008）发现，假想生活中不再出现某个积极事件（比如与喜欢的人约会），可以提升幸福感。Mackenzie等人（2008）发现，乐观表达性的写作可以改善长期承受压力的护理者的精神健康状况。

Mazzucchelli等人（2010）提出，根据Lyubomirsky等人（2005）的理论，行为激活干预既可以提升抑郁者的幸福感，也可以提升非抑郁者的幸福感。行为激活干预的一个例子是，邀请来访者定期参加精心设计的活动，这些活动是令人愉快的，要求与他人积极地互动，或者涉及认知行为疗法里的一些练习。在一个包括20个研究、涉及1353个被试的元分析中，Mazzucchelli等人（2010）发现，行为激活干预可以让健康成人的幸福感大大提升，也可以让有抑郁症状的成人的幸福感大大提升（与控制组相比）。元分析得到的效果值是$d = 0.52$。

启示

表9.4总结了本章提到的一些增强幸福感的策略。这些策略既可以用作自助练习，也可用于临床实践。

表9.4 积极心理学练习

运用特征优势	• 填写VIA-IS问卷，确认你的特征优势。制订一个特征优势运用计划，每天至少运用一个特征优势，写特征优势运用日记，每天在10点量表上评价一下运用特征优势带来的幸福感。一周过后回顾一下日记，写下你通过做这个练习学到了什么。 • 如果你想改善你与伴侣的关系，那么请与伴侣互相分享特征优势。告诉伴侣，你看见他/她以什么方式运用特征优势改善了你们的关系，他/她的做法让你深受感动。
悼词	• 想象你过了圆满的一生之后寿终正寝，思考你的悼词要说些什么。把思考所得写下来，突出你的所有优势和你生前做过的所有好事。反思一下，你了解到自己的优势和价值观了吗？通过这个练习，你了解到自己的优势和价值观中什么对你而言最重要了吗？
每日一善	• 每天做一件你一般情况下不会做的好事，每晚在日记里写下你当天的善举。反思一下，每次善举过后，你自己有何感受，受惠者有何反应。一周过后回顾一下日记，写下你通过做这个练习学到了什么。
三件美好的事情	• 每晚睡觉之前，在日记里写下当天发生的三件美好的事情。生动地回想它们的发生过程，在10点量表上评价一下这些事情带来的幸福感。一周过后回顾一下日记，写下你通过做这个练习学到了什么。 • 如果你想改善与伴侣的关系，那么请你和伴侣分别做下这个练习。每天晚上在日记里写下当天你们关系里发生的美好的事情，反思一下你和伴侣对美好的事情的发生各有什么作用。一周过后回顾一下日记，讨论一下你们通过做这个练习学到了什么。
写感谢信	• 给曾经帮过你但你从未好好感谢过的人写一封感谢信，在信中描述一下他们是怎么帮助你的，他们的帮助对你的生活有何影响，这一切让你有何感受。你现在是多么感激他们。当面或者通过电话或者通过网络聊天工具把感谢信读给对方听。反思一下，这个过程对你的幸福感有何影响。
感恩日记	• 每晚在日记里写下让你心怀感激的五件事情。生动地回想它们的发生过程，在10点量表上评价一下回想这些事情对你的幸福感。一周过后回顾一下日记，写下你通过做这个练习学到了什么。

续表

写原谅信	• 给曾经伤害过你的伴侣打算不去追究的某个人写一封原谅信。在信中指出：他/她伤害了你，伤害得有多深，你是多么愤怒；尽管如此，你还是要原谅他/她，原因是什么，考虑他/她是在什么情况下伤害你的，对他/她在那种情况下伤害了你表示理解，但不为他/她找借口，正式表达出原谅。反思一下，写原谅信让你有何感受——对你的受伤感、愤怒感、同情感和幸福感有何影响。权衡一下原谅信的利弊。 • 如果你的伴侣最近伤害了你，而你想改善与伴侣的关系，那么你可以考虑写一封这样的原谅信。你还可以首先回想一下，你以前做了伤害伴侣的事情，伴侣是怎么原谅你的，在得到原谅之前你是多么愧疚，伴侣的原谅对你来说是多么好的事情。这可以让你更容易对伴侣共情。
放下怨恨	• 写下你对某个人的怨恨，并在10点量表上评价一下这个过程当中你的幸福感。然后列出这个人身上20件让你欣赏、喜欢的东西，也在10点量表上评价一下这个过程当中你的幸福感。反思一下，你从这个练习里学到了什么。
品味生活当中的快乐	• 每天抽几分钟品味你真心喜欢做的事情。这可以是体验此时此刻发生的事情，比如看海或看天，回想过去的美好经历，展望未来的幸福时刻。在日记里写下你品味的体验，在10点量表上品味一下品味带来的幸福感。一周过后回顾一下日记，写下你通过做这个练习学到了什么。
对好消息给予主动—建设性回应	• 伴侣、朋友或家人分享好消息时，给予主动—建设性回应：（脸上挂着笑容，眼睛直视说话者，用热情的语调）告诉他们，你为什么觉得这个消息是那么好，以及你打算怎么庆祝。
设置目标	• 每天抽出一段时间反思一下，你在生活当中最看重什么，你的长期目标是什么。把你的主要长期目标写在显眼的地方，每天回顾一次。每天早上，写下你认为当天要做的所有事情。根据你的长期目标对这些事情的轻重缓急进行排序。努力每天完成当日计划里的一两个目标。周末回顾一下进展。
满意化	• 用一周时间，做到只求满意（比较几个选项，从中选择一个足够好的），不求最佳（比较所有选项，从中选择一个最好的）。每天晚上在日记里写下当天你按满意化原则做的事情。一周过后回顾一下日记，写下你通过这个练习学到了什么。

续表

分享或写下过去生活当中发生的积极事件	• 向密友或伴侣详细描述你经历过的非常幸福的时刻，然后在10点量表上评价一下这样做带来的幸福感。或者，连续1周每天抽出15分钟，写下你经历过的非常幸福的时刻，或者在10点量表上评价一下这样做带来的幸福感。每周结束之际，回顾一下你与密友或伴侣说过的谈话，或者你写下的东西，反思一下你从这个练习里学到什么。
乐观写作	• 连续1周每天抽出15分钟，乐观地、满怀希望地、详细地写下未来某个时间你会做什么。每周结束之际，回顾一下所写的东西，在10点量表上评价一下这样做带来的幸福感。反思一下你从这个练习里学到了什么。
逆境后成长	• 连续1周每天抽出15分钟，写下生活当中的一个艰难时刻，可以是失去某个深爱的人，或者是失去某项重要的东西，或者是深深受到伤害。写下坏事当时有何感受。详细地写下坏事发生后为了继续走下去你做了些什么。写下挺过这个艰难时刻让你和你的生活发生了什么积极变化。一周过后回顾一下所写的东西，反思一下你从这个练习里学到了什么。
把某个积极事件从生活当中抽走	• 抽30分钟写篇文章，内容是：如果某个积极事件没有发生，那么你的生活会怎样。例如，如果你没遇到现在的伴侣，如果你结交很多好朋友，如果你没考上大学，或者如果你没有培养这些运动技能或音乐技能，那么你的生活会怎样。然后，在10点量表上评价一下这样做带来的幸福感，反思一下你从这个练习里学到了什么。
冥想和放松	• 每天早上抽20分钟，进行冥想、做放松或视觉化练习、听轻音乐，或者在某个清静的地方散步。每天做这些事情之前和之后，都在日记里用10点量表评价一下幸福感。看看每天做这些事情是会增强还是减弱幸福感，增强或减弱了多少。一周过后回顾一下日记，反思一下你通过做这个练习学到了什么。
寻找解决方案	• 写下任你身上重复出现的某个问题，或者你一直有的某个坏习惯。然后一次描述一下，即问题或者习惯没有出现的情境。那一周内再出现几次。那一周结束之际，回顾一下日记，反思如何努力让例外再次发生的，在10点量表上评价你努力的效果。做这个练习学到了什么。

争议

现代积极心理学家与较早的人本主义心理学家——人本主义心理学是由 Abraham Maslow（1908—1970）和 Carl Rogers（1902—1987）创立的——一直在争论一个问题：量化研究对治疗实践有多大价值（Friedman，2008）。积极心理学钟爱实证研究，还钟爱通过实证研究积累证据为积极心理治疗奠定牢固基础。人本心理学就不怎么重视通过实证研究积累证据为临床实践奠定基础，而是更重视治疗实践、理论建构和质化案例研究。第二个争议有关积极心理学的民族中心主义（Christopher & Hickinbottom，2008）。尽管积极心理学的目的是建立超越文化界限的普适科学真理，但是批评家认为积极心理学和积极心理治疗隐含着西方意识形态：个人主义、强调个人发展、把美好生活定义为充分实现个人潜能。第三个争议与第二个争议有些关联，那就是：积极心理学过度强调个人，相对忽略社会背景对幸福感的决定作用（Becker & Marecek，2008）。尽管 Seligman 提出，积极制度与积极情绪和积极特质是积极心理学主要关注的东西，但是积极心理学的大部分研究和实际上所有的治疗（除了积极家庭治疗以外）都把焦点放在个人的情绪和特质上，而不是放在关系、社会制度和更广阔的社会—经济—文化—政治背景上，而这些因素对人们的生活质量起着很大的决定作用。

总结

传统取向心理治疗的主要目的是减轻痛苦。相比之下，积极心理学干预的主要目的是增进幸福。传统取向心理治疗主要关心消除症状、应对失能造成的限制。积极心理学干预的工作重点则是培养积极情绪，发展个性优势，改善有意义的关系。目前有很多把积极心理学应用到心理治疗中的取向，包括积极心理治疗、14 要点幸福项目、幸福治疗、生活质量治疗、以人为中心取向、创伤后成长治疗、焦点解决治疗、积极家庭治疗，以及针对严重问题的基于优势的治疗。Rashid 和 Seligman 开发了积极心理治疗，还开展研究评价了其有效性。该项目的有些干预，比如品味，目的是给生活注入快乐；有些干预鼓励运用感恩和宽容之类特征优势，给生活注入沉浸体验；还有一些干预改善家庭、学校和职场的人际关系，给生活注入意义。意大利的 Fava 开发了幸福治疗，用来帮助经过其他心理治疗或药物治疗的焦虑患者和抑郁患者防止复发。幸福治疗的目的是提高 Ryff 心理幸福感量表测评的 6 个方面的水平。Frisch 教授整合了认知治疗实践与积极心理学理念，开发了生活质量治疗。该疗法首先让来访者填写生活质量问卷，看看来访者在生活的 16 个方面的满意度分布情况；然后根据来访者的目标排序，为来访者量身定做治疗方案，帮助来访者提高生活满意度。以人为中心的积极心理治疗取向是英国的 Joseph、Linley 和美国的 Sheldon 以 Rogers 的开创性工作为基础开发的。Joseph 和 Linley 的积极治疗强调治疗关系的质量。Sheldon 的自我决定理论取向治疗把干预设计成能够满足来访者的胜任需要、自主需要和连接需要。有研究表明，一定比例的经历过创伤的人报告说，他们在努力应对痛苦的时候发生了积极变化；在这些研究的基础上，美国的 Calhoun 和 Tedeschi 开发了一个旨在促进创伤后成长的治疗取向。家庭治疗流派的 Shazer 和 Berg 开发了焦点解决治疗，这种治疗的目的是识别例外，即少有的几次问题没有发作的情境，然后让来访者努力增加这种例外。Conoley 夫妇开发的积极家庭治疗把家庭治疗的理念和实践与积极心理学结合了起来。Cloninger 用于帮助从心理问题中恢复过来的人的幸福之旅项目、Rapp 用于帮助严重慢性精神疾病患者康复的优势模型、Ward 用于治疗性犯罪者的美好生活模型，这些都是针对严重问题的基于优势的治疗。元分析、控制严格的实验和不加控制的调查都表明，积极心理学干预可以有效地提升正常人群和临床人群的幸福感。然而，对积极心理学干预有效性的评价研究还处于早期发展阶段。而且，几乎没有研究探讨过积极心理学干预起作用的机制。该领域的争议，一个有关现代积极心理学与较早的人本主义心理学的关系，一个有关积极心理治疗的民族中心主义，另一个有关积极心理治疗过度强调个人因素而相对忽略背景因素对幸福感的决定作用。

问题

个人发展问题

1. 本章提到的技术中，你目前应用了其中的哪些来增强你的幸福感？
2. 本章提到的技术中，你目前没有应用其中的哪些？你愿意尝试一下这些技术，看看它们能否增强你的幸福感吗？
3. 采取这些技术的成本和收益各是什么？
4. 尝试采取其中的某些技术，每采取一项技术之前、之后都用第一章提到的某个幸福感量表测测你自己，看看你的幸福感增强了没有。

研究问题

1. 开展一个研究，评价某项积极心理学干预的有效性。可选的积极心理学干预包括写感恩日记、记录美好的事情、写感谢信和乐观写作，等等。

拓展阅读

适用于专业人士

Calhoun, L. G., & Tedeschi, R. G. (1999). *Facilitating posttraumatic growth: A clinician's guide*. Mahwah, NJ: Lawrence Erlbaum, Inc.

de Shazer, S., Dolan, Y. M., Korman, H., Trepper, T. S., McCollum, E. E., & Berg, I. K. (2007). *More than miracles: The state of the art of solution-focused brief therapy*. New York: Haworth Press.

Enright, R. D., & Fitzgibbons, R. P. (2000). *Helping clients forgive: An empirical guide for resolving anger and restoring hope*. Washington, DC: American Psychological Association.

Frisch, M. B. (2006). *Quality of life therapy: Applying a life satisfaction approach to positive psychology and cognitive therapy*. Hoboken, NJ: Wiley.

Joseph, S., & Linley, P. A. (2006). *Positive therapy: A meta-theory for positive psychological practice*. New York: Routledge.

Rapp, C., & Goscha, R. (2006). *The strengths model: Case management with people with psychiatric disabilities* (Second Edition). New York: Oxford University Press.

Sheldon, K., Williams, G., & Joiner, T. (2003). *Self-determination theory in the clinic*. New Haven, CT: Yale University Press.

适用于来访者

Bryant, F., & Veroff, J. (2007). *Savouring. A new model of positive experience*. Mahwah, NJ: Lawrence Erlbaum Associates, Inc.

Emmons, R. (2007). *Thanks: How the new science of gratitude can make you happier*. New York. Houghton Mifflin.

Enright, R. D. (2001). *Forgiveness is a choice: A step-by-step process for resolving anger and restoring hope*. Washington, DC: American Psychological Association.

Fordyce, M. (2000). *Human happiness. Its nature and attainment volumes 1 and 2*. Available online: http://gethappy.net/bookhm.htm

Fredrickson, B. (2009). *Positivity*. New York: Crown.

Frisch, M. (2006). *Finding happiness with quality of life therapy: A positive psychology approach*. Woodway, TX: Quality of Life Press.

Lyubomirsky, S. (2007). *The how of happiness*. New York: Penguin.

Schwartz, B. (2004). *The paradox of choice: Why more is less*. New York: Ecco Press. An introduction to satisficing.

Seligman, M. (2002). *Authentic happiness*. New York: Free Press.

研究使用的测量工具

Bryant, F. B. (2003). Savouring Beliefs Inventory (SBI): A scale for measuring beliefs about savouring. *Journal of Mental Health*, 12, 175–196.

Cloninger, C., Pryzbeck, T., Svrakic, D., & Wetyel, R. (1994). *TCI The Temperament and Character Inventory (TCI): A guide to its development and use*. St. Louis, MO: Centre for Psychobiology of Personality, Washington University.

Frisch, M. (1994). *Manual and treatment guide for the Quality of Life Inventory or QOLI*. Minneapolis, MN: Pearson.

Joseph, S., Linley, P., Andrews, L., Harris, G., Howle, B., Woodward, C., & Shevlin, M. (2005). Assessing positive and negative changes in the aftermath of adversity: Psychometric evaluation of the Changes in Outlook Questionnaire. *Psychological Assessment*, 17, 70–80.

Rashid, T. (2008). Positive psychotherapy. In S. J. Lopez (Ed.), *Positive psychology: Exploring the best in people. Volume 4: Pursuing human flourishing* (pp. 188–217). Westport, CT: Praeger. Contains the Positive Psychotherapy Inventory.

Schwartz, B., Monterosso, J., Lyubomirsky, S., White, K., & Lehman, D. R. (2002). Maximising versus satisficing: Happiness is a matter of choice. *Journal of Personality and Social Psychology*, 83, 1178–1197. Contains the maximising scale that assesses individual difference in maximising and satisficing.

Tedeschi, R. G., & Calhoun, L. G. (1996). The Posttraumatic Growth Inventory: Measuring the positive legacy of trauma. *Journal of Traumatic Stress*, 9, 455–471. This 21-item scale includes factors of New Possibilities, Relating to Others, Personal Strength, Spiritual Change, and Appreciation of Life.

网站

Cloninger 的快乐生活项目：http://www.aidwellbeing.org/site/PageServer?pagename=resources_happylife

欧洲积极心理学网：http://www.le.ac.uk/pa/aa/pal/enpp/

Fordyce 的14要点幸福项目：http://gethappy.net/about.htm

美国宾夕法尼亚大学积极心理学中心：http://www.positivepsychology.org

后记

如果你把九章都读完了并看到了这里，那么我猜你会问：所有这些却意味着什么？问得好！本书传递的信息是乐观的。科学研究结果指出了追求幸福的三种可靠方式：

- 经营那种涉及深深依恋和承诺的关系；
- 参加那种能发挥你的优势、令你感兴趣的工作或休闲活动；
- 培养乐观、未来导向的生活态度，抱最好的期望。

如果你有足够的钱买这本书，那么赢得彩票就不大可能对你的总体幸福水平产生持久影响。不要一味追求物质享受，因为这最终可能会让你不幸福。

幸福设定点在很大程度上由基因决定，所以，期望自己某一天会格外幸福是不切实际的，甚至会让人深感沮丧。把目标定为在幸福设定点上下浮动，或者稍微高于幸福设定点吧！

这些简单结论对政府制订政策有着重大启示。政府应该制订政策鼓励人们：

- 建立并维持长期关系，包括朋友关系、婚姻关系、亲子关系和亲戚关系；
- 从事一份符合自身优势、才能和兴趣的工作；
- 参加一些能够展现自身优势、才能和兴趣的休闲活动；

- 乐观地看待未来。

政府不该制订那种鼓励人们为了积累财富而拼命工作以致牺牲家庭的政策。由于社会流动性的增加和工作压力的加大，人们很难在发展事业的同时经营好友谊和婚姻、照顾好老人和小孩。针对这种情况，政府应该制订一些灵活的政策，支持并奖励人们维持工作—家庭平衡。

政府在制订教育、工作和休闲方面的政策时，应该考虑人们在人生不同阶段的特点，努力促进人与环境的匹配。

政府应该立法禁止广告传递以下错误信息：不断积累物质财富，我们就会越来越幸福。

从临床角度来看，积极心理学提供了一个基于优势的取向。基于优势的取向是指，关注来访者的优势和韧性，鼓励来访者利用个人资源实现个人成长、追求幸福。这对基于缺陷的传统取向是一个很好的补充。

从科学角度来看，积极心理学是个充满机会的领域。年轻科学家有很多机会依据与幸福感有关的生理、心理、社会因素修正旧理论、提出新理论，还有很多机会去检验从这些理论推导出的假设。积极心理学领域等着年轻科学家们去拿诺贝尔奖。

让我们用精心挑选的一句话来结束本书，这句话借鉴了詹姆斯·乔伊斯（1922）的说法：本书是邀请我们所有人用"新世界代替旧世界"。

术语表

适应性防御（Adaptive defences）：预见、亲和、利他、幽默、果敢、自我观察、升华和压制。

述情障碍（Alexithymia）：很难识别和描述情绪。

杏仁核（Amygdala）：位于大脑颞叶中，呈杏仁状，是产生、识别和调节情绪，控制学习和记忆的脑组织。

分析性智力（Analytic Intelligence）：传统智商测验测量的那些用来解决数学、言语问题的能力。

依恋理论（Attachement theory）：Bowlby认为，当养育人对孩子的需求十分敏感并积极给予回应，孩子就会围绕自己与养育人形成这样的内部工作模型：把养育人看作自己探索周围世界的安全基地。若养育人对孩子的需求不敏感或不积极给予回应，这样的安全依恋就不会形成。童年早期形成的内部工作模型和依恋风格（安全与否），是成年之后发展亲密关系的模板。

归因重塑（Attributional retraining）：学习监控并分析引起情绪变化的情境，然后修正自己的悲观信念，从而让自己的解释风格变得乐观。

自我指向与他人指向状态（Autic and alloic state）：逆转理论中的两个元动机状态，代表着对人际关系的两种体验方式。自我指向状态根据对自己有多大帮助来评价行动结果；他人指向状态根据对他人有多大好处来评价行动结果。

自闭症谱系障碍（Autistic-spectrum disorder trait）：不能识别、加工有关他人情绪状态的信息并做出恰当反应。

本身即目的性活动（Autotelic activity）：能够带来沉浸体验、本身就具有激励作用的活动。

智慧平衡论（Balance theory of wisdom）：Sternberg 的智慧观把智慧定义为，应用实践性智力及其蕴含的内隐知识，以实现多方共赢的方式解决问题。

良性遗忘（Benign forgetting）：回忆不起负面信息。

大五人格（Big five）：情绪稳定性（神经质）、经验开放性、外倾性、责任心和宜人性这五种人格特质。

扩展和建构理论（Broaden-and-build theory）：Fredrickson 认为，积极情绪能扩展即时思维——行动范畴，增强创造力和生产率，长期下来会促进建造个人资源、促进个人成长。

人际行为圆形模型（Circumplex model of interpersonal behaviour）：人际互动风格有八种，这八种人际互动风格均匀地分布在一个圆形上，这个圆形位于一个二维坐标系上，这个坐标系的横轴为"养育：冷漠敌意——热情友善"，纵轴为"支配：支配——服从"。

应对策略（Coping strategies）：指个体如何有意识地应对那种外部要求（比如考试）超过个人资源（比如对考试内容的记忆）的情境。

相关系数（Correlation）：表示两个变量关系强度的指标，用 r 表示，在-1 到 0 到+1 之间变化。绝对值为 0.1 的相关是小的，绝对值为 0.9 的相关是很大的。使用最广泛的相关系数是斯皮尔曼相关系数。相关系数有很多类型，其中有些用 ρ 表示。本书为简洁起见，所有相关系数都用 r 表示。

创造性智力（Creative intelligence）：个体利用经验解决新颖的、不熟悉的问题的能力。

创造力（Creativity）：能够提出兼具新颖性与实用性产物的能力。

防御机制（Defence mechanisms）：个体阻止创伤事件记忆（如性侵犯）进入意识从而避免再次体验与之有关的痛苦的方法；自我用来

处理本我（不可接受的性冲动或攻击冲动）与超我（良心、社会准则和自我理想）冲突所引起的焦虑的心理策略；一种应对两个愿望相互冲突所引起的焦虑的方法，这两个愿望，一个指渴望表达不被养育者或者家庭或社会关系网络中某个重要成员接受的某些方面的自我，另外一个指渴望通过遵从这些重要他人的禁令来维持他们的支持或者内射表征。

否认（Denial）：不承认外部世界威胁性或压力性事件的存在或含义。

辩证运算（Dialectical operations）：Riegel 提出，在青春后期，在皮亚杰的认知发展四个阶段之后，个体进入辩证运算阶段，认识到人们的观点会随着人们所处的时间、空间和社会背景而变化，不断地"正、反、合"。

气质性乐观（Dispositional optimism）：个体在整体上期望未来好事多于坏事的倾向。

应对丧亲的二元过程模型（Dual-process model of coping with loss）：该理论认为，丧亲后，家庭成员在丧失应对和重建应对之间摇摆。丧失应对指，个体处理丧亲引起的情绪反应以接受丧亲的现实，同时避免卷入重建应对。重建应对指个体在考虑丧亲的基础上形成新的生活方式，同时避免卷入丧失应对。

爱情双重论（Duplex theory of love）：这整合了爱情三角理论和爱情故事理论。爱情三角理论认为，不同类型的爱情在亲密、激情和承诺水平上各不相同。爱情故事理论给出了描述三角理论中各种各样爱情的发生过程的一共26类爱情故事。

效应值（Effect size）：表示两个群体或变量关系强度的指标，用 d 表示，计算方法是 $d=(M_1-M_2)/SD_p$，其中 M_1 是第一个群体或变量的平均值，M_2 是第二个群体或变量的平均值，SD_p 是合并标准差。进行元分析时，首先要计算出每一项研究的效应值，然后根据权重计算出平均效应值，以便对所有效应指标进行综合得出结论。效应值为 0.2 时较小，为 0.5 时中等，为 0.8 时较大。可以根据以下表格把效应值转化成相关系数。

表格 效应值转化成相关系数（Wampold, 2001）

Cohen 划分的等级	效应值系数（d）	相关系数（r）
	1.0	0.44
	0.9	0.41
大	0.8	0.37
	0.7	0.33
	0.6	0.29
中	0.5	0.24
	0.4	0.20
	0.3	0.15
小	0.2	0.10
	0.1	0.00

注：$r = \sqrt{d^2 / (d^2 + 4)}$

情绪创造力（Emotional creativity）：个体拥有新颖、有效和本真情绪体验的能力。

情商（Emotional intelligence）：在人际关系中识别和管理自己和他人情绪的能力。

实现论（Eudaimonic）：幸福研究的现实论取向，把幸福和美好生活定义为充分实现潜能。

期望主义（Expectationism）：通过提高未来的主观价值来减少生活方式相关性疾病和死亡发生率的预防策略。

外在动机（Extrinsic motivation）：个体为了获得外在的奖励或避免外在的惩罚而参加活动。

家庭生活周期（Family life cycle）：该模型把家庭的发展划分为一系列阶段，指出了家庭在每个发展阶段的主要任务。

沉浸体验（Flow experience）：由 Csikszentmihalyi 发现的，人们在内在动机驱使下全神贯注地从事对技巧有很高要求、具有挑战性和可控性的活动时体验到的一种独特心理状态。在沉浸体验期间，人们有忘我感和时间扭曲感。

天赋（Giftedness）：个体在一个或多个领域中的杰出的能力和表现。

美好生活模型（Good lives model）：性犯罪者康复治疗的一种取向，既预防复发又促进美好生活。促进美好生活，就是满足犯罪者对"美好生活"的需要，即对知识、卓越、静心、友谊、社区、灵修、幸福和创造的需要。

幸福（Happiness）：一种积极的心理状态，特点是生活满意度高、积极情感水平高、消极情感水平低。

幸福设定点（Happiness set-point）：人们在很长一段时间内的幸福水平都围绕着一个固定值波动，这个固定值就叫幸福设定点，是由遗传因素决定的。

顽强性（Hardiness）：Kobasa 提出的一个概念，指在重重的重压下仍然保持健康和幸福的倾向，包括三个成分，即认为生活的重要方面是可控的、预期生活必然存在挑战、努力寻找生活的意义。

享乐论（Hedonic）：幸福研究的享乐论取向，把幸福和美好生活定义为追求快乐、回避痛苦。

享乐主义踏板车（Hedonic treadmill）：在绝大多数情况下，积极/消极事件会导致幸福感骤然上升/下降，但是没过多久（如几个星期或几个月）幸福感又会回到幸福设定点左右。

遗传度（Heritability）：表明一个特质在多大程度上由遗传因素决定的指标。其计算公式是：$h^2 = 2(r_{mz} - r_{dz})$。其中，h^2 代表遗传度，r_{mz} 为同卵双生子的特质相关系数，r_{dz} 则为异卵双生子的特质相关系数。

希望（Hope）：主要包括两个成分：一个是能力，一个是动力。能力指能够规划出克服困难、实现目标的路径，动力指沿着这些路径前进的意愿。

内在动机（Intrinsic motivation）：个体为了活动本身而参加活动。

创造投资理论（Investment theory of creativity）：Sternberg 和 Lubart 认为，一个人在某个圈子"低价买进、高价卖出"的思想对这个圈子做出了创造性贡献。也就是说，一个人"买进"或采纳没有发展好的、不流行或不为人所熟悉的、但有发展潜力的思想，予以创造性投资，把它们变成"创造产品","卖"给所在圈子的同人;之后,继续寻找其他不流行但有发展潜力的思想,进行新一轮的投资。

智商(IQ):一般平均分为100、标准差为15。早期的天赋研究把智商高于140的人定义为天才。

控制点(Locus of control):Rotter提出的一个概念,指一个人是更倾向于认为重要人生事件在自己的掌控之下,还是更倾向于认为重要人生事件受外在因素(比如运气、机会、强大人物的行动)的控制。

麦克马斯特家庭运行模型(McMaster model of family functioning):它从以下六个维度描述家庭:问题解决、交流、角色、情感响应、情感表达、行为控制。测量家庭在这些维度上的位置,可以使用麦克马斯特家庭运行自陈问卷。

多元智力(Multiple intelligences):Gardner认为,智力不是一个单维概念,而是多元的,包括:语言智力、数学逻辑智力、空间智力、音乐智力、身体动觉智力、人际智力、自身智力和自然主义智力。

消极情感(Negative affectivity):情绪的一个维度,各种强度的不愉快感受都落在这个维度上。

消极自我图式(Negative self-schema):一套有关负面自我形象的信念,这套信念允许我们预想那些有可能收到负面自我信息的情境,并发展出应对那些情境的策略。比如,我很害羞,所以在聚会上不太健谈。

大五人格问卷修订版(NEO-PI-R NEO):用来测量大五人格特质的一个工具。

乐观解释风格(Optimistic explanatory style):把消极事件或体验归因于外部的、暂时的和特殊的因素,比如大环境不好。

容忍不足之处(Pockets of incompetence):明确认识到自己的不足之处,接受自己在某些方面能力不足的事实,以此来管理有关自我的负面信息。

积极情感(Postive affectivity):情绪的一个维度,不同强度的愉快感受都落在这个维度上。

积极幻想(Postive illusions):Taylor提出的一个概念,指积极看待自己的倾向。

积极心理学（Positive psychology）：心理学的一个分支，科学地研究积极情绪、积极特质和积极制度，以促进愉快的、投入的、有意义的生活。

积极选择性注意（Postive selective attention）：注意到积极事物，过滤掉消极事物。

创伤后成长（Post-traumatic growth）：在努力应对痛苦与煎熬的时候发生了积极变化，包括心理力量感增强了、意识到了新的可能性、关系改善了、更珍惜生活了、觉得生活更有意义了、灵性增强了。

实践性智力（Practical intelligence）：个体运用分析和记忆能力解决家庭、工作或休闲中出现的日常生活问题的能力。

心理感受性（Psychological mindedness）：心理感受性指个体对自己和他人的认知、情感及行为间的相互作用发生兴趣并去洞察和感悟的倾向。

心理幸福感（Psychological well-being）：充分实现心理潜能。

生活质量（Quality of life）：这是一个复杂概念，涵盖多个方面，包括健康状态、日常生活活动能力、工作角色状态、追求业余兴趣的可能机会、与亲人朋友的交往状态、享受健康医疗资源的机会、生活水平和一般幸福感。

生活质量治疗（Quality-of-life therapy）：一种整合了认知治疗实践与积极心理学理念的治疗取向。该疗法首先让来访者填写生活质量问卷，看看来访者在生活的 16 个方面的满意度分布情况；然后根据来访者的目标排序，为来访者量身定做治疗方案，帮助来访者提高生活满意度。

压抑（Repression）：把不可接受的性冲动和攻击冲动挡在意识之外。

韧性（Resilience）：在重压之下和逆境之中不出现心理问题的能力。

逆转理论（Reversal theory）：Apter 认为，在任何一个时刻，人们的动机都可以用处在一对元动机状态之间哪个位置来定义。最重要的一对元动机状态是有目的状态和无目的状态。在任何一个唤醒水平上，挫折、厌腻或情境变化都可能让一个元动机状态转化成另外一个元动机状态。与之相伴的是情绪突然改变，比如从放松到无聊，或者从焦虑到兴奋。

风险自稳理论（Risk homeostasis theory）：Wilde 认为，对于给定人群来说，风险行为发生率是稳定的，由事故和生活方式相关性疾病造成的损失大小也是稳定的，除非风险倾向发生变化。风险倾向是指，为了最大化一项活动的期望收益而选择接受的风险水平。

满意化（Saticficing）：逐一分析选项，找到够好的一个，就不再分析其他选项。它与最优化是相对的，最优化指分析完所有选项，然后从中选择最好的一个。

品味（Savouring）：在体验快乐之时意识到快乐，并有意地加强、延长快乐体验。

选择—优化—补偿理论（Selection, optimisation and compensation theory）：个体选择一个对自己而言重要的领域，围绕这个领域优化资源配置，弥补年老引起的生理、心理和社会经济上的限制，就能成功地变老。

自我决定连续体（Self-determination continuum）：自我决定理论认为，在内在动机与没有动机这两个极端之间，存在多个等级的外在动机，每个等级对应一种调节风格。

自我效能感（Self-efficacy）：Bandura 提出的一个概念，指个体对自己是否有能力在某个领域有效完成任务、实现某个目标的信念。

自尊（Self-esteem）：James 提出的一个概念，指个体对自我价值的感受，其高低取决于实际成就与潜在成就之比。

心理一致感（Sense of coherence）：Antonovsky 提出的一个概念，与巨大创伤（比如战争逃难）之后的复原情况有关，指人们在多大程度上觉得生活是有意义的、可理解的和可控制的。

社会比较（Social comparison）：个体拿自己与他人做比较的过程。向下比较（与不如自己的人比较）增强幸福感，向上比较（与胜过自己的人比较）降低幸福感。

社会幸福感（Social well-being）：一个人在所在社会网络和社区处于最佳机能状态时的积极感受。

焦点解决治疗（Solution-focused therapy）：家庭治疗流派里演化出

来的一种治疗取向，这种疗法的目的是，识别例外，即识别少有的几次问题没有发作的情境，然后让来访者努力增加这种例外。

优势（Strength）：用来实现美德的人格特质。

优势模型（Strengths model）：代表精神病康复治疗的新取向，与传统医疗模型是对立的。该模型认为，严重慢性精神疾病患者虽然有问题，但是仍然有优势，可以在社区得到恰当的安置和治疗，是有可能通过康复治疗改善生活质量、过上充实生活的。

主观幸福感（Subjective well-being）：即前面定义过的幸福。

创造系统模型（Systems model of creativity）：Csikszentmihalyi认为，从有用性来讲，把创造定义为一个个体过程，不如把创造定义为一个系统过程。创造作为系统过程，涉及三个系统的动态交互作用，这三个系统分别是：（1）个人，及其才能、人格和动机；（2）领域，它包括符号系统、规则、技术、管理和引导性范式；（3）圈子，它由在同一领域工作的人（艺术家、科学家、批评家、杂志编辑）构成，这些人的创造受同一领域的规则和惯例的制约。因此，创造过程是某个圈子里提出某个创意的人与对这个创意持矛盾心态的受众之间的交互作用。

临场感（Telepresence）：个体觉得自己置身于计算机虚拟环境中。

有目的状态和无目的状态（Telic and paratelic states）：逆转理论认为，无目的状态是指为了活动本身而以游戏态度从事活动，有目的状态指为了活动带来的结果而以认真的态度从事活动。

气质（Temperament）：婴儿期即已出现的情感反应典型风格，主要由体质或遗传因素决定。

时间观（Time perspective）：指个体是倾向于把焦点放在过去、现在还是未来。

特质（Traits）：个体在不同时间、不同情境保持相对一致的行为方式的倾向。

智力三元理论（Triarchic theory of intelligence）：Sternberg认为，有效适应环境要求综合运用分析性智力、创造性智力和实践性智力。

优势和美德分类体系（VIA Classification of Character Strengths）：该分类体系把24种性格优势归到了6种美德之下，这6种美德分别是智慧、勇气、仁慈、正义、节制和超然。

VIA-IS：用于成人测量 24 种性格优势的工具。

VIA-YS：用于儿童测量 24 种性格优势的工具。

美德（Virtues）：与卓越道德行为有关的广义个性特征。

幸福治疗（Well-being therapy）：用来帮助经过其他心理治疗或药物治疗的焦虑患者和抑郁患者防止复发的一种治疗取向，其目的是增强环境掌控感、生活目的感和自主性，促进个人成长、自我接纳和积极关系。

智慧（Wisdom）：杰出的自身能力和人际能力，包括倾听能力、评价能力、提建议的能力，以及让自己和他人更幸福的能力。

参考文献

Abramson, L., Alloy, L., Hankin, B., Clements, C., Zhu, L., Hogan, M., & Whitehouse, W. (2000). Optimistic cognitive style and invulnerability to depression. In J. Gillham (Ed.), *The science of optimism and hope* (pp. 75–98). Philadelphia, PA: Templeton Foundation Press.

Ackerman, R., & Derubeis, R. (1991). Is depressive realism real? *Clinical Psychology Review*, 11, 234–245.

Adams, B. (1986). *The family: A sociological interpretation* (Fourth Edition). San Diego, CA: Harcourt Brace & Janovich.

Ainsworth, M., Blehar, M., Waters, E., & Wass, S. (1978). *Patterns of attachment: A psychological study of the strange situation.* Hillsdale, NJ: Lawrence Erlbaum Associates, Inc.

Aldwin, C., Yancura, L., & Boeninger, D. (2010). Coping across the lifespan. In M. Lamb & A. Freund (Eds.), *The handbook of lifespan development. Volume 2: Social and emotional development* (pp. 298–340). New York: Wiley.

Alfonso, V., Allinson, D., Rader, D., & Gorman, B. (1996). The Extended Satisfaction with Life Scale: Development and psychometric properties. *Social Indicators Research*, 38, 275–301.

Allport, G. (1937). *Personality: A psychological interpretation.* New York: Holt.

Amabile, T. M. (1982). Social psychology of creativity: A consensual assessment technique. *Journal of Personality and Social Psychology*, 43, 997–1013.

Amato, P. R. (2010). Research on divorce: Continuing trends and new developments. *Journal of Marriage and Family*, 72(3), 650–666.

American Dialect Society (1999). *Words of the year.* http://www.americandialect.org/

American Psychiatric Association (2000). *Diagnostic and Statistical Manual of the Mental Disorders* (Fourth Edition, Text Revision, DSM-IV-TR). Washington, DC: APA.

Anderson, J., Van Ryzin, M., & Doherty, W. J. (2010). Developmental trajectories of marital happiness in continuously married individuals: A group based modelling approach. *Journal of Family Psychology*, 24, 587–596.

Andrews, F., & McKennell, A. (1980). Measures of self-reported well-being: Their affective, cognitive and other components. *Social Indicators Research*, 8, 127–155.

Andrews, F., & Withey, S. (1976). *Social indicators of well-being*. New York: Plenum.

Ano, G. G., & Vasconcelles, E. B. (2005). Religious coping and psychological adjustment to stress: A meta-analysis. *Journal of Clinical Psychology*, 61, 461–480.

Antonovsky, A. (1993). The structure and properties of the sense of coherence scale. *Social Science and Medicine*, 35, 725–733.

Antonucci, T., Riori, K., Birditt, K., & Jackey, L. (2010). Convoys of social relations: Integrating life-span and life course perspectives. In M. Lamb & A. Freund (Eds.), *The handbook of lifespan development. Volume 2: Social and emotional development* (pp. 434–473). New York: Wiley.

Apter International (1999). *Apter Motivational Style Profile, manual and workbook*. Loughborough: Apter International. http://www.apterinternational.com/

Apter, M. (2001). *Motivational style in everyday life: A guide to reversal theory*. Washington, DC: APA.

Apter, M. (2007a). *Reversal theory: The dynamics of motivation, emotion and personality* (Second Edition). Oxford: Oneworld Publications.

Apter, M. (2007b). *Danger: Our quest for excitement*. Oxford: Oneworld Publications.

Araujo, K. B., Medic, S., Yasnovsky, J., & Steiner, H. (2006). Assessing defense structure in school-age children using the Response Evaluation Measure-71-Youth Version (REM-Y-71). *Child Psychiatry and Human Development*, 36(4), 427–436.

Ardelt, M. (2003). Empirical assessment of a three-dimensional wisdom scale. *Research on Aging*, 25, 275–324.

Ardelt, M. (2004). Wisdom as expert knowledge system: A critical review of a contemporary operationalization of an ancient concept. *Human Development*, 47, 257–285.

Argyle, M. (2001). *The psychology of happiness* (Second Edition). London: Routledge.

Aspinwall, L., Richter, L., & Hoffman, R. (2001). Understanding how optimism works. An examination of optimists' adaptive moderation of belief and behaviour. In E. Chang, *Optimism and pessimism: Implications for theory, research and practice* (pp. 217–238). Washington, DC: APA.

Averill, J. (1997). The emotions: An integrative approach. In R. Hogan, J. Johnson, & S. Briggs (Eds.), *Handbook of personality psychology* (pp. 513–541). New York: Academic Press.

Averill, J. (1999). Individual differences in emotional creativity: Structure and correlates. *Journal of Personality*, 67, 331–371.

Averill, J. (2000). Intelligence, emotion, and creativity: From trichotomy to trinity. In R. Bar-On & J. Parker (Eds.), *The handbook of emotional intelligence* (pp. 277–298). San Francisco, CA: Jossey-Bass.

Averill, J. (2002). Emotional creativity: Towards spiritualizing the passions. In C. Snyder & S. Lopez (Eds.), *Handbook of positive psychology* (pp. 172–188). New York: Oxford University Press.

Averill, J. (2009). Emotional creativity: Toward 'spiritualizing the passions'. In S. J. Lopez & C. R. Snyder (Eds.), *Oxford handbook of positive psychology* (Second Edition, pp. 249–257). New York: Oxford University Press.

Averill, J., & Nunley, E. (1992). *Voyages of the heart: Living an emotionally creative life*. New York: Free Press.

Baas, M., De Dreu, C. K. W., & Nijstad, B. A. (2008). A meta-analysis of 25 years of mood-creativity research: Hedonic tone, activation, or regulatory focus? *Psychological Bulletin*, 134(6), 779–806.

Bagby, R., Parker, J., & Taylor, G. (1994). The twenty item Toronto Alexithymia Scale: Part 1. Item selection and cross validation of the factor structure. *Journal of Psychosomatic Research*, 38, 23–32.

Bakker, A. B. (2008). The work-related flow inventory: Construction and initial validation of the WOLF. *Journal of Vocational Behavior*, 72, 400–414.

Baltes, M., & Carstensen, L. (2003). The process of successful aging: Selection, optimization and compensation. In U. Staudinger & U. Lindenberger (2003). *Understanding human development: Dialogues with lifespan psychology* (pp. 81–104). Dordrecht: Kluwer.

Baltes, P., & Smith, J. (2008). The fascination of wisdom: Its nature, ontogeny, and function. *Perspectives on Psychological Science. Special Issue: From Philosophical Thinking to Psychological Empiricism*, 3, 56–64.

Baltes, P., & Staudinger, U. (2000). Wisdom: A metaheuristic (pragmatic) to orchestrate mind and virtue towards excellence. *American Psychologist*, 55, 122–136.

Bandura, A. (1997). *Self-efficacy*. New York: Freeman.

Bandura, A. (2008). An agentic perspective on positive psychology. In S. Lopez (Ed.), *Positive psychology. Exploring the best in people* (Vol. 1, pp. 167–198). Westport, CT: Praeger.

Bar-On, R. (1997). *BarOn Emotional Quotient Inventory (EQ-i): Technical manual*. Toronto: Multi-Health Systems.

Bar-On, R. (2000). Emotional and social intelligence: Insights from the Emotional Quotient Inventory. In R. Bar-On & J. Parker (Eds.), *The handbook of emotional intelligence* (pp. 363–388). San Francisco, CA: Jossey-Bass.

Bar-On, R. (2002). *Bar-On Emotional Quotient Inventory: Short. Technical manual*. Toronto: Multi-Health Systems.

Bar-On, R. (2006). The Bar-On model of social emotional intelligence (ESI). *Psicothema*, 18 (supplement), 13–25.

Bar-On, R., & Hadley, R. (2003). *Bar-On Emotional Quotient – 360. Technical manual*. Toronto: Multi-Health Systems. https://www.mhs.com/

Bar-On, R., & Parker, J. D. A. (2000). *Bar-On Emotional Quotient Inventory: Youth version. Technical manual*. Toronto: Multi-Health Systems.

Bar-On, R., Maree, J., & Elias, M. (2007). *Educating people to be emotionally intelligent*. Westport, CT: Praeger.

Barrantes-Vidal, N. (2004). Creativity & madness revisited from current psychological perspectives. *Journal of Consciousness Studies*, 11, 58–78.

Bass, B., & Bass, R. (2008). *The Bass handbook of leadership: Theory, research, and managerial applications* (Fourth Edition). New York: Free Press.

Basseches, M. (1984). *Dialectical thinking and adult development*. Norwood, NJ: Ablex.

Batson, C., Ahmad, N., & Lishner, D. (2009). Empathy and altruism. In S. Lopez & C. R. Snyder (Eds.), *Oxford handbook of positive psychology* (Second Edition, pp. 417–427). New York: Oxford University Press.

Battle, J. (2002). *Culture-Free Self-Esteem Inventories. Examiner's manual* (Third Edition). Austin, TX: Pro-ed.

Baumeister, R. (1997). Identity, self-concept and self-esteem. The self lost and found.

In R. Hogan, J. Johnson, & S. Briggs (Eds.), *Handbook of personality psychology* (pp. 681–710). New York: Academic Press.

Baumeister, R. (2010). The self. In R. Baumeister & E. Finkel (Eds.), *Advanced social psychology: The state of the science* (pp. 139–175). New York, NY: Oxford University Press.

Baumeister, R. F., Bratslavsky, E., Finkenauer, C., & Vohs, K. D. (2001). Bad is stronger than good. *Review of General Psychology*, 5, 323–370.

Baumeister, R. F., Campbell, J. D., Krueger, J. I., & Vohs, K. D. (2003). Does high self-esteem cause better performance, interpersonal success, happiness, or healthier lifestyles? *Psychological Science in the Public Interest*, 4, 1–44.

Bechara, A., Tranel, D., & Damasio, A. (2000). Poor judgement in spite of high intellect. Neurological evidence for emotional intelligence. In R. Bar-On & J. Parker (Eds.), *Handbook of emotional intelligence* (pp. 192–214). San Francisco, CA: Jossey-Bass.

Beck, A. (1976). *Cognitive therapy and the emotional disorders*. New York: International Universities Press.

Beck, A., Rush, A., Shaw, B., & Emery, G. (1979). *Cognitive therapy of depression*. New York: Guilford Press.

Becker, D., & Marecek, J. (2008). Positive psychology: History in the remaking. *Theory and Psychology*, 18, 591–604.

Becker, E. (1973). *Denial of death*. New York: Free Press.

Bednar, R., & Peterson, S. (1995). *Self-esteem: Paradoxes and innovations in clinical theory and practice* (Second Edition). Washington, DC: American Psychological Association.

Benson, H. (1975). *The relaxation response*. New York: William Morrow.

Bianchi, S. M., & Milkie, M. A. (2010). Work and family research in the first decade of the 21st century. *Journal of Marriage and Family*, 72(3), 705–725.

Biblarz, T. J., & Savci, E. (2010). Lesbian, gay, bisexual, and transgender families. *Journal of Marriage and Family*, 72, 480–497.

Biswas-Diener, R. (2006). From the equator to the north pole: A study of character strengths. *Journal of Happiness Studies*, 7, 293–310.

Biswas-Diener, R., Kashdan, T. B., & King, L. A. (2009). Two traditions of happiness research, not two distinct types of happiness. *Journal of Positive Psychology*, 4, 208–211.

Björgvinsson, T., & Wilde, G. (1995). Risk homeostasis and individual differences in health and safety habits. In M. Murray (chair), *Accidents, safety and risk taking*. Symposium conducted at the Annual Convention of the Canadian Psychological Association, Charlottetown, Prince Edward Island, Canada, June 15–17, 1995.

Blanchflower, D. (2009). International evidence on well-being. In A. Krueger (Ed.), *Measuring the subjective wellbeing of nations* (pp. 155–226). Chicago, IL: University of Chicago Press.

Blanchflower, D. G., & Oswald, A. J. (2008). Is well-being U-shaped over the life cycle. *Social Science & Medicine*, 66, 1733–1749.

Blanchflower, D. G., & Oswald, A. J. (2009). The U-shape without controls: A response to Glenn. *Social Science & Medicine*, 69, 486–488.

Block, J., & Block, J. (1980). The role of ego-control and ego resilience in the organization of behaviour. In W. Collins (Ed.), *The Minnesota symposium on child psychology* (Vol. 13, pp. 33–101). Hillsdale, NJ: Lawrence Erlbaum Associates, Inc.

Bluck, S., & Glück, J. (2005). From the inside out: People's implicit theories of wisdom.

In R. J. Sternberg & J. Jordan (Eds.), *A handbook of wisdom: Psychological perspectives* (pp. 84–109). New York: Cambridge University Press.

Bogg, T., & Roberts, B. W. (2004). Conscientiousness and health-related behaviors: A meta-analysis of the leading behavioral contributors to mortality. *Psychological Bulletin*, 130, 887–919.

Bohlmeijer, E., Prenger, R., Taal, E., & Cuijpers, P. (2010). The effects of mindfulness-based stress reduction therapy on mental health of adults with a chronic medical disease: A meta-analysis. *Journal of Psychosomatic Research*, 68(6), 539–544.

Bond, M., & Wesley, S. (1996). *Manual for the Defence Style Questionnaire*. Montreal, Quebec: McGill University.

Boniwell, I. (2009). Perspectives on time. In S. Lopez & C. Snyder (Eds.), *Oxford handbook of positive psychology* (Second Edition, pp. 295–302). New York: Oxford University Press.

Bowlby, J. (1988). *A secure base: Clinical implications of attachment theory*. London: Routledge.

Boyatzis, R., Goleman, D., & Hay/McBer (1999). *Emotional Competence Inventory*. Boston, MA: HayGroup.

Boyatzis, R., Goleman, D., & Rhee, K. (2000). Clustering competence in emotional intelligence: Insights from the Emotional Competence Inventory. In R. Bar-On & J. Parker (Eds.), *Handbook of emotional intelligence* (pp. 343–362). San Francisco, CA: Jossey-Bass.

Boyle, G. J. (2008). Simplifying the Cattellian psychometric model. In G. J. Boyle, G. Matthews, & D. H. Saklofske (Eds.), *The Sage handbook of personality theory and assessment. Volume 1: Personality theories and models* (pp. 257–272). Thousand Oaks, CA: Sage.

Boyle, P. A., Buchman, A. S., Barnes, L. L., & Bennett, D. A. (2010). Effect of a purpose in life on risk of incident Alzheimer disease and mild cognitive impairment in community-dwelling older persons. *Archives of General Psychiatry*, 67(3), 304–310.

Bradbury, T. N., & Karney, B. R. (2004). Understanding and altering the longitudinal course of marriage. *Journal of Marriage and Family*, 66, 862–879.

Brennan, K., Clark, C., & Shaver, P. (1998). Self-report measure of adult attachment: An integrative overview. In J. Simpson & W. Rholes (Eds.), *Attachment theory and close relationships* (pp. 46–76). New York: Guilford Press.

Brereton, F., Clinch, J., & Ferreira, S. (2008). Happiness, geography and the environment. *Ecological Economics*, 65, 386–396.

Brickman, P., & Campbell, D. (1971). Hedonic relativism and planning the good society. In M. Appley (Ed.), *Adaptation-level theory* (pp. 287–305). New York: Academic Press.

Brickman, P., Coates, D., & Janoff-Bulman, R. (1978). Lottery winners and accident victims: Is happiness relative? *Journal of Personality and Social Psychology*, 36, 917–992.

Briere, J., & Scott, C. (2006). *Principles of trauma therapy: A guide to symptoms, evaluations, and treatment*. Thousand Oaks, CA: Sage.

Brown, J. (1998). *The self*. New York: McGraw Hill.

Brunwasser, S. M., Gillham, J. E., & Kim, E. S. (2009). A meta-analytic review of the Penn Resiliency Program's effect on depressive symptoms. *Journal of Consulting and Clinical Psychology*, 77(6), 1042–1054.

Bryant, F. B. (2003). Savoring Beliefs Inventory (SBI): A scale for measuring beliefs about savouring. *Journal of Mental Health*, 12, 175–196.

Bryant, F., & Veroff, J. (2007). *Savouring. A new model of positive experience*. Mahwah, NJ: Lawrence Erlbaum Associates, Inc.

Burger, J., & Cooper, H. (1979). The desirability of control. *Motivation and Emotion*, 3, 381–393.

Burton, C. M., & King, L. A. (2004). The health benefits of writing about intensely positive experiences. *Journal of Research in Personality*, 38, 150–163.

Burton, C. M., & King, L. A. (2009). The health benefits of writing about positive experiences: The role of broadened cognition. *Psychology & Health*, 24(8), 867–879.

Buss, A., & Plomin, R. (1975). *A temperament theory of personality development*. New York: Wiley. (Contains the EASI temperament survey.)

Buss, D. (2000). The evolution of happiness. *American Psychologist*, 55, 15–23.

Buss, D. (2007). *Evolutionary psychology: The new science of the mind* (Third Edition). Boston, MA: Allyn & Bacon.

Cahill, P., O'Reilly, K., Carr, A., Dooley, B., & Stratton, P. (2010). Validation of a 28-item version of the Systemic Clinical Outcome and Routine Evaluation in an Irish context: The SCORE-28. *Journal of Family Therapy*, 32, 210–231.

Calhoun, L. G., & Tedeschi, R. G. (1999). *Facilitating posttraumatic growth: A clinician's guide*. Mahwah, NJ: Lawrence Erlbaum Associates, Inc.

Cameron, D. (2010). Sex/gender, language and the new biologism. *Applied Linguistics*, 31(2), 173–192.

Campbell, A., Converse, P., & Rogers, W. (1976). *The quality of American life*. Thousand Oaks, CA: Sage.

Carr, A. (2002). *Prevention: What works? A critical review of research on psychological prevention programmes with children adolescents and their families*. London: Brunner-Routledge.

Carr, A. (2006). *Family therapy: Concepts process and practice* (Second Edition). Chichester: Wiley.

Carr, A. (2009a). *What works with children, adolescents and adults? A review of the effectiveness of psychotherapy*. London: Routledge.

Carr, A. (2009b). The effectiveness of family therapy and systemic interventions for child-focused problems. *Journal of Family Therapy*, 31, 3–45.

Carr, A. (2009c). The effectiveness of family therapy and systemic interventions for adult-focused problems. *Journal of Family Therapy*, 31, 46–74.

Carr, A., & Wilde, G. (1988). Effects of actual and potential stressor control on physiological and self reported stress responses. *Journal of Social and Clinical Psychology*, 6(3/4), 371–387.

Carroll, J. B. (1993). *Human cognitive abilities: A survey of factor-analytic studies*. Cambridge: Cambridge University Press.

Carruthers, C., & Hood, D. (2007). Building a life of meaning through therapeutic recreation: The leisure and well-being model, part I. *Therapeutic Recreation Journal*, 41, 276–297.

Carver, C., Scheier, M., & Weintraub, J. (1989). Assessing coping strategies: A theoretically based approach. *Journal of Personality and Social Psychology*, 56, 267–283. (Describes the COPE.)

Carver, C., Scheier, M., Miller, C., & Fulford, D. (2009). Optimism. In S. Lopez & C. R. Snyder (Eds.), *Oxford handbook of positive psychology* (Second Edition, pp. 303–312). New York: Oxford University Press.

Carver, C., Scheier, M., & Segerstrom, S. (2010). Optimism. *Clinical Psychology Review*, 1 February (Epub ahead of print).

Casey, J., Garrett, J., Brackett, M., & Rivers, S. (2010). Emotional intelligence, relationship quality and partner selection. In G. Geher & G. Miller (Eds.), *Mating intelligence* (pp. 263–282). New York: Psychology Press.

Cassidy, J., & Shaver, P. (2008). *Handbook of attachment* (Second Edition). New York: Guilford.

Chang, E. (2008). *Self-criticism and self-enhancement: Theory, research, and clinical implications*. Washington, DC: American Psychological Association.

Chen, Z., & Siegler, R. (2000). Intellectual development in childhood. In R. Sternberg (Ed.), *Handbook of intelligence* (pp. 92–116). Cambridge: Cambridge University Press.

Cherniss, C., Goleman, D., Emmerling, R., Cowan, K., & Adler, M. (1998). *Bringing emotional intelligence to the workplace. A technical report issued by the Consortium for Research on Emotional Intelligence in Organizations*. Consortium for Research on Emotional Intelligence in Organizations. http://www.eiconsortium.org/reports/technical_report.html

Chida, Y., & Steptoe, A. (2008). Positive psychological well-being and mortality: A quantitative review of prospective observational studies. *Psychosomatic Medicine*, 70, 741–756.

Chiesa, A., & Serretti, A. (2009). Mindfulness-based stress reduction for stress management in healthy people: A review and meta-analysis. *The Journal of Alternative and Complementary Medicine*, 15(5), 593–600.

Christopher, J., & Hickinbottom, S. (2008). Positive psychology, ethnocentrism, and the disguised ideology of individualism. *Theory and Psychology*, 18, 563–590.

Claridge, G., McCreery, C., Mason, O., Bentall, R., Boyle, G., Slade, P., & Popplewell, D. (1996). The factor structure of 'schizotypal' traits: A large replication study. *British Journal of Clinical Psychology*, 35, 103–115.

Clark, L., & Watson, D. (1999). Temperament. In L. Pervin & O. John (Eds.), *Handbook of personality: Theory and research* (pp. 399–423). New York: Guilford Press.

Clark, L., & Watson, D. (2008). Temperament. An organizing paradigm for trait psychology. In O. John, R. Robins, & L. Pervin (Eds.), *Handbook of personality: Theory and research* (Third Edition, pp. 265–287). New York: Guilford Press.

Clayton, V., & Birren, J. (1980). The development of wisdom across the lifespan. A reexamination of an ancient topic. In P. Baltes & J. Brim (Eds.), *Lifespan development and behaviour* (pp. 103–135). New York: Academic Press.

Cloninger, C. (2004). *Feeling good: The science of well-being*. New York: Oxford University Press.

Cloninger, C. (2006). The science of well-being: An integrated approach to mental health and its disorders. *World Psychiatry*, 5, 71–76.

Cloninger, C., Pryzbeck, T., Svrakic, D., & Wetyel, R. (1994). *The Temperament and Character Inventory (TCI): A guide to its development and use*, St. Louis, MO: Center for Psychobiology of Personality, Washington University.

Cohen, S., & Pressman, S. (2006). Positive affect and health. *Current Directions in Psychological Science*, 15, 122–125.

Cohn, M., & Fredrickson, B. (2009). Positive emotions. In S. Lopez & C. R. Snyder (Eds.), *Oxford handbook of positive psychology* (Second Edition, pp. 13–24). New

York: Oxford University Press.
Colby, A., & Damon, W. (1992). *Some do care.* New York: Free Press.
Collins, W., & Steinberg, L. (2006). Adolescent development in interpersonal context. In N. Eisenberg, W. Damon, & R. M. Lerner (Eds.), *Handbook of child psychology. Volume 3: Social, emotional, and personality development* (Sixth Edition, pp. 1003–1067). Hoboken, NJ: Wiley.
Colvin, C. R., & Griffo, R. (2008). On the psychological costs of self-enhancement. In E. C. Chang (Ed.), *Self-criticism and self-enhancement: Theory, research, and clinical implications* (pp. 123–140). Washington, DC: American Psychological Association.
Comfort, A. (2002). *The joy of sex – fully revised and completely updated for the 21st century.* New York: Crown.
Conger, R. D., Conger, K. J., & Martin, M. J. (2010). Socioeconomic status, family processes, and individual development. *Journal of Marriage and Family*, 72(3), 685–704.
Connidis, I. A. (2010). *Family ties and aging* (Second Edition). Thousand Oaks, CA: Sage.
Connor-Smith, J., & Flachsbart, C. (2007). Relations between personality and coping: A meta-analysis. *Journal of Personality and Social Psychology*, 93, 1080–1107.
Conoley, C., & Conoley, J. (2009). *Positive psychology and family therapy: Creative techniques and practical tools for guiding change and enhancing growth.* Hoboken, NJ: Wiley.
Conte, H., & Plutchik, R. (1995). *Ego defences: Theory and measurement.* New York: Wiley.
Conte, J. M., & Dean, M. A. (2006). Can emotional intelligence be measured? In K. R. Murphy (Ed.), *A critique of emotional intelligence: What are the problems and how can they be fixed?* (pp. 59–77). Mahwah, NJ: Lawrence Erlbaum Associates, Inc.
Coop-Gordon, K., Baucom, D., & Snyder, D. (2000). The use of forgiveness in marital therapy. In M. McCullough, K. Pargament, & C. Thoresen (Eds.), *Forgiveness: Theory, research and practice* (pp. 203–227). New York: Guilford.
Coopersmith, S. (1981). *Self-esteem inventories.* Palo Alto, CA: Consulting Psychologists Press.
Costa, P., & McCrae, R. (1992). *Revised NEO Personality Inventory (NEO-PI-R) and NEO Five-Factor Inventory (NEO-FFI) professional manual.* Odessa, FL: Psychological Assessment Resources.
Cramer, P. (2006). *Protecting the self: Defense mechanisms in action.* New York: Guilford Press.
Crowell, J., Fraley, R., & Shaver, P. (2008). Measurement of individual differences in adolescent and adult attachment. In J. Cassidy & P. Shaver (Eds.), *Handbook of attachment: Theory, research and clinical applications* (Second Edition, pp. 599–636). New York: Guilford Press.
Cruise, S., Lewis, A., & McGukin, C. (2006). Internal consistency, reliability, and temporal stability of the Oxford Happiness Questionnaire Short-form: Test–retest data over two weeks. *Social Behaviour and Personality*, 34, 123–126.
Csikszentmihalyi, M. (1990). *Flow: The psychology of optimal experience.* New York: Harper Row.
Csikszentmihalyi, M. (1996). *Creativity: Flow and the psychology of discovery and invention.* New York: Harper Perennial.

Csikszentmihalyi, M. (1997). *Finding flow: The psychology of engagement with everyday life*. New York: Basic Books.
Csikszentmihalyi, M. (1999). Implications of a systems perspective for the study of creativity. In R. Sternberg (Ed.), *Handbook of creativity* (pp. 313-335). Cambridge: Cambridge University Press.
Csikszentmihalyi, M. (2000). *Beyond boredom and anxiety. Experiencing flow in work and play*. San Francisco, CA: Jossey-Bass. (Original work published 1975.)
Csikszentmihalyi, M. (2003). *Good business, leadership, flow, and the making of meaning*. New York: Penguin Books.
Csikszentmihalyi, M., & Csikszentmihalyi, I. (1988). *Optimal experience: Psychological studies of flow in consciousness*. Cambridge: Cambridge University Press.
Csikszentmihalyi, M., & LeFevre, J. (1989). Optimal experience in work and leisure. *Journal of Personality and Social Psychology*, 56, 815-822.
Csikszentmihalyi, M., & Robinson, R. (1990). *The art of seeing*. Malibu, CA: Getty Publications.
Cunningham, M. (1979). Weather, mood and helping behaviour: Quasi-experiments with the sunshine Samaritans. *Journal of Personality and Social Psychology*, 37, 1947-1956.
D'Zurilla, T., & Nezu, A. (2006). *Problem solving therapy* (Third Edition). New York: Springer Verlag.
Dahlem, N., Zimet, G., & Walker, R. (1991). A multidimensional scale of perceived social support. *Journal of Clinical Psychology*, 47, 756-761.
Dahlsgaard, K., Davis, D., Peterson, C., & Seligman, M. E. P. (2003). *Do character strengths really matter? A prospective longitudinal study of signature character strengths and adolescent development*. In poster presented at the 2003 Biennial Meeting of the Society for Research in Child Development, April 10, Tampa, Florida.
Damasio, A. (1994). *Decartes' error*. New York: Grosset/Putnam.
Danner, D., Snowdon, D., & Friesen, W. (2001). Positive emotions early in life and longevity: Findings from the nun study. *Journal of Personality and Social Psychology*, 80, 804-813.
Darling, N., & Steinberg, L. (1993). Parenting styles as context: An integrative model. *Psychological Bulletin*, 113, 487-496.
Darwin, C. (1998). *The expression of emotions in man and animals* (Third Edition). New York: Oxford University Press. (Original work published 1872.)
Davidson, R. J., Jackson, D. C., & Kalin, N. H. (2000). Emotion, plasticity, context, and regulation: Perspectives from affective neuroscience. *Psychological Bulletin*, 126, 890-909.
Davis, C. G., & Nolen-Hoeksema, S. (2009). Making sense of loss, perceiving benefits, and posttraumatic growth. In S. J. Lopez & C. R. Snyder (Eds.), *Oxford handbook of positive psychology* (Second Edition, pp. 641-649). New York: Oxford University Press.
Davis, M., Eshelman, E., & McKay, M. (2008). *The relaxation and stress reduction workbook* (Sixth Edition). Oakland, CA: New Harbinger.
Davydov, D., Stewart, R., Ritchie, K., & Chaudieu, I. (2010). Resilience and mental health. *Clinical Psychology Review*, 30, 479-495.
Deci, R., & Ryan, R. (1985). *Intrinsic motivation and self-determination in human behaviour*. New York: Plenum.

Deci, E., & Ryan, R. (2002). *Handbook of self-determination research*. Rochester, NY: University of Rochester Press.

Deci, E., & Ryan, R. (2008a). Self-determination theory: A macrotheory of human motivation, development, and health. *Canadian Psychology*, 49, 182–185.

Deci, E., & Ryan, R. (2008b). Hedonia, eudaimonia, and well-being: An introduction. *Journal of Happiness Studies*, 9, 1–11.

Deci, R., Koestner, R., & Ryan, R. (1999). A meta-analytic review of experiments examining the effects of extrinsic rewards on intrinsic motivation. *Psychological Bulletin*, 125, 627–668.

Delle Fave, A., & Massimini, F. (2005). The relevance of subjective well-being to social policies: Optimal experience and tailored intervention. In F. Huppert, N. Baylis, & B. Keverne (Eds.), *The science of well-being* (pp. 379–402). Oxford: Oxford University Press.

DePauw, S., & Mervielde, I. (2010). Temperament, personality and developmental psychopathology: A review based on the conceptual dimensions underlying childhood traits. *Child Psychiatry and Human Development*, 41, 313–329.

Derakshan, N., Eysenck, M. W., & Myers, L. B. (2007). Emotional information processing in repressors: The vigilance-avoidance theory. *Cognition and Emotion*, 21, 1585–1614.

de Shazer, S., Dolan, Y. M., Korman, H., Trepper, T. S., McCollum, E. E., & Berg, I. K. (2007). *More than miracles: The state of the art of solution-focused brief therapy*. New York: Haworth Press.

de Waal, F. B. M. (2008). Putting the altruism back into altruism: The evolution of empathy. *Annual Review of Psychology*, 59, 279–300.

Dickerson, S., & Zoccola, P. (2009). Towards a biology of social support. In S. Lopez & C. R. Snyder (Eds.), *Oxford handbook of positive psychology* (Second Edition, pp. 519–526). New York: Oxford University Press.

Diener, E. (2000). Subjective well-being. The science of happiness and a proposal for a national index. *American Psychologist*, 55, 34–43.

Diener, E. (2009a). *The science of well-being*. New York: Springer.

Diener, E. (2009b). *Culture and well-being*. New York: Springer.

Diener, E. (2009c). *Assessing well-being*. New York: Springer.

Diener, E., & Biswas-Diener, R. (2008). *Happiness: Unlocking the mysteries of psychological wealth*. Malden, MA: Blackwell.

Diener, E., & Biswas-Diener, R. (2009). Will money increase subjective wellbeing? A literature review and guide to needed research. In E. Diener (Ed.), *The science of well-being* (pp. 119–154). New York: Springer.

Diener, M., & Diener McGavran, M. (2008). What makes people happy? A developmental approach to the literature on family relationships and well-being. In M. Eid & R. Larsen (Eds.), *The science of subjective well-being* (pp. 347–375). New York: Guilford Press.

Diener, E., & Seligman, M. (2002). Very happy people. *Psychological Science*, 13, 81–84.

Diener, E., & Suh, E., (2000). *Culture and subjective well-being*. Cambridge, MA: MIT Press.

Diener, E., Emmons, R., Larsen, R., & Griffin, S. (1985). The Satisfaction with Life Scale. *Journal of Personality Assessment*, 49, 71–75.

Diener, E., Suh, E., Lucas, R., & Smith, H. (1999). Subjective well-being: Three decades of progress. *Psychological Bulletin*, 125, 273–302.

Diener, E., Lucas, R. E., & Scollon, C. N. (2006). Beyond the hedonic treadmill: Revising the adaptation theory of well-being. *American Psychologist*, 61, 305–314.

Diener, E., Lucas, R., Schimmack, U., & Helliwell, J. (2009a). *Well-being for public policy.* Oxford: Oxford University Press.

Diener, E., Oishi, S., & Lucas, R. (2009b). Well-being: The science of happiness and life satisfaction. In S. Lopez & C. R. Snyder (Eds.), *Oxford handbook of positive psychology* (Second Edition, pp. 187–194). New York: Oxford University Press.

Diessner, R., Parsons, L., Solom, R., Frost, N., & Davidson, J. (2008). Engagement with beauty: Appreciating natural, artistic and moral beauty. *The Journal of Psychology: Interdisciplinary and Applied*, 142, 303–329.

Dietrich, A. (2004). Neurocognitive mechanisms underlying the experience of flow. *Consciousness and Cognition*, 13, 746–761.

Doniger, W., & Kaker, S. (2009). *The kamasutra. A new complete English translation of the Sanskrit text.* Oxford: Oxford University Press.

Donnellan, M. B., Oswald, F. L., Baird, B. M., & Lucas, R. E. (2006). The Mini-IPIP scales: Tiny-yet-effective measures of the Big Five factors of personality. *Psychological Assessment*, 18, 192–203. (Contains a 20-item measure of the big five.)

Dunn, D. S., Uswatte, G., & Elliott, T. R. (2009). Happiness, resilience, and positive growth following physical disability: Issues for understanding, research, and therapeutic intervention. In S. J. Lopez & C. R. Snyder (Eds.), *Oxford handbook of positive psychology* (Second Edition, pp. 651–664). New York: Oxford University Press.

Durlak, J. A., Weissberg, R. P., & Pachan, M. (2010). A meta-analysis of after-school programs that seek to promote personal and social skills in children and adolescents. *American Journal of Community Psychology*, 45(3–4), 294–309.

Dykema, K., Bergbower, K., Doctora, J., & Peterson, C. (1996). An Attributional Style Questionnaire for general use. *Journal of Psychoeducational Assessment*, 14, 100–108.

Easterlin, R. (1974). Does economic growth improve the human lot? In P. David & M. Reder (Eds.), *Nations and households in economic growth: Essays in honor of Moses Abramovitz* (pp. 89–125). New York: Academic Press.

Eibl-Eibesfeldt, I. (1975). *Ethology: The science of behaviour.* New York: Holt, Rinehart & Winston.

Eid, M., & Larsen, R. (2008). *The science of subjective well-being.* New York: Guilford.

Eisenberg, N., Fabes, R. A., & Sprinrad, T. L. (2006). Prosocial development. In W. Damon & R. M. Lerner (Eds.), *Handbook of child psychology. Volume 3: Social, emotional, and personality development* (pp. 646–718). New York: Wiley.

Elliot, A., & Dweck, C. (2005). *Handbook of competence and motivation.* New York: Gulford.

Elliot, R., Greenberg, L. S., & Lietaer, G. (2004). Research on experiential psychotherapies. In M. J. Lambert (Ed.), *Bergin and Garfield's handbook of psychotherapy and behavior change* (pp. 493–540). New York: Wiley.

Ellis, A., & Harper, R. (1975). *A new guide to rational living.* North Hollywood, CA: Wiltshire.

Embretson, S., & Reise, S. P. (2000). *Item response theory for psychologists.* Mahwah, NJ: Lawrence Erlbaum Associates, Inc.

Emmons, R., & McCullough, E. (2004). *The psychology of gratitude.* New York: Oxford University Press.

Emmons, R., McCullough, M. E., & Tsang, J. (2003). The assessment of gratitude. In S. J. Lopez & C. R. Snyder (Eds.), *Positive psychological assessment: A handbook of models and measures* (pp. 327–341). Washington, DC: American Psychological Association.

Endler, N., & Parker, J. (1999). *Coping Inventory for Stressful Situations (CISS): Manual* (Second Edition). Toronto: MultiHealth Systems.

Enright, R. D., & Fitzgibbons, R. P. (2000). *Helping clients forgive: An empirical guide for resolving anger and restoring hope.* Washington, DC: American Psychological Association.

Epstein, S. (1998). *Constructive thinking: The key to emotional intelligence.* Westport, CT: Praeger.

Ericsson, K. A., & Charness, N. (1994). Expert performance: Its structure and acquisition. *American Psychologist, 49,* 725–747.

Ericsson, K. A., Charness, N., Feltovich, P., & Hoffman, R. (2006). *The Cambridge handbook of expert performance.* Cambridge: Cambridge University Press.

Ericsson, K. A., Roring, R. W., & Nandagopal, K. (2007). Giftedness and evidence for reproducibly superior performance: An account based on the expert performance framework. *High Ability Studies, 18,* 3–56.

Erikson, E. (1959). *Identity and the life cycle.* New York: International University Press.

Erikson, E., Erikson, J., & Kivnick, H. (1986). *Vital involvement in old age.* New York: Norton.

Exline, J., & Baumeister, R. (2000). Expression forgiveness and repentance: Benefits and barriers. In M. McCullough, K. Pargament, & C. Thoresen (Eds.), *Forgiveness: Theory, research and practice* (pp. 133–155). New York: Guilford Press.

Eysenck, H., & Eysenck, S. (1975). *Manual of the Eysenck Personality Questionnaire.* San Diego, CA: Educational and Industrial Testing Service.

Fan, H., Jackson, T., Yang, X., Tang, W., & Zhang, J. (2010). The factor structure of the Mayer–Salovey–Caruso emotional intelligence test V 2.0 (MSCEIT): A meta-analytic structural equation modelling approach. *Personality and Individual Differences,* 48(7), 781–785.

Fava, G., & Ruini, C. (2003). Development and characteristics of a well-being enhancing psychotherapeutic strategy: Well-being therapy. *Journal of Behaviour Therapy and Experimental Psychiatry,* 34(1), 45–63.

Fay, D., Carr, A., O'Reilly, K., Cahill, P., Dooley, B., Guerin, S., & Stratton, P. (in press). Irish norms for the SCORE-15 and 28 from a national telephone survey. *Journal of Family Therapy.*

Feeney, J. (2008). Adult romantic attachment: Developments in the study of couple relationships. In J. Cassidy & P. Shaver (Eds.), *Handbook of attachment: Theory, research, and clinical applications* (Second Edition, pp. 456–481). New York: Guilford Press.

Fehr, B. (1994). Prototype-based assessment of laypeople's views of love. *Personal Relationships, 1,* 309–331.

Feist, G. (1999). The influence of personality on artistic and scientific creativity. In R. Sternberg (Ed.), *Handbook of creativity* (pp. 273–296) Cambridge: Cambridge University Press.

Feldman, D. (1999). The development of creativity. In R. Sternberg (Ed.), *Handbook of creativity* (pp. 169–188). Cambridge: Cambridge University Press.

Ferguson, E., & Cox, T. (1997). The functional dimensions of coping scale: Theory, reliability and validity. *British Journal of Health Psychology*, 2, 109–129.

Fincham, F. (2000). Optimism and the family. In J. Gillham (Ed.), *The science of optimism and hope* (pp. 271–298). Philadelphia, PA: Templeton Foundation Press.

Fincham, F., & Beach, S. (2010). Marriage in the new millennium: A decade in review. *Journal of Marriage and Family*, 72(3), 630–649.

Fincham, F., & Bradbury, T. N. (1992). Assessing attributions in marriage: The Relationship Attribution Measure. *Journal of Personality and Social Psychology*, 62(3), 457–468.

Fincham, F., Stanley, S., & Beach, S. (2007). Transformative processes in marriage: An analysis of emerging trends. *Journal of Marriage and Family. Special Issue: A Minisymposium on Transformative Process in Marriage*, 69, 275–292.

Fine, M., & Harvey, J. (2006). *Handbook of divorce and relationship dissolution.* Mahwah, NJ: Lawrence Erlbaum Associates, Inc.

Finneran, C. M., & Zhang, P. (2005). Flow in computer-mediated environments: Promises and challenges. *Communications of the Association for Information Systems*, 15, 82–101.

Fiori, M. (2009). A new look at emotional intelligence: A dual-process framework. *Personality and Social Psychology Review*, 13, 21–44.

Fisher, H. (2006). The drive to love: The neural mechanism for mate selection. In R. Sternberg & K. Weis (Eds.), *The new psychology of love* (pp. 87–115). New Haven, CT: Yale University Press.

Fitts, W., & Warren, W. (1996). *Tennessee Self-Concept Scale* (Second Edition). Los Angeles, CA: Western Psychological Services.

Fitzpatrick, M. (1988). *Between husbands and wives: Communication in marriage.* Newbury Park, CA: Sage.

Folkman, S., & Lazarus, R. (1988). *Manual for the Ways of Coping Questionnaire.* Palo Alto, CA: Consulting Psychologists Press.

Fordyce, M. (1977). Development of a programme to increase personal happiness. *Journal of Counseling Psychology*, 24, 511–520.

Fordyce, M. (1983). A programme to increase personal happiness: Further studies. *Journal of Counseling Psychology*, 30, 483–498.

Fordyce, M. (1988). A review of research on the happiness measure. A sixty second index of happiness and mental health. *Social Indicators Research*, 20, 355–381.

Forgas, J., Baumeister, R., & Tice, D. (2009). *Psychology of self-regulation: Cognitive, affective, and motivational processes.* New York: Psychology Press.

Fournier, G., & Jeanrie, C. (2003). Locus of control: Back to basics. In S. Lopez & C. Snyder (Eds.), *Handbook of positive psychological assessment* (pp. 139–154). Washington, DC: American Psychological Association.

Frederick, S., & Lowenstein, G. (1999). Hedonic adaptation. In E. Kahneman, E. Diener, & N. Schwartz (Eds.), *Well-being: The foundations of hedonic psychology* (pp. 302–329). New York: Russell Sage Foundation.

Fredrickson, B. (2001). The role of positive emotions in positive psychology: The broaden and build theory of positive emotions. *American Psychologist*, 56, 218–226.

Fredrickson, B. (2002). Positive emotions. In C. R. Snyder & S. Lopez (Eds.), *Handbook of positive psychology* (pp. 120–134). New York: Oxford University Press.

Fredrickson, B. (2009). *Positivity.* New York: Crown.

Fredrickson, B., & Losada, M. (2005). Positive affect and the complex dynamics of human flourishing. *American Psychologist*, 60, 678–686.

Freud, A. (1936). *The ego and the mechanisms of defence.* New York: International University Press.

Freud, S. (1896). Further remarks on the neuropsychoses of defence. In J. Strachey (Ed. & Trans, 1955). *The standard edition of the complete works of Sigmund Freud* (Vol. 3). London: Hogarth.

Freud, S. (1908). The relation of the poet to dreaming. In *Collected papers* (Vol. 3, pp. 173–183). London: Hogarth.

Freud, S. (1928). *The future of an illusion.* London: Hogarth.

Friedman, H. (2008). Humanistic and positive psychology: The methodological and epistemological divide. *The Humanistic Psychologist*, 36, 113–126.

Friedman, M., Thoresen, C., Gill, J., Ulmer, D., Powell, L. H., Price, V. A., Brown, B., Thompson, L., & Rabin, D. (1986). Alteration of Type A behavior and its effect on cardiac recurrences in post-myocardial infarction patients: Summary results of the Recurrent Coronary Prevention Project. *American Heart Journal*, 112, 653–665.

Frisch, M. (1994). *Manual and treatment guide for the Quality of Life Inventory or QOLI.* Minneapolis, MN: Pearson.

Frisch, M. (2006). *Quality of life therapy: Applying a life satisfaction approach to positive psychology and cognitive therapy.* Hoboken, NJ: Wiley.

Frydenberg, E., & Lewis, R. (1993). *Adolescent Coping Scale: Administrator's manual.* Melbourne: The Australian Council for Educational Research.

Furnham, A., & Ribchester, T. (1995). Tolerance of ambiguity: A review of the concept, its measurement and applications. *Current Psychology*, 14(3), 179–199.

Furnham, A., Eysenck, S., & Saklofske, D. H. (2008). The Eysenck Personality measures: Fifty years of scale development. In G. Boyle, G. Matthews, & D. Saklofske (Eds.), *The Sage handbook of personality theory and assessment. Volume 2: Personality measurement and testing* (pp. 199–218). Los Angeles, CA: Sage.

Gable, S., Gonzaga, G., & Strachman, A. (2006). Will you be there for me when things go right? Supportive responses to positive event disclosures. *Journal of Personality and Social Psychology*, 91(5), 904–917.

Gable, S., Reis, H., Impett, E., & Asher, E. (2004). What do you do when things go right? The intrapersonal and interpersonal benefits of sharing positive events. *Journal of Personality and Social Psychology*, 87, 228–245.

Gallagher, M. W., Lopez, S. J., & Preacher, K. J. (2009). The hierarchical structure of well-being. *Journal of Personality*, 77, 1025–1050.

Galton, F. (1869). *Hereditary genius.* London: Macmillan.

Gardner, H. (1983). *Frames of mind: Theory of multiple intelligences.* New York: Basic Books.

Gardner, H. (1999). *Intelligence reframed. Multiple intelligences for the 21st century.* New York: Basic Books.

Gardner, H. (2004). *Frames of mind: Theory of multiple intelligences* (Twentieth-Anniversary Edition). New York: Basic Books.

Gardner, H. (2006). *Multiple intelligences: New horizons.* New York: Basic.

Gentile, B., Twenge, J. M., & Campbell, W. K. (2010). Birth cohort differences in self-esteem, 1988-2008: A cross-temporal meta-analysis. *Review of General Psychology*, 14(3), 261–268.

George, G., Kaplan, N., & Main, M. (1996). Adult attachment interview protocol (Third Edition). Unpublished Manuscript, University of California at Berkeley.

Gignac, G. (2008). *Genos Emotional Intelligence Inventory. Technical manual.* Sydney: Genos Press.

Gillham, J. (2000). *The science of optimism and hope.* Philadelphia, PA: Templeton Foundation Press.

Gillham, J. E., Brunwasser, S. M., Freres, D. R., Abela, J. R. Z., & Hankin, B. L. (2008). Preventing depression in early adolescence: The Penn Resiliency Program. In J. Abela & B. Hankin (Eds.), *Handbook of depression in children and adolescents* (pp. 309–322). New York: Guilford Press.

Gillison, F., Skevington, S., Sato, A., Standage, M., & Evangelido, S. (2009). The effects of exercise interventions on quality of life in clinical and healthy populations: A meta-analysis. *Social Science & Medicine*, 68, 1700–1710.

Gilman, R., Huebner, S., & Furlong, M. (2009). *Handbook of positive psychology in schools.* New York: Routledge.

Goldberg, L. (1992). The development of markers for the Big Five factor structure. *Psychological Assessment*, 4, 26–42. (Contains 50 and 100 trait descriptive adjective checklists for the big five.)

Goldstein, S., & Brooks, R. (2006). *Handbook of resilience in children.* New York: Springer.

Goleman, D. (1995). *Emotional intelligence. Why it can matter more than IQ.* New York: Bantam.

Goleman, D. (1998). *Working with emotional intelligence.* New York: Bantam.

Gosling, S. D., Rentfrow, P. J., & Swann, W. B. (2003). A very brief measure of the Big-Five personality domains. *Journal of Research in Personality*, 37, 504–528.

Gottman, J. (1993). The roles of conflict engagement, escalation and avoidance in marital interaction: A longitudinal view of five types of couples. *Journal of Consulting and Clinical Psychology*, 61, 6–15.

Gottman, J., & Notarius, C. I. (2002). Marital research in the 20th century and a research agenda for the 21st century. *Family Process*, 41(2), 159–197.

Gould, R. (1978). *Transformations: Growth and change in adult life.* New York: Simon Schuster.

Grant, G., Salcedo, V., Hynan, L., & Frisch, M. B. (1995). Effectiveness of quality of life therapy for depression. *Psychological Reports*, 76, 1203–1208.

Grigorenko, E. (2000). Heritability and intelligence. In R. Sternberg (Ed.), *Handbook of intelligence* (pp. 53–91). Cambridge: Cambridge University Press.

Gross, J. (1999). Emotion and emotion regulation. In L. Pervin & O. John (Eds.), *Handbook of personality* (Second Edition, pp. 525–552). New York: Guilford.

Gruber, H., & Wallace, D. (1999). The case study method and evolving systems approach for understanding unique creative people at work. In R. Sternberg (Ed.), *Handbook of creativity* (pp. 93–116). Cambridge: Cambridge University Press.

Guilford, J. (1950). Creativity. *American Psychologist*, 5, 444–454.

Guilford, J. (1967). *The nature of human intelligence.* Chicago, IL: University of Chicago Press.

Gurman, A. (2008). *Clinical handbook of couple therapy* (Fourth Edition). New York: Guilford.

Hackney, C., & Sanders, G. (2003). Religiosity and mental health: A meta-analysis of recent studies. *Journal for the Scientific Study of Religion*, 42, 43–55.

Haidt, J. (2003). Elevation and the positive psychology of emotion. In C. L. M. Keyes & J. Haidt (Eds.), *Flourishing: Positive psychology and the life well-lived* (pp. 275–289). Washington, DC: American Psychological Association.

Haney, P., & Durlak, J. (1998). Changing self-esteem in children and adolescents: A meta-analytic review. *Journal of Clinical Child Psychology*, 27, 423–433.

Hansson, R. O., & Stroebe, M. S. (2007). The dual process model of coping with bereavement and development of an integrative risk factor framework. In R. Hansson & M. Stroebe (Eds.), *Bereavement in late life: Coping, adaptation, and developmental influences* (pp. 41–60). Washington, DC: American Psychological Association.

Hardman, D. (2009). *Judgment and decision-making: Psychological perspectives*. Chichester: Wiley.

Harker, L., & Keltner, D. (2001). Expressions of positive emotion in women's college yearbook pictures and their relationship to personality and life outcomes across adulthood. *Journal of Personality and Social Psychology*, 80, 112–124.

Harms, P. D., & Credé, M. (2010). Emotional intelligence and transformational and transactional leadership: A meta-analysis. *Journal of Leadership & Organizational Studies*, 17(1), 5–17.

Harter, S. (2008). The developing self. In W. Damon & R. Lerner (Eds.), *Child and adolescent development: An advanced course* (pp. 216–260). New York: Wiley.

Harvey, J., & Pauwels, B. (2009). Relationship connection: A redux of the role of minding and the quality of feeling special in the enhancement of closeness. In S. Lopez & C. R. Snyder (Eds.), *Oxford handbook of positive psychology* (Second Edition, pp. 385–392). New York: Oxford University Press.

Hatfield, E., & Sprecher, S. (1986). Measuring passionate love in intimate relationships. *Journal of Adolescence*, 9, 383–410.

Haworth, C., Wright, M., Martin, N., Martin, N., Boomsma, D., Bartels, M., Posthuma, D., Davis, O., Brant, A., Corley, R., Hewitt, J., Iacono, W., McGue, M., Thompson, L., Hart, S., Petrill, S., Lubinski, D., & Plomin, R. (2009). A twin study of the genetics of high cognitive ability selected from 11,000 twin pairs in six studies from four countries. *Behaviour Genetics*, 39, 359–370.

Headey, B., & Wearing, A. (1991). Subjective well-being: A stocks and flows framework. In F. Strack, M. Argyle, & N. Schwartz (Eds.), *Subjective well-being: An interdisciplinary perspective* (pp. 49–73). New York: Pergamon.

Heatherton, T. & Polivy, J. (1991). Development and validation of a scale for measuring state self-esteem. *Journal of Personality and Social Psychology*, 60, 895–910.

Heatherton, T., & Wyland, C. L. (2003). Assessing self-esteem. In S. J. Lopez & C. R. Snyder (Eds.), *Positive psychological assessment: A handbook of models and measures* (pp. 219–233). Washington, DC: American Psychological Association.

Hektner, J., Schmidt, J., & Csikszentmihalyi, M. (2007). *Experience sampling method: Measuring the quality of everyday life*. Thousand Oaks, CA: Sage.

Helgeson, V. S., Reynolds, K. A., & Tomich, P. L. (2006). A meta-analytic review of benefit finding and growth. *Journal of Consulting and Clinical Psychology. Special Issue: Benefit-Finding*, 74(5), 797–816.

Hendrick, C., & Hendrick, S. (1986). A theory and method of love. *Journal of Personality and Social Psychology*, 50, 392–402.

Hendrick, C., & Hendrick, S. (2009). Love. In S. Lopez & C. R. Snyder (Eds.), *Oxford *handbook of positive psychology* (Second Edition, pp. 447–454). New York: Oxford University Press.

Hendrick, C., Hendrick, S. S., & Dicke, A. (1998). The Love Attitudes Scale: Short form. *Journal of Social and Personal Relationships*, 15, 147–159.

Hennessey, B., & Amabile, T. M. (2010). Creativity. *Annual Review of Psychology*, 61, 569–598.

Heppner, P. P. (1988). *The Problem Solving Inventory (PSI): Manual.* Palo Alto, CA: Consulting Psychologists Press.

Heppner, P. P., & Lee, D. (2009). Problem-solving appraisal and psychological adjustment. In S. J. Lopez & C. R. Snyder (Eds.), *Oxford handbook of positive psychology* (Second Edition, pp. 345–355). New York: Oxford University Press.

Herrnstein, R., & Murray, C. (1994). *The bell curve: Intelligence and class in American life.* New York: Free Press.

Hesse, E. (2008). The Adult Attachment Interview: Historical and current perspectives. In J. Cassidy & P. Shaver (Eds.), *Handbook of attachment: Theory, research, and clinical applications* (Second Edition, pp. 552–598). New York: Guilford Press.

Hetherington, E., & Stanley-Hagan, M. (2002). Parenting in divorced and remarried families. In M. Bornstein (Ed.), *Handbook of parenting. Volume 3: Being and becoming a parent* (Second Edition, pp. 287–315). Mahwah, NJ: Lawrence Erlbaum Associates, Inc.

Hill, S., & Buss, D. (2008). Evolution and subjective well-being. In M. Eid & R. Larsen (Eds.), *The science of subjective well-being* (pp. 62–79). New York: Guilford Press.

Hills, P., & Argyle, M. (1998). Musical and religious experiences and their relationship to happiness. *Personality and Individual Difference*, 25, 91–102.

Hills, P., & Argyle, M. (2002). The Oxford Happiness Questionnaire: A compact scale for the measurement of psychological well-being. *Personality and Individual Differences*, 33, 1071–1082.

Ho-Kyung, K., & Davis, K. (2009). Toward a comprehensive theory of problematic Internet use: Evaluating the role of self-esteem, anxiety, flow, and the self-rated importance of Internet activities. *Computers in Human Behavior*, 25, 490–500.

Holahan, C., Moos, R., & Schaefer, J. (1996). Coping, stress, resistance, and growth: Conceptualising adaptive functioning. In M. Zeidner & N. Endler (Eds.), *Handbook of coping. Theory, research, applications* (pp. 24–43). New York: Wiley.

Holmes, J., & Rempel, J. (1989). Trust in close relationships. In C. Hendrick (Ed.), *Close relationships* (pp. 187–220). Newbury Park, CA: Sage.

Hood, D., & Carruthers, C. (2007). Enhancing leisure experience and developing resources: The leisure and well-being model part II. *Therapeutic Recreation Journal*, 41, 298–325.

Hoppe, C., & Stojanovic, J. (2009). Giftedness and the brain. *The Psychologist*, 22(6), 498–501.

Horowitz, F., Subotnik, R., & Matthews, D. (2009). *The development of giftedness and talent across the life span.* Washington, DC: American Psychological Association.

Horowitz, L., Alden, L., Wiggins, J., & Pincus, A. (2000). *Inventory of interpersonal problems.* San Antonio, TX: Psychological Corporation.

Howe, M. (1999). Prodigies and creativity. In R. Sternberg (Ed.), *Handbook of creativity* (pp. 431–448). New York: Cambridge University Press.

Hsen-Hsing, M. (2009). The effect size of variables associated with creativity: A meta-analysis. *Creativity Research Journal*, 21, 30–42.

Huang, C. (2010). Mean-level change in self-esteem from childhood through adulthood: Meta-analysis of longitudinal studies. *Review of General Psychology*, 14(3), 251–260.

Huebner, E. S. (1994). Preliminary development and validation of a multidimensional life satisfaction scale for children. *Psychological Assessment*, 6, 149–158.

Huebner, E., Gilman, R., Reschly, A., & Hall, R. (2009). Positive schools. In S. J. Lopez & C. R. Snyder (Eds.), *Oxford handbook of positive psychology* (Second Edition, pp. 561–568). New York: Oxford University Press.

Hulsheger, U. R., Anderson, N., & Salgado, J. F. (2009). Team-level predictors of innovation at work: A comprehensive meta-analysis spanning three decades of research. *Journal of Applied Psychology*, 94, 1128–1145.

Jackson, S. (1995). Factors influencing the occurrence of flow state in elite athletes. *Journal of Applied Sport Psychology*, 7, 138–166.

Jackson, S., & Csikszentmihalyi, M. (1999). *Flow in sports: The keys to optimal experiences and performances*. Lower Mitcham, South Australia: Human Kinetics.

Jackson, S., & Goossens, L. (2006). *Handbook of adolescent development*. London: Psychology Press.

Jackson, S., & Kimiecik, J. (2008). The flow perspective of optimal experience in sport and physical activity. In T. Horn (Ed.), *Advances in sport psychology* (Third Edition, pp. 377–399, 474–477). Champaign, IL: Human Kinetics.

Jackson, S., Eklund, R., & Martin, A. (2010). *The flow manual*. Menlo Park, CA: Mind Garden Inc. www.mindgarden.com

James, D. E., Schumm, W. R., Kennedy, C. E., Grigsby, C. C., Shectman, K. L., & Nichols, C. W. (1985). Characteristics of the Kansas Parental Satisfaction Scale among two samples of married parents. *Psychological Reports*, 57, 163–169.

James, W. (1890). *The principles of psychology*. New York: Holt.

Jausovec, N., & Jausovec, K. (2005). Differences in induced gamma and upper alpha oscillations in the human brain related to verbal/performance and emotional intelligence. *International Journal of Psychophysiology*, 56, 223–235.

Jausovec, N., Jausovec, K., & Gerlic, I. (2001). Differences in event-related and induced electroencephalography patterns in the theta and alpha frequency bands related to human emotional intelligence. *Neuroscience Letters*, 311, 93–96.

John, O., & Srivastava, S. (1999). The big five trait taxonomy: History, measurement and theoretical perspectives. In L. Pervin & O. John (Eds.), *Handbook of personality* (Second Edition, pp. 102–138). New York: Guilford Press.

John, O., Naumann, L. P., & Soto, C. J. (2008). Paradigm shift to the integrative big-five trait taxonomy: History, measurement, and conceptual issues. In O. P. John, R. W. Robins, & L. A. Pervin (Eds.), *Handbook of personality: Theory and research* (Third Edition, pp. 114–158). New York: Guilford Press.

Johnson, A. M., Vernon, P. A., & Feiler, A. R. (2008). Behavioral genetic studies of personality: An introduction and review of the results of 50+ years of research. In G. J. Boyle, G. Matthews, & D. H. Saklofske (Eds.), *The Sage handbook of personality theory and assessment. Volume 1: Personality theories and models* (pp. 145–173). Thousand Oaks, CA: Sage.

Johnson, N., & Gold, S. (1995). Defence Mechanisms Profile: A sentence completion test. In H. Conte & R. Plutchik (Eds.), *Ego defences: Theory and measurement* (pp. 247–262). New York: Wiley.

Jones, W., Couch, L., & Scott, S. (1997). Trust and betrayal. The psychology of getting along and getting ahead. In R. Hogan, J. Johnson, & S. Briggs (Eds.), *Handbook of personality psychology* (pp. 466–485). New York: Academic Press.

Jordan, P. J., Ashkanasy, N. M., & Ascough, K. W. (2007). Emotional intelligence in organizational behavior and industrial-organizational psychology. In G. Matthews, M. Zeidner, & R. D. Roberts (Eds.), *The science of emotional intelligence: Knowns and unknowns* (pp. 356–375). New York: Oxford University Press.

Jordan, P. J., Murray, J. P., & Lawrence, S. A. (2009). The application of emotional intelligence in industrial and organizational psychology. In C. Stough, D. H. Saklofske, & J. D. A. Parker (Eds.), *Assessing emotional intelligence: Theory, research, and applications* (pp. 171–190). New York: Springer.

Joseph, D. L., & Newman, D. A. (2010). Emotional intelligence: An integrative meta-analysis and cascading model. *Journal of Applied Psychology*, 95, 54–78.

Joseph, S., & Lewis, C. (1998). The Depression–Happiness Scale: Reliability and validity of a bipolar self-report scale. *Journal of Clinical Psychology*, 54, 537–544.

Joseph, S., & Linley, P. (2006). *Positive therapy. A meta-theory for positive psychological practice*. London: Routledge.

Joyce, J. (1922). *Ulysses*. Paris: Sylvia Beach.

Judge, T. A., Heller, D., & Mount, M. K. (2002). Five-factor model of personality and job satisfaction: A meta-analysis. *Journal of Applied Psychology*, 87, 530–541.

Kabat-Zinn, J. (1990). *Full catastrophe living: Using the wisdom of you body and mind to face stress, pain and illness*. New York: Delacorte Press.

Kabat-Zinn, J. (2005). *Wherever you go, there you are: Mindfulness meditation in everyday life. Tenth Anniversary Edition*. New York: Hyperion.

Kahneman, D., Diener, E., & Schwartz, N. (1999). *Well-being: The foundations of hedonic psychology*. New York: Russell Sage Foundation.

Kashdan, T., & Sylvia, P. (2009). Curiosity and interest: The benefits of thriving on novelty and challenge. In S. Lopez & C. R. Snyder (Eds.), *Oxford handbook of positive psychology* (Second Edition, pp. 367–374). New York: Oxford University Press.

Katz, J., Ritvo, P., Irivine, M., & Jackson, M. (1996). Coping with chronic pain. In M. Zeidner & N. Endler (Eds.), *Handbook of coping. Theory, research, applications* (pp. 252–278). New York: Wiley.

Kauffman, C., & Silberman, J. (2009). Finding and fostering the positive in relationships: Positive interventions in couples therapy. *Journal of Clinical Psychology: In Session*, 65, 520–531.

Kaufman, J., & Beghetto, R. A. (2009). Beyond big and little: The four c model of creativity. *Review of General Psychology*, 13, 1–12.

Kaufman, J., & Sternberg, R. (2010). *Cambridge handbook of creativity*. Cambridge: Cambridge University Press.

Kaufman, J., Plucker, J., & Baer, J. (2008). *Essentials of creativity assessment*. Hoboken, NJ: Wiley.

Kéri, S. (2009). Genes for psychosis and creativity: A promoter polymorphism of the neuregulin 1 gene is related to creativity in people with high intellectual achievement. *Psychological Science*, 20, 1070–1073.

Kern, M. L., & Friedman, H. S. (2008). Do conscientious individuals live longer? A quantitative review. *Health Psychology*, 27(5), 505–512.

Kernis, M. (2006). *Self-esteem issues and answers: A sourcebook of current perspectives*.

New York: Psychology Press.
Kerr, J. (1997). *Motivation and emotion in sport: Reversal theory.* Hove: Psychology Press.
Kerr, J. (1999). *Experiencing sport: Reversal theory.* Chichester: Wiley.
Keyes, C. (1998). Social well-being. *Social Psychology Quarterly*, 61, 121–140.
Keyes, C., & Magyar-Moe, J. L. (2003). The measurement and utility of adult subjective well-being. In S. J. Lopez & C. R. Snyder (Eds.), *Positive psychological assessment: A handbook of models and measures* (pp. 411–426). Washington, DC: American Psychological Association.
Keyes, C., Shmotkin, D., & Ryff, C. (2000). Optimizing well-being: The empirical encounter of two traditions. *Journal of Personality and Social Psychology*, 82(6), 1007–1022.
Kiesler, D. (1996). *Contemporary interpersonal theory and research.* New York: Wiley.
Killen, M., & Smetana, J. (2006). *Handbook of moral development.* London: Psychology Press.
Killgore, W. D. S., & Yurgelun-Todd, D. A. (2007). Neural correlates of emotional intelligence in adolescent children. *Cognitive, Affective & Behavioral Neuroscience*, 7(2), 140–151.
Kim, K. (2008a). Meta-analyses of the relationship of creative achievement to both IQ and divergent thinking test scores. *Journal of Creative Behavior*, 42, 106–130.
Kim, J. (2008b). Examining the effectiveness of solution-focused brief therapy: A meta-analysis. *Research on Social Work Practice*, 18, 107–116.
Klein, W., & Cooper, K. L. (2008). On the physical health costs of self-enhancement. In E. C. Chang (Ed.), *Self-criticism and self-enhancement: Theory, research, and clinical implications* (pp. 141–158). Washington, DC: American Psychological Association.
Kobasa, S. (1979). Stressful life events, personality and health: An inquiry into hardiness *Journal of Personality and Social Psychology*, 37, 1–11.
Kohlberg, L. (1976). Moral stages and moralization: The cognitive-developmental approach. In T. Lickona (Ed.), *Moral development and behaviour. Theory, research and social issues* (pp. 31–53). New York: Holt, Rinehart & Winston.
Koo, M., Algoe, S. B., Wilson, T. D., & Gilbert, D. T. (2008). It's a wonderful life: Mentally subtracting positive events improves people's affective states, contrary to their affective forecasts. *Journal of Personality and Social Psychology*, 95, 1217–1224.
Krohne, H. (1996). Individual differences in coping. In M. Zeidner & N. Endler (Eds.), *Handbook of coping. Theory, research, applications* (pp. 381–409). New York: Wiley.
Krueger, F., Barbey, A. K., McCabe, K., Strenziok, M., Zamboni, G., Solomon, J., Raymont, V., & Grafman, J. (2009). The neural bases of key competencies of emotional intelligence. *Proceedings of the National Academy of Sciences of the United States of America*, 106, 22486–22491.
Krueger, R. F., & Johnson, W. (2008). Behavioral genetics and personality. In L. A. Pervin, O. P. John, & R. W. Robins (Eds.), *Handbook of personality: Theory and research* (Third Edition, pp. 287–310). New York: Guilford Press.
Kunzmann, U., & Baltes, P. B. (2005). The psychology of wisdom: Theoretical and empirical challenges. In R. J. Sternberg & J. Jordan (Eds.), *A handbook of wisdom: Psychological perspectives* (pp. 110–135). New York: Cambridge University Press.

Kurtz, J. (2008). Looking to the future to appreciate the present: The benefits of perceived temporal scarcity. *Psychological Science*, 19, 1238–1241.

Lamb, M. E., & Ahnert, L. (2006). Nonparental child care: Context, concepts, correlates, and consequences. In W. Damon, R. M. Lerner, K. A. Renninger, & I. E. Sigel (Eds.), *Handbook of child psychology. Volume 4: Child psychology in practice* (Sixth Edition, pp. 950–1016). New York: Wiley.

Landy, F. J. (2006). The long, frustrating, and fruitless search for social intelligence: A cautionary tale. In K. R. Murphy (Ed.), *A critique of emotional intelligence: What are the problems and how can they be fixed?* (pp. 81–123). Mahwah, NJ: Lawrence Erlbaum Associates, Inc.

Lane, R., Quinlan, D., Schwartz, G., Walker, P., & Zeitlin, S. (1990). The Levels of Emotional Awareness Scale: A cognitive-developmental measure of emotion. *Journal of Personality Assessment*, 55, 124–134.

Lange, G., & Carr, A. (2002). Prevention of cognitive delays in socially disadvantaged children. In A. Carr (Ed.), *Prevention: what works with children and adolescents? A critical review of psychological prevention programmes for children, adolescents and their families* (pp. 41–63). London: Routledge.

Langer, E. (1975). The illusion of control. *Journal of Personality and Social Psychology*, 32, 311–328.

Larsen, R., & Deiner, E. (1992). Promises and problems with the circumplex model of emotion. In M. Clark (Ed.), *Emotion: Review of personality and social psychology* (Vol. 13, pp. 25–59). Newbury Park, CA: Sage.

Lazarus, R., & Folkman, S. (1984). *Stress, appraisal and coping*. New York: Springer.

Lechner, S. C., Tennen, H., & Affleck, G. (2009). Benefit-finding and growth. In S. J. Lopez & C. R. Snyder (Eds.), *Oxford handbook of positive psychology* (Second Edition, pp. 633–640). New York: Oxford University Press.

LeDoux, J. (1996). *The emotional brain: The mysterious underpinnings of emotional life*. New York: Simon Schuster.

Lee, J. A. (1973). *The colours of love: An exploration of the ways of loving*. Don Mills, ON: New Press.

Lefcourt, H. (1982). *Locus of control* (Second Edition). Hillsdale, NJ: Lawrence Erlbaum Associates, Inc.

Lefcourt, H. (2001). *Humour: The psychology of living buoyantly*. New York: Kluwer/Plenum.

Lemola, S., Räikkönen, K., Matthews, K. A., Scheier, M. F., Heinonen, K., Pesonen, A., Komsi, N., & Lahti, J. (2010). A new measure for dispositional optimism and pessimism in young children. *European Journal of Personality*, 24(1), 71–84.

Levenson, H. (1973). Multidimensional locus of control in psychiatric patients. *Journal of Consulting and Clinical Psychology*, 41, 397–404. (Contains a multidimensional locus of control scale.)

Linley, P., Maltby, J., Wood, A., Joseph, S., Harrington, S., & Peterson, C. (2007). Character strengths in the United Kingdom: The VIA inventory of strengths. *Personality and Individual Differences*, 43, 341–351.

Linley, P. A., Maltby, J., Wood, A., Osborne, G., & Hurling, R. (2009). Measuring happiness: The higher order factor structure of subjective and psychological well-being measures. *Personality and Individual Differences*, 47(8), 878–884.

Linley, P., Harrington, S., & Garcea, N. (2010). *Oxford handbook of positive psychology and work*. Oxford: Oxford University Press.

Locke, E. A. (2005). Why emotional intelligence is an invalid concept. *Journal of Organizational Behaviour*, 26, 425-431.

Lopez, S. (2009). Adult attachment security: The relational scaffolding of positive psychology. In S. Lopez & C. R. Snyder (Eds.), *Oxford handbook of positive psychology* (Second Edition, pp. 405-416). New York: Oxford University Press.

Lopez, S., & Snyder, C. (2009). *Oxford handbook of positive psychology* (Second Edition). New York: Oxford.

Lopez, S., Ciarlelli, R., Coffman, L., Stone, M., & Wyatt, L. (2000). Diagnosis for strength: On measuring hope building blocks. In C. R. Snyder (Ed.), *Handbook of hope* (pp. 57-88). Orlando FL: Academic Press. (Contains all Snyder's Hope Scales.)

Lox, C., Ginis, K., & Petruzzello, S. (2006). *The psychology of exercise: Integrating theory and practice* (Second Edition). Scottsdale, AZ: Holcomb Hathaway.

Lucas, R., & Clark, A. (2006). Do people really adapt to marriage. *Journal of Happiness Studies*, 7, 405-426.

Lucas, R., & Dyrenforth, P. S. (2006). Does the existence of social relationships matter for subjective well-being? In K. D. Vohs & E. J. Finkel (Eds.), *Self and relationships: Connecting intrapersonal and interpersonal processes* (pp. 254-273). New York: Guilford Press.

Lucas, R., Clark, A., Georgellis, Y., & Diener, E. (2004). Unemployment alters the set-point for life satisfaction. *Psychological Science*, 15, 8-13.

Lykken, D. (1999). *Happiness. The nature and nurture of joy and contentment.* New York: St Martin's Press.

Lyubomirsky, S. (2007). *The how of happiness*. New York: Penguin.

Lyubomirsky, S., King, L., & Diener, E. (2005a). The benefits of frequent positive affect: Does happiness lead to success. *Psychological Bulletin*, 131, 803-855.

Lyubomirsky, S., Sheldon, K. M., & Schkade, D. (2005b). Pursuing happiness: The architecture of sustainable change. *Review of General Psychology*, 9, 111-131.

McAdams, D., & Cox, K. (2010). Self and identity across the lifespan. In M. Lamb & A. Freund (Eds.), *The handbook of lifespan development. Volume 2: Social and emotional development* (pp. 158-207). New York: Wiley.

McAdams, D., & de St Aubin, E. (1998). *Generativity and adult development*. Washington, DC: American Psychological Association.

McCallum, M., & Piper, W. (1997). *Psychological mindedness: A contemporary understanding*. Mahwah, NJ: Lawrence Erlbaum, Inc.

McCallum, M., & Piper, W. (2000). Psychological mindedness and emotional intelligence. In R. Bar-On & J. Parker (Eds.), *Handbook of emotional intelligence* (pp. 118-135). San Francisco, CA: Jossey-Bass.

McCrae, R. R., & Costa, P. T., Jr. (2008). The five-factor theory of personality. In O. P. John, R. W. Robins, & L. A. Pervin (Eds.), *Handbook of personality: Theory and research* (Third Edition, pp. 159-181). New York: Guilford Press.

McCullough, M., Hoyt, W., & Rachel, K. (2000a). What we know (and need to know) about assessing forgiveness constructs. In M. McCullough, K. Pargament, & C. Thoresen (Eds.), *Forgiveness: Theory, research and practice* (pp. 65-68). New York: Guilford Press.

McCullough, M., Pargament, K., & Thoresen, C. (2000b). *Forgiveness: Theory, research and practice*. New York: Guilford Press.

McCullough, M., Kilpatrick, S., Emmons, R., & Larson, D. (2001). Gratitude as moral affect. *Psychological Bulletin*, 127, 249–266.

McCullough, M., Root, L., Tabak, B., & van Oyen Witvliet, C. (2009). Forgiveness. In S. Lopez & C. R. Snyder (Eds.), *Oxford handbook of positive psychology* (Second Edition, pp. 427–436). New York: Oxford University Press.

McGoldrick, M., Carter, B., & Garcia-Preto, N. (2011). *The expanded family life cycle. Individual, family and social perspectives* (Fourth Edition). Boston: Allyn & Bacon.

McKay, R., & Dennett, D. (2009). The evolution of misbelief. *Behavioral and Brain Sciences*, 32, 493–561.

McKee-Ryan, F., Song, Z., Wanberg, C. R., & Kinicki, A. J. (2005). Psychological and physical well-being during unemployment: A meta-analytic study. *Journal of Applied Psychology*, 90, 53–76.

Mackenzie, C., Wiprzycka, U., Hasher, L., & Goldstein, D. (2008). Seeing the glass half full: Optimistic expressive writing improves mental health among chronically stressed caregivers. *British Journal of Health Psychology*, 13, 73–76.

Macmillan, M. (1986). A wonderful journey through skull and brains. The travels of Mr Gage's tamping iron. *Brain and Cognition*, 5, 67–107.

McRae, K., Hughes, B., Chopra, S., Gabrieli, J., Gross, J., & Ochsner, K. (2010). The neural bases of distraction and reappraisal. *Journal of Cognitive Neuroscience*, 22, 248–262.

Madders, J. (1997). *The stress and relaxation handbook: A practical guide to self-help techniques*. London: Vermillion.

Maddux, J. (2009). Self-efficacy: The power of believing you can. In S. Lopez & C. R. Snyder (Eds.), *Oxford handbook of positive psychology* (Second Edition, pp. 335–344). New York: Oxford University Press.

Magurie, E., Gadian, D., Johnsrude, I., Good, C., Ashburner, J., Frackowiak, R., & Frith, D. (2000). Navigation-related structural change in the hippocampi of taxi drivers. *Proceedings of the National Academy of Sciences of the United States of America*, 97, 4398–4403.

Mahoney, M. (1991). *Human change processes: The scientific foundations of psychotherapy*. New York: Basic Books.

Malcolm, W., & Greenberg, L. (2000). Forgiveness as a process of change in individual psychotherapy. In M. McCullough, K. Pargament, & C. Thoresen (Eds.), *Forgiveness: Theory, research and practice* (pp. 179–202). New York: Guilford Press.

Malouff, J. M., Thorsteinsson, E. B., & Schutte, N. S. (2007). The efficacy of problem solving therapy in reducing mental and physical health problems: A meta-analysis. *Clinical Psychology Review*, 27(1), 46–57.

Manzoni, G. M., Pagnini, F., Castelnuovo, G., & Molinari, E. (2008). Relaxation training for anxiety: A ten-years systematic review with meta-analysis. *BMC Psychiatry*, 8, 41.

Markey, P., & Markey, C. (2009). A brief assessment of the interpersonal circumplex: The IPIP-IPC. *Assessment*, 16(4), 352–361.

Marshall, M., & Brown, J. (2008). On the psychological benefits of self-enhancement. In E. Chang (Ed.), *Self-criticism and self-enhancement: Theory, research, and clinical implications* (pp. 19–35). Washington, DC: American Psychological Association.

Martin, L. T., Burns, R. M., & Schonlau, M. (2010). Mental disorders among gifted and nongifted youth: A selected review of the epidemiologic literature. *Gifted Child*

Quarterly, 54, 31–41.

Martin, R. (2007). *The psychology of humor: An integrative approach.* Burlington, MA: Academic Press.

Martindale, C. (1999). Biological bases of creativity. In R. Sternberg (Ed.), *Handbook of creativity* (pp. 137–152). Cambridge: Cambridge University Press.

Maslow, A. (1954). *Motivation and personality.* New York: Harper & Row.

Masten, A., Cutuli, J., Herbers, J., & Reed, M. (2009). Resilience and development. In S. Lopez & C. R. Snyder (Eds.), *Oxford handbook of positive psychology* (Second Edition, pp. 117–132). New York: Oxford University Press.

Matlin, M., & Stang, D. (1978). *The Pollyanna principle.* Cambridge, MA: Schenkman.

Matsumoto, D., LeRoux, J., Wilson-Cohn, C., Raroque, J., & Kooken, K. (2000). A new test to measure emotion recognition ability: Matsumoto and Ekman's Japanese and Caucasian Brief Affect Recognition Test (JACBART). *Journal of Nonverbal Behaviour*, 24, 179–209.

Matthews, G., Deary, I., & Whiteman, M. (2009). *Personality traits* (Third Edition). Cambridge: Cambridge University Press.

Matthews, M. D., Eid, J., Kelly, D., Bailey, J. K. S., & Peterson, C. (2006). Character strengths and virtues of developing military leaders: An international comparison. *Military Psychology*, 18, 57–68.

Mayer, J., DiPaola, M., & Salovery, P. (1990). Perceiving affective content in ambiguous visual stimuli: A component of emotional intelligence. *Journal of Personality Assessment*, 54, 772–781.

Mayer, J., Salovey, P., & Caruso, D. R. (1997). *Emotional intelligence test* [CD-ROM]. Needham, MA: Virtual Knowledge.

Mayer, J., Salovey, P., & Caruso, D. (2000). Emotional intelligence as zeitgist, as personality, and as a mental ability. In R. Bar-On & J. Parker (Eds.), *Handbook of emotional intelligence* (pp. 92–117). San Francisco, CA: Jossey-Bass.

Mayer, J., Salovey, P., & Caruso, D. (2002). *Mayer–Salovey–Caruso Emotional Intelligence Test MSCEIT Manual.* Toronto: Multi-Health Systems.

Mayer, J., Salovey, P., & Caruso, D. (2005). *Mayer–Salovey–Caruso Emotional Intelligence Test – Youth Version MSCEIT-YV Research Version.* Toronto: Multi-Health Systems.

Mayer, J., Roberts, R. D., & Barsade, S. G. (2008). Human abilities: Emotional intelligence. *Annual Review of Psychology*, 59, 507–536.

Mazzucchelli, T., Kane, R., & Rees, C. (2010). Behavioral activation interventions for well-being: A meta-analysis. *Journal of Positive Psychology*, 5(2), 105–121.

Michalos, A. (1985). Multiple discrepancies theory (MDT). *Social Indicators Research*, 16, 347–413.

Michalos, A. (2008). Education, happiness and wellbeing. *Social Indicators Research*, 87, 347–366.

Mickler, C., & Staudinger, U. M. (2008). Personal wisdom: Validation and age-related differences of a performance measure. *Psychology and Aging*, 23, 787–799.

Mihov, K. M., Denzler, M., & Forster, J. (2010). Hemispheric specialization and creative thinking: A meta-analytic review of lateralization of creativity. *Brain and Cognition*, 72, 442–448.

Moeenizadeh, M., & Salagame, K. (2010). Well-Being Therapy (WBT) for depression. *International Journal of Psychological Studies*, 2, 107–115.

Moos, R. (1993a). *Coping Responses Inventory. Adult form manual.* Odessa, FL:

Psychological Assessment Resources.

Moos, R. (1993b). *Coping Responses Inventory. Adolescent form manual*. Odessa, FL: Psychological Assessment Resources.

Morelock, M., & Feldman, D. (1997). High IQ, extreme precocity and savant syndrome. In N. Colangelo & G. Davis (Eds.), *Handbook of gifted education* (Second Edition, pp. 439–459). Boston, MA: Allyn & Bacon.

Mruk, C. (1999). *Self-esteem: Theory, research and practice* (Second Edition). New York: Springer.

Mruk, C. (2006). *Self-esteem: Theory, research and practice* (Third Edition). New York: Springer.

Murphy, K. R., & Sideman, L. (2006). The two EIs. In K. R. Murphy (Ed.), *A critique of emotional intelligence: What are the problems and how can they be fixed?* (pp. 37–58). Mahwah, NJ: Lawrence Erlbaum Associates, Inc.

Murphy, M., & Donovan, S. (1999). *The physical and psychological effects of meditation. A review of contemporary research with a comprehensive bibliography 1931–1996* (Second Edition). Sausalito, CA: Institute of Noetic Sciences.

Murray, D. (1983). *A history of Western psychology*. Englewood Cliffs, NJ: Prentice-Hall.

Myers, D. (1992). *The pursuit of happiness*. New York: Morrow.

Myers, D. (2000). The funds, friends and faith of happy people. *American Psychologist*, 55, 56–67.

Myers, D., & Diener, E. (1996). The pursuit of happiness. *Scientific American*, 274, 5–56.

Myers, D., Eid, M., & Larsen, R. J. (2008). Religion and human flourishing. In M. Eid & R. Larsen (Eds.), *The science of subjective well-being* (pp. 323–343). New York: Guilford Press.

Myers, L. B. (2010). The importance of the repressive coping style: Findings from 30 years of research. *Anxiety, Stress & Coping: An International Journal*, 23(1), 3–17.

Nakamura, J., & Csikszentmihalyi, M. (2009). Flow theory and research. In S. J. Lopez, & C. R. Snyder (Eds.), *Oxford handbook of positive psychology* (Second Edition, pp. 195–206). New York: Oxford University Press.

Neubauer, A. C., & Fink, A. (2009a). Intelligence and neural efficiency. *Neuroscience and Biobehavioral Reviews*, 33, 1004–1023.

Neubauer, A. C., & Fink, A. (2009b). Intelligence and neural efficiency: Measures of brain activation versus measures of functional connectivity in the brain. *Intelligence*, 37, 223–229.

Neugarten, B., & Weinstein, K. (1964). The changing American grandparent. *Journal of Marriage and the Family*, 26, 199–204.

Neumann, A. (2006). Professing passion: Emotion in the scholarship of professors at research universities. *American Educational Research Journal*, 43, 381–424.

Newman, B., & Newman, P. (2008). *Development through life* (Tenth Edition). Pacific Grove, CA: Brooks/Cole.

Ng, A. K. (2003). A cultural model of creative and conforming behavior. *Creativity Research Journal*, 15, 223–233.

Nickerson, R. (1999). Enhancing creativity. In R. Sternberg (Ed.), *Handbook of creativity* (pp. 392–429). Cambridge: Cambridge University Press.

Niederhoffer, K. G., & Pennebaker, J. W. (2009). Sharing one's story: On the benefits of writing or talking about emotional experience. In S. J. Lopez & C. R. Snyder (Eds.), *Oxford handbook of positive psychology* (Second Edition, pp. 621–632). New York: Oxford University Press.

Nolen-Hoeksema, S. (2000). Growth and resilience among bereaved people. In J. Gillham (Ed.), *The science of optimism and hope* (pp. 107–127). Philadelphia, PA: Templeton Foundation Press.

Nowicki, D. (2003). *Manual for the receptive tests of the diagnostic analysis of nonverbal accuracy 2 (DANVA2)*. Atlanta, GA: Department of Psychology, Emory University.

Nowicki, S., & Strickland, B. (1973). A locus of control scale for children. *Journal of Consulting and Clinical Psychology*, 40, 148–154.

Nugent, W., & Thomas, J. (1993). Validation of the self-esteem rating scale. *Research of Social Work Practice*, 3, 191–207.

Nyklicek, A., Temoshok, L., & Vingerhoets, A. (2004). *Emotional expression and health. Advances in theory, assessment and clinical applications*. Hove: Brunner Routledge.

O'Brien, E., & Epstein, S. (1988). *Multidimensional Self-Esteem Inventory*. Odessa, FL: Psychological Assessment Resources.

O'Connell, K., Potocky, M., Cook, M., & Gerkovich, M. (1991). *Metamotivational state interview and coding schedule instruction manual*. Kansas City, MO: Midwest Research Institute.

O'Connor, M., & Paunonen, S. (2007). Big five personality predictors of post-secondary academic performance. *Personality and Individual Differences*, 43, 971–990.

Oishi, S., Diener, E., & Lucas, R. E. (2007). The optimum level of well-being: Can people be too happy? *Perspectives on Psychological Science*, 2, 346–360.

Oliner, S., & Oliner, P. (1988). *The altruistic personality: Rescuers of Jews in Nazi Europe*. New York: Free Press.

Otake, K., Shimai, S., Ikemi, A., Utsuki, N., Peterson, C., & Seligman, M. E. P. (2005). Development of the Japanese version of the values in action inventory of strengths. *Japanese Journal of Psychology*, 76(5), 461–467.

Oyen, C., Ludwig, T., & Vander Laan, K. (2001). Granting forgiveness and harbouring grudges. Implications for emotion, physiology and health. *Psychological Science*, 12, 117–123.

Ozer, D., & Benet-Martínez, V. (2006). Personality and the prediction of consequential outcomes. *Annual Review of Psychology*, 57, 401–421.

Palmer, B. R., Stough, C., Harmer, R., & Gignac, G. (2009). The Genos emotional intelligence inventory: A measure designed specifically for workplace applications. In C. Stough, D. H. Saklofske, & J. D. A. Parker (Eds.), *Assessing emotional intelligence: Theory, research, and applications* (pp. 103–116). New York: Springer.

Papadogiannis, P. K., Logan, D., & Sitarenios, G. (2009). An ability model of emotional intelligence: A rationale, description, and application of the Mayer Salovey Caruso emotional intelligence test (MSCEIT). In C. Stough, D. H. Saklofske, & J. D. A. Parker (Eds.), *Assessing emotional intelligence: Theory, research, and applications* (pp. 43–65). New York: Springer.

Pargament, K. (2002). The bitter and the sweet: An evaluation of the costs and benefits of religiousness. *Psychological Inquiry*, 13, 168–181.

Pargament, K., & Mahoney, A. (2009). Spirituality: The search for the sacred. In S. Lopez & C. R. Snyder (Eds.), *Oxford handbook of positive psychology* (Second Edition, pp. 611–620). New York: Oxford University Press.

Pargament, K., Koenig, H., & Perez, L. (2000). The many methods of religious coping. Development and validation of the RCOPE. *Journal of Clinical Psychology*, 56,

519–543.

Park, N., & Peterson, C. (2006a). Moral competence and character strengths among adolescents: The development and validation of the Values in Action Inventory of Strengths for Youth. *Journal of Adolescence*, 29, 891–905.

Park, N., & Peterson, C. (2006b). Character strengths and happiness among young children: Content analysis of parental descriptions. *Journal of Happiness Studies*, 7, 323–341.

Park, N., Peterson, G., & Seligman, M. E. P. (2004). Strengths of character and well-being. *Journal of Social and Clinical Psychology*, 23, 603–619.

Park, N., Peterson, C., & Seligman, M. E. P. (2006). Character strengths in fifty-four nations and the fifty U.S. states. *Journal of Positive Psychology*, 1, 118–129.

Park, N., Peterson, C., & Ruch, W. (2009). Orientations to happiness and life satisfaction in twenty-seven nations. *Journal of Positive Psychology*, 4, 273–279.

Parker, J., & Wood, L. (2008). Personality and the coping process. In G. Boyle, G. Matthews, & D. Saklofske (Eds.), *The Sage handbook of personality theory and assessment. Volume 1: Personality theories and models* (pp. 506–519). Thousand Oaks, CA: Sage.

Parker, J., Saklofske, D. H., Wood, L. M., & Collin, T. (2009). The role of emotional intelligence in education. In C. Stough, D. H. Saklofske, & J. D. A. Parker (Eds.), *Assessing emotional intelligence: Theory, research, and applications* (pp. 239–255). New York: Springer.

Patterson, J., & McCubbin, H. (1987). Adolescent coping style and behaviours: Conceptualisation and measurement. *Journal of Adolescence*, 10, 163–186.

Payton, J., Weissberg, R. P., Durlak, J. A., Dymnicki, A. B., Taylor, R. D., Schellinger, K. B., & Pachan, M. (2008). *The positive impact of social and emotional learning for kindergarten to eighth-grade students: Findings from three scientific reviews*. Chicago, IL: Collaborative for Academic, Social, and Emotional Learning. http://www.casel.org/downloads/PackardTR.pdf

Peeters, M. A. G., Van Tuijl, H. F. J. M., Rutte, C. G., & Reymen, I. M. M. J. (2006). Personality and team performance: A meta-analysis. *European Journal of Personality*, 20, 377–396.

Perez, J. C., Petrides, K. V., & Furnham, A. (2005). Measuring trait emotional intelligence. In R. Schulze & R. D. Roberts (Eds.), *Emotional intelligence: An international handbook* (pp. 181–202). Cambridge, MA: Hogrefe & Huber.

Perry, J. C., & Kardos, M. (1995). A review of defence mechanism rating scales. In H. Conte & R. Plutchik (Eds.), *Ego defences: Theory and measurement* (pp. 283–299). New York: Wiley.

Perry, J. C., Hoglend, P., Shear, K., Vaillant, G. E., Horowitz, M., Kardos, M. E., Bille, H., & Kagan, D. (1998). Field trial of a diagnostic axis for defense mechanisms for DSM-IV. *Journal of Personality Disorders*, 12(1), 56–68.

Perry, S. K. (1999). *Writing in flow*. Cincinnati, OH: Writer's Digest Books.

Peterson, C. (2000). The future of optimism. *American Psychologist*, 55, 44–55.

Peterson, C. (2006). *A primer in positive psychology*. Oxford: Oxford University Press.

Peterson, C., & Barrett, L. (1987). Explanatory style and academic performance among university freshmen. *Journal of Personality and Social Psychology*, 53, 603–607.

Peterson, C., & Park, N. (2009). Classifying and measuring strengths of character. In S. Lopez & C. R. Snyder (Eds.), *Oxford handbook of positive psychology* (Second

Edition, pp. 25–33). New York: Oxford University Press.
Peterson, C., & Seligman, M. (2003). Character strengths before and after September 11. *Psychological Science*, 14, 381–384.
Peterson, C., & Seligman, M. (2004). *Character strengths and virtues. A handbook and classification*. New York: Oxford University Press.
Peterson, C., & Steen, T. (2009). Optimisitic explanatory style. In S. Lopez & C. R. Snyder (Eds.), *Oxford handbook of positive psychology* (Second Edition, pp. 313–322). New York: Oxford University Press.
Peterson, C., & Villanova, P. (1988). An expanded Attributional Style Questionnaire. *Journal of Abnormal Psychology*, 97, 87–89.
Peterson, C., Semmel, A., vonBaeyer, C., Abramson, L., Metalsky, G., & Seligman, M. (1982). The Attributional Style Questionnaire. *Cognitive Therapy and Research*, 6, 287–299.
Peterson, C., Schulman, P., Castellon, C., & Seligman, M. (1992). CAVE: Content Analysis of Verbal Explanations. In C. Smith (Ed.), *Motivation and personality: Handbook of thematic content analysis* (pp. 383–392). New York: Cambridge University Press.
Peterson, C., Park, N., & Seligman, M. (2005). Orientations to happiness and life satisfaction: The full life versus the empty life. *Journal of Happiness Studies*, 6, 25–41.
Peterson, C., Park, N., & Seligman, M. E. P. (2006). Greater strengths of character and recovery from illness. *Journal of Positive Psychology*, 1, 17–26.
Peterson, C., Ruch, W., Beermann, U., Park, N., & Seligman, M. E. P. (2007). Strengths of character, orientations to happiness, and life satisfaction. *The Journal of Positive Psychology*, 2, 149–156.
Peterson, C., Park, N., Pole, N., D'Andrea, W., & Seligman, M. E. (2008). Strengths of character and posttraumatic growth. *Journal of Trauma and Stress*, 21, 214–217.
Peterson, C., Park, N., Hall, N., & Seligman, M. (2009). Zest and work. *Journal of Organizational Behavior*, 30, 161–172.
Peterson, C., Stephens, J., Park, N., Lee, F., & Seligman, M. (2010). Strengths of character and work. In A. Linley, S. Harrington, & N. Garcea (Eds.), *Oxford handbook of positive psychology and work* (pp. 221–231). New York: Oxford University Press.
Petrides, K. V. (2009a). Psychometric properties of the trait emotional intelligence questionnaire (TEIQue). In C. Stough, D. H. Saklofske, & J. D. A. Parker (Eds.), *Assessing emotional intelligence: Theory, research, and applications* (pp. 85–101). New York: Springer.
Petrides, K. V. (2009b). *Technical manual for the Trait Emotional Intelligence Questionnaires (TEIQue)*. London: London Psychometric Laboratory, UCL.
Petrides, K. V., Furnham, A., & Mavroveli, S. (2007). Trait emotional intelligence: Moving forward in the field of EI. In G. Matthews, M. Zeidner, & R. Roberts (Eds.), *Emotional intelligence: Knowns and unknowns* (pp. 151–166). Oxford: Oxford University Press.
Pfeiffer, S. I. (2008). *Handbook of giftedness in children: Psychoeducational theory, research, and best practices*. New York: Springer Science + Business Media.
Piaget, J. (1976). *The psychology of intelligence*. Totowa, NJ: Littlefield, Adams & Co.
Pierce, G., Sarason, I., & Sarason, B. (1991). General and relationship-based perceptions of social support: Are two constructs better than one? *Journal of Personality and Social Psychology*, 61, 1028–1039.

Pierce, G., Sarason, I., & Sarason, B. (1996). Coping and social support. In M. Zeidne & N. Endler (Eds.), *Handbook of coping. Theory, research, applications* (pp. 434–451). New York: Wiley.

Piers, E., & Herzberg, D. (2002). *Piers-Harris Children's Self-Concept Scale* (Second Edition). Los Angeles, CA: Western Psychological Services.

Poicastro, E., & Gardner, H. (1999). From case studies to robust generalizations. An approach to the study of creativity. In R. Sternberg (Ed.), *Handbook of creativity* (pp. 213–225). Cambridge: Cambridge University Press.

Porter, E. (1913). *Pollyanna*. London: Harrap.

Prati, G., & Pietrantoni, L. (2009). Optimism, social support, and coping strategies as factors contributing to posttraumatic growth: A meta-analysis. *Journal of Loss and Trauma*, 14, 364–388.

Preedy, V., & Watson, R. (2010). *Handbook of disease burdens and quality of life measures* (Vols. 1–6). New York: Springer.

Proulx, C., Helms, H., & Buehler, C. (2007). Marital quality and personal well-being: A meta-analysis. *Journal of Marriage and Family*, 69, 576–593.

Pryor, J. (2008). *The international handbook of stepfamilies: Policy and practice in legal, research, and clinical environments*. New York: Wiley.

Pury, C., & Lopez, S. (2009). Courage. In S. Lopez & C. R. Snyder (Eds.), *Oxford handbook of positive psychology* (Second Edition, pp. 375–382). New York: Oxford University Press.

Quoidbach, J., Berry, E., Hansenne, M., & Mikolajczak, M. (2010). Positive emotion regulation and well-being: Comparing the impact of eight savoring and dampening strategies. *Personality and Individual Differences*, 49, 368–373.

Rand, K., & Cheavens, J. (2009). Hope theory. In S. Lopez & C. R. Snyder (Eds.), *Oxford handbook of positive psychology* (Second Edition, pp. 323–334). New York: Oxford University Press.

Rapp, C., & Goscha, R. (2006). *The strengths model: Case management with people with psychiatric disabilities* (Second Edition). New York: Oxford University Press.

Rashid, T. (2008). Positive psychotherapy. In S. J. Lopez (Ed.), *Positive psychology: Exploring the best in people. Volume 4: Pursuing human flourishing* (pp. 188–217). Westport, CT: Praeger.

Rashid, T., & Anjum, A. (2008). Positive psychotherapy for young adults and children. In J. Abela & B. Hankin (Eds.), *Handbook of depression in children and adolescents* (pp. 250–287). New York: Guilford Press.

Raskin, R., & Hall, C. (1979). A narcissistic personality inventory. *Psychological Reports*, 45, 590.

Rasmussen, H. N., Scheier, M. F., & Greenhouse, J. B. (2009). Optimism and physical health: A meta-analytic review. *Annals of Behavioral Medicine*, 37(3), 239–256.

Rathunde, K. (1988). Optimal experience and the family context. In M. Csikszentmihalyi & I. Csikszentmihalyi (Eds.), *Optimal experience: Psychological studies of flow in consciousness* (pp. 342–363). Cambridge: Cambridge University Press.

Rathunde, K., & Csikszentmihalyi, M. (2005). The social context of middle school: Teachers, friends, and activities in Montessori and traditional school environments. *Elementary School Journal*, 106, 59–79.

Reed, J., & Buck, S. (2009). The effect of regular aerobic exercise on positive-activated affect: A meta-analysis. *Psychology of Sport and Exercise*, 10, 581–594.

Reis, D., Brackett, M., Shamosh, N., Kent, A., Salovey, P., & Gray, J. (2007). Emotional intelligence predicts individual differences in social exchange reasoning. *NeuroImage*, 35, 1385–1391.
Renzulli, J. (1986). A three ring conception of giftedness: A developmental model of creative productivity. In R. Sternberg & J. Davidson (Eds.), *Conceptions of giftedness* (pp. 53–92). New York: Cambridge University Press.
Renzulli, J. S. (2005). The three-ring conception of giftedness: A developmental model for promoting creative productivity. In R. J. Sternberg & J. E. Davidson (Eds.), *Conceptions of giftedness* (Second Edition, pp. 246–279). New York: Cambridge University Press.
Renzulli, J. S., & Reed, R. E. S. (2008). *Intelligences outside the normal curve: Co-cognitive traits that contribute to giftedness*. Waco, TX: Prufrock Press.
Rethorst, C., Wipfli, B., & Landers, D. (2009). The antidepressive effects of exercise: A meta analysis of randomized trials. *Sports Medicine*, 39, 491–511.
Riegel, K. (1973). Dialectic operations: The final period of cognitive development. *Human Development*, 16, 346–370.
Rivers, S. E., Brackett, M. A., & Salovey, P. (2008). Measuring emotional intelligence as a mental ability in adults and children. In G. J. Boyle, G. Matthews, & D. H. Saklofske (Eds.), *The Sage handbook of personality theory and assessment. Volume 2: Personality measurement and testing* (pp. 440–460). Thousand Oaks, CA: Sage.
Roberts, B. W., Walton, K., & Viechtbauer, W. (2006). Patterns of mean-level change in personality traits across the life course: A meta-analysis of longitudinal studies. *Psychological Bulletin*, 132, 1–25.
Roberts, B. W., Jackson, J. J., Fayard, J. V., Edmonds, G., & Meints, J. (2009). Conscientiousness. In M. R. Leary & R. H. Hoyle (Eds.), *Handbook of individual differences in social behavior* (pp. 369–381). New York: Guilford Press.
Roberts, R. D., Schulze, R., & MacCann, C. (2008). The measurement of emotional intelligence: A decade of progress? In G. J. Boyle, G. Matthews, & D. H. Saklofske (Eds.), *The Sage handbook of personality theory and assessment. Volume 2: Personality measurement and testing* (pp. 461–482). Thousand Oaks, CA: Sage.
Robins, R., Tracy, J., & Trzesniewski, K. (2008). Naturalising the self. In O. John, R. Robins, & L. Pervin (Eds.), *Handbook of personality: Theory and research* (Third Edition, pp. 421–447). New York: Guilford Press.
Rodrigue, J., Baz, M., Widows, M., & Ehlers, S. (2005). A randomized evaluation of quality of life therapy with patients awaiting lung transplantation. *American Journal of Transplantation*, 5, 2425–2432.
Rogers, C. (1951). *Client-centred therapy: Its current practice, implications and theory*. London: Constable.
Rosenberg, M. (1979). *Conceiving the self*. New York: Basic Books.
Rothbart, M. K., & Bates, J. E. (2006). Temperament. In W. Damon & R. M. Lerner (Series Eds.) & N. Eisenberg (Volume Ed.), *Handbook of child psychology. Volume 3. Social, emotional, and personality development* (Sixth Edition, pp. 99–166). New York: Wiley.
Rottenberg, J., Bylsma, L., & Vingerhoets, A. (2008). Is crying beneficial? *Current Directions in Psychological Science*, 17(6), 400–404.
Rotter, J. (1966). Generalised expectancies for internal versus external control of rein-

forcement. *Psychological Monographs*, 90, 1–28.

Rotter, J. (1967). A new scale for the measurement of interpersonal trust. *Journal of Personality*, 23, 651–665.

Rotter, J. (1980). Interpersonal trust, trustworthiness and gullibility. *American Psychologist*, 35, 1–7.

Rubin, K., Bukowski, W., & Laursen, B. (2009). *Handbook of peer interactions, relationships, and groups*. New York: Guilford Press.

Rubin, Z. (1970). Measurement of romantic love. *Journal of Personality and Social Psychology*, 16, 265–273.

Ruini, C., & Fava, G. A. (2004). Clinical applications of well-being therapy. In P. A. Linley & S. Joseph (Eds.), *Positive psychology in practice* (pp. 371–387). Hoboken, NJ: Wiley.

Ruini, C., Belaise, C., Ottolini, F., Tomba, E., Caffo, E., & Fava, G. (2007). Well-being therapy in school setting: A pilot study. *Rivista di Psichiatria*, 42, 320–326.

Runco, M., & Sakamoto, S. (1999). Experimental studies of creativity. In R. Sternberg (Ed.), *Handbook of creativity* (pp. 62–92). Cambridge: Cambridge University Press.

Rutter, M. (1994). Resilience: Some conceptual considerations. *Contemporary Paediatrics*, 11, 36–48.

Rutter, M. (2006). The promotion of resilience in the face of adversity. In A. Clarke-Stewart & J. Dunn (Eds.), *Families count: Effects on child and adolescent development. The Jacobs Foundation series on adolescence* (pp. 26–52). New York: Cambridge University Press.

Rutter, M., Maughan, N., Mortimore, P., & Ouston, J. (1979). *Fifteen thousand hours*. London: Open Books.

Ruuttu, T., Pelkonen, M., Holi, M., Karlsson, L., Kiviruusu, O., Heilä, H., Tuisku, V., Tuulio-Henriksson, A., & Marttunen, M. (2006). Psychometric properties of the defense style questionnaire (DSQ-40) in adolescents. *Journal of Nervous and Mental Disease*, 194(2), 98–105.

Ryan, C., Epstein, N., Keitner, G., Miller, I., & Bishop, D. (2005). *Evaluating and treating families. The McMaster approach*. New York: Routledge.

Ryan, R., & Deci, E. (2000). Self-determination theory and the facilitation of intrinsic motivation, social development and well-being. *American Psychologist*, 55, 68–78.

Ryan, R., & Deci, E. L. (2008). From ego depletion to vitality: Theory and findings concerning the facilitation of energy available to the self. *Social and Personality Psychology Compass*, 2(2), 702–717.

Ryff, C. (1989) Happiness is everything, or is it? Explorations on the meaning of psychological well-being. *Journal of Personality and Social Psychology*, 57, 1069–1081.

Ryff, C., & Keyes, C. (1995). The structure of psychological well-being revisited. *Journal of Personality and Social Psychology*, 69, 719–727.

Ryff, C., & Singer, B. (1996). Psychological well-being: Meaning, measurement, and implications for psychotherapy research. *Psychotherapy and Psychosomatics*, 65, 14–23.

Ryff, C., & Singer, B. (2006). Best news yet on the six-factor model of well-being. *Social Science Research*, 35, 1103–1119.

Ryff, C., & Singer, B. (2008). Know thyself and become what you are: A euodaimonic approach to psychological well-being. *Journal of Happiness Studies*, 9, 13–39.

Saarni, C. (1999). *Developing emotional competence*. New York: Guilford Press.

Saarni, C. (2000). Emotional competence. In R. Bar-On & J. Parker (Eds.), *Handbook of emotional intelligence* (pp. 75–76). San Francisco, CA: Jossey-Bass.

Saarni, C., Campos, J., Cameras, L., & Witherington, D. (2008). Principles of emotion and emotional competence. In W. Damon & R. Lerner (Eds.), *Child and adolescent development: An advance course* (pp. 361–405). New York: Wiley.

Salovey, P., & Mayer, J. (1990). Emotional intelligence. *Imagination, Cognition and Personality*, 9, 185–211.

Salovey, P., Mayer, J., Caruso, D., & Yoo, S. (2009). The positive psychology of emotional intelligence. In S. Lopez & C. R. Snyder (Eds.), *Oxford handbook of positive psychology* (Second Edition, pp. 237–248). New York: Oxford University Press.

Sarafino, E. (2008). *Health psychology* (Sixth Edition). New York: Wiley.

Sarason, I., Levine, H., Basham, R., & Sarason, B. (1983). Assessing social support: The social support questionnaire. *Journal of Personality and Social Psychology*, 44, 127–139.

Sarason, I., Sarason, B., Shearin, E., & Pierce, G. (1987). A brief measure of social support: Practical and theoretical considerations. *Journal of Social and Personal Relationships*, 4, 497–510.

Sassler, S. (2010). Partnering across the life course: Sex, relationships, and mate selection. *Journal of Marriage and Family*, 72(3), 557–575.

Satterfield, J. (2000). Optimism, culture, and history: The roles of explanatory style, integrative complexity, and pessimistic rumination. In J. Gillham (Ed.), *The science of optimism and hope* (pp. 349–378). Philadelphia, PA: Templeton Foundation Press.

Saucier, G. (1994). Mini-markers: A brief version of Goldberg's unipolar Big-Five markers. *Journal of Personality Assessment*, 63, 506–516.

Sawatzky, R., Ratner, P. A., & Chiu, L. (2005). A meta-analysis of the relationship between spirituality and quality of life. *Social Indicators Research*, 72, 153–188.

Scheier, M., & Carver, C. (1985). Optimism, coping and health: Assessment and implications of generalized outcome expectancies. *Health Psychology*, 4, 219–247.

Scheier, M., Carver, C., & Bridges, M. (1994). Distinguishing optimism from neuroticism (and trait anxiety, self-mastery, and self-esteem). A re-evaluation of the Life Orientation Test. *Journal of Personality and Social Psychology*, 67, 1063–1078.

Schulman, M. (2002). How we become moral: The sources of moral motivation. In C. R. Snyder & S. Lopez (Eds.), *Handbook of positive psychology* (pp. 499–514). New York: Oxford University Press.

Schumm, W., Paff-Bergen, L., Hatch, R., Obiorah, F., Copeland, J., Meens, L., & Bugaighis, M. (1986). Concurrent and discriminant validity of the Kansas Marital Satisfaction Scale. *Journal of Marriage & the Family*, 48, 381–387.

Schutte, N., Malouff, J., Thorsteinsson, E., Bhullar, N., & Rooke, S. (2007). A meta-analytic investigation of the relationship between emotional intelligence and health. *Personality and Individual Differences*, 42, 921–933.

Schutte, N. S., Malouff, J. M., & Bhullar, N. (2009). The assessing emotions scale. In C. Stough, D. H. Saklofske, & J. D. A. Parker (Eds.), *Assessing emotional intelligence: Theory, research, and applications* (pp. 119–134). New York: Springer.

Schwartz, B. (2004). *The paradox of choice: Why more is less*. New York: Ecco Press.

Schwartz, B., Monterosso, J., Lyubomirsky, S., White, K., & Lehman, D. R. (2002). Maximizing versus satisficing: Happiness is a matter of choice. *Journal of Personality and Social Psychology*, 83, 1178–1197.

Scott, G., Leritz, L. E., & Mumford, M. D. (2004). The effectiveness of creativity training: A quantitative review. *Creativity Research Journal*, 16(4), 361–388.

Segal, Z., Williams, M., & Teasdale, J. (2002). *Mindfulness-based cognitive therapy for depression*. New York: Guildford Press.

Segerstrom, S. C., & Roach, A. R. (2008). On the physical health benefits of self-enhancement. In E. C. Chang (Ed.), *Self-criticism and self-enhancement: Theory, research, and clinical implications* (pp. 37–54). Washington, DC: American Psychological Association.

Seligman, M. (1998). *Learned optimism: How to change your mind and your life* (Second Edition). New York: Pocket Books.

Seligman, M. (2002). *Authentic happiness. Using the new positive psychology to realise your potential for lasting fulfilment*. New York: Free Press.

Seligman, M., & Csikszentmihalyi, M. (2000). Positive psychology: An introduction. *American Psychology*, 55, 5–14.

Seligman, M., & Schulman, P. (1986). Explanatory style as a predictor of performance as a life insurance agent. *Journal of Personality and Social Psychology*, 50, 832–838.

Seligman, M., Ernst, R., Gillham, J., Reivich, K., & Linkins, M. (2009). Positive education: Positive psychology and classroom interventions. *Oxford Review of Education*, 35, 293–311.

Seligman, M., Peterson, C., Kaslow, N., Tanenbaum, R., Alloy, L., & Abramson, L. (1984). Attributional style and depressive symptoms among children. *Journal of Abnormal Psychology*, 93, 235–238.

Seligman, M., Nolen-Hoeksema, S., Thornton, N., & Thorton, K. (1988). Explanatory style as a mechanism of dissappointing athletic performance. *Psychological Science*, 1, 143–146.

Seligman, M., Steen, T. A., Park, N., & Peterson, C. (2005). Positive psychology progress: Empirical validation of interventions. *American Psychologist*, 60, 410–421.

Seligman, M., Rashid, T., & Parks, A. (2006). Positive psychotherapy. *American Psychologist*, 61, 774–788.

Shapiro, S. L. (2009). Meditation and positive psychology. In S. J. Lopez & C. R. Snyder (Eds.), *Oxford handbook of positive psychology* (Second Edition, pp. 601–610). New York: Oxford University Press.

Sharot, T., Riccardi, M. A., Raio, C. M., & Phelps, E. A. (2007). Neural mechanisms mediating optimism bias. *Nature*, 450(7166), 102–105.

Shaver, P., & Mikulincer, M. (2006). A behavioural systems approach to romantic love relationships: Attachment, care giving, and sex. In R. J. Sternberg & K. Weis (Eds.), *The new psychology of love* (pp. 35–64). New Haven, CT: Yale University Press.

Sheldon, K. (2004). *Optimal human being. An integrated multilevel perspective*. Mahwah, NJ: Lawrence Erlbaum Associates, Inc.

Sheldon, K., Williams, G., & Joiner, T. (2003). *Self-determination theory in the clinic*. New Haven, CT: Yale University Press.

Sheldon, K., Boehm, J., & Lyubomirsky, S. (in press). Variety is the spice of happiness: The hedonic adaptation prevention (HAP) model. In I. Boniwell & S. David (Eds.), *Oxford handbook of happiness*. Oxford: Oxford University Press.

Sherer, M., Maddux, J., Mercandante, B., Prentice-Dunn, S., Jacobs, B., & Rogers, R. (1982). The Self-Efficacy Scale: Construction and validation. *Psychological Reports*, 51, 663–671.

Sheridan, S. M., & Burt, J. D. (2009). Family-centred positive psychology. In S. J. Lopez & C. R. Snyder (Eds.), *Oxford handbook of positive psychology* (Second Edition, pp. 551–559). New York: Oxford University Press.

Shernoff, D. J., & Csikszentmihalyi, M. (2009). Flow in schools: Cultivating engaged learners and optimal learning environments. In R. Gilman, E. S. Huebner, & M. J. Furlong (Eds.), *Handbook of positive psychology in schools* (pp. 131–145). New York: Routledge.

Sherrod, L., & Lauckhardt, J. W. (2008). Cultivating civic engagement. In S. J. Lopez (Ed.), *Positive psychology: Exploring the best in people. Volume 4: Pursuing human flourishing* (pp. 167–185). Westport, CT: Praeger.

Sherrod, L., Torney-Purta, J., & Flanagan, C. (2010). *Handbook of research on civic engagement in youth*. Chichester: Wiley.

Shimai, S., Otake, K., Park, N., Peterson, C., & Seligman, M. E. P. (2006). Convergence of character strengths in American and Japanese young adults. *Journal of Happiness Studies*, 7, 311–322.

Shizgal, P. (1997). Neural basis of utility estimation. *Current Opinion in Neurobiology*, 7, 198–208.

Shryack, J., Steger, M., Krueger, R., & Kallie, C. (2010). The structure of virtue: An empirical investigation of the dimensionality of the virtues in action inventory of strengths. *Personality and Individual Differences*, 48, 714–719.

Siegler, R. S. (2006). Microgenetic analyses of learning. In W. Damon & R. M. Lerner (Series Eds.) & D. Kuhn & R. S. Siegler (Volume Eds.), *Handbook of child psychology. Volume 2: Cognition, perception, and language* (Sixth Edition, pp. 464–510). Hoboken, NJ: Wiley.

Sifneos, P. (1973). The prevalence of alexithymic characteristics in psychosomatic patients. *Psychotherapy and Psychosomatics*, 22, 255–262.

Silvia, P. J., & Kashdan, T. B. (2009). Interesting things and curious people: Exploration and engagement as transient states and enduring strengths. *Social and Personality Psychology Compass*, 3(5), 785–797.

Simonton, D. K. (2000). Creativity: Cognitive, personal, developmental and social aspects. *American Psychologist*, 55, 151–158.

Simonton, D. K. (2009). Creativity. In S. J. Lopez & C. R. Snyder (Eds.), *Oxford handbook of positive psychology* (Second Edition, pp. 261–269). New York: Oxford University Press.

Sin, N., & Lyubomirsky, S. (2009). Enhancing well-being and alleviating depressive symptoms with positive psychology interventions: A practice-friendly meta-analysis. *Journal of Clinical Psychology*, 65, 467–487.

Skinner, E., Edge, K., Altman, J., & Sherwood, H. (2003). Searching for the structure of coping: A review and critique of category systems for classifying ways of coping. *Psychological Bulletin*, 129, 216–269.

Snyder, C. (2000). *Handbook of hope*. Orlando, FL: Academic Press.

Snyder, C. R., & Lopez, S. (2002). *Handbook of positive psychology*. New York: Oxford University Press.

Snyder, D. (1997). *Marital Satisfaction Inventory – Revised*. Los Angeles, CA: Western Psychological Services.

Solberg-Nes, L., & Segerstrom, S. C. (2006). Dispositional optimism and coping: A meta-analytic review. *Personality and Social Psychology Review*, 10, 235–251.

Solomon, J., & George, C. (2008). The measurement of attachment security and related constructs in infancy and early childhood. In J. Cassidy & P. Shaver (Eds.), *Handbook of attachment: Theory, research and clinical applications* (Second Edition, pp. 383–416). New York: Guilford.

Soons, J., Liefbroer, A., & Kalmijn, M. (2009). The long-term consequences of relationship formation for subjective well-being. *Journal of Marriage & the Family*, 7, 1254–1270.

Sparks, E., & Baumeister, R. F. (2008). If bad is stronger than good, why focus on human strength? In S. Lopez (Ed.), *Positive psychology: Exploring the best in people. Volume 1: Discovering human strengths* (pp. 55–79). Westport, CT: Praeger.

Spearman, C. (1927). *The abilites of man.* New York: Macmillan.

Spence, J. C., McGannon, K. R., & Poon, P. (2005). The effect of exercise on global self-esteem: A quantitative review. *Journal of Sport & Exercise Psychology*, 27(3), 311–334.

Springer, K. W., & Hauser, R. M. (2005). An assessment of the construct validity of Ryff's scales of psychological well-being: Method, mode and measurement effects. *Social Science Research*, 35, 1079–1101.

Springer, K. W., Hauser, R. M., & Freese, J. (2006). Bad news indeed for Ryff's six-factor model of well-being. *Social Science Research*, 35, 1120–1131.

Stams, G. J., Dekovic, M., Buist, K., & de Vries, L. (2006). Effectiviteit van oplossingsgerichte korte therapie: Een meta-analyse. [Efficacy of solution-focused brief therapy: A meta-analysis]. *Gedragstherapie*, 39, 81–94.

Stanovich, K. (2009). *What intelligence tests miss: The psychology of rational thought.* New Haven, CT: Yale University Press.

Stanton, A., Kirk, S., Cameron, C., & Danoff-Burg, S. (2000). Coping through emotional approach. Scale construction and validation. *Journal of Personality and Social Psychology*, 78, 1150–1169.

Stanton, A., Sullivan, S. J., & Austenfeld, J. L. (2009). Coping through emotional approach: Emerging evidence for the utility of processing and expressing emotions in responding to stressors. In S. J. Lopez & C. R. Snyder (Eds.), *Oxford handbook of positive psychology* (Second Edition, pp. 225–235). New York: Oxford University Press.

Staub, E. (1974). Helping a person in distress: Social, personality and stimulus determinants. In L. Berkowitz (Ed.), *Advances in experimental social psychology* (Vol. 7, pp. 293–341). New York: Academic Press.

Steel, P., Schmidt, J., & Shultz, J. (2008). Refining the relationship between personality and subjective well-being. *Psychological Bulletin*, 134, 138–161.

Steger, M. F., Hicks, B., Kashdan, T. B., Krueger, R. F., & Bouchard Jr., T. J. (2007). Genetic and environmental influences on the positive traits of the values in action classification, and biometric covariance with normal personality. *Journal of Research in Personality*, 41, 524–539.

Steiner, H., Araujo, K., & Koopman, C. (2001). The response evaluation measure (REM-71): A new instrument for the measurement of defenses in adults and adolescents. *American Journal of Psychiatry*, 158(3), 467–473.

Steptoe, A., Dockray, S., & Wardle, J. (2009). Positive affect and psychobiological processes relevant to health. *Journal of Personality*, 77, 1747–1775.

Sternberg, R. (1993). *Sternberg Triarchic Abilities Test.* New Haven, CT: Department of

Psychology, Yale University.
Sternberg, R. (1998a). *Cupid's arrow*. New York: Cambridge University Press.
Sternberg, R. (1998b). *Love is a story*. New York: Oxford University Press.
Sternberg, R. (2000). Intelligence and wisdom. In R. Sternberg (Ed.), *Handbook of intelligence* (pp. 631–650). Cambridge: Cambridge University Press.
Sternberg, R. (2001). Why schools should teach for wisdom: The balance theory of wisdom in educational settings. *Educational Psychologist. Special Issue: Teaching for Wisdom*, 36(4), 227–245.
Sternberg, R. (2003). *Wisdom, intelligence, creativity, synthesized*. Cambridge: Cambridge University Press.
Sternberg, R. (2006). A duplex theory of love. In R. J. Sternberg & K. Weis (Eds.), *The new psychology of love* (pp. 184–199). New Haven, CT: Yale University Press.
Sternberg, R. (2009a). Toward a triarchic theory of human intelligence. In J. C. Kaufman, E. L. Grigorenko, & R. J. Sternberg (Eds.), *The essential Sternberg: Essays on intelligence, psychology, and education* (pp. 33–70). New York: Springer.
Sternberg, R. (2009b). A balance theory of wisdom. In J. C. Kaufman, E. L. Grigorenko, & R. J. Sternberg (Eds.), *The essential Sternberg: Essays on intelligence, psychology, and education* (pp. 353–375). New York: Springer.
Sternberg, R., & Davidson, J. (2005). *Conceptions of giftedness* (Second Edition). New York: Cambridge University Press.
Sternberg, R., & Grigorenko, E. (2000). Practical intelligence and its development. In R. Bar-On & J. Parker (Eds.), *Handbook of emotional intelligence* (pp. 215–243). San Francisco, CA: Jossey-Bass.
Sternberg, R., & Jordan, J. (2005). *A handbook of wisdom: Psychological perspectives*. Cambridge: Cambridge University Press.
Sternberg, R., & Lubart, T. (1999). The concept of creativity. Prospects and paradigms. In Sternberg, R. (Ed.), *Handbook of creativity* (pp. 3–15). Cambridge: Cambridge University Press.
Sternberg, R., & Weis, K. (2006). *The new psychology of love*. New Haven, CT: Yale University Press.
Stevenson, B., & Wolfers, J. (2008). Economic growth and happiness: Reassessing the Easterlin paradox. *Brookings Papers on Economic Activity*, Spring, 1–87.
Stough, C., Saklofske, D., & Parker, J. (2009). *Assessing emotional intelligence. Theory, research and applications*. New York: Springer.
Strathman, A., Gleicher, F., Boninger, D., & Edwards, C. (1994). The consideration of future consequences: Weighing immediate and distant outcomes of behavior. *Journal of Personality and Social Psychology*, 66, 742–752.
Stratton, P., Heard, D., Hanks, H., Munton, A., Brewin, C., & Davidson, C. (1986). Coding causal beliefs in natural discourse. *British Journal of Social Psychology*, 25, 299–311.
Stratton, P., Bland, J., Janes, E., & Lask, J. (2010). Developing an indicator of family function and a practicable outcome measure for systemic family and couple therapy: The SCORE. *Journal of Family Therapy*, 32, 232–258.
Stroebe, M., & Schut, H. (2001). Models of coping with bereavement: A review. In M. Stroebe, R. Hansson, W. Stroebe, & H. Schut (Eds.), *Handbook of bereavement research: Consequences, coping, and care* (pp. 375–403). Washington, DC: American Psychological Association.

Stroebe, M., Hansson, R. O., Stroebe, W., & Schut, H. (2001). *Handbook of bereavement research: Consequences, coping, and care*. Washington, DC: American Psychological Association.

Stutzer, A., & Frey, B. S. (2006). Does marriage make people happy, or do happy people get married. *Journal of Socio-Economics*, 35, 326–347.

Suh, E., Diener, E., Oishi, S., & Tiandis, H. (1997). The shifting basis of life satisfaction judgements across cultures: Emotions versus norms. *Journal of Personality and Social Psychology*, 74, 482–493.

Sullivan, B., Snyder, M., & Sullivan, J. (2008). *Cooperation: The political psychology of effective human interaction*. Malden, MA: Blackwell Publishing.

Suls, J., & Wheeler, L. (2000). *Handbook of social comparison: Theory and research*. Dordrecht: Kluwer Academic.

Sveinbjornsdottir, S., & Thorsteinsson, E. B. (2008). Adolescent coping scales: A critical psychometric review. *Scandinavian Journal of Psychology*, 49(6), 533–548.

Swann, W. (1983). Self-verification. Bringing social reality into harmony with the self. In J. Suls & A. Greenwald (Eds.), *Social psychology perspectives* (Vol. 2, pp. 33–66). Hillsdale, NJ: Lawrence Erlbaum Associates, Inc.

Swann, W. (1997). The trouble with change. Self-verification and allegiance to the self. *Psychological Science*, 8, 177–180.

Swann, W., Chang-Schneider, C., & Larsen McClarty, K. (2007). Do people's self-views matter? Self-concept and self-esteem in everyday life. *American Psychologist*, 62(2), 84–94.

Sweeney, M. M. (2010). Remarriage and stepfamilies: Strategic sites for family scholarship in the 21st century. *Journal of Marriage and Family*, 72(3), 667–684.

Sylva, K. (1994). School influences on children's development. *Journal of Child Psychology and Psychiatry*, 35, 135–170.

Takeuchi, H., Taki, Y., Sassa, Y., Hashizume, H., Sekiguchi, A., Fukushima, A., & Kawashima, R. (2010a). White matter structures associated with creativity: Evidence from diffusion tensor imaging. *NeuroImage*, 51, 11–18.

Takeuchi, H., Taki, Y., Sassa, Y., Hashizume, H., Sekiguchi, A., Fukushima, A., & Kawashima, R. (2010b). Regional gray matter volume of dopaminergic system associate with creativity: Evidence from voxel-based morphometry. *NeuroImage*, 51, 578–585.

Tangney, J. P. (2009). Humility. In S. J. Lopez & C. R. Snyder (Eds.), *Oxford handbook of positive psychology* (Second Edition, pp. 483–490). New York: Oxford University Press.

Taylor, G., & Bagby, M. (2000). An overview of the alexithymia construct. In R. Bar-On & J. Parker (Eds.), *Handbook of emotional intelligence* (pp. 40–67). San Francisco, CA: Jossey-Bass.

Taylor, G., Bagby, M., & Luninet, O. (2000). Assessment of alexithymia: Self-report and observer-rated measures. In R. Bar-On & J. Parker (Eds.), *Handbook of emotional intelligence* (pp. 301–319). San Francisco, CA: Jossey-Bass.

Taylor, S. (1989). *Positive illusions: Creative self-deception and the healthy mind*. New York: Basic Books.

Taylor, S. (2007). Social support. In H. Friedman & R. Silver (Eds.), *Foundations of health psychology* (pp. 145–171). New York: Oxford University Press.

Taylor, S., & Brown, J. (1988). Illusion and well-being: A social-psychological perspec-

tive on mental health. *Psychological Bulletin*, 103, 193–210.
Taylor, S., & Brown, J. (1994). Positive illusions and well-being revisited: Separating fact from fiction. *Psychological Bulletin*, 116, 21–27.
Taylor, S. E., & Stanton, A. L. (2007). Coping resources, coping processes, and mental health. *Annual Review of Clinical Psychology*, 3, 377–401.
Tennant, R., Hiller, L., Fishwick, R., Platt, S., Joseph, S., Weich, S., Parkinson, J., Secker J., & Stewart-Brown, S. (2007) The Warwick-Edinburgh Mental Well-being Scale (WEMWBS): Development and UK validation. *Health and Quality of Life Outcomes*, 5, 63.
Terman, L., & Ogden, M. (1959). *Genetic studies of genius. Volume V: The gifted group at mid-life. Thirty-five years follow-up of a superior group.* Stanford, CA: Stanford University Press.
Thiele, D. M., & Whelan, T. A. (2006). The nature and dimensions of the grandparent role. *Marriage and Family Review*, 40, 93–108.
Thomas, A., & Chess, S. (1977). *Temperament and development.* New York: Brunner/Mazel.
Thompson, A., & Oehlert, J. (2010). The etiology of giftedness. *Learning and Individual Differences*, 20, 298–307.
Thompson, E. (2008). Development and validation of an International English Big-Five Mini-Markers. *Personality and Individual Differences*, 45, 542–548. (Contains a 40-item measure of the big five.)
Thompson, L., & Snyder, C. R. (2003). Measuring forgiveness. In S. J. Lopez & C. R. Snyder (Eds.), *Positive psychological assessment: A handbook of models and measures* (pp. 301–312). Washington, DC: American Psychological Association.
Thompson, S. (2009). The role of personal control in adaptive functioning. In S. Lopez & C. R. Snyder (Eds.), *Oxford handbook of positive psychology* (Second Edition, pp. 367–374). New York: Oxford University Press.
Thurstone, L. (1938). *Primary mental abilities.* Chicago, IL: University of Chicago Press.
Tiger, L. (1979). *Optimism: The biology of hope.* New York: Simon and Schuster.
Tomarken, A., & Keener, A. (1998). Frontal brain asymmetry and depression: A self-regulatory perspective. *Cognition and Emotion*, 12, 387–420.
Torrance, E. (1974). *Torrence Tests of Creative Thinking: Norms – technical manual.* Lexington, MA: Ginn.
Treffinger, D., Isaksen, S., & Stead-Dorval, B. (2006). *Creative problem solving: An introduction* (Fourth Edition). Waco, TX: Prufrock.
Trentacosta, C., & Fine, S. (2010). Emotion knowledge, social competence, and behavior problems in childhood and adolescence: A meta-analytic review. *Social Development*, 19, 1–29.
Trentacosta, C., & Izard, C. (2007). Kindergarten children's emotion competence as a predictor of their academic competence in first grade. *Emotion*, 7, 77–88.
Triandis, H. (2000). Cultural syndromes and subjective well-being. In E. Diener & E. Suh (Eds.), *Culture and subjective well-being* (pp. 13–36). Cambridge, MA: MIT Press.
Trijsburg, K., Drapeau, M., Thygesen, R., Lecours, S., & de Roten, Y. (2008). Assessing defense styles: Factor structure and psychometric properties of the New Defense Style Questionnaire 60 (DSQ-60). *International Journal of Psychology and Psychological Therapy*, 8, 171–181.
Twenge, J. M., Campbell, W. K., & Foster, C. A. (2003). Parenthood and marital satisfaction: A meta-analytic review. *Journal of Marriage and Family*, 65(3), 574–583.

Ulrich, R., Dimberg, U., & Driver, B. (1991). Psychophysiological indicators of leisure benefits. In B. Driver, P. Brown, & G. Peterson (Eds.), *Benefits of leisure* (pp. 73–89). State College, PA: Venture Publishing.

Vaillant, G. (1977). *Adaptation to life: How the best and brightest came of age.* Boston, MA: Little Brown.

Valliant, G. (2000). Adaptive mental mechanisms. Their role in positive psychology. *American Psychologist*, 55, 89–98.

Van Overwalle, F. (2009). Social cognition and the brain: a meta-analysis. *Human Brain Mapping*, 30, 829–858.

Van Rooy, D., & Viswesvaran, C. (2004). Emotional intelligence: A meta-analytic investigation of predictive validity and nomological net. *Journal of Vocational Behavior*, 65, 71–95.

Van Rooy, D., Viswesvaran, C., & Pluta, P. (2005). An evaluation of construct validity: What is this thing called emotional intelligence? *Human Performance*, 18, 445–462.

Vandell, D. L. (2004). Early child care: The known and the unknown. *Merrill-Palmer Quarterly*, 50, 387–414.

Veenhoven, R., & Hagerty, M. (2006). Rising happiness in nations 1946–2004: A reply to Easterlin. *Social Indicators Research*, 79, 421–436.

Vernon, P., Wickett, J., Bazana, P., & Stelmack, R. (2000). The neuropsychology and psychophysiology of human intelliegence. In R. Sternberg (Ed.), *Handbook of intelligence* (pp. 245–264). Cambridge: Cambridge University Press.

Vernon, P. A., Petrides, K. V., Bratko, D., & Schermer, J. A. (2008). A behavioural genetic study of trait emotional intelligence. *Emotion*, 8, 635–642.

Vingerhoets, A., & Cornelius, R. (2001). *Adult crying. A biopsychosocial approach.* Hove: Brunner-Routledge.

Vinkhuyzen, A., van der Sluis, S., Danielle Posthuma, D., & Boomsma, D. (2009). The heritability of aptitude and exceptional talent across different domains in adolescents and young adults. *Behaviour Genetics*, 39, 380–392.

Volkmar, R., Paul, R., Kilin, A., & Cohen, D. (2005). *Handbook of autism and pervasive developmental disorders* (Vols. 1 and 2, Third Edition). New York: Wiley.

Voltaire, F. (1759). *Candide, ou L'Optimisme.* Genève: Cramer.

Wagner, R. (2000). Practical intelligence. In R. Sternberg (Ed.), *Handbook of intelligence* (pp. 360–395). Cambridge: Cambridge University Press.

Walker, C. (2010). Experiencing flow: Is doing it together better than doing it alone? *Journal of Positive Psychology*, 5, 3–11.

Wallace, G. L. (2008). Neuropsychological studies of savant skills: Can they inform the neuroscience of giftedness? *Roeper Review: A Journal on Gifted Education. Special Issue: The Cognitive Neuroscience of Giftedness*, 30, 229–246.

Wallston, K., Wallston, B., & DeVellis, R. (1978). Development of the Multidimensional Health Locus of Control (MHLC) Scales. *Health Education Monographs*, 6, 161–170.

Walsh, F. (2002). *Normal family processes* (Third Edition). New York: Guilford Press.

Waltman, M., Russell, D., Coyle, C., Enright, R., Holter, A., & Swoboda, C. (2009). The effects of a forgiveness intervention on patients with coronary artery disease. *Psychology & Health*, 24, 11–27.

Wampold, B. (2001). *The great psychotherapy debate: Models, methods, and findings.* Mahwah, NJ: Lawrence Erlbaum Associates, Inc.

Ward, T., & Gannon, T. A. (2006). Rehabilitation, etiology, and self-regulation: The comprehensive good lives model of treatment for sexual offenders. *Aggression and Violent Behavior*, 11, 77–94.

Warr, P. (2007). *Work, happiness and unhappiness*. Mahwah, NJ: Lawrence Erlbaum Associates, Inc.

Waterman, A., Schwartz, S., Zamboanga, B., Ravert, R., Williams, M., Agoch, V., Kim, S., & Donnellan, M. (2010). The Questionnaire for Eudaimonic Well-Being: Psychometric properties, demographic comparisons, and evidence of validity. *Journal of Positive Psychology*, 5, 41–61.

Waters, E. (1995). The Attachment Q-Set (Version 3.0). *Monographs of the Society for Research in Child Development*, 60(2–3), 234–246.

Watkins, P., Van Gelder, M., & Frias, A. (2009). Furthering the science of gratitude. In S. Lopez & C. R. Snyder (Eds.), *Oxford handbook of positive psychology* (Second Edition, pp. 437–446). New York: Oxford University Press.

Watson, D. (2000). *Mood and temperament*. New York: Guilford.

Watson, D. (2002). Positive affectivity. The disposition to experience positive emotional states. In C. R. Snyder & S. Lopez (Eds.), *Handbook of positive psychology* (pp. 106–119). New York: Oxford University Press.

Watson, D., & Naragon, K. (2009). Positive affectivity. The disposition to experience positive emotional states. In S. Lopez & C. R. Snyder (Eds.), *Oxford handbook of positive psychology* (Second Edition, pp. 206–218). New York: Oxford University Press.

Watson, D., & Tellegen, A. (1985). Toward a consensual structure of mood. *Psychological Bulletin*, 92, 426–457.

Watson, D., Clark, L., & Tellegen, A. (1988). Development and validation of brief measures of positive and negative affect. The PANAS scales. *Journal of Personality and Social Psychology*, 44, 1063–1070.

Watson, D., Wiese, D., Vaidya, J., & Tellegen, A. (1995). Two general activation systems of affect: Structural findings, evolutionary considerations, and psychobiological evidence. *Journal of Personality and Social Psychology*, 76, 820–838.

Weber, R., Tamborini, R., Westcott-Baker, A., & Kantor, B. (2009). Theorizing flow and media enjoyment as cognitive synchronization of attentional and reward networks. *Communication Theory*, 19, 397–422.

Weinke, C., & Hill, G. (2009). Does the 'marriage benefit' extend to partners in gay and lesbian relationships? Evidence from a random sample of sexually active adults. *Journal of Family Issues*, 30, 259–289.

Wenger, A., & Fowers, B. J. (2008). Positive illusions in parenting: Every parent's child is above average. *Journal of Applied Social Psychology*, 38, 611–634.

Wertheimer, M. (1945). *Productive thinking*. New York: Harper.

West, M., Tjosvold, D., & Smith, K. (2003). *International handbook of organizational teamwork and cooperative working*. Chichester: Wiley.

Westermann, R., Spies, K., Stahl, G., & Hesse, F. (1996). Relative effectiveness and validity of mood induction procedures: A meta-analysis. *European Journal of Social Psychology*, 26, 557–580.

Whitbourne, S. K., Sneed, J. R., & Sayer, A. (2009). Psychosocial development from college through midlife: A 34-year sequential study. *Developmental Psychology*, 45, 1328–1340.

Wiggins, J. (1995). *Interpersonal Adjective Scale: Professional manual*. Odessa, FL: Psychological Assessment Resources.

Wiggins, J., & Trapnell, P. (1997). Personality structure: Return of the big five. In R. Hogan, J. Johnson, & S. Briggs (Eds.), *Handbook of personality psychology* (pp. 737–758). New York: Academic Press.

Wilde, G. (1986). Beyond the concept of risk homeostasis: Suggestions for research and application towards the prevention of accidents and lifestyle-related disease. *Accident Analysis and Prevention*, 18, 377–401.

Wilde, G. (2001). *Target Risk 2: A new psychology of health and safety: What works, what doesn't and why...* Toronto: PDE Publications.

Winner, E. (2000). The origin and ends of giftedness. *American Psychologist*, 55, 159–169.

Wipfli, B., Rethorst, C., & Landers, D. (2008). The anxiolytic effects of exercise: A meta-analysis of randomized trials and dose–response analysis. *Journal of Sport & Exercise Psychology*, 30, 392–341.

Witvliet, C., Ludwig, T., & Vander Laan, K. (2001). Granting forgiveness or harbouring grudges: Implications for emotion, physiology, and health. *Psychological Science*, 121, 117–123.

Wolff, S., & Hay Group (2005). *Emotional Competence Inventory 2 (ECI-2). Technical manual*. Boston, MA: Hay Group.

Wood, L. M., Parker, J. D. A., & Keefer, K. V. (2009). Assessing emotional intelligence using the emotional quotient inventory (EQ-i) and related instruments. In C. Stough, D. H. Saklofske, & J. D. A. Parker (Eds.), *Assessing emotional intelligence: Theory, research, and applications* (pp. 67–84). New York: Springer.

Worthington, E. (2005). *Handbook of forgiveness*. New York: Routledge.

Wortman, C. B., & Silver, R. C. (2001). The myths of coping with loss revisited. In M. S. Stroebe, R. O. Hansson, W. Stroebe, & H. Schut (Eds.), *Handbook of bereavement research: Consequences, coping, and care* (pp. 405–429). Washington, DC: American Psychological Association.

Wright, R. (2000). *Nonzero: The logic of human destiny*. New York: Pantheon.

Young, J. (1998). *Professional tennis players in flow. Flow theory and reversal theory perspectives*. Unpublished Doctoral Dissertation, Faculty of Science, Monash University, Melbourne, Australia.

Zahavi, A., & Zahavi, A. (1997). *The handicap principle*. New York: Oxford University Press.

Zeidner, M., & Endler, N. (1996). *Handbook of coping. Theory, research, applications*. New York: Wiley.

Zeidner, M., & Olnick-Shemesh, D. (2010). Emotional intelligence and subjective well-being revisited. *Personality and Individual Differences*, 48, 431–435.

Zeidner, M., Roberts, R. D., & Matthews, G. (2008). The science of emotional intelligence: Current consensus and controversies. *European Psychologist*, 13, 64–78.

Zeidner, M., Matthews, G., & Roberts, R. (2009). *What we know about emotional intelligence. How it affects learning, work, relationships, and our mental health*. Cambridge, MA: MIT Press.

Zhao, H., Seibert, S., & Lumpkin, G. (2010). The relationship of personality to entrepreneurial intentions and performance: A meta-analytic review. *Journal of Management*, 36, 381–404.

Zimbardo, P., & Boyd, J. (1999). Putting time in perspective: A valid, reliable individual-differences metric. *Journal of Personality and Social Psychology*, 77, 1271–1288.

Zimbardo, P., & Boyd, J. (2008). *The time paradox: The new psychology of time that will change your life.* New York: Free Press.

Zins, J. E., Payton, J. W., Weissberg, R. P., & O'Brien, M. U. (2007). Social and emotional learning for successful school performance. In G. Matthews, M. Zeidner, & R. D. Roberts (Eds.), *The science of emotional intelligence: Knowns and unknowns* (pp. 376–395). New York: Oxford University Press.

Zuckerman, M., & Gagne, M. (2003). The COPE revised: Proposing a 5-factor model of coping strategies. *Journal of Research in Personality*, 37, 169–204.